RICARDO BOFILL
SALVADOR CLOTAS

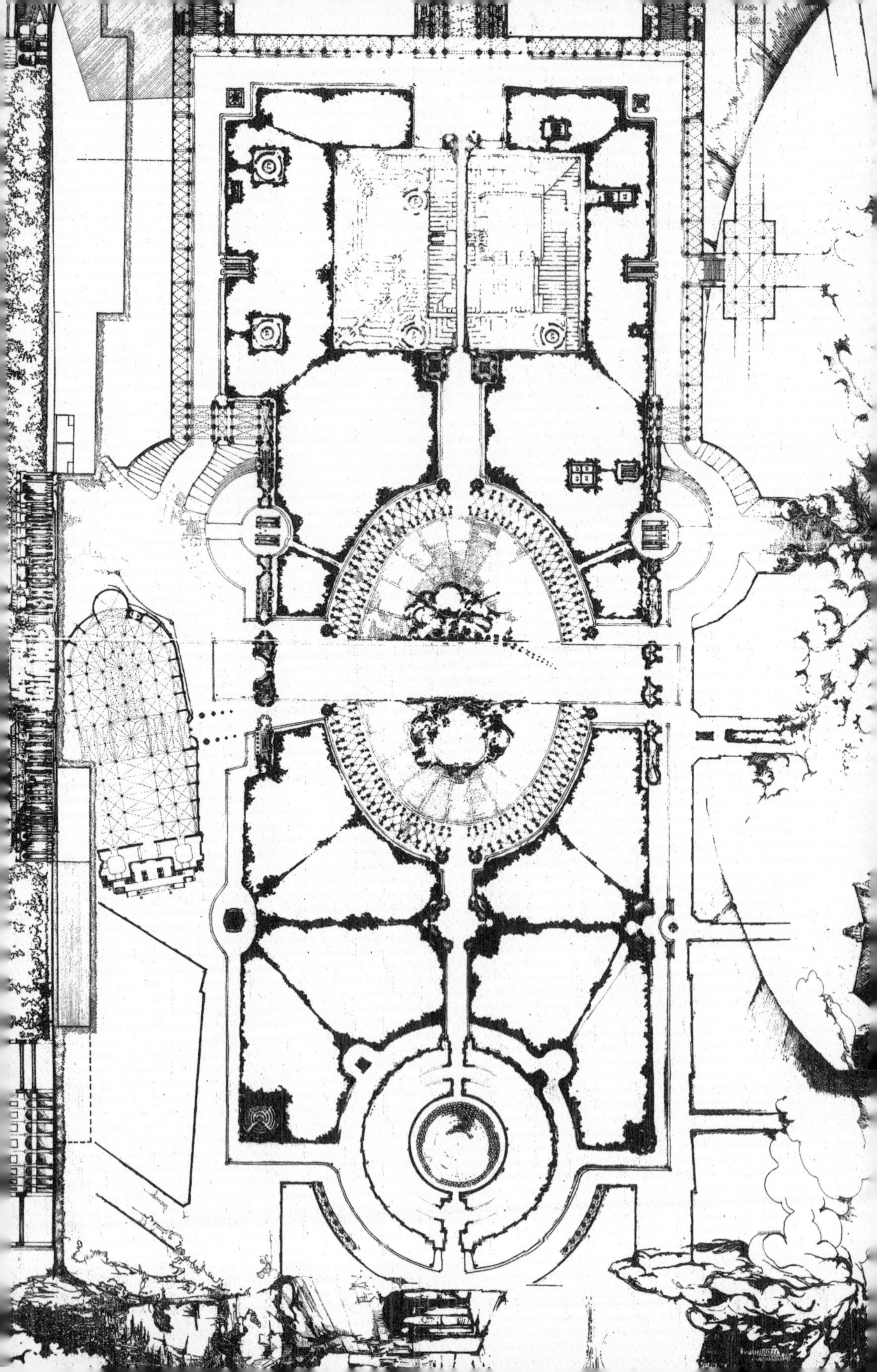

# BOFILL

À Ricardo père, à Manolo,
Bernard, Raimond et à toute l'équipe
des Halles 1974–1978
À Jeanne, dite Zette
À ma fille Mathilde

**Légendes des pages précédentes** / Captions for the previous pages

**Dessin de la double colonnade elliptique. Encre de Chine, reprise à l'aquarelle sur papier**
Design for the elliptical double colonnade. Indian ink with watercolour accents on paper

**Perspective des bâtiments sur jardin. Encre de Chine, reprise à l'aquarelle sur papier**
Perspective drawing of buildings overlooking the garden. Indian ink with watercolour accents on paper

**Perspective du bâtiment Lescot vers le jardin. Encre de Chine, reprise à l'aquarelle sur papier**
Perspective drawing of the Rue Lescot building facing the garden. Indian ink with watercolour accents on paper

**Détail de la placette dans le jardin. Encre de Chine, reprise à l'aquarelle sur papier**
Detail of the smaller public square within the garden. Indian ink with watercolour accents on paper

**Coupe sur bâtiment rue Rambuteau. Encre de Chine sur papier**
Section through the Rue Rambuteau building. Indian ink on paper

**Perspective du bâtiment encadrant le jardin avec passage couvert. Encre de Chine, reprise à l'aquarelle sur papier**
Perspective drawing of the building framing the garden with a covered passageway. Indian ink with watercolour accents on paper

**Perspective sur la colonnade. Aquarelle sur papier**
View of the colonnade. Watercolour on paper

**Panneau de présentation du plan de masse avec perspectives et détails. Encre de Chine, reprise à l'aquarelle sur papier**
Presentation board of the ground plan with perspectives and details. Indian ink with watercolour accents on paper

Remerciements
À Jean-Jacques Aillagon, Bjarke Ingels, Roland Castro, Paul Chemetov, François Gauthier, Antoine Grumbach, Anne Kockelkorn, Jack Lang pour leurs témoignages

Et aussi à Michèle Champenois pour sa riche contribution, Aline Charransol, Claudine Colin, Corinne Rondeau, Charlotte Kruk pour Jean Nouvel, Serena Vergano et Deidi von Schaewen pour leur aide précieuse

Et pour la participation enthousiaste des membres anciens du Taller de Arquitectura et actuels de Ricardo Bofill Arquitectura, principalement à Pablo et Ricardo Bofill Jr, Jean-Pierre Carniaux, Natalia Chiner, Mayssa Fattouh, Patrick Genard, Francesc Guàrdia Riera, Peter Hodgkinson, Xavier Llistosella, Manolo Nuñez Yanowsky, Alicia Stiglitz, le service des archives et Daiki

Et aux éditions Norma, Matthieu Flory et Virginie Hagelauer pour leur confiance et Valentine Ferrante pour sa patience

# BOFILL

## Les années françaises
## The French years

Dominique Serrell

**Norma** éditions

# Sommaire
# Table of content

# Avant-propos

Dominique Serrell
Ancienne directrice du Taller de Arquitectura de Paris

En avril 1978, Jacques Chirac, alors maire de Paris, délivre un permis de construire pour un bâtiment de deux cent cinquante logements sociaux. Le 26 octobre, il prend la décision d'interrompre la construction et lance la démolition. Préférant une architecture neutre, le maire reproche à l'architecte, Ricardo Bofill, la monumentalité de son projet. En réponse, ce dernier déclare dans la presse : « Ils veulent une architecture anodine. Je pense qu'on ne peut pas faire une architecture de banlieue aux Halles, ni en banlieues d'ailleurs[1]. » À la suite de la rupture unilatérale de contrat « par fait du prince », Bofill adresse au maire de Paris un courrier confidentiel en droit de réponse. Dans un protocole signé en 1979, Chirac accepte de verser un dédommagement destiné à couvrir les frais d'études ainsi que des indemnités. Il s'engage aussi à confier à Bofill un projet dans Paris *a minima* de même ampleur et à ne critiquer son architecture sous aucun prétexte. En contrepartie, Bofill s'engage à son tour à ne plus prendre la parole sur les projets des Halles à venir, ni sur Chirac. Paroles tenues. En tant que directrice du Taller de Arquitectura de Paris, j'ai été au cœur de la « bataille des Halles ». La mort de Jacques Chirac puis récemment celle de Ricardo Bofill m'invitent à m'exprimer sur les origines et le devenir de cet espace du « Ventre de Paris ». À travers les récits de témoins de l'époque et d'aujourd'hui, et en m'appuyant sur les archives du Taller, où manquent étrangement la plupart des articles de la presse française, j'ai souhaité revenir sur la prodigieuse ascension de Bofill au rang de superstar, mais aussi de l'intérêt pour l'architecture à l'époque au centre de toutes les conversations. Ce livre est un témoignage sur ce qui s'est passé dans le secret des négociations et un hommage au Taller de Arquitectura.

1 Déclaration de Ricardo Bofill en décembre 1977 au journal *Le Monde* auprès de Michèle Champenois ; *Le Monde*, 27 octobre 1978.

# Foreword



ominique Serrell
ormer Director of Taller de Arquitectura in Paris

n April 1978, Jacques Chirac, who was then Mayor of Paris, granted plan-ing permission for a building comprising 250 units of social housing. n 26 October, he took the decision to halt its construction and begin its emolition. Preferring a neutral type of architecture, he criticized Ricardo ofill for the monumentality of his design. In response, Bofill declared the press: "They want architecture that is anodyne. I don't think you an put suburban architecture at Les Halles—or indeed in the suburbs."[1] ollowing the unilateral breach of contract by mayoral decree, Bofill xercised his right to reply in a confidential letter to the Paris Mayor. In settlement agreement signed in 1979, Chirac agreed to pay damages to ofill in the form of a sum of money that would cover the fees for the initial tages, together with some compensation. He also made a commitment to ntrust Bofill with another Paris project of at least the same magnitude, nd not to criticize his architecture again under any circumstances. In turn, Bofill promised never again to speak about future projects for es Halles or about Chirac. Both kept their word. As director of Taller e Arquitectura in Paris, I was at the heart of the "Battle of Les Halles". cques Chirac's death and more recently Ricardo Bofill's have prompted e to speak out on the origins of this "Belly of Paris" and what became f it. Through accounts from witnesses from that time and today, and rawing on the Taller archive, which strangely lacks most of the articles om the French press, I wanted to revisit Ricardo Bofill's prodigious rise the rank of superstar, but also the interest in architecture which was a ot topic in conversations. This book is a testimony of what happened in e secrecy of the negotiations, and a homage to Taller de Arquitectura.

1 Ricardo Bofill's statement to Michèle Champenois of the newspaper *Le Monde*, December 1977; reported in *Le Monde*, 27 October 1978.

# Introduction



**Jean-Jacques Aillagon**
Ancien ministre de la Culture

L'histoire de l'architecture, comme celle de l'art, n'est pas linéaire. Les modes, les goûts, les points de vue, les théories, les choix varient d'une époque à l'autre et, parfois, d'une décennie à l'autre. C'est ce mouvement dialectique qui fait à la fois le dynamisme et l'intérêt de ces histoires très particulières que sont l'histoire des arts et l'histoire de l'architecture. Au cubisme a succédé ce que certains ont désigné comme un « retour à l'ordre ». Aujourd'hui, après des décennies où triomphèrent les abstractions et les minimalismes, on voit s'imposer toutes sortes de retours à des figurations plus ou moins apaisées, plus ou moins expressives. Il n'est donc pas surprenant qu'à la domination intellectuelle — technique et plastique — du modernisme succède, par une sorte de balancement, un riche postmodernisme qu'introduit le livre fondateur de Charles Jencks, *Le Langage de l'architecture postmoderne*. Ce mouvement s'avéra fécond dans tous les champs des arts visuels, celui des arts plastiques, avec la Trans-avant-garde italienne ou la figuration libre française, celui du design, avec le groupe Memphis ou le travail de Garouste & Bonetti, Olivier Gagnère, et, bien sûr, celui de l'architecture, qui trouva en Ricardo Bofill l'un de ses promoteurs — praticien et théoricien — les plus déterminants en Europe. L'irruption de l'architecte catalan sur la scène française fut liée à un drame, celui de la disparition des Halles de Baltard et des atermoiements successifs qui présidèrent à la reconstruction de ce quartier, au cœur de Paris. Appelé à concourir, l'architecte avait tenté de renouer avec les formes historiques de l'architecture et de l'urbanisme parisiens. S'il se vit soutenir par le ministre de la Culture Michel Guy, l'intérêt de la Ville et notamment elui de l'adjoint à l'urbanisme Christian de La Malène, lui manqua. Ce projet ne vit donc pas le jour alors même que l'architecte allait être ppelé à déployer son œuvre en banlieue, en province et même, plus ard, à Paris, notamment place de Catalogne. Me souvenant avec beau-oup d'émotion à quel point l'irruption de Ricardo Bofill sur la scène rançaise était apparue comme une formidable bouffée d'air, ce qui me rappa alors, dans les tentatives de Bofill pour réconcilier les matériaux t les techniques de notre temps avec les formes des architectures des iècles classiques, celles de Palladio, de Mansart, de Ledoux, et dans a volonté de prendre en compte le contexte historique dans lequel 'installent les architectures contemporaines, c'étaient l'enthousiasme, a force, la joie même, qui animaient ses entreprises et ses projets. C'est ette jubilation communicative qui me convainquit de tout faire pour ue l'École nationale supérieure des beaux-arts dont j'étais alors le esponsable de l'action culturelle, programme, en 1981, une exposition u Taller de Arquitectura, qui fut présentée sous le titre « Projets français 971-1981. La Cité : Histoire et technologie ». Cette exposition fut joyeuse. Elle suscita de nombreux débats et peut-être même des polémiques, nais n'est-ce pas là justement le révélateur même d'une exposition ou 'une publication utiles ? Toujours est-il que l'œuvre de Ricardo Bofill st une des œuvres qui ont marqué, avec force, le passage de la moder-ité radieuse, comme l'est la Cité de Le Corbusier, à une modernité qui 'interroge sur elle-même, une modernité peut-être inquiète, comme le ont les temps incertains que nous vivons.

# Introduction



**Jean-Jacques Aillagon**
Former Minister of Culture for France

The history of architecture, like the history of art, is not linear. Fashions, tastes, opinions, theories and choices vary from one era to the next, and sometimes from one decade to the next. It is this dialectic movement that brings both dynamism and interest to the very special stories that are the history of the arts and the history of architecture. Cubism was superseded by what some described as a "return to order". Today, after decades where abstraction and minimalism reigned supreme, we can see all sorts of returns to a figurative approach, whether that be a quieter or a more expressive one. It is therefore unsurprising that the intellectual domination—both technical and aesthetic—of Modernism gave way to a sort of swing towards a rich Postmodernism that was introduced by Charles Jencks's seminal book *The Language of Post-Modern Architecture* (1977). This movement proved fruitful in all fields of the visual arts—in the fine arts with Italy's Transavantgarde and France's Figuration Libre (Free Figuration) movements; in design with the Memphis Group and the work of Garouste & Bonetti, Olivier Gagnère and others; and of course in architecture, where Ricardo Bofill was one of its key proponents in Europe in terms of both theory and practice. The Catalan architect's arrival on the French scene was linked to a drama: that of the demolition of Baltard's Les Halles and the successive delays that prevailed over the reconstruction of this area at the heart of Paris. Invited to enter the competition, Bofill had tried to revive the historical forms of Parisian architecture and urbanism. While he did have support from the Minister of Culture, Michel Guy, he did not secure it from the city authority or crucially from its deputy director in charge of urban planning,

Christian de La Malène. The project therefore did not see the light of day, although the architect was subsequently called upon to carry out work in the suburbs, in the provinces and even, later, in Paris, notably at the Place de Catalogne. Thinking back, with great emotion, to how Ricardo Bofill burst onto the French scene like a wonderful breath of fresh air, what struck me at the time, in his attempts to reconcile the materials and techniques of our own age with the architectural forms of the classical eras—those of Palladio, Mansart, Ledoux—and in his desire to give consideration to the historical context into which contemporary architecture was inserted, was the enthusiasm, strength and even joy that infused his practices and his projects. It was that communicative jubilation that convinced me to do all I could so that the École Nationale Supérieure des Beaux-Arts, where I was then in charge of cultural activities, would organize an exhibition on Taller de Arquitectura, in 1981, which was presented under the title "Projets français 1971–1981—La Cité: Histoire et technologie" ("French Projects 1971–1981—Housing Developments: History and Technology"). It was a joyful exhibition. It aroused much debate and perhaps even controversy, but surely that is merely evidence of an exhibition's or a publication's value? It is still the case that Ricardo Bofill's output is among those that have boldly marked the shift from "radiant" modernity, such as Le Corbusier's Unité d'Habitation in Marseille, to a form of modernity that asks questions of itself, a modernity that is perhaps restless, just as are the uncertain times in which we live.

# Un pionnier



**Bjarke Ingels**
Architecte, Copenhague, Danemark
Prix européen pour l'architecture

Véritable pionnier de l'architecture, Ricardo Bofill n'a jamais reculé devant les paris les plus risqués et les expérimentations audacieuses. Son œuvre avant-gardiste l'a conduit à explorer plusieurs facettes de la profession à travers des propositions inspirantes et provocatrices qui lui ont autant attiré les louanges de la critique que les foudres des milieux académiques — nous invitant sans cesse à interroger nos présupposés et à examiner nos propres inhibitions.

Au fil de sa carrière, Ricardo Bofill a creusé plusieurs voies nouvelles. Ses premiers projets s'inscrivent dans la lignée d'un structuralisme dialoguant avec les œuvres de théoriciens telles que *A Pattern Language* de Christopher Alexander. On observe également des explorations d'ordre esthétique dans la redécouverte de l'« architecture vernaculaire » et des idées de Bernard Rudofsky.

En tant que Danois, je ne peux m'empêcher de voir des similitudes entre l'utilisation par Bofill d'éléments modulaires pour composer des formes sculpturales et des espaces piranésiens, et les principes décrits par Jørn Utzon dans son « architecture additive » puis après sa redécouverte du vernaculaire de Majorque. Naturellement, cette double influence du structuralisme et du vernaculaire a conduit Ricardo Bofill à des expérimentations radicales sur le terrain d'une réappropriation postmoderne du vocabulaire néoclassique en parallèle avec la diffusion du préfabriqué et de la construction modulaire. Où que l'on se situe, il est impossible de ne pas reconnaître l'incroyable rigueur et l'intrépide quête de cet architecte tout au long de sa carrière.

.ujourd'hui, on est frappé de voir combien ses œuvres de jeunesse ont demeurées pertinentes et figurent parmi les bâtiments les plus emarquables du siècle dernier, dont l'importance reste sans égale. Les isques qu'il a pris en tant qu'architecte, ingénieur et promoteur du rojet Walden. Ses expérimentations dans le logement bon marché, les ormes archétypales, la complexité des espaces publics qu'il dessine our Majorque, la Catalogne ou Alicante et que n'aurait pas reniés un scher — notamment la Muralla Roja qui hante désormais l'imagerie e la culture contemporaine.

Mais, plus que tout, c'est son engagement au long de plusieurs écennies pour réimaginer La Fábrica et faire de son lieu de vie et de avail un espace radical de restauration, de préservation et d'écologie rbaine, un site hors du temps où s'entremêlent les archétypes pré- et ost-industriels, qui témoigne réellement de son inextinguible soif de écouvrir. Cette œuvre à la beauté et à l'audace incomparables, brute t raffinée, sobre et néanmoins somptueuse, reste l'un des sommets de architecture du XXe siècle et l'une des plus belles expériences architecturales de ma vie. Étudiant, je l'ai vue dans le mois suivant mon arrivée Barcelone, puis j'y suis retourné vingt ans plus tard lorsque j'ai ouvert otre agence dans la capitale catalane. Révélatrice et rassurante, elle emeure un classique de l'architecture contemporaine.

# A pioneer



**Bjarke Ingels**
Architect, Copenhagen, Denmark
European Prize for Architecture

Ricardo Bofill has been a pioneer in the profession, never shying away from radical risk-taking and fearless experimentation. His trailblazing practice has let him to explore several corners of the profession with evocative and provocative propositions garnering abundant critical praisc as well as academic outrage—always forcing the profession to question our assumptions and consider our own inhibitions.

Throughout his career Bofill has explored and pioneered several paths. From an early body of work aligned with ideas of structuralism in dialogue with the work of theorists such as Christopher Alexander and his "pattern language". Similarly one can see aesthetic explorations in a rediscovery of "Vernacular Architecture" and the ideas of Bernard Rudofsky. As a Dane I can't help but point at similarities between Bofill's recombination of modular elements to form sculptural compositions and Pyranesian spaces and Jørn Utzon's principles of the Additive and his later rediscovery of the Mallorquin vernacular. Inevitably structuralism and the vernacular led to radical explorations within postmodern reappropriation of neoclassical vocabulary combined with progressive use of prefabrication and modular construction. Regardless of where you stand it is impossible to dismiss Bofill's bold rigour and fearless pursuit throughout his practice.

Today, looking back, it is remarkable how his early work has retained its relevance and still stands as some of the most powerful works of the previous century with unparalleled importance today. His own risktaking as architect, engineer and developer of Walden. His experiments with affordable housing, archetypical forms, Escheresque

:omplexity of public spaces in his works in Mallorca, Catalunya and \licante—not least Muralla Roja which keeps popping up in the imagery of contemporary culture.

Perhaps most importantly his decades-long commitment to eimagining La Fábrica as his work space and home into a fusion of adical restoration and preservation, urban ecology and a timeless hybrid of pre- and post-industrial archetypes stands as a true testament to his ireless curiosity and exploration. A work of unparalleled bravery and eauty, raw and refined, palatial and protestant, it remains one of the reat works of architecture of the 21st century and one of the greatest rchitectural experiences of my life. I went there as a student in the first nonth of my studies, and returned again two decades later when I moved o Barcelona to open our office. As both eyeopener and reassurance it emains a contemporary classic.

# 1968

# L'arrivée en France

# 1974

# Arrival in France

# Logements sociaux en Espagne dans les années 1960 L'irruption de Ricardo Bofill en France

1971

# Social housing in Spain during the 60s Ricardo Bofill bursts onto the French scene

# Architecture modulaire et vernaculaire



1963 : Taller de Arquitectura, une équipe multidisciplinaire de création et de recherche architecturales, fondée sur un concept complètement novateur, mène sa révolte contestataire dans la Catalogne et l'Espagne alors franquistes. De jeunes penseurs — critique littéraire, économistes, mathématiciens, acteurs, étudiants en architecture, jeunes architectes[1] — bousculent non seulement la pensée politique totalitaire de Franco, mais aussi la pensée architecturale des blocs et des barres. La moyenne d'âge est de 30 ans.

Ponctuée de nombreux emprisonnements à Barcelone ou à Madrid, la genèse de ce groupe frappe par son avant-gardisme provocateur dont l'ambition est de repenser totalement l'architecture, qu'il place au centre de ses préoccupations sur l'environnement et la vie urbaine des habitants. Le jardin, la rue, la place, les espaces communs, l'emploi de matériaux locaux prennent le pas sur le « tout béton », l'objet architectural en soi laissant l'organisation de la ville devenir l'enjeu majeur de l'architecture. Pour poursuivre cette recherche, c'est un atelier à plusieurs têtes, de disciplines et de talents complémentaires qui s'y dédie, sous la baguette d'un leader naturel, Ricardo Bofill, personnalité charismatique de la « gauche divine » qui vient de mettre fin à ses études d'architecture à Genève, sans obtenir son diplôme, et dont le père, Emilio, détient une entreprise de construction renommée, des fonds et des locaux Calle Nicaragua à Barcelone, où s'installe le Taller.

En France, en 1960, les villes nouvelles sont en formation, sous l'impulsion du général de Gaulle et notamment de Jérôme Monod, Michel Picquard et Paul Delouvrier, qui cherchent à organiser

1 Le groupe initial comprenait également la sœur de Ricardo Bofill, Anna, musicienne et architecte, ainsi que le critique littéraire Salvador Clotas, le poète José Agustín Goytisolo, les architectes Ramón Collado, Manolo Nuñez Yanowsky, Joan Malagarriga, Maria Dolores Rocamora et l'actrice et photographe italienne Serena Vergano, qui deviendra la conjointe de Ricardo Bofill en 1965 et lui donnera un fils, Ricardo Emilio Bofill, futur architecte diplômé de Havard, actuel co-associé en 2022 avec son demi-frère Pablo de Bofill Arqitectura Sl.

**l'extension des villes en Île-de-France en trouvant une alternative à la banlieue existante. Ces hauts fonctionnaires rencontrent**

2 Jean-Eudes Roullier Serge Goldberg, Jacques Michel et surtout Jean Millier, grand ingénieur. Ces personnages étaient complètement marginaux et atypiques par rapport à leur corps d'origine. [...] Le rapporteur général du budget et du district de la région de Paris était Christian de La Malène, l'homme fort de la ville de Paris.

2 Secrétaire général du GCVN de décembre 1970 à 1978. Entretiens réalisés par Sabine Effosse (agrégée et docteur en histoire, maître de conférences à l'université de Tours) le 10 juillet 2002, entretien n° 1, première campagne d'archives orales « Acteurs et mémoire des villes nouvelles », réalisée pour le compte du programme interministériel « Histoire et évaluation des villes nouvelles ».

**En effet, c'est au travers d'une mission formée d'un petit nombre de hauts fonctionnaires, ingénieurs des Ponts et Chaussées pour la plupart, que le Groupe central des villes nouvelles (GCVN) est créé en 1970 sous la direction de Jean-Eudes Roullier, inspecteur des Finances :**

3 Jean-Eudes Roullier Sa mission a été de trouver les « instruments » pour réaliser les villes nouvelles. Sa pensée : créer un établissement public à la française qui achète les terrains, réunit des urbanistes, des sociologues, des architectes [...]. Les premiers [établissements publics] sont créés en 1970 [...]. Trois institutions ont joué un rôle déterminant : le Plan, le District, la Datar [...]. On avait « jeté » sur le terrain, en 1966-1968, des gars d'une trentaine d'années : un mélange d'ingénieurs, d'urbanistes et d'architectes qui débarquaient d'ailleurs au départ sans aucun pouvoir puisque les établissements publics n'ont été installés qu'en 1970. Et ces architectes, qui sortaient de l'école, apprenaient leur métier sur le tas [...]. Le Secrétariat des villes nouvelles et l'Institut d'aménagement et d'urbanisme de la région parisienne (IAURP), créé en 1960, étaient une sorte de club, puisque les urbanistes des villes nouvelles venaient de l'IAURP. Ils ont ensuite basculé sur Marne-la-Vallée ou Cergy. Ils étaient volontiers un peu utopistes, c'était aussi le début de ce qui s'est concrétisé en mai 1968 : le rejet de l'École des beaux-arts, des architectes en chef, des grands mandarins.

3 *Ibid.*

**Les réalisations du Taller de Arquitectura en Espagne, ses recherches en matière de logement social et de vie intergénérationnelle, ont un certain écho sur la scène architecturale européenne et attirent l'attention de la mission française.**

4 Jean-Eudes Roullier On cherchait tous des idées. On cherchait à sortir du climat de l'école architecturale française. En 1965, ce n'était pas follement gai. C'étaient les grands ensembles. On cherchait des jeunes [...]. J'ai découvert Ricardo Bofill à travers la télévision [...]. Il y avait eu une émission sous forme de débat présentée par Jacqueline Baudrier entre les jeunes de La Courneuve et Maurice Doublet [...] sur des cités. Il y avait la ville nouvelle

4 *Ibid.*

finlandaise de Tapiola, et il y avait Reus en Espagne, à côté de Tarragone, un ensemble construit par Ricardo Bofill, avec des gens qui sortaient leurs chaises dans la rue, une ambiance de rue populaire d'autrefois un peu méditerranéenne. Bofill était habillé comme un sage indien. Le lendemain, j'ai rencontré le directeur adjoint de la ville nouvelle de Cergy-Pontoise, qui est l'actuel président du Crédit local de France, Pierre Richard, qui est un esprit original, un ingénieur des Ponts. Et là, j'ai pris des renseignements sur Ricardo Bofill auprès de lui. Ricardo Bofill était un phénomène. Guy Salmon-Legagneur[5] m'a dit quand il l'a vu : « C'est Bonaparte au pont d'Arcole. » Ricardo Bofill, à 35 ans, avait construit des trucs étonnants en Espagne [...]. J'ai assisté au pot de clôture d'un colloque sur l'industrialisation de la construction qui s'était tenu à Yerres, dans l'Essonne. Et là, je suis tombé sur Ricardo Bofill qui était en train de bavarder avec Gérard Thurnauer, l'architecte du Vaudreuil, qui se lamentait en disant : « On a pas un sou pour faire trois logements. » Ricardo Bofill lui répondait : « Tu ne sais pas t'y prendre. Moi, je trouve de l'argent... » Il y avait Paul Chemetov, à l'époque un militant flamboyant du parti communiste et un bon ami, qui a bavardé avec nous et qui m'a dit : « Il faut qu'on aille voir Ricardo Bofill. » L'idée paraissait intéressante. De plus, cela ferait du bien de sortir les directeurs de villes nouvelles. On a récupéré les gens d'Évry qui songeaient à faire un grand concours, les gens de Cergy avec Bernard Hirsch, sans oublier Paul Chemetov. Quelques semaines plus tard, un premier voyage d'étude est organisé en Espagne au début de l'été 1971, puis un second en septembre [...]. Il nous a fait visiter une ancienne cimenterie qu'il avait réaménagée, notamment une pièce qui était une sorte de monastère où il écoutait du Bach tout seul. Lui-même avait du mal à construire, puisqu'il n'était pas architecte. Son père était entrepreneur et il fallait qu'il trouve un architecte pour signer à sa place. C'était aussi un homme d'affaires remarquable. Au bout d'une ou deux journées, Paul Chemetov s'est levé et a dit : « Il faut absolument que les villes nouvelles travaillent avec Ricardo Bofill [...]. » Paul Chemetov a été le premier à s'associer avec Bofill pour présenter le concours d'Évry.

5 Conseiller technique auprès du préfet de la Région parisienne, secrétaire général adjoint du Groupe interministériel des villes nouvelles de la région parisienne, puis du GCVN (1968–1978), secrétaire général du GCVN (1978–1983), vice-président du GCVN (1983–1984).

**la suite de la retransmission d'un documentaire sur le Barrio Gaudí la télévision, une certaine presse française à l'avant-garde s'empare dès rs du personnage magnétique, jeune et rafraîchissant de Ricardo Bofill, u charme ravageur d'un jeune matador. Sous l'impulsion de Patrice oulet[6], Alice Morgaine, alors rédactrice en chef du *Jardin des Modes*, fait araître un reportage photographique le montrant dans ce quartier de eus, sautant d'un escalier à l'autre au milieu des habitants paisibles et es femmes étendant leur linge sur les terrasses collectives. C'était une**

6 Patrice Goulet, architecte, critique d'architecture, responsable du département Création-diffusion de l'Institut français d'architecture.

**première, pour un architecte, d'être publié dans un support de la presse féminine... Ce fut aussi un choc pour l'establishment de l'architecture française, composé de dignitaires de l'époque du Mouvement moderne, le début des ressentiments et la naissance d'une controverse ouvrant un débat inédit sur l'architecture, dans le grand public, soutenu par *L'Architecture d'Aujourd'hui*, revue de référence en architecture dirigée par Bernard Huet.**

**Dans les années 1970, l'Espagne sortait du franquisme, Bofill déclarait qu'il était jeune et voulait inventer des formes nouvelles qui ne ressembleraient à rien de connu.**

7 Ricardo Bofill L'architecture ancienne nous semblait être condamnée. Je cherchais mes modèles ailleurs, dans le désert, le Sud marocain. C'était une voie intéressante mais étroite. Si l'on veut comprendre mon travail, ce qui relie mes œuvres entre elles et pourquoi j'ai tellement voulu changer de style (ce que les Français ignorent), il faut savoir que la ville fut la référence principale de mes expériences. Tout tourne autour de la ville, j'ai toujours voulu m'y intégrer.

7 Bertrand de Saint Vincer[...] interview de Ricardo Bofill dans *Le Figaro Magazine* du 6 mai 1995.

**On peut également citer, à propos de cette entrée en France, l'article paru dans *Le Moniteur*:**

8 On a aussi sans doute oublié l'admiration que le sociologue Henri Lefebvre a longtemps vouée à son «ami» Ricardo. Il en témoignait en 1975 dans *Le Temps des méprises*: «Lui, il construit et il a l'imagination d'un utopien concret. [...] Chacun à sa manière, Ricardo Bofill avec sa Cité de l'espace [refusée par la municipalité de Madrid, elle le contraint à porter son regard vers la France], et Constant Nieuwenhuys avec sa New Babylon, tourne autour de cette détermination d'une unité nouvelle, qui comblerait la séparation entre architecture et urbanisme.» En décembre 1986, dans l'un de ses derniers entretiens accordés à une revue d'architecture, en l'occurrence *AMC*, Lefebvre y revient pour évoquer cette réconciliation du social et du spatial à travers «quelque chose qui ne soit ni le pavillon isolé ni l'accumulation des gens dans des ensembles». Le 7 mars 1978, le critique d'architecture du *Monde* Jacques Michel avait tenté un rapprochement par le verbe entre Le Corbusier et Bofill: «Touche-à-tout brillant, brouillon, capable de saisir les idées dans l'air et de les réinsérer dans l'architecture, c'est un nouvel architecte comme on dirait un nouveau philosophe.»

8 *Le Moniteur*, mars 2016 [...] «Octobre 1974. Ricardo Bofi[...] ou le nouveau philosophe en architecture», qui reprend l[...] propos de Jean-Louis Violea[...] dans *AMC* du 15 février 2016[...]

→ Couverture de la revue *Architectural Design* n° XLV, juillet 1975
Cover of *Architectural Design* n° XLV, July 1975

# A.D.

## TALLER DE ARQUITECTURA

ARCHITECTURAL DESIGN VOLUME XLV JULY 1975 75p

# Modular and vernacular architecture

24

1963: Taller de Arquitectura, a multidisciplinary architectural design and research team founded on a completely innovative concept, was waging its rebellion in Catalunya, in a Spain then in the grip of Franco's regime. The group of young thinkers—a literary critic, some economists, a mathematician, an actress, architecture students, young architects[1]—were shaking up not only Franco's totalitarian political thinking, but also the architectural notion of blocks and slabs. Their average age was thirty.

Punctuated by a number of spells in Madrid or Barcelona, the group's genesis caused a stir with their provocative avant-gardism that sought to completely rethink architecture, which it placed at the centre of its considerations on people's urban life and environment. The garden, the street, the square, shared spaces and the use of local materials prevailed over the "all-concrete" tendency, and the architectural object per se gave way to the organization of the city as architecture's key issue. It was a workshop of individuals with a complementary range of backgrounds and talents that came together to undertake this quest, with a natural leader, Ricardo Bofill, at the helm. A charismatic member of the liberal intellectual movement in Barcelona that went by the French title the "Gauche Divine" (Divine Left), Bofill had cut short his architectural studies in Geneva, without obtaining a diploma; his father, Emilio, ran a well-known construction company and possessed both funds and premises in Barcelona's Calle Nicaragua, where Taller took up residence.

In France in 1960, new towns were starting to take shape, spurred on by Charles de Gaulle and most particularly by Jérôme Monod,

1 The original group included Ricardo Bofill's siste Anna, a musician and archite as well as the literary critic Salvador Clotas, the poet Jos Agustín Goytisolo, the architec Ramón Collado, Manolo Nuñe Yanowsky, Joan Malagarriga, and Maria Dolores Rocamora It also included the Italian actress and photographer Serena Vergano, who marrie Bofill in 1965 and gave him a son, Ricardo Emilio Bofill, w went on to qualify as an archi tect from Harvard Graduate School of Design and as of 20 is working in partnership wit his half-brother Pablo as Bof Arquitectura SI.

Iichel Picquard and Paul Delouvrier, who were seeking to organize rban expansion in the Île-de-France region by finding an alternative o the existing suburban realm.

Jean-Eudes Roullier **[These senior officials met] Serge Goldberg, Jacques Michel and most notably the great engineer Jean Millier. They were all total outsiders, utterly untypical of their professional background [...] The general budget and district rapporteur for the Paris region was Christian de La Malène, a powerful force in Paris's city authorities.**

ndeed, it was through a mission involving a small number of senior fficials, most of whom were engineers in the Ponts et Chaussées (Bridges nd Roads) body of the civil service, that the Groupe Central des Villes Iouvelles (GCVN[3]—Central Group for New Towns) was founded in 1970, eaded by Jean-Eudes Roullier, Inspector of Finances.

Jean-Eudes Roullier **His task was to find the "tools" by which to create new towns. His idea was to set up a French public entity that would purchase land and bring together urbanists, sociologists, architects. [...] The first [public entities] were established in 1970. [...] Three public institutions—"Le Plan",[5] the "District"[6] and the DATAR[7]—played a defining role. [...] In 1966–1968, a load of youngsters all about thirty years old had been "flung" into action on site: a mixture of engineers, urbanists and architects who actually started out with no authority at all, since those public entities weren't established until 1970. And those architects, who were just out of college, learnt their profession out in the field. [...] The Secrétariat des Villes Nouvelles[8] and the IAURP,[9] set up in 1960, were a sort of club, since the urbanists for the New Towns came from the IAURP. Then they moved on to Marne-la-Vallée or Cergy. They were consciously a bit utopian, and that was also the beginning of what materialized in 1968: the rejection of the École des Beaux-Arts,[10] of chief architects and great mandarins.**

aller de Arquitectura's built work in Spain, together with its research n the realms of social housing and intergenerational living, sent reverberations around the European architecture scene and attracted the rench mission's attention.

Jean-Eudes Roullier **We were all looking for ideas. We wanted to get away from the climate of French architecture schools. It wasn't a lot of fun in 1965. It was all about big urban complexes. We were looking for young blood. [...] I discovered Ricardo Bofill via the television. [...] There had been a programme in**

2 Jean-Eudes Roullier, secretary general of GCVN from December 1970 to 1978. Interviewed by Sabine Effosse (doctoral associate in history and lecturer at the University of Tours), 10 July 2002—interview n°1 of "Acteurs et mémoire des villes nouvelles" ("New Towns Protagonists and Memory"), the first oral archive campaign carried out on behalf of the "Histoire et évaluation des villes nouvelles" ("History and Assessment of New Towns") interministerial programme.

3 "GCVN: Groupe Central des Villes Nouvelles (Central Group for New Towns).

4 Jean-Eudes Roullier in the interview with Sabine Effosse, 10 July 2002.

5 "Le Plan": Commissariat Général du Plan (General Planning Commission).

6 District: former administrative subdivision within a French *département* (county).

7 DATAR: Délégation à l'Aménagement du Territoire et à l'Action Régionale (Regional Land Development Agency).

8 New Towns Secretariat.

9 IAURP: Institut d'Aménagement et d'Urbanisme de la Région Parisienne (Paris Region Development and Urbanism Institute).

10 France's historically leading School of Fine Arts.

11 Jean-Eudes Roullier, in the interview with Sabine Effosse, 10 July 2002.

**the form of a debate presented by Jacqueline Baudrier between youngsters from La Courneuve[12] and Maurice Doublet[13] [...] on housing estates. There was the Finnish new town of Tapiola, and there was Reus in Spain, near Tarragona, with an estate built by Ricardo Bofill, where people brought their chairs out into the street in an atmosphere reminiscent of old-fashioned Mediterranean communities. Bofill was dressed like an Indian sage. The next day, I met the deputy director of Cergy-Pontoise New Town, who is now president of the Crédit Local de France bank, Pierre Richard—an original thinker and a Ponts engineer. And I got some information about Ricardo Bofill from him [...]. Ricardo Bofill was a phenomenon. When Guy Salmon-Legagneur[14] saw him, he said to me: "It's Bonaparte at the Pont d'Arcole." At thirty-five, Bofill had already built amazing things in Spain. [...] I attended the closing reception of a conference on the industrialization of construction that was held in Yerres, in Essonne. And there, I came across Ricardo Bofill—he was chatting with Gérard Thurnauer, architect of Le Vaudreuil New Town, who was whinging that "We don't have a cent to put up a few homes". Ricardo Bofill replied: "You don't know how to go about it. I find the money..." Paul Chemetov was there—at the time he was an outspoken activist for the Communist Party and a good friend. He chatted with us and said to me: "We should go and see Ricardo Bofill." It sounded like an interesting idea. Plus, it would do the New Towns directors good to get out and about. We got the folk from Évry on board, who were thinking of having a big competition, and the ones from Cergy with Bernard Hirsch, plus of course Paul Chemetov himself. A few weeks later, a first study trip was organized, to Spain in early summer 1971, and then a second in September. [...] He showed us around an old cement factory that he'd refitted, notably with a space that was a sort of monastery where he would listen to Bach on his own. He struggled to build, himself, because he wasn't an architect. His father was an entrepreneur and he needed to find an architect to sign for him. He was also a remarkable businessman. After a day or two, Paul Chemetov stood up and said: "The New Towns absolutely must work with Bofill..." Paul Chemetov was the first to partner with Bofill, to enter the Évry competition.**

After a documentary on the Barrio Gaudí was broadcast on television, a certain cutting-edge sector of the French press immediately seized upon Bofill, with his young, refreshing, magnetic personality and his devastating charm like that of a young matador. Spurred on by Patrice Goulet,[15] Alice Morgaine, the then editor-in-chief of *Jardin des Modes*, published a photo essay which showed him in that Reus

12 A northern Paris suburb being heavily built up with soci housing at the time.

13 Maurice Doublet, Prefect of the Seine from 1967 to 196 then first Prefect of Paris fro 1968 to 1969 and Prefect of the Paris Region between 196 and 1975.

14 Technical advisor to the Prefect of the Paris Regio deputy secretary general of the Groupe Interministérie des Villes Nouvelles de la Région Parisienne (Interminis terial Group of Paris Region New Towns) and then of GCV (1968–1978), secretary gener of GCVN (1978–1983), vice-president of GCVN (1983–198

15 Patrice Goulet, architect architecture critic, head of th Production and Disseminatio department at the Institut Française d'Architecture (French Architecture Institut

ieighbourhood, jumping from one stairway to another amid peaceful esidents and women hanging their washing out on shared terraces. It was first for an architect to be published in a women's magazine... It was also shock for the French architectural "establishment", which consisted of lignitaries from the Modern Movement period, and marked an emerging esentment and the start of a controversy that opened up an unprecelented debate on architecture among the general public, which was ostered by the leading architectural journal *L'Architecture d'Aujourd'hui*, ınder Bernard Huet's editorship.

In the 1970s, Spain was resurfacing from the Franco era, and 3ofill declared that he was young and wanted to invent new forms that lid not look like anything seen before.

6 Ricardo Bofill **For us, traditional architecture seemed doomed. I was looking for forms elsewhere—in the desert, in southern Morocco. It was an interesting but narrow track.**

**If you want to understand my work, what links my projects together and why I so wanted to change style (which the French don't realize), you need to be aware that the city was the main reference point in my experiments. They were all about the city—I always wanted to be part of it.**

16 Ricardo Bofill interviewed by Bertrand de Saint Vincent, *Le Figaro Magazine*, 6 May 1995.

ınother source worth quoting with regard to his arrival in France is an rticle published in *Le Moniteur:*

7 **The admiration that the sociologist Henri Lefebvre long held for his "friend" Ricardo has also apparently been forgotten. He demonstrated it in 1975 in *Le Temps des méprises*: "[Bofill] builds, and he has the imagination of a practical utopian. [...] Each in their own ways, both Ricardo Bofill with his City in Space [which was rejected by the Madrid city council, leading him to look towards France] and Constant Nieuwenhuys with his New Babylon revolve around a determination for a new unity to fill the gap between architecture and urbanism." In December 1986, in one of the last interviews he gave to an architectural journal, which in this instance was *AMC*, Lefebvre returned to the subject by discussing the reconciliation between the social and spatial through "something that is neither an isolated pavilion nor an accumulation of people in urban complexes". On 7 March 1978, the architecture critic of the newspaper *Le Monde*, Jacques Michel, ventured a description of Bofill that drew similarities with Le Corbusier: "A messy but brilliant all-rounder, able to grasp ideas from thin air and insert them into architecture, here is a new architect in the sense that we speak of a new philosopher." During those years, everyone could find in Bofill whatever they were looking for.**

17 "Octobre 1974: Ricardo Bofill ou le nouveau philosophe en architecture", *Le Moniteur*, March 2016, quoting Jean-Louis Violeau in *AMC*, 15 February 2016, and Jacques Michel in *Le Monde*, 7 March 1978.

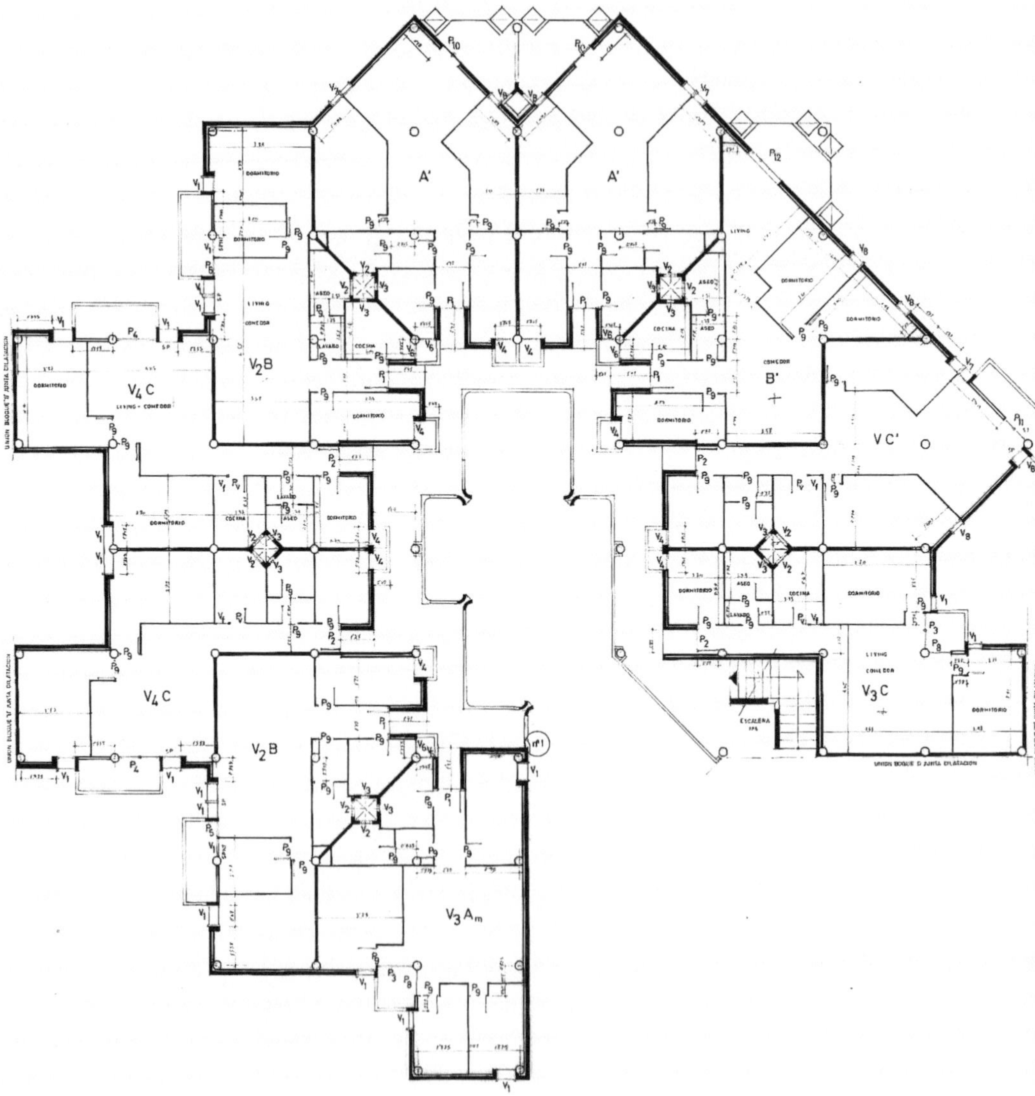

# Barrio Gaudí



Commanditaire / Client
**Ville de Reus, Espagne / City of Reus, Spain**

Surface / Total area
**33 000 m²**

Principaux collaborateurs / Key collaborators
**Anna Bofill-Levi**
**Manolo Nuñez Yanowsky**
**Maria Dolores Rocamora**
**Joan Malagarriga**

Programme
**500 appartements / apartments**

1964 1968

Plan d'un étage courant. Encre de Chine sur calque
Typical floor plan. Indian ink on tracing paper

Détail des escaliers
Detail of internal stairways

Composé de 500 logements sociaux, le Barrio Gaudí est un vaste ensemble résidentiel. En mettant en œuvre les utopies sociales des années 1970, il présente une alternative aux blocs de logements sociaux à tendance rationaliste prévalant en Espagne à cette époque, sur la base des dispositions d'urbanisme de la Charte d'Athènes rédigée par le IVe CIAM[1] en 1933. Cette théorie, qui proposait une nouvelle façon de faire de l'architecture et d'organiser l'espace, a permis d'instaurer d'autres modes de vie et de relations, ainsi qu'un autre type d'organisation sociale.

Le Barrio Gaudí est un projet clé tant pour le Taller que pour Anna Bofill-Levi. Il s'agit de la première intervention d'urbanisme du Taller à grande échelle, où, pour la première fois, une agrégation modulaire fondée sur des principes mathématiques est utilisée sur la base de lois de composition formelle. Les unités modulaires sont combinées à partir de tours de 45° tissant la structure du quartier. Cependant, dans ce projet, les unités ne sont pas régulières et il ne s'agit pas non plus d'une seule cellule principale. Le Barrio Gaudí a donné naissance à divers autres projets, notamment la Cité dans l'espace en 1970 pour Madrid (projet abandonné par la mairie franquiste de Madrid), El Castillo de Kafka à Sitges en 1965, Xanadu à Alicante en 1966, La Muralla Roja à Calpe en 1968, Walden 7 en 1970, la Petite Cathédrale en 1971 à Cergy-Pontoise en France et, enfin, le projet de plan urbanistique pour la ville nouvelle d'Évry la même année. Pour Peter Hodgkinson et les fondateurs du Taller, ce « projet phare est la porte d'entrée du Taller de Arquitectura en France ». Hodgkinson témoigne : « J'avais sa maquette en bois à côté de moi à mon arrivée calle Nicaragua[2]. »

1 CIAM : Congrès international d'architecture moderne.

2 Peter Hodgkinson, Architecte AA of London (Architectural Association School of Architecture), ex-*partner* du Taller de Arquitectura puis de Ricardo Bofill Taller de Arquitectura RBTA de 196 à 2012, aujourd'hui retraité. Propos recueillis par l'autric le 25 novembre 2022 à Falset (Espagne).

**ue du bâtiment intérieur** / View of the inner building

**ue de la toiture en terrasse** / View of the roof terrace

The Barrio Gaudí is a huge social housing complex made up of 500 residences. By implementing the utopian vision of the 1970s, it showcased an alternative to the blocks of social housing with their rationalist orientation that were prevalent in Spain at that time, and was based on the urban design guidelines laid out in the Athens Charter during the fourth Congrès International d'Architecture Moderne (CIAM[1]—International Congress of Modern Architecture) in 1933. It was a theory that proposed a different architectural method for organizing space that would allow for different lifestyles and relationships as well as a new sort of social structure.

It was a key project as much for Taller as for Anna Bofill-Levi. It was Taller's first major urban design project, where for the first time a modular aggregation was built on mathematical principles based on formal compositional laws. The modular units are combined at 45° angles to one another, weaving the structure of the complex together. However, the units are not uniform and there is no primary cell. The Barrio Gaudí gave rise to various other projects, notably Ciudad en el Espacio (City in Space) in 1970 (a project that was dropped by the Francoist town council), El Castillo de Kafka at Sitges in 1965, Xanadu in Alicante in 1966, La Muralla Roja in Calpe in 1968, Walden 7 in 1970; and in France, La Petite Cathédrale in Cergy-Pontoise, 1971. In the same year, another project was planned for the New Town in Évry. Peter Hodgkinson, one of Taller's founders, considers that "this flagship project was Taller de Arquitectura's gateway to France". And it was his inspiration: "When I arrived at Calle Nicaragua, I had a wooden maquette of it with me."[2]

1 CIAM: Congrès International d'Architecture Moderne (International Congress of Modern Architecture).

2 Peter Hodgkinson, architect; partner and founder member of Taller de Arquitectura. Interview with the author, in French, at Hodgkinson's home near False, Spain, 25 November 2022.

→ **Vue des coursives intérieures** / View of internal walkways

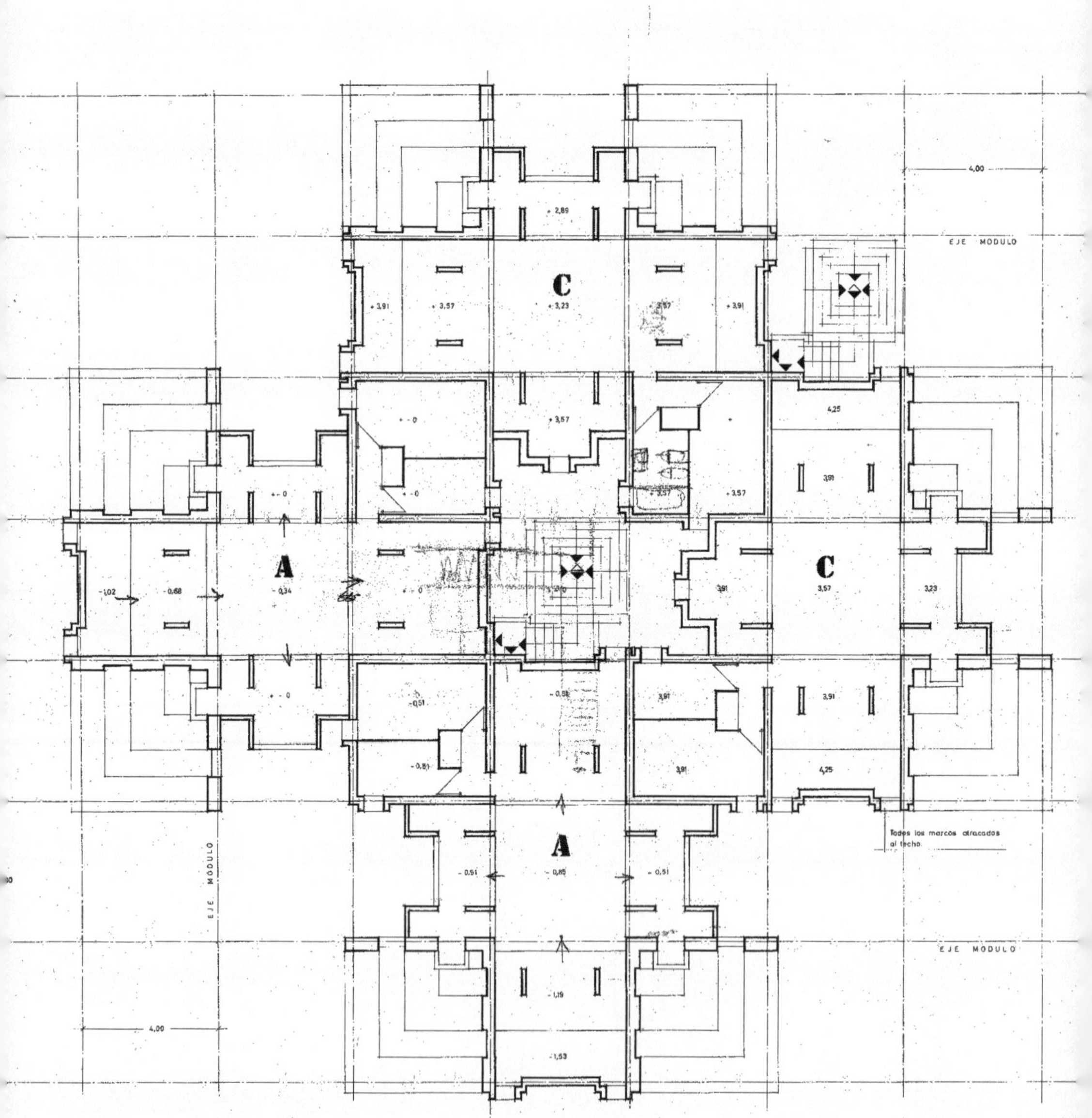

4,00
EJE MODULO
C
A
C
A
Todos los marcos atracados al techo.
EJE MODULO
EJE MODULO
4,00

# La Muralla Roja



ocalisation / Location
**alpe, Espagne / Spain**

Surface / Total area
**7 000 m²**

Principaux collaborateurs / Key collaborators
**Anna Bofill-Levi**
**Manolo Nuñez Yanowsky**

Programme
**50 appartements / apartments**

1966

1968

**Plan de masse. Encre de hine sur calque** / Ground plan. dian ink on tracing paper

**Détail de la façade** / Detail the façade

**Cet ensemble d'immeubles colorés situé près d'Alicante, au sud-est de l'Espagne, est un complexe de cinquante appartements qui se présente comme un dédale d'allées géométriques formant un dégradé du rouge au bleu avec une référence claire à l'architecture populaire de la Méditerranée. Sa composition correspond à un plan géométrique fondé sur des croix grecques agencées de diverses manières, avec, sur les terrasses, des solariums, une piscine et un sauna partagés par les habitants. Il est remarquable par sa structure générant une série de cours interconnectées et de nombreux escaliers enchevêtrés, et par ses couleurs en aplats vifs ou pâles selon leur fonction.**

**La Muralla Roja, « Muraille rouge », a été conçue dans la première période du Taller de Arquitectura à partir de formes simples qui reflètent le style vernaculaire catalan et témoignent de l'intérêt du Taller pour l'architecture minimaliste des villages nord-africains, aux confins du désert du Sahara. À partir de l'étude des logements cubiques des communautés de l'Afrique du Nord et de l'île d'Ibiza, après le Château de Kafka, « El Castillo de Kafka » à Sitges, la Muralla Roja se présente sous la forme d'un vaste ensemble résidentiel conçu comme un quartier multifonctionnel et développé à partir d'un système modulaire. En mettant en œuvre les utopies sociales des années 1970, elle est composée de petites maisons organisées en complexes qui apparaissent comme des forteresses majestueuses, avec, à l'intérieur, des unités habitables reliées par des escaliers et des patios afin de favoriser la construction de la communauté tout en préservant l'intimité des habitants.**

1 Serge Goldberg L'opération de Sitges était une opération très intéressante, très novatrice. Il [Ricardo Bofill] avait fait des choses assez excentriques à Calpe. C'était amusant plus qu'autre chose. Tandis que l'opération de Sitges a vraiment été une opération intelligente de HLM, avec des rues intérieures, avec les gens qui s'asseyaient dehors pour bavarder. Cela fonctionnait admirablement dans le monde méditerranéen.

2 Peter Hodkinson Conçue selon une série d'équations mathématiques de cubes préfabriqués, assemblés selon deux équations mathématiques générant leur emplacement, en relation avec une tour de circulation verticale,

**la Muralla Roja reste aujourd'hui encore une œuvre architecturale admirable et intemporelle.**

1 Programme interministériel « Histoire et évaluation des villes nouvelles, Acteurs et mémoire des villes nouvelles », première campagne d'archives orales menée auprès des acteurs de la genèse des villes nouvelles françaises. Extrait d'un entretien entre Sabine Effosse (agrégée et docteure en histoire, maître de conférences à l'université de Tours) et Serge Goldberg, directeur général de l'EPA de la ville nouvelle de Saint-Quentin-en-Yvelines, 1971–1979.

2 Propos recueillis par l'autrice le 25 novembre 2022 à Falset (Espagne).

**ıe d'ensemble** / General view

**ítail de l'escalier intérieur** / Detail of the inner stairway

## La Muralla Roja

José Agustín Goytisolo

Vienes y no lo sabes
a encontrarte a ti mismo
nadie te ha detenido
al pie de la muralla
y ahora estás aquí
absorto acongojado
y sin saber qué hacer.

La muralla no tiene
secretos hacia afuera
pero dentro silencio
ten cuidado no grites
¿escuchas esa música?
¿no te recuerda nada?
sí sí estuviste aquí
hace miles de años
jugabas sí ¿fue un sueño
o es tu imaginación
que te gasta una treta?
un laberinto era
un lienzo de colores
rojos como la sangre
rojos como el espanto
que hace temblar los pies.

¡Ah los pies! no profanes

→ **Détail de la façade côté rouge** / Detail of the façade on the red side

# La Muralla Roja

Vue depuis la mer / View from the sea

.a Muralla Roja (The Red Wall), situated near Alicante in south-west pain, is a colourful complex of fifty apartments. With its maze of geome- ric walkways in a gradation of red to blue shades, it is a clear reference to Aediterranean popular architecture. Its composition follows a geometric ireek-cross pattern laid out in various ways, with terraces, solariums, pool and a sauna for the use of its residents. It is a remarkable structure nade up of a series of interconnected courtyards and a tangle of multi- le staircases; the surfaces are in flat shades of colour corresponding o their architectural function.

Designed in the first years of Taller de Arquitectura's existence, .a Muralla Roja followed the simple forms of the vernacular Catalan style, estifying to Taller's interest in the minimalist architecture of the North .frican villages set at the edge of the Sahara Desert. The cubic housing ound in North African communities and the design of El Castillo de afka (Kafka's Castle) in Sitges formed the starting point for La Muralla oja, which is a vast residential complex conceived as a multifunctional istrict and developed on a modular system. It followed the concept of ie communal Utopias of the 1970s, and is made up of clusters of small ouses arranged to give the overall appearance of majestic fortresses. t its heart, the residential units are connected by stairs and courtyards, ivouring communal interaction while preserving the residents' privacy.

Serge Goldberg **The Sitges operation was extremely interesting, and innovative. He [Ricardo Bofill] had done some pretty eccentric things in Calpe. It was fun more than anything else. Whereas the Sitges operation was a truly intelligent social housing operation, with interior streets, and people sitting and chatting outside. It worked incredibly well for the Mediterranean lifestyle.**

Peter Hodgkinson **Based on a series of mathematical formulas, it is made up of prefabricated cubes that are assembled following two mathematical equations that generate their position in relation to a vertical circulation tower.**

oday, La Muralla Roja still remains an admirable and timeless archi- ctural work.

1 Extract from an interview between Serge Goldberg, director general of the development authority of Saint-Quentin-en-Yvelines New Town (1971–1979), and Sabine Effosse (doctoral associate in history and lecturer at the University of Tours)—carried out within the "Histoire et évaluation des villes nouvelles, Acteurs et mémoire des villes nouvelles" interministerial oral archive programme.

2 Interview with the author, in French, at Hodgkinson's home near Falset (Spain), 25 November 2022.

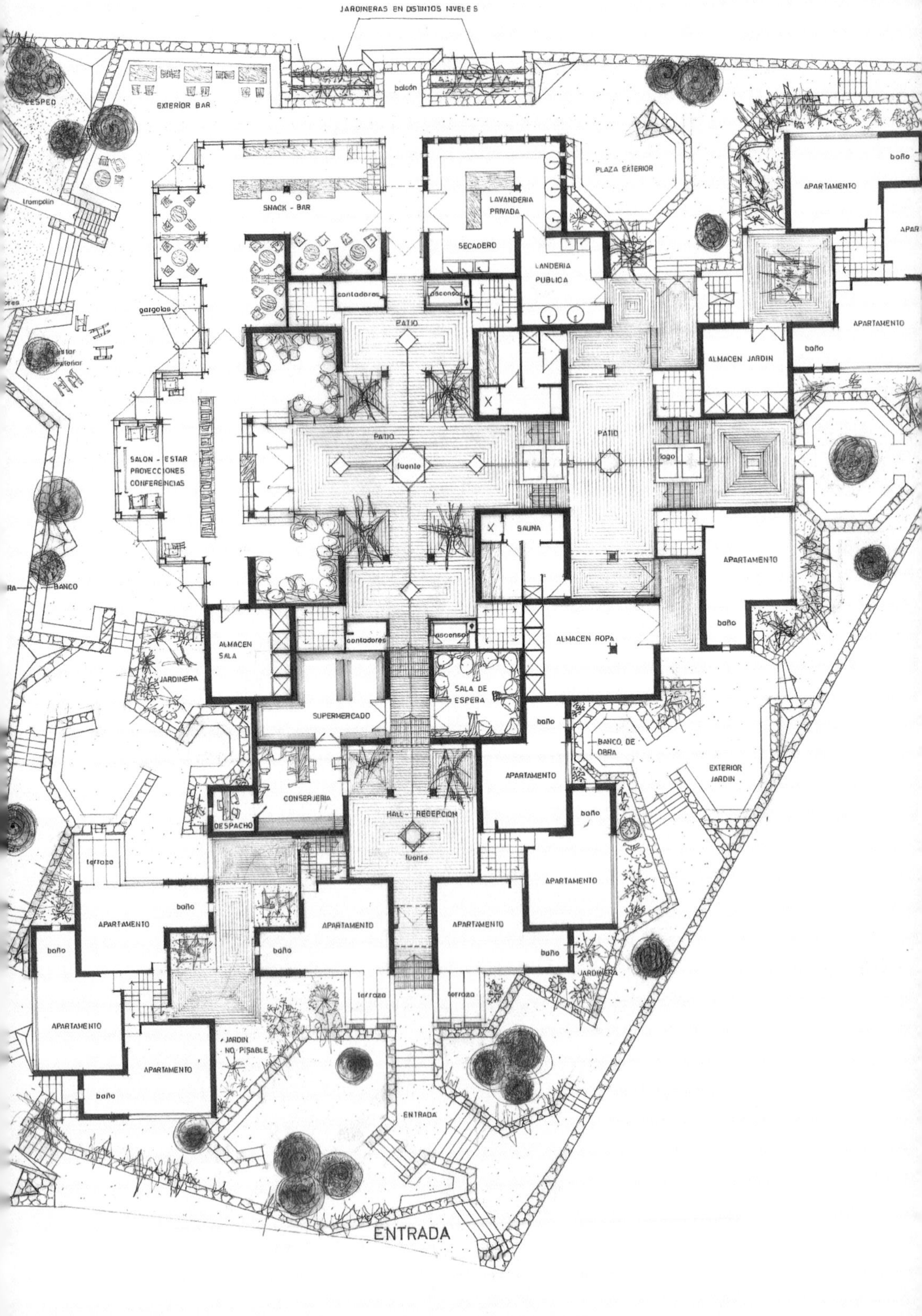
JARDINERAS EN DISTINTOS NIVELES
CESPED
EXTERIOR BAR
balcón
SNACK - BAR
LAVANDERIA PRIVADA
PLAZA EXTERIOR
APARTAMENTO
baño
trampolin
SECADERO
LANDERIA PUBLICA
contadores
ascensor
gargolas
PATIO
ALMACEN JARDIN
fuente
lago
SALON - ESTAR PROYECCIONES CONFERENCIAS
SAUNA
BANCO
ALMACEN SALA
ALMACEN ROPA
JARDINERA
SALA DE ESPERA
SUPERMERCADO
BANCO DE OBRA
EXTERIOR JARDIN
CONSERJERIA
DESPACHO
HALL - RECEPCION
terraza
JARDIN NO PISABLE
ENTRADA

# El Castillo de Kafka



ocalisation / Location
**ant Pere de Ribes,**
**spagne / Spain**

ommanditaire / Client
**Abelló**

Surface / Total area
**4 000 m²**

Principaux collaborateurs /
**Key collaborators**
**Peter Hodgkinson**
**Manolo Nuñez Yanowsky**

Programme
**90 appartements / apartments**

1966 1968

**Plan de masse. Encre Chine sur calque** / Ground an. Indian ink on tracing paper

**Vue d'ensemble depuis la** er / General view from the sea

# Walden 7



:ommandanditaires
t localisation / Clients
nd location
**ille de Sant Just Desvern,**
**spagne / City of Sant**
**ıst Desvern, Spain**
**aller de Arquitectura**

Surface / Total area
**31 140 m²**

Principaux collaborateurs / Key collaborators
(conception / design)
**Anna Bofill-Levi**
**Peter Hodgkinson**
(réalisation / execution)
**Joan Malagarriga**
**Maria Dolores Rocamora**
**Ramón Collado**

Programme
**430 appartements / apartments**

1970

1975

**Croquis perspectif**
**conception. Encre de Chine**
**· calque** / Perspective
ncept sketch. Indian ink
tracing paper

**Vue de face** / Front view

Walden 7 se situe sur le terrain de La Fábrica, une cimenterie réhabilitée à Sant Just Desvern, non loin de Barcelone, qui est le siège des bureaux de Ricardo Bofill Taller de Arquitectura.

Immense « casbah » verticale transpercée par des coursives et dotée de places suspendues, Walden 7 est un ensemble de logements sociaux et de commerces de seize étages, plus un étage de terrasses, où habitent près de 1000 personnes. Articulé autour de dix-huit tours et de sept cours intérieures, avec sur le toit deux piscines offrant une vue imprenable sur la ville, il est desservi par deux ascenseurs qui ne s'arrêtent qu'aux étages pairs. Il en résulte une architecture étonnante, avec un véritable dédale de couloirs, d'escaliers, de ponts, de balcons, tantôt ouverts sur le ciel et la ville, tantôt tournés vers l'intérieur de la cité, avec des perspectives remarquables. Un jeu de couleurs impressionnant se déploie également sur ses murs : un rouge terre puissant à l'extérieur et des nuances allant du céladon au bleu outremer pour les patios intérieurs.

Walden 7 fait partie des œuvres de la première période du Taller de Arquitectura, marquée par une réflexion sur la philosophie, l'urbanisme et le lien social, comme le Barrio Gaudí, du nom de son père inspirateur, et la Muralla Roja[1].

1 Voir dans le présent ouvrage le chapitre sur le Barrio Gaudí (p. 28) et celui sur la Muralla Roja (p. 34).

À gauche, ensemble et cimenterie. À droite, le hall / On the left, general view and cement factory. On the right, lobby.

# Walden 7



Walden 7 is located on the same site as the reconstructed cement factory La Fábrica in Sant Just Desvern, near Barcelona, which houses the offices of Ricardo Bofill Taller de Arquitectura.

An immense vertical "Kasbah" run through with walkways and endowed with suspended patios, the complex is a 16-storey conglomeration of social housing and commercial spaces, home to nearly a thousand people. It is made up of eighteen towers and seven inner courtyards, with two rooftop swimming pools from where there are breathtaking views of the city, and is served by two lifts that only stop at even-numbered floors. The overall result is one of astonishing architecture, with labyrinthine walkways, staircases, bridges and balconies that are sometimes open to the sky and the city, or sometimes turned towards the interior of the complex with remarkable perspectives. An impressive play of colours adorns the walls, with a powerful terracotta red on the exterior, and nuances of celadon blue to ultramarine for the interior courtyards.

Walden 7 is among the works executed in Taller de Arquitectura's first period, which was marked by its reflection on philosophy, urbanism and community, such as the Barrio Gaudí—named after the man who inspired it—and La Muralla Roja.[1]

1 See the chapters on Barr[io] Gaudí (p. 32) and La Muralla Roja (p. 40) in this book.

→ **Coursive intérieure**
Internal walkway

in. 1523 W 2208

RÉPUBLIQUE FRANÇAISE

MINISTÈRE DE L'ÉQUIPEMENT ET DU LOGEMENT

DIRECTION DE LA CONSTRUCTION

LE DIRECTEUR

CH 1497

PARIS, LE 28 JUIN 1972

NOTE confidentielle
sur le projet A.U.A. Bofill Evry I

à compléter avec UCY.

1 - Il semble que, d'un point de vue objectif, ce projet soit bien coté. La commission habitat, au terme d'un criblage rigoureux selon les grilles de critères qu'elle a adoptées, le situerait en tête.

La conviction des promoteurs et de l'O.T.H. plaide par ailleurs en faveur de sa crédibilité. Le jugement des spécialistes en marketing est favorable sur la commercialisation.

Ce projet est donc objectivement compétitif avec les deux autres qui retiennent l'attention du jury.

Néanmoins, il inquiète. En raison de son parti même, il risque d'être rejeté par un jury qui reculerait devant l'audace de la décision à prendre, devant le pari que comporterait une réponse positive.

2. - C'est précisément de ce point de vue qu'il me parait présenter les mérites les plus grands.

Nous souhaitons que la construction évolue, non pas pour des raisons gratuites mais pour sortir du conformisme et de la répétition des parti classiques.

Il nous semble que c'est ainsi que nous donnerons à l'habitat de ce pays plus de caractère. C'est également ainsi que nous lui donnerons de meilleures chances d'être mieux adapté aux besoins immédiats, et d'être adapté, tout simplement, aux besoins de demain.

Nous voulons donc l'évolution, ou plutôt une pluralité d'évolutions qui multiplie les chances de succès. C'est accepter du même coup, - ce que nous faisons au Plan-construction - la certitude que l'on commettra des erreurs.

Mais l'inertie est extrême. Sans doute, nous pesons déjà, depuis quelque temps, en faveur de la qualité, notamment la qualité architecturale, et en faveur du renouvellement des partis. Cette pesée provoque un bouillonnement intellectuel, mais elle ne se traduit, à de rares exceptions près, que par des mutations modestes.

./.

# Bonaparte au pont d'Arcole : ville nouvelle d'Évry 51

Commanditaire et localisation / Client and location
**Établissement public de la ville nouvelle d'Évry / Évry New Town public body**

Surface / Total area
**Non connue / Unknown**

Principaux collaborateurs / Key collaborators
**AUA : Paul Chemetov**
**Borja Huidobro**
**Taller de Arquitectura : Manolo Nuñez Yanowsky**

Programme
**Concours pour un ensemble urbain mixte de logements, équipements, commerces et bureaux. Concours perdu / Competition for a mixed urban development of housing, amenities, retail and offices. Unsuccessful competition entry**

1971

**Note confidentielle de Robert Lion, directeur de la construction au ministère de l'Équipement et du Logement sur le projet d'Évry. Archives AUA** / Confidential note from Robert Lion, head of the Construction Directorate in the Ministry of Public Works and Housing on the Évry project. AUA Archives

**Maquette du projet pour la ville nouvelle d'Évry** / Maquette of the scheme for Évry New Town

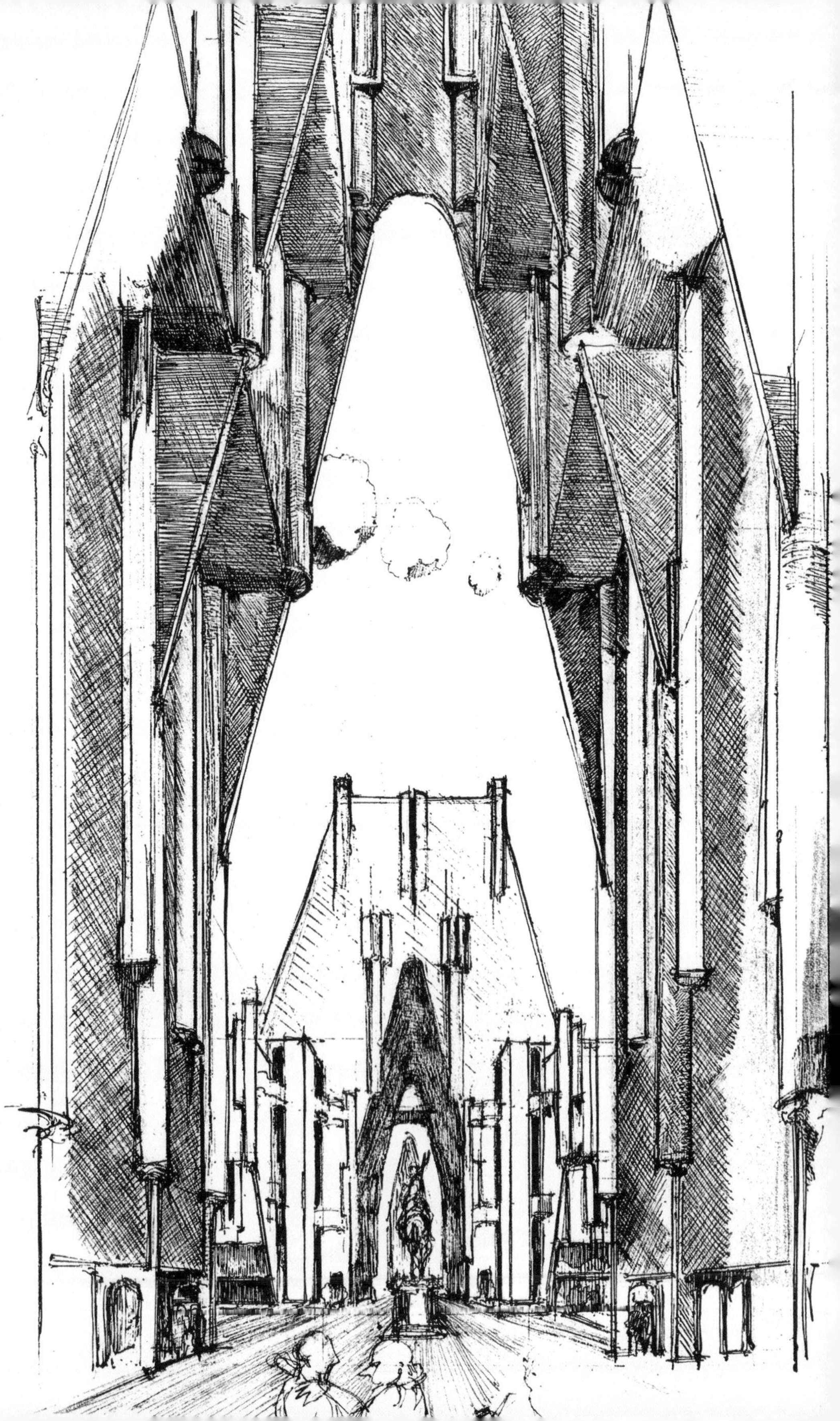

# La Petite Cathédrale



ocalisation / Location
**ille nouvelle de Cergy-ontoise / Cergy-Pontoise ew Town**

urface / Total area
**on connue / Unknown**

Commanditaire / Client
**Bernard Hirsch, directeur de la Mission d'aménagement de la ville nouvelle de Cergy-Pontoise (1965–1975), directeur de l'IAURIF / Bernard Hirsch, director of development for Cergy-Pontoise New Town (1965–1975), director of IAURIF**

Principaux collaborateurs / Key collaborators
**Anna Bofill-Levi**
**Raimond Guàrdia Riera**
**Peter Hodgkinson**
**Xavier Llistosella**
**Omar Migliore**

Programme
**Projet pour un quartier de logements sociaux, de bureaux, de commerces et de parking / Design for a district comprising social housing, offices, retail and parking facilities**

# 1971

**Perspective de conception u projet de la Petite athédrale pour la ville ouvelle de Cergy-Pontoise. rayon et encre de Chine ır calque** / Concept pers-ective drawing for La Petite athédrale for Cergy-Pontoise ew Town. Pencil and Indian k on tracing paper

**Peter Hodgkinson devant maquette en liège de la Petite athédrale** / Peter Hodgkinson ith the cork maquette of a Petite Cathédrale

**Dans la continuité du Barrio Gaudí et de Walden 7, édifiés par le Taller de Arquitectura à cette même époque en Espagne, la Petite Cathédrale propose un programme de logements sociaux, de commerces, de bureaux et de parking agencés à la façon d'une ville dans l'espace, reproduisant l'aspect et le plan d'une cathédrale, avec un porche, une nef et des transepts, et s'étirant selon un principe modulaire le long d'une rue intérieure monumentale, avec des places et des rues transversales.**

**Elle a pour ambition, comme le proposait le Taller dans ses projets, de créer un lieu d'échanges et une réelle vie sociale dans un dessin urbain affirmé, par opposition aux barres et aux tours des HLM de banlieue en cours. Peter Hodgkinson se remémore les circonstances de la création de ce projet pour la ville nouvelle de Cergy-Pontoise :**

1 Peter Hodgkinson L'IAURIF[2] et le GCVN[3] organisèrent en 1970 un voyage d'étude pour visiter les réalisations de logements sociaux du Taller de Arquitectura à Barcelone, dont j'étais l'un des architectes directeurs de projet. Le groupe comptait de jeunes architectes français avec lesquels nous avons sympathisé et qui se sont enthousiasmés pour le Barrio Gaudí à Reus (près de Tarragone). À la suite de cette visite, nous avons été invités à réfléchir à un projet de logements sociaux en ville nouvelle. D'abord à Évry, projet mené en association avec l'AUA[4] et dirigé par Manolo Nuñez Yanowsky pour le Taller, puis à Cergy-Pontoise, sous ma direction.

Pour ce projet, j'avais proposé une immense maquette en liège, pour sa couleur et sa matière chaude et neutre. Les logements se trouvaient de part et d'autre de la nef de cette « cathédrale », qui était en fait une rue couverte pour abriter les habitants des pluies fréquentes en région parisienne, selon notre imagination de Méditerranéens. Des dessins d'esquisses avaient été réalisés par Xavier Llistosella et Raimond Guàrdia Riera, jeunes et talentueux architectes stagiaires, et moi.

1 Propos recueillis par l'autrice le 25 novembre 2022 à Falset (Espagne).

2 IAURIF : Institut d'architecture et d'urbanisme de la région Île-de-France, créé en 1960.

3 GCVN : Groupe central de villes nouvelles, créé en 1970.

4 AUA : Atelier d'urbanisme et d'architecture, créé en 196

**Le projet reçoit un accueil enthousiaste de Bernard Hirsch, directeur de la ville nouvelle, du GCVN, de Paul Delouvrier et de tout son staff. La Petite Cathédrale devient le projet phare des villes nouvelles. Œuvre du Taller de Arquitectura, groupe d'architectes en devenir et déjà vivement admiré, il est en passe de voir le jour et d'être réalisé.**

**Mais alors qu'il a reçu l'assentiment des hauts fonctionnaires et des responsables des villes nouvelles, de leurs architectes et de l'administration, il doit néanmoins être validé, comme toujours en France, à l'échelon politique des dirigeants et des représentants en place, notamment Michel Poniatowski[5], député du Val-d'Oise. Comme on pouvait malheureusement s'y attendre, cet homme conservateur voit d'un œil critique cette ode monumentale à la mixité sociale et à la convivialité populaire. Il s'y oppose fermement et le projet est finalement abandonné.**

5 Maire de L'Isle-Adam, futur ministre de la Santé publique et de la Sécurité sociale en 1973, dans le gouvernement de Pierre Messmer sous la présidence de Georges Pompidou.

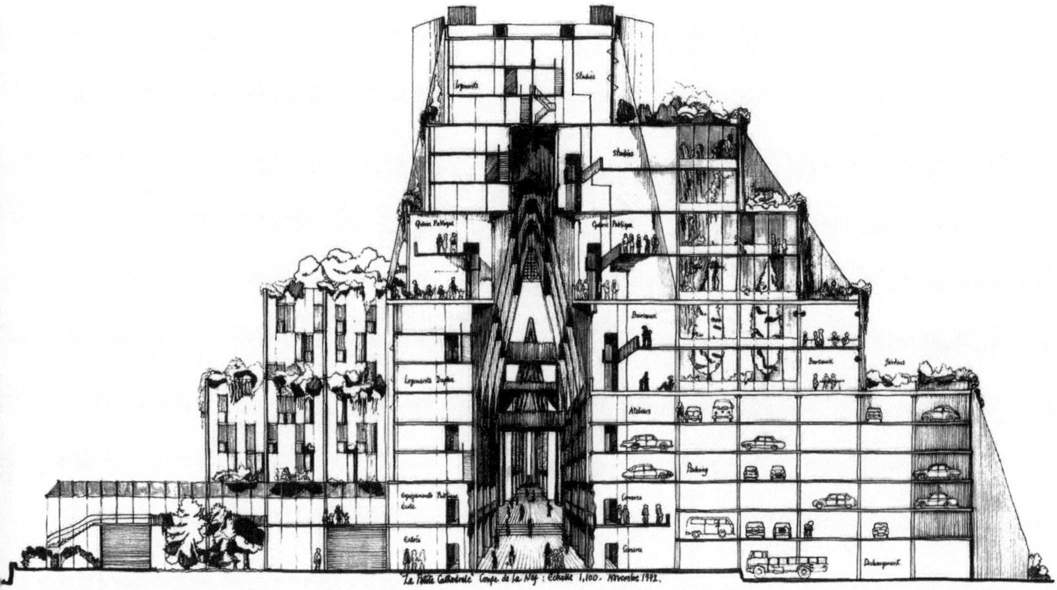

**oupe sur bâtiment. Encre de Chine sur calque** / Section through the building. Indian ink on tracing paper

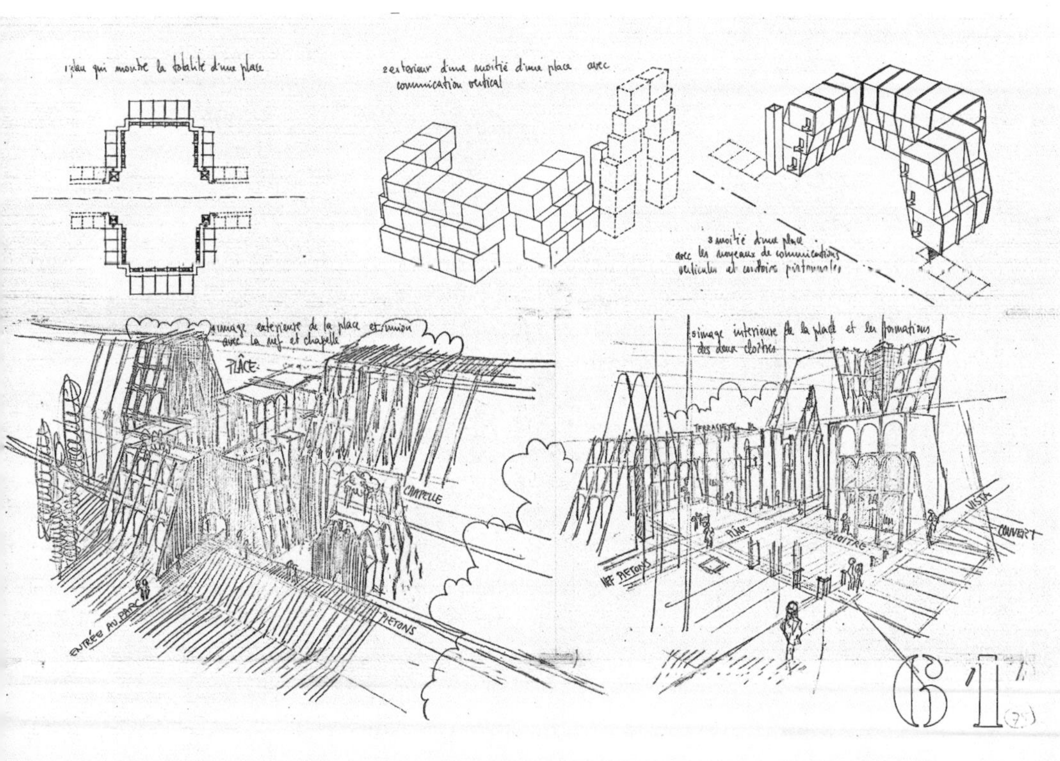


**chéma de conception modulaire. Encre de Chine sur calque** / Modular design diagram. Indian ink on tracing paper

**Maquette en liège** / Cork maquette

**Ricardo Bofill présentant la maquette à Bernard Hirsch, directeur de la ville nouvelle de Cergy-Pontoise, et à ses collaborateurs**
Ricardo Bofill presenting the maquette to Bernard Hirsch, director of the New Town of Cergy-Pontoise, and members of his team

Peter Hodgkinson Omar Migliore, architecte argentin réfugié, collaborateur du Taller, avait préparé une perspective sur l'ensemble de la longueur de la nef avec une foule portant des drapeaux dans des couleurs rouges !

Alors que Bernard Hirsch et l'ensemble des équipes de la ville nouvelle défendaient ce projet et voulaient le voir aboutir, cette présentation a été fatale car la couleur politique clairement de gauche « révolutionnaire » indiquée dans les dessins a fait peur au « prince Poniatowski », qui craignait cet électorat et a fait stopper immédiatement le projet.

6 Propos recueillis par l'autrice le 25 novembre 2022 à Falset (Espagne).

**lus tard, l'un des responsables du GCVN, Jean-Eudes Roullier, s'interogera sur la viabilité d'un tel projet :**

Jean-Eudes Roullier Le conflit entre Michel Poniatowski et Bernard Hirsch s'était cristallisé sur un projet de Ricardo Bofill qui s'appelait « la Petite Cathédrale »... Heureusement qu'on ne s'est pas lancé là-dedans car avec la crise économique au milieu [de 1974], je ne sais pas ce qu'il en serait aujourd'hui.

7 Jean-Eudes Roullier, entretiens avec Sabine Effosse, 10 juillet 2002.

**a Petite Cathédrale reste l'un des projets emblématiques de cette ériode et le premier échec du Taller de Arquitectura de Barcelone et e Ricardo Bofill en France. Ce dernier l'évoque encore comme une lessure cuisante :**

Ricardo Bofill Mon arrivée en France s'est soldée par deux échecs. « La Petite Cathédrale » de Cergy-Pontoise a été interdite et la construction des premiers bâtiments des Halles a été brutalement interrompue par la nouvelle municipalité de Paris. Je débarquais de Catalogne. J'ignorais qu'au pays de Descartes, l'État et l'administration ont des pouvoirs particuliers.

8 Ricardo Bofill et Jean-Louis André, *Espaces d'une vie*, Paris, Odile Jacob, 1989.

Page suivante : Axonométrie de l'ensemble du projet. Encre de Chine sur calque
Following spread: Axonometric of the project as a whole. Indian ink on tracing paper

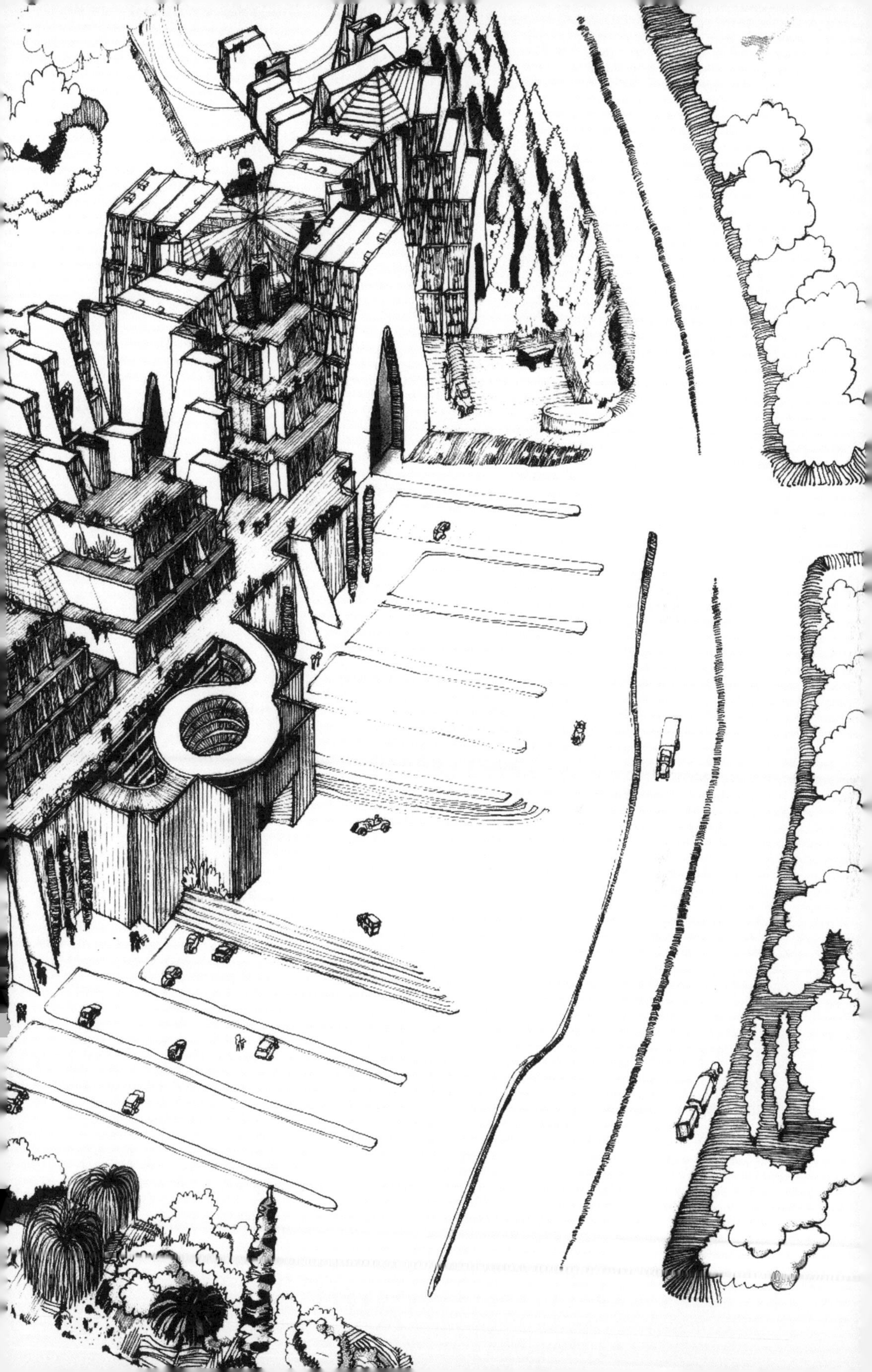

# La Petite Cathédrale 60

Following on from the Barrio Gaudí and Walden 7, both built by Taller de Arquitectura in Spain during the same period, La Petite Cathédrale (The Little Cathedral) presented a programme of social housing, retail, offices and parking facilities combined together in the manner of a city in space. Mimicking the appearance and plan of a cathedral, with a porch, nave and transepts, it is laid out in a modular configuration along a monumental interior street, off which extend squares and side streets. Its intention, as proposed by Taller in the designs, was to create a place for interaction and genuine social life within a pronounced urban form, in contrast to the slab blocks and towers of suburban social housing being built at the time. Peter Hodgkinson recalls the circumstances under which the project was designed for Cergy-Pontoise New Town.

1 Peter Hodgkinson **In 1970, IAURIF[2] and GCVN[3] organized a study trip to visit Taller de Arquitectura's built social housing projects in Barcelona, for which I was one of the lead architects. The group included some young French architects whom we got along well with, and who were enthusiastic about the Barrio Gaudí in Reus (near Tarragona). Following that visit, we were invited to come up with a design for social housing in a New Town. First in Évry, a project carried out in association with the AUA[4] and led by Manolo Nuñez Yanowsky for Taller, and then in Cergy-Pontoise, led by myself.**

**For this project, I had presented a huge maquette made of cork, for the warmth and neutrality of its colour and**

1 Interview with the author, in French, at Hodgkinson's home near Falset, Spain, 25 November 2022.

2 IAURIF: Institut d'Architecture et d'Urbanisme de la Région Île-de-France (Institute of Architecture and Urbanism for the Île-de-France Region), established in 1960.

3 GCVN: Groupe Central des Villes Nouvelles (Central Group for New Towns), established in 1970.

4 AUA: Atelier d'Urbanisme et d'Architecture (Urbanism and Architecture Workshop), established in 1960.

**material. The housing was arranged to each side of this "cathedral's" nave, which was in fact a covered street, to shelter the residents from the Paris region's frequent showers, as our Mediterranean imagination saw it. Drawings had been prepared by two talented young architects, Xavier Llistosella and Raimond Guàrdia Riera, as well as by me.**

he project garnered an enthusiastic response from the New Town's irector Bernard Hirsch, the GCVN, Paul Delouvrier and all his staff. a Petite Cathédrale became the New Towns' flagship project. Designed y Taller de Arquitectura, an up-and-coming group of architects that vas already much admired, it was on the verge of seeing the light of ay and being built.

But although it had been approved by the New Towns' directors nd senior officials, their architects and on a local government level, it ad yet to be signed off, as required in France, by the political leaders nd parliamentary figures who were in place at the time, notably Michel 'oniatowski, the deputy representing the Val-d'Oise region. As was unforunately to be expected, the conservative-minded Poniatowski took a ritical view of this monumental ode to social diversity and working-class onviviality. He firmly opposed it, and the project was finally abandoned.

Peter Hodgkinson **Omar Migliore, an Argentine refugee architect who worked with Taller, had prepared a perspective view of the whole project, looking along the nave, with a crowd carrying red-coloured flags!**

**While Bernard Hirsch and all the New Town teams supported the design and wanted to see it come to fruition, that presentation was fatal because the colour in the drawings, which was clearly from the "revolutionary" Left, scared "Prince Poniatowski", who was afraid of that part of the electorate and immediately put a stop to the project.**

5 Interview with the author, in French, at Hodgkinson's home near Falset, Spain, 25 November 2022.

ater, one of the GCVN bosses, Jean-Eudes Roullier, questioned how iable such a project would have been.

Jean-Eudes Roullier **The conflict between Michel Poniatowski and Bernard Hirsch had come to a head around a project by Ricardo Bofill that was called "La Petite Cathédrale". [...] It's just as well that the project wasn't embarked upon, because with the economic crisis in the middle [in 1974], I don't know what would have become of it by now.**

6 Jean-Eudes Roullier in the interview with Sabine Effosse, 10 July 2002.

**Dessin d'ensemble. Encre de Chine sur calque** / Drawing of the whole building. Indian ink on tracing paper

La Petite Cathédrale remains one of the iconic projects of the period and one of the first failures for Taller de Arquitectura in Barcelona and Ricardo Bofill in France. Bofill would forever recall it as a crushing injury.

7 Ricardo Bofill **My arrival in France was a failure on two fronts. "La Petite Cathédrale" in Cergy-Pontoise was blocked, and the construction of the first Les Halles buildings was savagely halted by Paris's new city council. I'd just arrived from Catalunya. I didn't know that in the land of Descartes, the State and public bodies have special powers.**

7 Extract from Ricardo Bo and Jean-Louis André, *Espaces d'une vie*, Paris: Éditions Odile Jacob, 1989.

→ **Dessin de détail de l'entrée. Crayon et encre de Chine sur calque** / Drawir of entrance detail. Pencil and Indian ink on tracing pap

# L’Axe de la Défense

65

:ommanditaire / Client
**linistère de la Construction t du Logement / Ministry of lousing and Construction**

Surface / Total area
**Non connue / Unknown**

Principaux collaborateurs / Key collaborators
**Manolo Nuñez Yanowsky**
**Xavier Llistosella**

Programme
**Imaginer un programme d’urbanisation / Envisioning an urban expansion programme**

1973

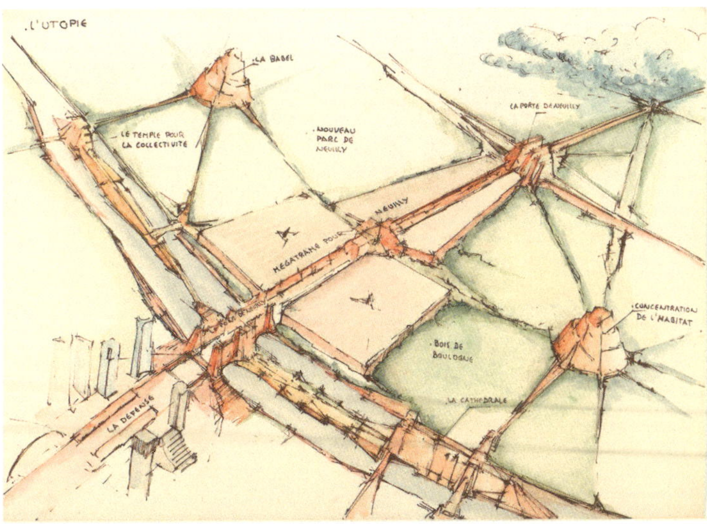


**essins de propositions rospectives urbanistiques our l’axe de Neuilly-sur-Seine l’arc de triomphe place e l’Étoile à Paris. Aquarelle ır papier** / Drawings ʼ urbanistic proposals for ıe axis from Neuilly-sur-Seine ı the Arc de Triomphe ı Place de l’Étoile in Paris. ʼatercolour on paper

# Un anti-design affirmé



Paul Chemetov
Architecte DPLG, AUA

Paul Chemetov, architecte DPLG[1], auteur notamment du ministère des Finances à Bercy, s'exprime sur ce projet resté dans sa mémoire, qui illustre la première intervention du Taller de Arquitectura en France :

**Pour évoquer la mémoire de Ricardo Bofill et de sa venue en France, il faut mieux se référer à des témoignages anciens, plutôt qu'aux récits panégyriques de la mémoire présente. Deux documents me paraissent importants. Le numéro d'*AMC* de février 2016, sur une double-page, signée Jean-Louis Violeau, faisait le récit de l'arrivée de Ricardo Bofill en France, sous le titre « Ricardo Bofill ou les aventures d'un "nouveau philosophe" en architecture ». J'y étais cité comme la caution « flamboyante » de cette irruption sur la scène architecturale, médiatique et technocratique française.**

**Ces aventures se déroulèrent de 1968 à 1974. Pour écrire l'histoire, il faut croiser les sources et les vérifier. Pour ce faire, le supplément au numéro 182 de *L'Architecture d'Aujourd'hui* de novembre-décembre 1975 est précieux. Bernard Huet, à l'époque rédacteur en chef, avait sollicité trois architectes, Claude Parent, Antoine Grumbach et moi-même, pour analyser ce qu'avait représenté la venue de Bofill en France. En résumant l'essentiel de cette discussion, il faut la resituer dans la situation française d'il y a presque cinquante ans.**

**L'important — disais-je — est que Bofill vive dans un milieu intellectuel. La discussion au sein du Taller se situe à un haut niveau architectural ; une part des violentes réactions que l'on a connues en France viennent de là ; et ce sentiment de dépossession atteint même**

1 Diplômé par le gouvernement.

ceux qui n'ont pas été touchés par la vague chauvine. À Barcelone, compte tenu de traditions portuaires et capitalistiques, il y a une liberté d'action qui rejoint celle de l'Art nouveau, qui eut les mêmes appuis, ceux de la bourgeoisie intellectuelle. Après la guerre civile et grâce aux liens économiques et touristiques avec l'Europe du Marché commun, la même situation de mécénat s'est reproduite à Barcelone, la répression politique ayant cantonné l'activité et l'énergie des intellectuels dans le domaine artistique.

J'avais invité Bofill au colloque sur l'industrialisation de Yerres en juin 1970 ; ce que je connaissais du « Barrio Gaudí » me paraissait être une alternative aux barres et aux tours des grands ensembles. Une visite sur place avait été organisée avec les directeurs des villes nouvelles. Ils avaient été très emballés.

Petit nota culturel : il est certain que les liens entre le milieu barcelonais et le milieu milanais étaient profonds. Les architectes allaient facilement d'une ville à l'autre et en fin de compte, dans leur provincialisme, ils étaient plus européens que les Parisiens, qui, en ces temps, quittaient peu Paris. Le retard de l'architecture française venait aussi du sentiment hégémonique d'être la France (Louis XIV en avant... et la suite).

Quand Bofill dit qu'il est un provocateur culturel, il affirme son activité d'architecte, non naïf, employant des architectes naïfs pour les stimuler, et sa réussite est là. Plus que de l'éclectisme, c'est en fait un anti-design affirmé. Ce qui me plaît aussi, c'est qu'il parle d'esthétique dans le débat architectural. Une grande part des jeunes architectes redeviennent des intellectuels et je souhaite que les architectes opèrent comme intellectuels dans la société. Rendons encore une fois à Bofill le mérite de l'avoir compris. Témoin direct, j'aimerais tirer la morale de ces rappels historiques, avant que d'apporter quelques précisions. Les villes nouvelles furent pensées comme un moyen de se libérer du pouvoir des maires de banlieue et des complexités du périurbain, pour se projeter sur les terres agricoles de communes sans grand poids politique. La lecture des interviews de 2002 de Jean-Eudes Roullier et Guy Salmon-Legagneur évoquées dans *AMC* nous éclaire sur la puissance de la haute administration, sur son intelligence, sa capacité de travail et sa connaissance des rouages de l'État, par les amitiés nouées dans les cabinets ministériels.

Grâce à Paul Delouvrier et à son équipe, inspecteurs des Finances, énarques ou X-Ponts, portés par le formidable essor des Trente Glorieuses, l'investissement dans les villes nouvelles a dépassé, et de beaucoup, ce qu'il est prévu de dépenser pour les métropoles françaises, même en y incluant le Grand Paris. C'est cela que Bofill a immédiatement saisi en France et c'est pourquoi il a séduit ceux qui ne demandaient qu'à l'être.

;e qui est frappant à la lecture des interviews que j'évoque, c'est le •esoin de mécénat de tout pouvoir, pour se gratifier de ce qu'il ne naîtrise pas, de ce qui lui échappe, sauf à en provoquer la commande. 3ofill en son temps répondit à ce manque, comme les stars hollandaises, aponaises ou danoises de nos jours. Leur exotisme fascine la noblesse 'État et lui donne le sentiment d'agir à l'échelle de la planète, sans être onfinée au seul cadre hexagonal : « On cherchait à sortir du climat de architecture française », disait Jean-Eudes Roullier. La noblesse d'État, ui ne peut rivaliser en fortune ou en prodigalités avec un Bernard rnault ou un François Pinault, peut cependant retirer, de ses choix rchitecturaux, un bénéfice social et culturel.

Ceci dit, venons-en aux faits. En 1968, l'AUA reçut du ministère e la Culture commande d'une étude portant sur la création archi-ecturale et l'industrialisation. J'en fus chargé, sans doute parce que, ans le même temps, j'avais intitulé mon cours à Strasbourg « Archi-ecture de production industrielle ». Nous décidâmes de comparer, en urope et en Amérique du Nord, les recherches qui nous paraissaient xemplaires : John Habraken en Hollande, Otto Steidle en Allemagne, Ioshe Safdie au Canada, comme Bofill en Espagne. Ce n'est donc pas l'occasion du concours d'Évry que je « croisai » Bofill, mais dans le adre de cette étude et du colloque d'Yerres qui en fut la conclusion t en tira les leçons.

Bofill était, en ces temps, un architecte moderne. Son projet e Reus en témoigne, comme les bâtiments en brique construits à arcelone. Quand fut lancé le concours d'Évry en 1972, André Lalande, atron de la ville nouvelle, nous dit, peut-être poussé par Jean-Eudes oullier, qu'il serait bon que nous pimentions notre équipe par quelque tar étrangère. On voit que les choses ont peu changé. Le projet d'Évry onfronta la mégastructure de l'AUA et la place que proposait Bofill, ui, sous l'influence de Manolo Nuñez Yanowsky, virait au gothique. e rôle de Manolo, au Taller, était décisif. La mise en forme, le dessin, ii appartenaient.

Bofill, dont on ne peut nier l'intelligence, assumait sa posture 'architecte du prince et son rapport au pouvoir. En France, il fut fasciné la fois par l'administration française et la préfabrication lourde. Mais comprit aussi qu'il fallait, avec ces atouts, répondre à la nostalgie ıonarchique d'un pays qui avait décapité son roi : « Versailles pour le euple » fut son slogan.

Les Arcades du Lac, le Théâtre d'Abraxas, la défunte Petite athédrale de Cergy, le projet des Halles, dont quelques travées furent lifiées et détruites, la place de Catalogne, donnée en lot de consolation, ı sont la trace construite. Éric Rohmer comme Jean-Pierre Mocky nt utilisé dans leurs films ces décors d'un temps, d'une époque de la rance, d'un milieu.

Tout ceci est fort loin du récit qu'en fait Jean-Louis Violeau dans numéro d'*AMC*. On ne sait qui parle, Jean-Eudes Roullier, moi-même ou Gérard Thurnauer. Membre du jury, il s'opposa au projet d'Évry et quant à la jeune personne du Crazy Horse, on ne sait à qui elle fut offerte en prime. Bofill invitait ses visiteurs pour des week-ends à Cadaqués. Je n'en fus pas, mais il fut mon hôte à Paris. Nous restâmes en amitié jusqu'à une soirée mémorable à la brasserie Bofinger, où Bofill déclara à l'AUA, médusée, que lui savait y faire et pas nous. Il nous remerciait de l'avoir introduit en France, mais lui savait diriger des équipes. Or il n'y avait pas de chef à l'AUA, libre association d'individualités. Voilà donc l'histoire et non la légende qui était rapportée dans *AMC*. Ajoutons-y la différence d'âge. Les membres du Taller étaient de dix à quinze ans moins âgés que nous. Ils n'avaient pas connu la guerre civile, ni la guerre mondiale, à l'exception de José Agustín Goytisolo, qui n'était pas architecte, mais écrivain.

Mais peu importe, la seule réponse que je peux faire au nom de l'AUA comme au mien, c'est de confronter deux documents, la maquette du concours d'Évry où Bofill collabora avec nous, et l'image de l'un des ensembles que Bofill réalisa seul dans les villes nouvelles : qui fut versatile et qui fut versaillais (pour le peuple...) ? À chacun de se faire sa propre opinion. Mais on ne saurait mieux résumer cette histoire que Jean-Louis Violeau dans sa conclusion : « Chacun aura trouvé en ces années-là chez Bofill ce qu'il était venu y chercher. »

En épilogue, on pourrait citer l'exemple de Montpellier. Georges Frèche et son adjoint à l'urbanisme, Raymond Dugrand, firent le choix de Bofill pour construire le quartier d'Antigone, dont le seul nom faisait pièce au Polygone des décennies précédentes. Du centre commercial au Lez, Bofill réalisa une grande composition monumentale et généreuse dans ses espaces publics, en utilisant les mêmes panneaux préfabriqués, mais à Montpellier le choix des agrégats et les traitements de surface s'imposèrent avec évidence. Bofill, sur la fin de son intervention, constatait cependant l'impasse de ce modèle monumental qui virait au décor d'opéra-comique. La piscine qu'il réalisa et ses grands vitrages furent une sorte d'hommage à l'architecture anglo-saxonne.

Nous fûmes concurrents sur le dernier projet d'Antigone : la médiathèque. Je l'emportais et me souviens encore de Bofill sortant de son audition devant le jury et pointant un pouce vers le bas en me disant « c'est ton tour ». Nous avons donc construit la médiathèque Émile-Zola, mais ceci est une autre histoire.

uverture de la revue *L'Architecture d'Aujourd'hui* n° 182 / Cover of the journal *L'Architecture d'Aujourd'hui* n° 182

# Assertive anti-design



**Paul Chemetov**
Architect DPLG, AUA

**The architect Paul Chemetov, DPLG,[1] AUA, who is known for his work on the Ministry of Economics and Finance building in Bercy, Paris, talks about this project that remains fresh in his memory, and which exemplifies Taller de Arquitectura's first undertaking in France.**

1 DPLG: diplômé par le gouvernement—a French government-certified architectural diploma.

In order to bring back the memories of Ricardo Bofill's arrival in France, it's better to refer to older accounts rather than the panegyrics of the present collective memory. There are two documents which to my mind are significant. On a double-page spread in the February 2016 issue of the architectural journal *AMC*, Jean-Louis Violeau wrote about Ricardo Bofill's arrival in France, under the heading "Ricardo Bofill ou les aventures d'un 'nouveau philosophe' en architecture" ("Ricardo Bofill or the adventures of a 'new philosopher' of architecture"). I was cited as being a "flamboyant" supporter of this eruption on the French architectural, media and technocratic scene.

These adventures took place between 1968 and 1974, and in order to write history one has to cross-reference sources and verify them. For this, an invaluable reference is in the supplement to the November/December issue n°182 of *L'Architecture d'Aujourd'hui*, 1975. Bernard Huet, who was editor-in-chief at the time, invited three architects—Claude Parent, Antoine Grumbach and me—to analyse the significance of Bofill's arrival in France; and to encapsulate the essence of this discussion, it has to be seen in the context of the situation in France of nearly fifty years ago.

What is important—I would say—is that Bofill lives in an intellectual milieu. Discussion at Taller was on a high architectural plane; part of the violent reaction in France stemmed from this; and the feeling of dispossession affected even those who were not touched by the jingoistic wave. Taking into account the capitalistic and port-city traditions in Barcelona, there was a freedom similar to that of Art Nouveau, which enjoyed the same support—that of the intellectual bourgeoisie. After the Civil War and thanks to the economic and tourist links with the European Common Market, the same patronage system came about in Barcelona, political repression having restricted intellectual activity and energy in the artistic domain.

In June 1970, I invited Bofill to the symposium on the industrialization of Yerres. What I knew about the Barrio Gaudí seemed to me to offer an alternative to the housing projects' agglomeration of tower blocks. An on-site visit had been organized with the New Towns directors, and they were very enthusiastic.

A small cultural note: there were certainly strong architectural links between Barcelona and Milan. Architects moved easily from one city to the other and ultimately, in their provincialism, they were more European than the Parisians, who in those days didn't leave the city that much. The fact that French architecture was lagging behind also stemmed from the hegemonic sentiment of embodying Frenchness (Louis XIV at the fore... the rest following).

When Bofill says he is a cultural provocateur, he is asserting his role as an architect who is by no means naïve, but employs down-to-earth architects to stimulate them, and that is where his success lies. It is not so much eclecticism as assertive anti-design. What I also liked is that he talked about aesthetics in the architectural debate. Many young architects are becoming intellectuals again; I would like architects to work as intellectuals in society. As someone with first-hand knowledge, I'd like to draw a moral from these historical reminders before being more specific. The New Towns were thought up as a way of breaking free from the control of suburban mayors and the complexities of semi-urban areas, and of focusing plans instead around rural areas and communes with little political influence. Reading the 2002 interviews with Jean-Eudes Roullier and Guy Salmon-Legagneur mentioned in the *AMC* journal sheds light on the power of senior officials, their intelligence, their capacity for work and their knowledge of how the state functions through friendships forged in ministerial offices.

Thanks to Paul Delouvrier and his team of financial inspectors—graduates of the ENA[2] or X-Ponts[3]—and propelled by the terrific economic surge of the "Trente Glorieuses",[4] investment far exceeded the amount set aside to be spent on urban development in France, including Greater Paris. When he arrived in France, Bofill immediately grasped the situation, which is why he was able to win over those who were only too ready to be persuaded.

2 ENA: École Nationale d'Administration—the training institution for French civil servants.

3 X-Ponts: informal name for the civil engineering section of Paris's École Polytechnique technical university.

4 Trente Glorieuses: the thirty-year period (literally "Glorious Thirty") from 1945 to 1975 that saw extensive economic growth in France.

What is striking when you read those interviews I mentioned is the need that all the authorities have for patronage, to achieve gratifying results in areas they don't master, in areas they can't control unless they instigate the commission. At that time, Bofill could fulfil this need, as do the Dutch, Japanese and Danish architectural stars of today. The "state nobility"—the senior civil service—is mesmerized by their exoticism, which gives them the feeling of acting on a global level without being confined to a solely French framework: "We were looking for a way out of a climate of French architecture," Jean-Eudes Roullier said. The "state nobility", which cannot rival someone like Bernard Arnault or François Pinault in either fortune or extravagance, can nevertheless benefit socially and culturally from its architectural choices.

All that said, let's return to the facts. In 1968, the AUA were commissioned by the Ministry of Culture to carry out a study on architectural design and industrialization. I was put in charge, no doubt because I'd recently called my course in Strasbourg, "Architecture de production industrielle" ("Industrialized Architecture"). We decided on a comparative research project examining what we considered to be exemplary in Europe and North America, such as John Habraken in Holland, Otto Steidle in Germany and Moshe Safdie in Canada, as well as Bofill in Spain. So it wasn't through the tender for Évry that I "came across" Bofill but in the context of the research we carried out and the symposium at Yerres, which was the conclusion, and from which lessons were learnt.

In his time, Bofill was a modern architect, as witnessed by his Reus project and his brick buildings in Barcelona. When the call for competitive tenders for Évry went out in 1972, André Lalande, who was the director for the New Town project, told us, perhaps pushed by Jean-Eudes Roullier, that it would be a good idea to spice up our team with some foreign stars. And it's clear that things haven't much changed. The Évry project compared the AUA's megastructure with the plan proposed by Bofill, which, under Manolo Nuñez Yanowsky's influence, tended towards the Gothic. Manolo's role at Taller was decisive: the layout and design were all down to him.

Bofill, whose intelligence is undeniable, assumed his role of architect to the State along with the relationship to authority that accompanied it. In France, he was fascinated by both French state administration and heavy-duty prefabrication. But despite these advantages, he also understood the need to respond to the monarchical nostalgia of a country that had beheaded its king: his slogan was "Versailles for the people".

Les Arcades du Lac (The Lake Arcades), the Théâtre d'Abraxas, the defunct Petite Cathédrale at Cergy, and Les Halles—a project that was partially built and then destroyed, which he was compensated for by being given the Place de Catalogne—are all buildings that bear Bofill's hallmark. Filmmakers such as Éric Rohmer have used them in their films as settings for a moment in time, an era in French history and a particular social environment.

All this is far removed from the account by Jean-Louis Violeau in the *AMC* issue. You can't tell who is saying what: Jean-Eudes Roullier, me or Gérard Thurnauer, a member of the panel who opposed the Évry project; and as for the young person from the Crazy Horse,[5] we don't know whom she was offered to as a perk. Bofill invited guests for weekends at Cadaqués. I wasn't among them, but he was my host in Paris and we remained friendly until a memorable evening at the Bofinger brasserie, where Bofill declared to an astounded AUA that he knew how to do it and we didn't. He thanked us for introducing him to France, but it was he the team leader. Well, the AUA had no leader, it was a free association of individuals. So that's the real story, and not the myth reported in the *AMC* journal. And there was the age difference, too. The Taller members were ten to fifteen years younger than us. They hadn't experienced either the Spanish Civil War or the Second World War, except for José Agustín Goytisolo, who was a writer, not an architect.

But whatever, the only response I can make in the AUA's name, as well as mine, is to compare the two documents: the maquette for the Évry tender, on which Bofill collaborated with us, and a picture of one of the agglomerations that Bofill executed alone in the new towns—who was versatile, and who was "Versaillais" (for the people)? To each their own opinion. But no one could sum it up better than Jean-Louis Violeau's conclusion: "At that time, with Bofill, everyone would have found what they were looking for."

As an epilogue, one example that can be cited is Montpellier. Georges Frèche and his urban planning deputy, Raymond Dugrand, chose Bofill to build the Antigone district, whose name alone is a counterpoint to the Polygone shopping centres of previous decades. In the public spaces between the Montpellier Polygone and the Lez river, Bofill executed a large, monumental and generous construction, using the same prefabricated panels. But there, his choices of aggregates and surface treatments were quite obvious. And by the end of this undertaking, Bofill recognized that his monumental project had reached an impasse and was turning into a comic-opera décor. His swimming pool and large expanses of glass were a sort of homage to Anglo-Saxon architecture. We also competed for the multimedia library, the last Antigone project, which I won. I still remember Bofill leaving the audition room after his presentation and giving me a thumbs-down as he said, "It's your turn." And so we built the Médiathèque Émile-Zola—but that's another story.

5 Crazy Horse: a Paris cabaret particularly famed for its near-nude female dancers.

# 1974

# Le postmoderne à la française

# 1985

# French-style Postmodernism

Les Halles

1974

The Halles

# Le « Jardin des Halles » : créer une promenade du Palais-Royal à Beaubourg

## Le contexte

L'interdiction de la Petite Cathédrale pour la ville nouvelle de Cergy-Pontoise est perçue par le Taller et Ricardo Bofill comme une injustice de la part des politiques français. Ce projet emblématique d'un ambitieux programme urbain de logements et d'équipements qui mêle les théories architecturales modulaires de combinatoires mathématiques[1] du Taller à une réflexion sur le mode de vie des habitants appelés à vivre et habiter dans une cité nouvelle, sans repères historiques, ouvre une opportunité singulière de collaboration avec le gouvernement français.

L'occasion lui est offerte par Michel Guy[2], alors tout nouveau secrétaire d'État à la Culture de Valéry Giscard d'Estaing fraîchement élu à la présidence de la République française. Lorsque Ricardo Bofill reçoit durant l'été 1974 un coup de téléphone du secrétariat à la Culture lui demandant de participer à une sorte de concours sur un projet de jardin à Paris, il fait répondre qu'il n'est pas paysagiste.

3 Ricardo Bofill Je ne savais pas de quoi il s'agissait… En fait je n'avais pas fait le rapport entre la longue histoire des Halles — que je connaissais parce que j'avais signé la pétition pour la non-destruction des pavillons de Baltard — et la participation à ce concours… Le ministère était pressé et voulait une esquisse dans les quinze jours… Je me suis enfermé pendant quinze jours, avec une dizaine de mes collaborateurs, pour sortir la première étude sur l'espace des Halles.

1 Théories développées par le Taller dans ses réalisations emblématiques des années 1960–1970 en Espagne : le Barrio Gaudí, La Muralla Roja ou Walden 7 (p. 28 à 49).

2 Michel Guy, fondateur du Festival d'automne, fut secrétaire d'État à la Culture de juin 1974 à septembre 1976 sous le premier gouvernement de Jacques Chirac, alors Premier ministre de Valéry Giscard d'Estaing.

3 Ricardo Bofill, *L'Architecture d'un homme. Entretiens avec François Hébert-Stevens*, Paris, Arthaud, 1978.

 

Rappelons ici le contexte de cette « aventure » qui deviendra une bataille au niveau politique et à celui de la haute administration dont Ricardo Bofill deviendra le héros tragique. Dès 1971, la destruction des pavillons de Baltard, voulue notamment par le précédent président, Georges Pompidou, avide de modernité, avait bouleversé le monde de la culture, celui des Parisiens et suscité une vive controverse.

Ce lieu emblématique, « ancien ventre de Paris », était au cœur de toutes les ambitions politiques et économiques depuis les années 1960. À l'origine, sous la présidence du général de Gaulle puis du président Pompidou, l'aménagement du quartier des Halles était placé sous la responsabilité de la maîtrise d'ouvrage de la SEAH[4] en liaison avec la préfecture de la Seine, représentant l'État, en l'absence de maire pour Paris.

En 1968 sont créés l'APUR[5] ainsi que la Commission permanente du secteur des Halles. En juillet 1969, cet atelier d'urbanisme, qui représente les intérêts du Conseil de Paris, établit le plan directeur d'aménagement du secteur des Halles. La SEMAH (ancienne SEAH), en liaison avec l'APUR, crée la ZAC[6] ainsi que le PAZ[7] de ce secteur, lesquelles comprennent principalement les réseaux ferroviaires et de communications souterraines sur 92 kilomètres, les gares des RER d'Île-de-France ainsi que la prolongation du réseau SNCF de la gare d'Orsay, diverses activités de commerce en sous-sol, dont le « Forum », et enfin un Centre de commerce international s'étendant sur 95 000 mètres carrés, qui obtient un permis de construire en 1974. Des concours d'architecture sont lancés dès 1967 sur ce secteur et des bâtiments à l'architecture moderne monolithique de forte densité, ainsi que des petits gratte-ciel, sont prévus en surface. Ces projets sont globalement mal accueillis par l'opinion et les responsables politiques. Le 10 mars 1968, le Conseil de Paris écarte l'ensemble des projets. Seul le « Forum des Halles », pyramide inversée, œuvre des Alsaciens Claude Vasconi et Georges Pencreac'h, futur centre commercial situé au-dessus des voies ferrées, subsistera. Le plateau Beaubourg recevra un Musée national d'art moderne dont le concours international d'architecture, lancé en 1969, est remporté par l'équipe Renzo Piano et Richard Rogers en 1971.

En 1974, avant même l'élection présidentielle, le permis de construire du Centre de commerce international est annulé devant le tribunal administratif, pour vice de procédure sur recours d'associations d'habitants. Georges Pompidou meurt et son successeur est loin de partager ses idées pour ce lieu. Il désire un retour à une zone destinée à ses habitants, avec un vaste jardin sur l'emprise du Centre de commerce international, la recherche d'un ordonnancement général accompagné d'une architecture parisienne « classique ». Le 6 août 1974, peu après son élection, Valéry Giscard d'Estaing décide de ne pas renouveler le permis de construire du Centre de commerce international et d'abandonner tous les recours. L'État retire de ce fait une grande partie de ses financements.

4 SEAH : la Société d'études pour l'aménagement des Halles créée le 23 décembre 1966 en liaison avec la préfecture de la Seine, deviendra la SEMAH (Société d'études mixte pour l'aménagement des Halles).

5 APUR : l'Atelier parisien d'urbanisme, créé en 1968, associe Ville de Paris, Région parisienne et État pour l'étude des plans d'urbanisme et d'aménagement de Paris.

6 ZAC : Zone d'aménagement concerté.

7 PAZ : Plan d'aménagement de la zone.

**s Halles de Baltard avant leur démolition** / Baltard's market halls before their demolition

**molition des Halles de Baltard, 1971** / Demolition of the Baltard Halles, 1971

Il laissera cependant se construire le Centre Georges-Pompidou à l'architecture d'avant-garde que l'on connaît aujourd'hui, le long de la rue du Renard dans le 4e arrondissement. Il l'inaugurera en 1977 et conservera le projet déjà engagé du Forum de Claude Vasconi. C'est dans cet environnement, sous le feu de nombreuses polémiques, qu'est lancée la première consultation d'architectes par Michel Guy, secrétaire d'État à la Culture du gouvernement de Jacques Chirac, alors Premier ministre de Valéry Giscard d'Estaing, dans les circonstances que Ricardo Bofill a lui-même évoquées dans ses entretiens avec François Hébert-Stevens, parus sous le titre *L'Architecture d'un homme* en 1978 chez Arthaud, que nous citons à plusieurs reprises ici. Michel Guy, sans consulter la Ville de Paris ni le Conseil de Paris, organise un « concours d'idées » informel et non un concours international d'architecture, au sens strict, auquel sont invités neuf architectes et artistes, parmi lesquels deux architectes français de renom incontestable — Andrault & Parat et Émile Aillaud — ainsi qu'un outsider, le Taller de Arquitectura de Ricardo Bofill, seul « étranger » invité à faire des propositions.

## Été 1974. La victoire : Premier projet du Taller, « une colonnade dans un jardin à la française fermé par un bâtiment en U à l'architecture parisienne » ; un rendu « baroque » qui fascine et fait la différence

Valéry Giscard d'Estaing, lorsqu'il était ministre des Finances, avait conservé un excellent souvenir de Ricardo Bofill et de son projet malheureux de la Petite Cathédrale pour Cergy-Pontoise, refusé par son collègue et ami politique Michel Poniatowski. Peut-être désirait-il lui donner une nouvelle chance, malgré des préconisations présidentielles dès lors résolument « classiques ». Bofill pouvait compter sur l'appui de Michel Guy ainsi que de certains hauts fonctionnaires français alors chargés du Plan et des villes nouvelles, comme Jean Millier, Serge Goldberg, Bernard Hirsch, Pierre Richard — alors chef de cabinet de Valéry Giscard d'Estaing. La Ville de Paris n'a pas encore de maire élu, elle est sous la tutelle de l'État. Ricardo Bofill a trente-cinq ans et saisit immédiatement cette opportunité de conquérir « Paris ».

Rentrant de sa visite des lieux, « informes » selon ses propos, il déclare à ses coéquipiers, tenant dans la main un rapide croquis d'une ellipse et la photo de la place Saint-Pierre à Rome : « C'est ce que nous ferons pour les Halles de Paris », se souvient Xavier Llistosella, alors étudiant en architecture à Barcelone et dessinateur talentueux au sein du Taller. Le réaménagement d'un espace de 10 hectares[8] au centre de l'une des capitales les plus prestigieuses d'Europe devient *le* projet phare du Taller et de l'ensemble de ses collaborateurs. L'enjeu est d'apposer une empreinte architecturale historique forte.

8 La superficie de la ZAC, de 35 hectares selon une délibération du 23 décembre 1966, est définitivement arrêtée par la SEMAH et l'AP[illegible] en 1969-1970. La zone de l'espace réservé à l'opération définie par le PAZ en 1975, est de 10 hectares.

Ricardo Bofill Toute la modernité le proclamait : il fallait rompre avec ce style décoratif, anecdotique, développé au XVII^e siècle sous le nom de « néoclassicisme » qui faisait verser l'architecture du côté du maniérisme pompier et de l'art de la façade bien plus que du volume. Pour Le Corbusier comme pour Mies van der Rohe, l'esthétique scientifique, qui allait droit à l'essentiel, fournissait un autre modèle sur lequel il s'agissait de travailler… Je tire de l'observation de la ville classique méditerranéenne deux enseignements : il est possible de faire des gestes architecturaux forts sans pourtant mépriser le contexte et briser les rapports de perspective et d'harmonie ; il est possible, par ailleurs, de concilier l'individu, le créateur et la logique urbaine.

9 Extrait d'un texte de Ricardo Bofill, « Organiser le cadre de sa création », août 1989, p. 213.

**:hez Bofill naît l'intuition créatrice de s'inspirer de l'architecture clas-ique et de développer un « postmodernisme » à la française. Plus tard, journaliste Pascaline Cuvelier le souligne dans le journal *Libération*.**

Pascaline Cuvelier Charles Jencks, dans sa généalogie des architectes postmodernes, avait placé Bofill dans la section « Ad Hoc Urbanist » et « Metaphor Metaphysical » ; les étudiants des Beaux-Arts, pour certains, l'ont rétrogradé en « Bofill Mégalo » […].

10 « Bofill, projets français », dans *Libération* du 20 novembre 1982.

**ès lors débute pour le Taller une immense « charrette[11] » qui ne s'achè-era que quatre ans plus tard[12] ! Manolo Nuñez Yanowsky, âgé de 31 ans l'époque, est le concepteur, avec son équipe de jeunes Catalans en :ole d'architecture à Barcelone, des premières images ; il est choisi our diriger le projet. Il est entouré de Xavier Llistosella, de Francesc Raimond Guàrdia Riera, deux frères issus d'une famille bourgeoise ıtalane de peintres talentueux, pour illustrer d'aquarelles et d'eaux-ırtes aux allures de rendus des Beaux-Arts le petit cahier d'idées à roposer au président français à la fin de l'été. Ce, avant la présentation ı Conseil de Paris, prévue fin octobre 1974.**

11 Le mot « charrette » appartient au langage des élèves architectes de l'École des beaux-arts de Paris. Apparu en 1830, il désigne un travail intense de jour et de nuit, jusqu'au passage de la « charrette » qui venait relever les projets pour leur présentation.

12 L'histoire du projet des Halles a fait l'objet de nombreuses parutions, notamment *Paris Projets* n^os 25–26 (éditions APUR), le n° 176 et le supplément au n° 182 de *L'Architecture d'Aujourd'hui* (1974 et 1975), *Architectural Design* du 9 octobre 1980, *JANO Arquitectura & Humanidades* n° 28 de juin 1975.

Manolo Nuñez Yanowsky Lorsque nous avons été appelés pour les Halles, nous avions pensé faire une place dans un jardin avec au fond un bâtiment en U, ce qui fut le premier projet de 1974, alors choisi par le président Valéry Giscard d'Estaing. Inspiré de l'ordonnancement du Palais-Royal, dans un rectangle.

**eux immenses panneaux aquarellés de 2 mètres de haut sur 3 mètres large sont acheminés de Barcelone à l'Élysée en septembre. Le emier comprenait en son centre le texte manuscrit de José Agustín oytisolo, « manifeste » du projet ; le second, le plan-masse d'ordonnan-ment général, entouré de vues de détails et de perspectives depuis fférents points de vue, de facture résolument baroque avec des ersonnages romantiques.**

13 Extraits d'entretiens menés le 4 novembre 2022 à Madremania. Voir « Épilogue — Un groupe. Le dessin à plusieurs mains. Une seule passion : l'architecture », p. 354.

Le « trou des Halles », espace en chantier entre 1973 et 1978 / The "Halles hole", a building site from 1973 to 1978

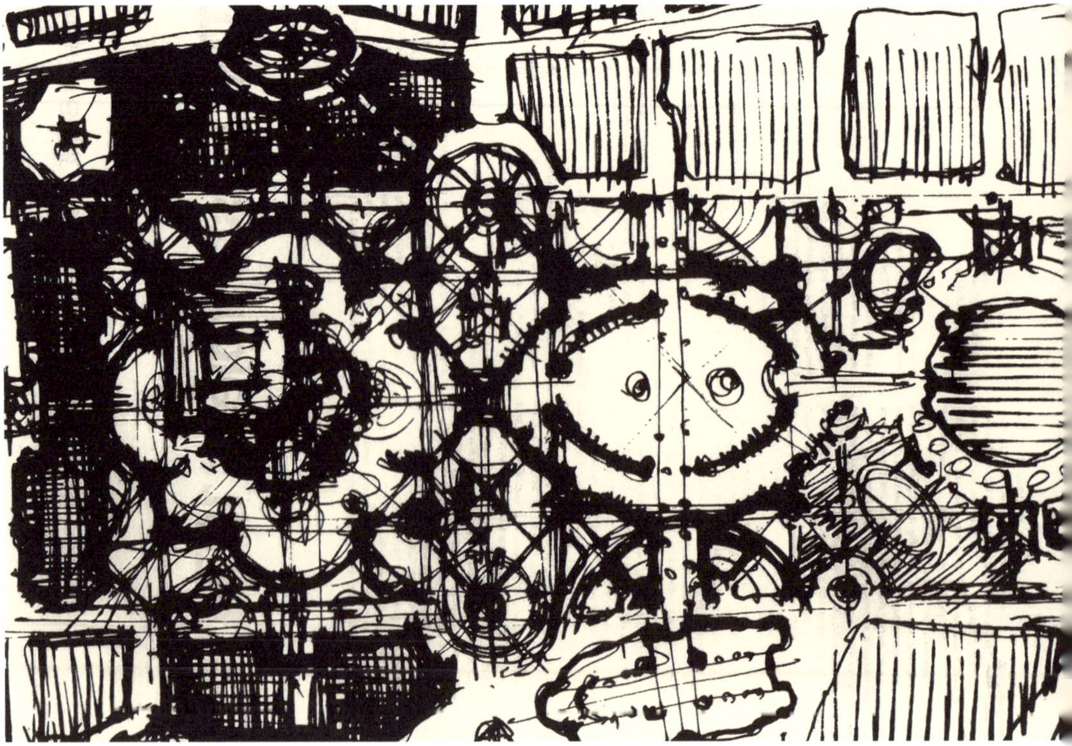

**Jardin des Halles, projet du Taller de Arquitectura, septembre 1974. Première esquisse de plan-masse** / Jardin des Halles, design b
Taller de Arquitectura, September 1974. First sketch of ground plan

4 Xavier Llistosella Le point de vue et le premier plan général c'était moi, l'architecture et les détails étaient rendus par Francesc, les couleurs et les personnages par Raimond, Lluis [Amargos] recopiait le texte à la main et Manolo ajoutait la touche finale. Les cumulo-nimbus au-dessus de la colonnade étaient de lui et furent le prélude à la violence de la tourmente que provoquèrent ces dessins. Nos noms sont dans ces nuages et nous les avons livrés juste à temps en fin de journée à Ricardo, dans une ambiance électrique [...]. La dernière journée fut de vingt-quatre heures !

14 Entretien avec l'autrice le 24 novembre 2022 à Barcelone.

5 Ricardo Bofill Ensuite j'ai été appelé à l'Élysée. Au cours d'une conversation d'une heure avec le président Giscard d'Estaing, j'ai expliqué que le projet était le meilleur parti possible pour les Halles, compte tenu du fait qu'il s'agissait de réparer la grande erreur qui avait été commise de détruire les pavillons de Baltard. La réaction du président a été très nette et très claire. Il m'a dit qu'il aimait le projet et qu'il fallait le développer.

15 Ricardo Bofill, *L'Architecture d'un homme*, *op. cit.*

**e lendemain éclate un scandale dans la presse, notamment dans *e Figaro*[16].**

16 *Le Figaro*, septembre 1974.

Ricardo Bofill Je ne comprenais pas ces réactions ; j'ignorais en effet à ce moment-là tout le mécanisme des affaires et de la politique [...]. Grâce au projet des Halles, je perçois maintenant la problématique politico-architecturale de la France [...] les ficelles qu'on tire [...]. Nous au Taller, [...] nous étions en réaction contre « l'architecture moderne », c'est-à-dire « l'architecture fonctionnelle », « l'architecture internationale ». Nous recherchions ce que l'on a appelé la « récupération de l'Histoire ». Nous voulions construire un monument à l'intérieur de la ville et il me paraissait possible de nous accorder avec l'idée du président.

17 Ricardo Bofill, *L'Architecture d'un homme*, *op. cit.*

**ans l'euphorie de la victoire, une conférence de presse est convoquée ar Ricardo Bofill à l'hôtel Pont-Royal, mais une partie de la presse anifeste une réaction très agressive et xénophobe, taclant Bofill sur fait qu'il n'était pas architecte en titre et, en plus, pas français. Sa oposition est qualifiée de plagiat de la colonnade du Bernin à Rome[18].**

18 Pierre Branche, *Le Figaro*, 31 octobre 1974

Ricardo Bofill Il est clair que ce que l'on a fait de mieux en matière de colonnade elliptique, c'est celle du Bernin à Rome. Mais cela ne nous posait aucun problème, au contraire. Par rapport à la forme rectangulaire de la première place, la contre-forme concave, en harmonie contraire avec le rectangle, à la fois différente et contraire, c'est la forme elliptique. Ce n'est pas à partir de l'image du Bernin que nous avons travaillé, mais à partir de celle d'une place elliptique, avec beaucoup de colonnes, très

19 Ricardo Bofill, *L'Architecture d'un homme*, *op. cit.*

serrées, qui créent un espace limité, donnant soit une transparence, soit des perspectives dirigées, soit un mur continu [...]. Nous avons posé ensuite, et dès les premières images, le fait de construire la colonnade en briques, de manière à utiliser une technique riche et baroque, donnant la possibilité de réaliser chaque colonne différemment et de créer une série de caryatides géométrisées. C'était beau, absurde et si significatif en même temps. Toutes les données d'une œuvre d'art étaient là.

À partir de là nous pouvons aboutir à des formes nouvelles, qui ne rappelleront que de très loin la colonnade du Bernin. Le spectateur se trouve devant un espace qu'il reconnaît et qui est cependant nouveau : il est ravi, s'exalte, aime ou hait.

## Le parti de départ : « une place dans une autre place »

20 Ricardo Bofill L'espace des Halles a la dimension d'une place, une place « à la française », une grande place, une « place royale » (comme la place de la Concorde). Elle a ses qualités propres, mais c'est un espace qui échappe à l'échelle de l'homme. Ainsi les personnes qui se trouvent d'un côté de la place ne voient pas ce qui se passe de l'autre côté. Or nous voulions en faire un endroit de rencontre. L'important à mes yeux, était de « tenir » cet espace, de le mettre en forme ; je lui ai donné une forme rectangulaire [...]. C'est un espace de place à la française au milieu duquel il y aura un espace vert, un petit parc [...] un jardin public où l'on va planter des arbres [...]. Mais ces arbres au centre de Paris, doivent l'être également « à la française » ; ils doivent former un espace encadré et très architectural [...]. Dans la tradition française [...] selon laquelle la nature doit être contrôlée, dirigée et travaillée par la main de l'homme. À cela j'adhère totalement [...]. Au niveau urbain, à cette grande échelle, notre intervention a été uniquement de mettre une place dans une autre. Un point c'est tout.

Cela veut dire que l'on va faire une première place que l'on plante et que l'on va placer une autre, plus petite, « à l'italienne », dans la première. Cette place, à l'italienne, sera l'espace de rencontres entourée d'un jardin géométrique. C'est l'utilisation de types architecturaux anciens pour créer quelque chose de nouveau. C'est ça la création [...]. Il faut cependant trouver un nouveau système cohérent, pour réaliser l'assemblage d'éléments qui n'ont jamais été assemblés de cette façon. Pour expliquer cela à la mentalité cartésienne des administrateurs, je me suis heurté à d'énormes difficultés. J'ai dû me battre pour une idée simple : pouvoir mettre une place dans une autre.

20 Ricardo Bofill, *L'Architecture d'un homme*, *op. cit.*

icardo Bofill tourne immédiatement à son profit la rage de certains urnalistes, pour développer sa propre image auprès des médias et emettre l'art de l'architecture et sa proposition de plan-masse général u centre du débat.

Il élit domicile, lors de ses séjours à Paris, à l'hôtel Pont-Royal tué dans le 7e arrondissement, non loin des éditions Gallimard. Il y tablit son premier bureau, dans une suite située au-dessus de la sienne ù l'équipe de Manolo et moi-même nous installons. Une planche, des éteaux, des « paralaxes[21] », un téléphone accroché au mur comme eux des chambres d'hôtel, une partie salon avec une table de travail e fortune, constituée elle aussi d'une planche recouverte d'un tapis de utre vert et de tréteaux, pour Ricardo Bofill et ses visiteurs. Le QG : bar du Pont-Royal, son restaurant, celui des ministères, le Flore et la rasserie Lipp...

Parallèlement, Michel Guy, admirateur de l'avant-gardisme du aller et son ADN d'interdisciplinarité, confie à Ricardo Bofill la création d'un « centre de recherche et de réflexion sur l'architecture » qui unit, lors de sessions à l'hôtel Pont-Royal organisées avec la complicité de son amie productrice et publicitaire Jeanne Girardot[22], Henri efebvre, Edgar Morin, Gérard Thurnauer, Alain Touraine, Bertrand oirot-Delpech, Henri Laborit, Antoine Grumbach et Bernard Huet otamment. Ces réflexions doivent réconcilier les Français avec l'architecture et déboucher sur un festival de l'architecture qui se déroulerait Grand Palais. Centre et festival sont abandonnés dans la tempête de bataille architecturale et politique des Halles en 1975.

Dès l'automne 1974 et la publication dans tous les médias des lessins » reprenant, outre la double colonnade elliptique, les codes du ris de Haussmann et de l'École des beaux-arts, débute ce que l'on a pelé « la bataille des Halles » ; bataille de propositions architecturales une part, destinées à formaliser le « cahier d'idées » du départ, bataille influences politiques, administratives et de corporatisme teinté de nophobie, d'autre part.

Mais le Taller est arrivé en France en 1971 sur la renommée de s réalisations de Sitges, Reus ou Walden 7[23]. C'est donc une rupture le propose Ricardo Bofill, avec un projet résolument « postmoderne » spiré par le Paris de Haussmann. Il est là où on ne l'attendait pas ; par tte provocation il entend répondre à la demande d'une architecture ssique du président français, quitte à faire un contrepied, et occupe nsemble de la scène française. Il assume cette brutalité.

Ricardo Bofill Ce qui nous intéresse c'est de jeter un regard neuf sur l'Histoire, une Histoire considérée d'une façon éclectique, irrespectueuse si vous voulez [...]. Nous avions suivi ce cheminement lorsque s'est présenté le projet des Halles. C'était le site précis pour tenter une expérience de ce genre : au centre de Paris, dans une ville à forte permanence historique. Les

21 Règles en Plexiglas tenues par deux cordes fixées par des punaises sur la table, tenant lieu de table à dessin.

22 Suzanne Le Bars ou « Zette », dite Jeanne Girardot, décédée le 1er mars 2021, a été la directrice générale associée de l'agence de publicité Hautefeuille. Elle a produit le premier documentaire sur Reus et Walden 7, réalisé par Robert Cordier et diffusé à la télévision française. Elle est la mère de l'acteur français Hippolyte Girardot. Originaire, comme moi, de la ville de Versailles, elle m'a fait recruter à l'âge de 24 ans pour monter l'agence du Taller de Paris, par l'intermédiaire d'un ami commun de son fils.

23 Voir « Architecture modulaire et vernaculaire », p. 19.

24 Ricardo Bofill, *L'Architecture d'un homme*, *op. cit.*

Double-page suivante :
Grand panneau n° 1 de présentation du projet de Jardin des Halles, 1974. Encre de Chine reprise à l'aquarelle sur papier
Following spread:
Large presentation board n°1 for Jardin des Halles project, 1974. Indian ink with watercolour on paper

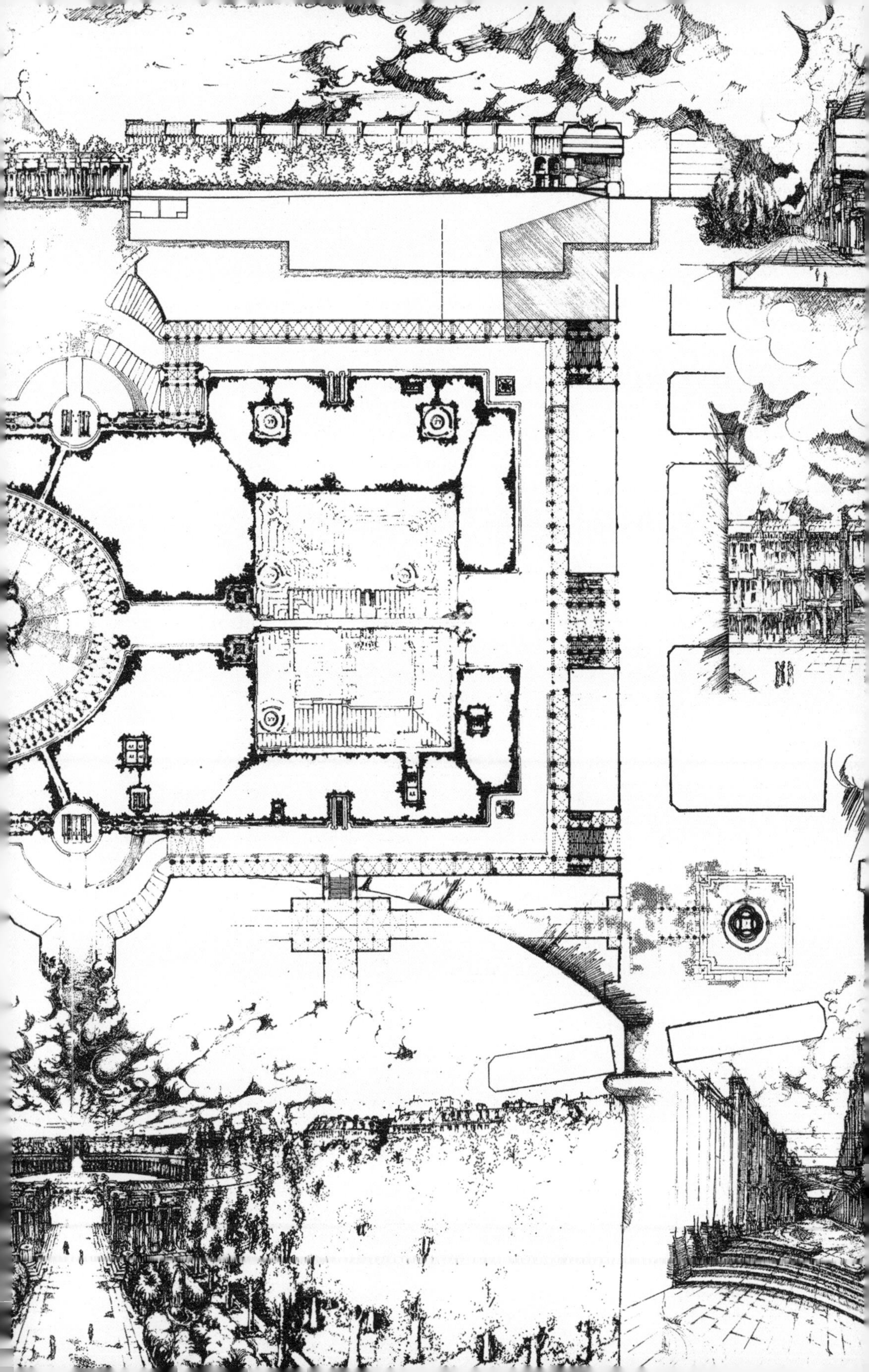

images que nous avons choisies pour les Halles étaient claires, faciles et évidentes [...]. Nous avons fait cela consciemment, pour provoquer une rupture avec le style « international » contemporain. Ce qui importait, c'était de marquer cette position avec brutalité.

**D'un côté, sont pour, le gouvernement français ; son secrétaire d'État à la Culture ; les hauts fonctionnaires du Commissariat au Plan, situé à quelques mètres du Pont-Royal, boulevard Saint-Germain ; Bernard Huet, rédacteur en chef de *L'Architecture d'Aujourd'hui* ; et Antoine Grumbach, professeur à l'UP6. De l'autre, sont contre, Christian de La Malène, élu RPR au Conseil de Paris ; le Conseil de Paris ; la SEMAH et l'APUR dirigé par Pierre-Yves Ligen ; ainsi que les architectes du centre commercial « le Forum », finalement conservé et redimensionné ; Claude Vasconi et Georges Pencreac'h, les architectes influents mais écartés lors des différents concours de 1969, 1971 puis 1974, comme Andrault & Parat et Émile Aillaud, tenants de l'école des modernes ; à leur côté, ceux qui les soutiennent ainsi que toute une cour de journalistes de quotidiens en quête de unes et de polémiques vendeuses de papier. Au gré des parutions quotidiennes, les Français se passionnent pour ce débat brûlant et inaccoutumé, et l'opinion divisée, elle aussi, suit les échanges. Elle n'est pas interrogée. La presse quotidienne, relais de l'opinion à l'époque, se fait l'écho de cette joute publique selon sa propre appréciation et sa couleur politique. Les sondages n'existent pas ou peu, il n'en existe aucun sur ce sujet... Antoine Grumbach se souvient et replace l'objet du débat sur le plan de la querelle d'école architecturale.**

25 Antoine Grumbach C'est notamment dans le cadre de la Biennale de Venise de 1972 que j'ai échangé avec Ricardo Bofill et Bernard Huet, alors directeur de la revue *L'Architecture d'Aujourd'hui*, sur le rôle de l'architecture en tant qu'art. Sur Ricardo Bofill et le Taller de Arquitectura, je ne peux que reprendre en les réitérant mes déclarations parues dans l'article intitulé « Propos de table » de *L'Architecture d'Aujourd'hui* n° 182[26], où nous échangions avec Émile Aillaud, Bernard Huet et Claude Parent. Pour moi, le postmodernisme est une critique du mouvement moderne et prend comme interlocuteur la ville, l'ornement, l'architecture et la ville, la place, la rue. Le Taller a apporté des propositions dans la tradition de l'architecture classique de l'École des beaux-arts en France, et notamment son expression à travers des dessins à l'aquarelle.

Des débats sans fin avec Bernard Huet sur l'architecture nous réunissaient. La culture de l'architecture était alors absente des débats en France. Avec Bofill et le Taller, nous nous accordions sur le fait qu'il fallait introduire des règles simples pour l'architecture et suivre la tradition de Haussmann et d'Alphand[27]

25 Entretien avec l'autrice le 20 juin 2022 à Paris.

26 Voir p. 71.

27 Adolphe Alphand (1817–1891), ingénieur des Ponts et Chaussées.

pour « fabriquer » une ville. Le discours de Bofill et de Manolo Nuñez Yanowsky était de très haut niveau culturel sur l'architecture classique, la critique de l'architecture « moderne » et la remise à l'honneur de l'espace public avec une structure urbaine de type méditerranéen et français, pour que les « usagers » se le réapproprient et le partagent. Ce, en opposition avec la création d'un objet *in abstracto* dans la ville, imposé aux habitants.

**'aul Chemetov, pour sa part, replace l'offre de Bofill dans son contexte, omme évoqué plus haut dans son témoignage, et lors de ce passage :**

8 Paul Chemetov [...] L'important — disais-je — est que Bofill vive dans un milieu intellectuel [...] qui se situe à un haut niveau architectural ; une part des violentes réactions que l'on a connues en France viennent de là [...]. À Barcelone, compte tenu de traditions portuaires et capitalistiques, il y a une liberté d'action qui rejoint celle de l'Art nouveau, qui eut les mêmes appuis, ceux de la bourgeoisie intellectuelle.

[...] Petit nota culturel : il est certain que les liens entre le milieu barcelonais et le milieu milanais étaient étroits. Les architectes allaient facilement d'une ville à l'autre et en fin de compte, dans leur provincialisme, ils étaient plus européens que les Parisiens qui, en ces temps, quittaient peu Paris.

28 Témoignage du 27 juin 2022, voir p. 66.

## ébut novembre 1974. Le refus du Conseil de Paris

**Iais dès la fin 1974, à peine deux mois après sa « victoire », Ricardo ofill apprend que le Conseil de Paris, consulté le 28 octobre, refuse de e rallier au préfet de Paris Jean Verdier, représentant la présidence de la épublique, et demande au moins trois projets à partir d'un programme éajusté, compte tenu des décisions prises par Valéry Giscard d'Estaing e redimensionner les financements à la baisse.**

**C'est la consternation au sein du Taller. Le sentiment d'une ijustice galvanise l'équipe, qui part au combat, persuadée que son parti st le bon choix pour Paris et le seul défendable devant la Présidence, : Conseil de Paris et l'APUR. Le Taller a sous-estimé la force négative es oppositions systématiques sans culture, pour lesquelles le débat rchitectural n'est pas l'enjeu.**

9 Ricardo Bofill Nous avons appris qu'en France, s'il était très difficile de créer, de proposer de nouvelles idées et de les faire aboutir, il était en revanche facile de jouer « la négative ». Il est en effet très dur de réaliser ses idées, mais très facile, dans une situation donnée, de bloquer celles des autres.

29 Ricardo Bofill, *L'Architecture d'un homme*, *op. cit.*

## « Le plan Bofill devant le Conseil de Paris, vers une solution de compromis[30]. »

30 *L'Aurore*, 29 octobre 197

**Une commission mixte est alors créée par le préfet, entre la Ville et l'État, chargée de préparer les décisions. Le programme de réflexion concerne à nouveau l'organisation de l'espace, « ancien carreau des Halles » ramené à 10 hectares, le parti général du traitement du jardin de 54 000 mètres carrés et des bâtiments qui l'accompagnent. Reprise de ce qui avait été édicté en août par le président et Michel Guy, mais cette fois *via* le Conseil de Paris[31] et les institutions *ad hoc*. Les cartes sont rebattues, on fait table rase de la première consultation… Ricardo Bofill, à partir de cette période, ne cesse de rencontrer l'ensemble des acteurs, quels que soient leurs avis ou leurs convictions, avec l'espoir et l'objectif de les convaincre du bien-fondé de sa démarche.**

31 « "C'est à l'Hôtel de la vil que sera prise la décision", dixit Yves Milhoud, président du Conseil de Paris » (Pierre Branche, *Le Figaro*, 15 octobre 1974).

32 Paul Chemetov […] Bofill, dont on ne peut nier l'intelligence, assumait sa posture d'architecte du prince et son rapport au pouvoir […] Mais il comprit qu'il fallait, avec ces atouts, répondre à la nostalgie monarchique d'un pays qui avait décapité son roi : « Versailles pour le peuple » fut son slogan.

32 Témoignage du 27 juin 2022, voir p. 66.

**Finalement, le Conseil de Paris, compte tenu de l'origine des financements apportés à l'aménagement de la zone, de l'imbrication des projets en cours et de l'abandon de certains autres, joue de son influence pour qu'un nouveau projet détaillé soit demandé à trois équipes d'architectes : au Taller ; à un proche de Valéry Giscard d'Estaing, Bernard de La Tour-d'Auvergne, très consensuel et policé ; et à Jean-Claude Bernard (ARC Architecture), favori de l'APUR, en vue d'une présentation au Conseil de Paris en avril 1975 de trois maquettes à grande échelle.**

## « Bofill, oui mais[33]… »

33 *Le Quotidien de Paris*, 23 octobre 1975.

34 Ricardo Bofill J'ai toujours cru avec force à la phase de conception d'un projet. C'est pour moi un acte de sublimation, qui permet de se dégager de la médiocrité de la vie quotidienne et de dépasser les intérêts contradictoires : cet acte consiste à réunir dans un même projet des participants provenant d'horizons différents, qui devront s'accorder entre eux pour rendre tangible un projet, concrétiser les intentions. C'est entre les idées, les intentions, les projets et la défense des intérêts acquis que tout se joue. Le résultat fera que l'architecture en sortira renforcée ou bien sera le reflet de sa paralysie.

34 Extrait d'un texte d'archive de Ricardo Bofill, 1983.

→ Grand panneau n° 2 de présentation du concept proposé pour le projet du Jardin des Halles, 1974. Aquarelle sur papier
Large presentation board n° for Jardin des Halles project, 1974, showing the proposed concept. Watercolour on pap

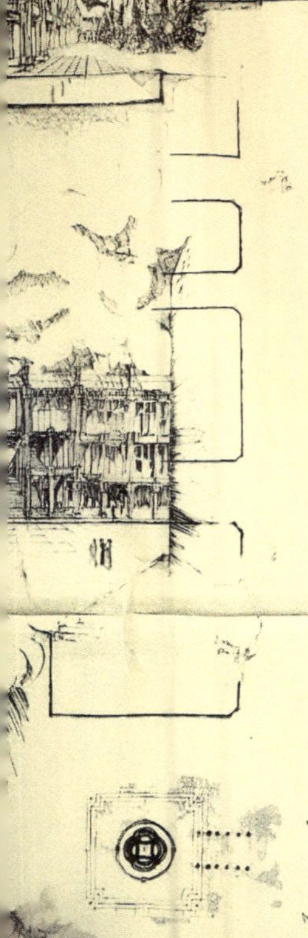

La recherche d'une idée pour l'espace des Halles, lieu saturé d'événements historiques et culturels du peuple de Paris, est une tâche stimulante, mais non exempte de nostalgies. La meilleure solution aurait été l'entreprise difficile d'utiliser les magnifiques pavillons de Baltard pour les convertir en volumes capables de contenir diverses activités actuelles et publiques, provoquant la croissance d'une végétation exubérante qui englobserait l'ensemble et pénètrerait partout à l'intérieur.

Face à la réalité présente, nous devons tous alimenter une solution radicalement différente et créative, dont le résultat se traduise en espaces, en formes, en lumière, en son et en couleur, et qui soit aussi l'interprétation poétique, sublimée mais réelle, des désirs et des rêves cachés de tous les citadins.

Quelles idées, quelles craintes, quelles contradictions, quels rêves communs existent dans le subconscient urbain collectif pour une solution des Halles ? Cet endroit, propriété de tous les Parisiens, nous voulons tous continuer à l'utiliser et à le partager ; nous devons donc le transformer en un projet de participation individuelle et communautaire, en créant des espaces et des endroits capables de provoquer et d'intégrer des idées et des images qui admettent en même temps, unité et diversité.

Quelques-uns d'entre nous l'imaginent comme un grand jardin protégé du bruit, éloigné du traffic, libre de pollution. D'autres le désirent comme un endroit de repos ou de diversion, changeant et poétique, plein d'insinuations. Et d'autres enfin, le veulent comme une alternative, comme une compensation qui nous fasse oublier la monotonie quotidienne, la sordidité de nos logements et les servitudes technologiques, que sont nos lieux de travail et nos éternels moyens de transport.

Les espaces que nous pouvons inventer devront satisfaire les besoins et les désirs de la population pour dépasser le concept étroit de rentabilité économique et en faire une rentabilité sociale.

Le projet, se situant dans la ville de Paris, nous le concevons rattaché à l'Histoire, celle-ci s'adaptant à la structure sociale de notre temps.

Nous allons créer un nouveau symbole du Peuple et de la Culture : un jardin architectonique monumental.

Le "Jardin des Halles" veut être un signe, qui enrichit le patrimoine artistique de la ville, en même temps qu'un grand espace urbain à usages multiples et équipements publiques, nécessaire dans le tissu compact du quartier. Du Palais Royal jusqu'à la Place des Vosges, le tissu devrait se convertir en une promenade pour piétons de parcours multiples, qui respecte les édifices et l'ambiance de son environnement.

Finalement, le "Jardin des Halles" apparaît comme un symbole architectural de verdure, conçu à travers l'interprétation historiciste d'une volonté populaire actuelle et ouverte à la participation collective.

* * *

Le projet ordonne l'espace actuel informe, le structurant en une plate-forme rectangulaire, que l'on traite comme un grand jardin géométrique et sculptural.

Les éléments préexistants qui nous déterminent les bords du jardin sont : la Bourse du Commerce, les bâtiments existants des rues Berger, Sauval, Clémence Royer, Coquillière et l'église de Saint Eustache.

Pour finir d'encadrer et d'harmoniser cet espace vert rectangulaire, nous proposons une construction en forme de "U" contournant le périmètre des rues Rambuteau, Pierre Lescot et Berger.

L'enceinte extérieure du jardin renferme une forêt géométrique, semblable à une immense construction végétale, dont les piliers rangés sont les troncs baroques des arbres qui supportent les voûtes, arcs ou linteaux de verdure, traités comme des sentiers couverts par les branchages. Elle contient aussi de petites places ouvertes uniquement sur le ciel, ou des coins cachés pour se perdre ou se retrouver dans un labyrinthe de parcours multiples, dont les perspectives sont celles que nous dirigeons volontairement vers la Bourse du Commerce, Saint Eustache, la Fontaine des Innocents...

La limite intérieure de la forêt est une colonnade elliptique de double parcours, svelte, couverte et transparente, rompue dans son milieu par un tapis végétal, passage et perspective qui correspondent au deuxième axe du jardin.

L'espace intérieur de ce péristyle-colonnade est un volume capable d'accueillir des activités diverses selon les initiatives et la volonté des gens... Le toit est une promenade à l'air libre, conçu comme un musée cinétique de sculpture, regardant, à l'extérieur vers l'entourage urbain et à l'intérieur vers l'espace central magique.

Entouré par les gradins qui descendent de la colonnade jusqu'aux foyers de l'ellipse, cet endroit, nous l'avons destiné à être lieu de rencontre et, par contraste avec l'ambiance de la forêt, il se transforme en un espace théâtral où le visiteur devient acteur et spectateur, change continuellement de rôle.

Précisément, les foyers de cette ellipse sont des sources de lumière, de couleur et de sons, volumes changeants qui contiennent des éléments sculpturaux, symboliques et surréels.

L'emploi de matériaux chauds, comme la pierre et la brique, que le temps embellit d'une manière savante, nous permet des jeux, des contrastes et des anecdotes constructives, qui produisent un concert de rythmes, de contrepoints et des fugues.

Le cadre et la toile de fond de la perspective au long de l'axe principal sont formés par une construction plastiquement unitaire avec portique à double hauteur, pour s'harmoniser avec l'entourage préexistant, créant des rues couvertes et ouvertes sur le jardin. Sa structure lui permet d'être à fonction unique ou multiple et d'accueillir des usages publiques ou privés. Des escaliers monumentaux donnent accès à un mirador sur le jardin, la colonnade, la Bourse du Commerce et l'horizon lointain de Paris.

La Fontaine des Innocents est le centre d'une petite place intime reliée aux portiques de la façade postérieure de la "Maison des Halles" dans la rue Pierre Lescot et à la rue couverte qui est l'axe des futures constructions.

Le projet du "Jardin des Halles", dans une vision qui s'éloigne progressivement, est une succession d'espaces concentriques équilibrés et d'ambiances contrastées, qui débute par un jeu fantastique d'eau, de lumière et de couleur, s'élargit sur un espace théâtral, entouré par le péristyle et enveloppé de la grande tache verte du bois : signe horizontal et point de référence, qui signifie une réponse actuelle, remplaçant le symbolisme des grandes Tours technologiques et mortes par un monument vert, architectonique, unitaire et diversifié, qui est un nouveau concept de la rénovation des centres historiques des grandes villes, dont Paris doit être le premier exemple.

# The "Jardin des Halles": creating a promenade from the Palais-Royal to Beaubourg



## The context

Taller and Ricardo Bofill viewed the blocking of the Petite Cathédrale project for Cergy-Pontoise New Town as an injustice on the part of French politicians. This scheme, emblematic of an ambitious urban programme of housing and facilities that blended Taller's modular architectural theories of combinatorial mathematics[1] with a reflection on the lifestyles of those destined to reside in a New Town, with no historical points of reference, opened up a unique opportunity to collaborate with the French government.

The opportunity was offered by Michel Guy,[2] who had just become Secretary of State for Culture under the newly elected French President Valéry Giscard d'Estaing. When Ricardo Bofill received a telephone call in summer 1974 from the Culture Secretariat, inviting him to participate in a sort of competition to design a garden in Paris, he responded that he was not a landscape designer.

3 Ricardo Bofill **I didn't know what it was all about. [...] In fact I hadn't made the connection between the long history of Les Halles—which I knew about because I'd signed the petition against the destruction of the Baltard pavilions—and taking part in this competition. [...] The Ministry was in a hurry and wanted a sketch within a fortnight. [...] I shut myself away for a fortnight, with about ten of my colleagues, to come up with a first technical study for the Halles area.**

1 Theories developed by Taller in its iconic projects of the 1960s and 1970s in Spain: Barrio Gaudí, La Muralla Roja and Walden 7 (p. 28 to 49).

2 Michel Guy, founder of the Paris Autumn Festival, was Secretary of State for Culture from June 1974 to September 1976 within the first government of Jacques Chirac, who was then Prime Minister under President Valéry Giscard d'Estaing.

3 Ricardo Bofill, *L'Architecture d'un homme. Entretiens avec François Hébert-Stevens*, Paris: Éditions Arthaud, 1978.

Let us remind ourselves here of the context of this "adventure", which would become a battle with both politics and senior officialdom, and from which Ricardo Bofill would emerge as the tragic hero. In 1971, the destruction of the 19th-century market pavilions designed by Victor Baltard, as directed by the modernity-hungry previous president, Georges Pompidou, had sent shockwaves through Parisian and broader cultural circles and generated a storm of controversy.

This iconic site, the "old belly of Paris", had been a focal point of political and economic ambitions since the 1960s. Initially under Charles de Gaulle's presidency and then under Georges Pompidou's, responsibility for refurbishing the district of Les Halles was given to the SEAH[4] in conjunction with the Seine Prefecture, representing the State, in the absence of a mayor for Paris.

In 1968, the APUR[5] was set up, along with a permanent commission for the Halles area. In July 1969, this urbanism workshop, which represented the interests of the Council of Paris, established a development plan for the Halles area. The SEMAH (formerly SEAH), in conjunction with the APUR, established the urban development zone (ZAC[6]) and the development plan (PAZ[7]) for this sector, which mainly involved 12 kilometres of underground railway and communications networks, the stations of the Île-de-France region's RER[8] suburban railways and the extension of the SNCF tracks from the Gare d'Orsay, and moreover below-ground commercial activities including the "Forum" and lastly an International Trading Centre extending across 95,000 square metres, for which planning permission was granted in 1974. Architecture competitions were launched from 1967 in this zone, and very high-density buildings in a monolithic modern style, along with small skyscrapers, were planned above ground. These plans were generally poorly received by public opinion and those who influenced it. On 10 March 1968, the Council of Paris rejected all of the submitted designs. Only the "Forum des Halles", an inverted pyramid designed by the Alsace-based architects Claude Vasconi and Georges Pencreac'h as a shopping centre standing above the railways, would remain. The adjacent Beaubourg Plateau would go on to receive a national museum of modern art—the Centre Pompidou—for which the international architecture competition was launched in 1969; it was won by the team of Renzo Piano and Richard Rogers in 1971.

In 1974, even before the presidential election, the building permit for the International Trading Centre was cancelled by the administrative court due to procedural failings, following an appeal from residents' associations.

Georges Pompidou died and his successor by no means shared his vision for the site. He wanted to return the district to its residents, with a vast garden on the footprint of the International Trading Centre, and sought to establish a general masterplan along with "classic" Parisian architecture. As soon as he was elected, on 6 August

4 SEAH: Société d'Études pour l'Aménagement des Halles (Les Halles Development Planning Survey Company), established in conjunction with the Seine Prefecture on 23 December 1966, which went on to become the SEMAH (Société d'Études Mixte pour l'Aménagement des Halles).

5 APUR: Atelier Parisien d'Urbanisme (Parisian Urbanism Workshop), established in 1968, which brought together the City of Paris, the Paris Region and the State to explore urbanism and development plans for Paris.

6 ZAC: Zone d'Aménagement Concerté.

7 PAZ: Plan d'Aménagement de Zone.

8 RER: Réseau Express Régional.

**1974 Perspective en couleur de la colonnade elliptique vers la Bourse de commerce. Aquarelle sur papier /** 1974 Colour perspective sketch of the elliptical colonnade towards the Bourse de Commerce. Watercolour on paper

1974, Valéry Giscard d'Estaing decided not to renew the building permit for the International Trading Centre and to abandon all appeals. The State thus withdrew a large part of its funding. However, he did allow the Centre Pompidou to be built, with its avant-garde architecture that is familiar to us today, along the Rue du Renard in the 4th arrondissement. He inaugurated it in 1977 and also retained Claude Vasconi's project for the Forum, which had already begun to be executed. It was in this environment, amid the heat of several controversies, that Michel Guy, Secretary of State for Culture in Jacques Chirac's government when the latter was Prime Minister under Valéry Giscard d'Estaing, launched the first consultation of architects, in circumstances that Ricardo Bofill himself recalled in his interviews with François Hébert-Stevens, which were published by Éditions Arthaud in 1978 as *L'Architecture d'un homme (One Man's Architecture)*, and which are cited multiple times here. Guy, without consulting the Council of Paris, organized an informal "ideas competition" rather than an international architecture competition in the strict sense, and invited nine architects and artists, including two indisputably renowned French architectural practices

-Andrault & Parat and Émile Aillaud—as well as an outsider, Ricardo ›ofill's Taller de Arquitectura, the only "foreigner" to take part, to ubmit proposals.

### ummer 1974: Victory—Taller's first design, a colonnade in a French-style garden enclosed within Parisian-style, U-plan building"; a fascinating "Baroque" endering that made all the difference

/hen he was Minister of Finance, Valéry Giscard d'Estaing had retained very positive memory of Ricardo Bofill and his doomed design for La etite Cathédrale in Cergy-Pontoise, which had been turned down by is colleague and political ally Michel Poniatowski. Perhaps he wanted › give him a second chance, despite presidential recommendations that ere henceforth resolutely "classical". Bofill could count on support 'om Michel Guy and from some senior French civil servants who were then in charge of the General Planning Commission and the New Towns, such as Jean Millier, Serge Goldberg, Bernard Hirsch and Pierre Richard—who was then Giscard d'Estaing's chief of staff. Paris did not yet have an elected mayor, and was under the guardianship of the State. Ricardo Bofill was thirty-five years old and immediately seized the opportunity to conquer "Paris".

Xavier Llistosella, who was then an architecture student and a talented draughtsman at Taller in Barcelona, recalls how Bofill, on returning from his visit to the site, which he described as "formless", held up a swiftly drawn sketch of an ellipse and a photo of St Peter's Square in Rome and declared to his teammates: "This is what we'll do for Paris's Les Halles." The redevelopment of a 10-hectare area[9] in the heart of one of Europe's most prestigious capital cities became *the* flagship project of Taller and all its collaborators. The challenge was to make a powerful, historic architectural statement.

10 Ricardo Bofill **All modernity proclaimed it: we had to break away from that decorative, anecdotal style developed in the 17th century under the name of "neoclassicism" that was tipping architecture towards pompous mannerism where the art of the façade presided over volume. For Le Corbusier as for Mies van der Rohe, the scientific aesthetic, going straight to the essentials, supplied another model from which to work.** [...] **There are two lessons I have learned from observing classical Mediterranean towns: that it is possible to make strong architectural statements without treating the existing context with disdain or shattering relations of perspective and harmony; and that it is possible to reconcile the individual, the designer and urban logic.**

Bofill's creative intuition led him to draw inspiration from classical architecture and develop a French form of "Postmodernism". The journalist Pascaline Cuvelier would later underline this in the newspaper *Libération*.

11 Pascaline Cuvelier **Charles Jencks, in his evolutionary tree of Postmodern architects, placed Bofill in the "Urbanist Ad Hoc" and "Metaphor Metaphysical" sections; some Beaux-Arts students demoted him to "Megalomaniac Bofill".**

That moment marked the beginning of a mammoth "*charrette*"[12] for Taller, which would not end until four years later![13]

The first images were designed by Manolo Nuñez Yanowsky, who was thirty-one at the time, with his team of young Catalans from the Barcelona architecture school, and he was chosen to lead the project. Xavier Llistosella, along with Francesc and Raimond Guardia Riera—two brothers from a bourgeois Catalan family of talented painters—helped him to prepare watercolours and etchings in the style of Beaux-

9 The total area of the urban development zone (ZAC), at 35 hectares according to a deliberation of 23 December 1966, was definitively fixed by the SEMAH and the APUR in 1969–1970. The area of the space reserved for the operation and defined by the development plan (PAZ) in 1975 was 10 hectares.

10 Extract from Ricardo Bofill's text "Organiser le cadre de sa création", August 1989—see "Organizing a framework for creativity" p. 216.

11 "Bofill, projets français", *Libération*, 20 November 1982

12 Now adopted into English, the French word *charrette* has been used by students at the École des Beaux-Arts in Paris since 1830 to signify working round the clock until the *charrette* (wagon) came by to pick up their projects for presentation.

13 The history of the Halles project received extensive coverage in publishing, notably *Paris Projets* n°25–26 (Éditions APUR), n°176 and the supplement to n°182 of *L'Architecture d'Aujourd'hui* in 1974 and 1975, *JANO Arquitectura & Humanidades* n°28 in June 1975 and *Architectural Design* on 9 October 1980.

Arts renderings for the booklet of ideas to be presented to the French President at the end of the summer, prior to the presentation to the Council of Paris that was planned for late October 1974.

14 Manolo Nuñez Yanowsky **When they called us for Les Halles, we thought of doing a square in a garden with a U-plan building behind it, and that was the first design in 1974, which was selected by President Valéry Giscard d'Estaing. Inspired by the arrangement of the Palais Royal, in a rectangle.**

14 Extracts from an interview of 4 November 2022 in Madremanya; see «Epilogue—One group. Many hands for each design. A single passion: architecture», p. 376.

Two huge watercolour panels measuring 2 metres tall and 3 metres wide were brought from Barcelona to the Élysée Palace—the French President's official residence—in September. The first of these bore the hand-written text of José Agustín Goytisolo's "manifesto" for the design at its centre; the second, the masterplan showing the overall layout, surrounded by views of details and perspectives from different viewpoints, done in a resolutely Baroque style with romantic-looking figures.

15 Xavier Llistosella **The perspective view and the first overall site plan were me, the architecture and details were drawn by Francesc, the colours and figures by Raimond, Lluis [Amargos] copied the text by hand and Manolo added the final touch. The cumulonimbi above the colonnade were by him and were a prelude to the storm of controversy that the drawings provoked. Our names are in those clouds, and we handed them over to Ricardo just in time, at the end of the day, in an electric atmosphere. [...] The final day involved a 24-hour stint!**

15 Interview with the author on 24 November 2022 in Barcelona.

16 Ricardo Bofill **Then I was called to the Élysée. During an hour-long conversation with President Valéry Giscard d'Estaing, I explained that our proposal was the best possible concept for Les Halles, given that the aim was to rectify the enormous mistake that had been committed in destroying the Baltard pavilions. The President's reaction was very clear and straightforward. He told me he liked the project a lot and that it should be taken further.**

16 Extract from *L'Architecture d'un homme*, *op. cit.*

The next day, a scandal broke out in the press, most notably *Le Figaro*.[17]

17 *Le Figaro*, September 1974.

18 Ricardo Bofill **I didn't understand those reactions; at that time I was totally ignorant of the workings of business and politics [...] Thanks to the project for Les Halles, I suddenly sensed France's politico-architectural problem [and] the strings that are pulled [...].**

**At Taller, [...] we were reacting against "modern architecture"—that is, "functional architecture", "international**

18 Extract from *L'Architecture d'un homme*, Paris: Éditions Arthaud, 1978.

**architecture". We were in pursuit of what we called "reclaiming History". We wanted to build a monument inside the city, and I believed it was possible to accord with the President's idea.**

In the euphoria of victory, a press conference was called by Ricardo Bofill at the Hôtel Pont-Royal, but part of the press displayed a very aggressive, xenophobic attitude, tackling Bofill on the fact that he was neither a formally qualified architect, nor French. His proposal was described as "plagiarism of Bernini's colonnade in Rome".[19]

19 Pierre Branche, *Le Figaro*, 31 October 1974.

20 Ricardo Bofill **Obviously the best exercise in elliptical colonnades that has ever been produced is Bernini's in Rome. But that didn't strike us as problematic—quite the opposite. In relation to the rectangular shape of the first square, the concave counter-form, which offers a counterpoint to the rectangle, simultaneously different and opposite, was the elliptical form. We weren't working from an image of Bernini, but from the idea of an elliptical public space, with lots of columns very close together, which create a contained space, offering either transparency, or directed views, or a continuous wall [...]. Then, from the very first images, we settled on the idea of constructing the colonnade in brick, to use a rich Baroque technique, offering the possibility of making each column different and creating a series of geometrized caryatids. It was beautiful, absurd and at the same time so meaningful. It had all the qualities of a work of art.**

**From there, we could arrive at new forms that would only distantly resemble Bernini's colonnade. The viewer finds themself faced with a space that they recognize and yet that is new: they are delighted, excited, love it or hate it.**

20 Extract from *L'Architecture d'un homme*, Paris: Éditions Arthaud, 1978.

## The initial concept: "one square inside another"

21 Ricardo Bofill **The Halles site is on the scale of a city square, a typically French square, a grand square, a "royal square" (like the Place de la Concorde). It has its own distinct qualities, but it is a space that is beyond human scale. Therefore people who find themselves on one side of the square cannot see what is happening on the other side. Whereas we wanted to make it into a meeting place. For me, what was important was to "hold" this space, to give it shape; I gave it a rectangular form [...]. It is the space of a French square, in the middle of which there is a green space, a little park [...] a public garden where trees would be planted [...]. But these trees in the heart of Paris would also need**

21 Extract from *L'Architectu d'un homme*, *op. cit.*

**erspective sur la rue Rambuteau avec passage couvert, 1974. Pointe d'encre de Chine, reprise à l'aquarelle** / Perspective drawing ' Rue Rambuteau with covered passageway, 1974. Pen and Indian ink with watercolour

**e de détail sur la placette, 1974. Aquarelle** / Detail view of the smaller public square, 1974. Watercolour

**Vue en coupe de la double colonnade sur Saint-Eustache, 1974. Esquisse** / Section through the double colonnade towards Saint-Eustache, 1974. Sketch

**Proposition de double colonnade avec pièce d'eau. Esquisse** / Proposal for a double colonnade with pond. Sketch

**to be typically French; they would need to form a contained, very architectural space [...]. In the French tradition [...] according to which nature must be controlled, steered and moulded by human hands. I subscribe wholeheartedly to that [...]. At the larger, city scale, our intention was simply to place one square inside another. That is all.**

**That means that we were going to make a first square with plantings, and that we would place another, smaller, Italian-style square inside the first one. This Italian-style square would be the meeting place, surrounded by a geometrical garden. It was the use of old *architectural* types to create something new. That's what creativity is [...]. However, a coherent new system needs to be found in order to bring together elements that have never been combined in this way before. Trying to explain that to the Cartesian mentality of administrative officials presented me with an enormous challenge. I had to fight for a simple idea: trying to place one square inside another.**

ofill immediately turned the rage directed at him by some journalists his advantage, to enhance his own image in the media and to place t, architecture and his proposed masterplan at the heart of the debate.

His chosen residence during his stays in Paris was the Hôtel ont-Royal, situated in the 7th arrondissement, not far from the premises the publisher Gallimard. He set up his first office there, in a suite ove the one he slept in, where Manolo's team and I installed ourselves. plank, some trestles, some "paralaxes",[22] a wall-mounted telephone like the hotel bedrooms, a sitting area with a makeshift worktable likewise ade of a plank covered in a green felt rug and trestles for Ricardo Bofill d his visitors. The HQ: the bar of the Pont-Royal, its restaurant, that the Ministries, Le Flore and the Lipp brasserie...

Meanwhile, Michel Guy, an admirer of Taller's avant-gardism d interdisciplinary DNA, asked Ricardo Bofill to design a "centre for search and reflection on architecture" which, during sessions at the ôtel Pont-Royal organized in collaboration with his friend the film oducer and publicist Jeanne Girardot,[23] notably brought together enri Lefebvre, Edgar Morin, Gérard Thurnauer, Alain Touraine, ertrand Poirot-Delpech, Henri Laborit, Antoine Grumbach and Bernard uet. These reflections were intended to reconcile the French with the ld of architecture and to culminate in a Festival of Architecture held the Grand Palais. Both the Centre and the Festival were abandoned in e storm of the architectural and political battle over Les Halles in 1975.

What was referred to as "the battle of Les Halles" started in tumn 1974 when the press published the "drawings" that revisited not ly the elliptical double colonnade but also Baron Haussmann's[24] codes r Paris and the codes of the Beaux-Arts. On the one hand, it was a battle architectural proposals to formalize the initial "notebook of ideas";

22 Plexiglas rulers attached to two pieces of string and fixed to the table with drawing pins, to serve as a drawing board.

23 Suzanne Le Bars or "Zette", known as Jeanne Girardot, who died on 1 March 2021, was associate general director of the Hautefeuille advertising agency. She produced the first documentary on Reus and Walden 7, directed by Robert Cordier and broadcast on French television. She was the mother of the French actor Hippolyte Girardot. Like me, she came from the Versailles part of town, and she had me recruited at twenty-four years old to set up the Taller de Paris agency, through a mutual friend of her son's.

24 Georges Eugène Haussmann, who led a massive urban renewal and rebuilding of Paris in the 1850s and 1860s.

on the other, it was a battle of political and administrative influences and corporatism tinged with xenophobia.

But Taller arrived in France in 1971 on the basis of the renown it had acquired through its built work at Sitges, Reus and Walden 7.[25] What Ricardo Bofill was proposing was therefore a new departure, with a resolutely "Postmodern" design inspired by Haussmann's Paris. He had gone in an unanticipated direction; through this provocation, he was setting out to satisfy the French President's demands for a classical style of architecture even if it meant doing the opposite of what was expected of him, and he took full possession of the French scene. He acknowledged the abruptness of this shift.

25 See «Modular and vernacular architecture», p. 2

26 Ricardo Bofill **What we were interested in was taking a fresh view of history—history considered eclectically and, if you like, disrespectfully** [...]. **We chose that approach when the project for Les Halles first presented itself. It was the perfect site for this sort of experiment: in the middle of Paris, in a city with a strong sense of historical permanence. The images that we chose for Les Halles were clear, simple and obvious** [...]. **We did it consciously, to provoke a rupture with the contemporary "international" style. The important thing was to mark this position forcefully and decisively.**

26 Extract from *L'Architectu d'un homme, op. cit.*

Those on the side in favour of the plans included the French government, the Secretary of State for Culture, the senior civil servants of the General Planning Commission (located a few metres from the Pont-Royal on Boulevard Saint Germain), Bernard Huet, editor-in-chief of *L'Architecture d'Aujourd'hui* and Antoine Grumbach, a professor at Paris 6, the science faculty of the University of Paris. On the other side, opposing the plans, were Christian de La Malène, a senator for the RPR[27] party and member of the Council of Paris; the Council of Paris itself; the SEMAH and the APUR headed by Pierre-Yves Ligen; the architects of the Forum shopping centre that was ultimately retained and resized, Claude Vasconi and Georges Pencreac'h; and influential architects who had been sidelined during the various competitions in 1969, 1971 and 1974 such as Andrault & Parat and Émile Aillaud, proponents of the Modernist school. Alongside them were their supporters and a whole flurry of journalists from daily newspapers who were in search of front-page headlines and polemics to sell their papers. As each day's editions were released, the French took a passionate interest in this unusual, heated debate, and public opinion was split as people followed the discussions. They were not asked what they thought. The daily press, which relayed the prevailing opinion at the time, echoed the public sparring match in accordance with its own impressions and political tendencies. There was little to nothing in the way of opinion polls; none exists on this

27 RPR: Rassemblement pour la République (Rally for the Republic).

ubject... Antoine Grumbach remembers it well, and places the debate vithin the context of arguments between architectural factions.

8 Antoine Grumbach **It was notably at the Venice Biennale of 1972 that I had a discussion with Ricardo Bofill and Bernard Huet, who was then director of the journal *L'Architecture d'Aujourd'hui*, about the role of architecture as an art. On Ricardo Bofill and Taller de Arquitectura, I can only repeat my statements that were published in the article "Propos de table" ("Table Talk") in *L'Architecture d'Aujourd'hui* nº182,[29] where we were in conversation with Émile Aillaud, Bernard Huet and Claude Parent. For me, Postmodernism is a criticism of the Modern Movement, and its intermediaries are the city, ornament and architecture, and the city, the square and the street. Taller offered proposals within the classical architectural tradition of the Beaux-Arts in France, and notably its expression through drawings in watercolour. Endless debates with Bernard Huet on architecture brought us together. Architectural culture was not part of the debate in France at the time. We agreed with Bofill and Taller, that there was a need to introduce simple rules for architecture and to follow the tradition of Haussmann and Alphand[30] to "make" a city. What Bofill and Manolo Nuñez Yanowsky had to say was on a very elevated cultural level, on classical architecture, critiquing "Modern" architecture and reviving public space through a Mediterranean and French type of urban structure, so that its "users" would take ownership of it and share it. This was in total contrast to the idea of abstractly creating an object in the city, imposed on its inhabitants.**

28 Interview with the author on 22 June 2022 in Paris.

29 See p. 71.

30 Adolphe Alphand (1817–1891), Ponts et Chaussées engineer.

aul Chemetov, for his part, views Bofill's proposals within the context escribed in his testimony quoted above and in the following passage.

1 Paul Chemetov **What is important—I would say—is that Bofill lives in an intellectual milieu [...] on a high architectural plane; part of the violent reaction in France stemmed from this [...]. Taking into account the capitalistic and port-city traditions in Barcelona, there was a freedom similar to that of Art Nouveau, which enjoyed the same support—that of the intellectual bourgeoisie. [...] A small cultural note: there were certainly close architectural links between Barcelona and Milan. Architects moved easily from one city to the other and ultimately, in their provincialism, they were more European than the Parisians, who in those days didn't leave the city that much.**

31 Extracts from Paul Chemetov's account provided on 27 June 2022—see "Assertive anti-design" p. 72.

## Early November 1974: the Council of Paris rejects the scheme

But towards the end of 1974, barely two months after his "victory", Ricardo Bofill learnt that the Council of Paris, which had been consulted on 28 October, had refused to accord with the opinion of the Paris Prefect, Jean Verdier, who represented the President, and they demanded at least three designs based on an adjusted programme, taking account of Valéry Giscard d'Estaing's decisions to reduce the project's financing.

There was consternation at Taller. The feeling of injustice galvanized the team, which set out to battle, convinced that its concept was the right choice for Paris and the only one that could be championed to the Presidency, the Council of Paris and the APUR. Taller had underestimated the negative power of systematic opposition that is devoid of culture, where architectural debate is not the issue.

32 Ricardo Bofill **We learned that in France, while it was very difficult to be creative, to propose new ideas and bring them to fruition, it was, however, easy to play the "negative" card. It was very hard to get your own ideas implemented, but very easy, in a given situation, to block other people's ideas.**

32 Extract from *L'Architecture d'un homme,* Paris: Editions Arthaud, 1978, p. 30.

## "The Bofill plan and the Council of Paris: seeking a compromise"[33]

33 *L'Aurore*, 29 October 197

A joint commission of City and State was then set up by the Prefect and tasked with reaching the necessary decisions. The theme of the considerations once again concerned the organization of the old Les Halles site, reduced to 10 hectares, and the general concept for the 54,000-square-metre garden and its accompanying buildings. This echoed what had been ordained in August by the President and Michel Guy, but this time via the Council of Paris[34] and the appropriate institutions. The maps were redrawn, and the slate of the first consultation was wiped clean. From this period, Ricardo Bofill would engage in endless meetings with all those involved, whatever their opinions or convictions, in the hope and with the aim of convincing them of the solid merits of his approach.

34 "It's at the Hôtel de Ville that the decision will be made' Yves Milhoud, President of the Council of Paris, quote by Pierre Branche in *Le Figar* Tuesday 15 October 1974.

35 Paul Chemetov **Bofill, whose intelligence is undeniable, assumed his role of architect to the State along with the relationship to authority that accompanied it. [...] But despite these advantages, he also understood the need to respond to the monarchical nostalgia of a country that had beheaded its king: his slogan was "Versailles for the people".**

35 Extracts from Paul Chemetov's account provide on 27 June 2022—see "Assertive anti-design" p. 72.

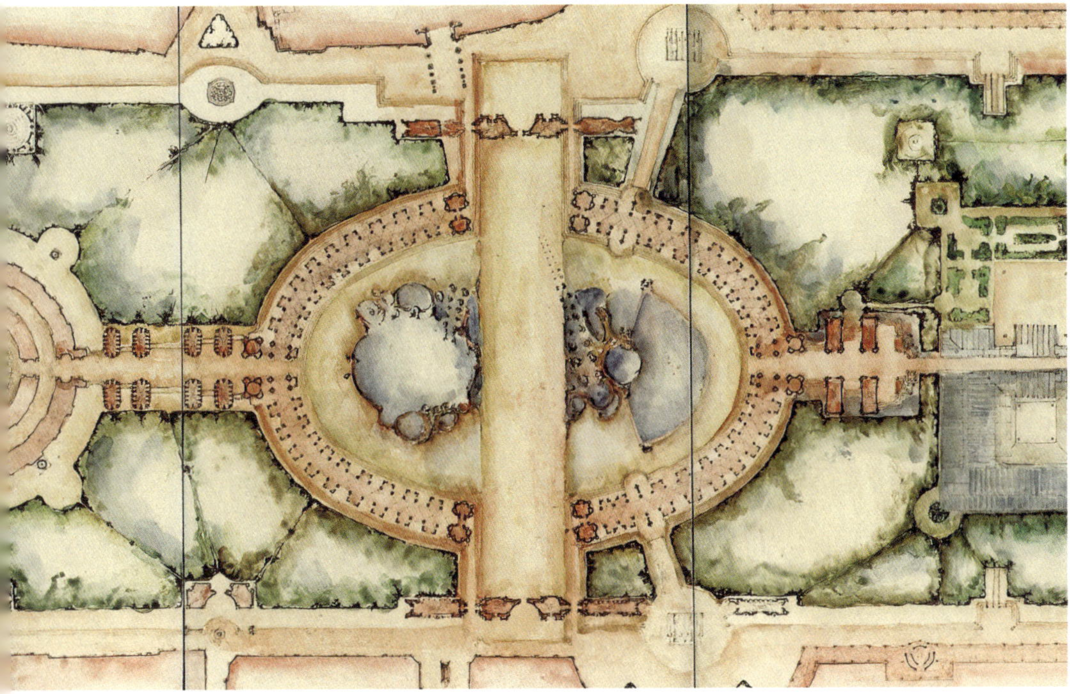

ndu plan de masse couleur du Jardin des Halles, 1974. Aquarelle sur papier / Colour layout rendering for the Jardin des Halles, 74. Watercolour on paper

ltimately, the Council of Paris, taking into account the origin of the nancing for the Halles development, the entanglement of the projects at were underway and the abandonment of some others, exerted its fluence so that a new detailed design would be requested, from three ams of architects: Taller; Bernard de La Tour-d'Auvergne, who was ose to Valéry Giscard d'Estaing and was very urbane and capable of nding a middle ground; and Jean-Claude Bernard (ARC Architecture), e APUR's preferred option following a presentation at the Council of aris in April 1975 of three large-scale maquettes.

## Bofill? Yes, but..."[36]

Ricardo Bofill **I've always believed very strongly that you have to to break free from the mediocrity of everyday life and get past contradictory interests: an act that consists of bringing together, in one design, participants who come from all sorts of backgrounds and who need to agree among themselves to make a project tangible and realize their intentions. Everything rests on that balance between ideas, intentions, plans and individual interests being defended. The result will mean that the architecture that comes out of it will either be enhanced, or reflect a paralysis.**

36 From the article "Bofill, oui mais..." in *Le Quotidien de Paris*, 23 October 1975.

37 Extract from an archive text by Ricardo Bofill, 1983.

# La bataille des Halles

1975 197

# The battle of Les Halles

# Avril 1975 : « la maquette des Halles » à l'Hôtel de Ville



Ricardo Bofill Je n'allais pas arriver en France, faire une sorte de tour de piste naïf et partir après une démission glorieuse… Depuis l'âge de 17 ans […] j'aime gagner et agir, si je commence quelque chose, je veux le finir.

1 Ricardo Bofill, *L'Architecture d'un homme. Entretiens avec François Hébert-Stevens*, Paris, Arthaud, 1978.

**e Taller se réunit à Barcelone afin d'organiser la fabrication de la aquette demandée par le Conseil de Paris. Ricardo Bofill, en chef de uerre, est déterminé à « gagner » et conquérir Paris à travers le dessin une place et d'un monument en son centre, et à mener la défense de rchitecture en tant qu'art.**

Ricardo Bofill Il y a eu un nouveau concours. J'ai demandé qu'il y ait un règlement strict… car j'ai compris qu'il s'agissait d'un problème politique plus qu'architectural.

2 *Ibid.*

**partage son temps entre Paris, où il mène son combat médiatique parallement à une bagarre contre les vents contraires politico-administratifs, Barcelone, pour diriger et suivre le travail sur le projet.**

**À cette période, tout est encore possible. Il peut compter sur le utien de l'Élysée, d'un club rapproché d'architectes, de l'intelligentsia risienne, de certains journalistes et politiques. La critique le galvanise. jeune équipe, qui déborde de talents, le porte. Le poète José Agustín oytisolo et le philosophe Xavier Rubert de Ventós, tous deux membres u Taller, le rejoignent à Paris et renforcent la réflexion.**

Double-page suivante : Maquette de l'Hôtel de Ville, détail, 1975 / Following spread: The Hôtel de Ville maquette, detail, 1975

Toujours depuis l'hôtel Pont-Royal, des esquisses sont produites sous les mains de Francesc Guàrdia Riera et Xavier Llistosella, avant d'être revues par Manolo Nuñez Yanowsky et Ricardo Bofill, qui débattent de l'ordonnancement général, de la forme des bâtiments d'accompagnement, du jardin, du rythme et de la composition classique des façades, des placettes, de la colonnade, de sa forme, de son emprise, des hauteurs, etc.

Dans le même temps, tous deux tentent d'infléchir la forme de la pyramide inversée du forum. De nombreuses réunions, souvent houleuses, sont organisées avec Claude Vasconi, qui les quitte parfois avec fracas. Finalement, grâce à une association de circonstance proposée par Bofill, un début de compromis puis un consensus se dégagent à travers la collaboration au projet 2 de l'architecte Georges Pancreac'h, associé de Claude Vasconi pour le forum, et d'Allain Provost pour le jardin. Première victoire d'un affrontement vers un consensus français, pensent-ils ! C'est donc une maquette signée Taller de Arquitectura, Georges Pancreac'h en collaboration avec Allain Provost, qui est produite puis présentée en avril avec l'assentiment de Claude Vasconi.

À Barcelone, Peter Hodgkinson, responsable de la faisabilité architecturale, multiplie les échanges avec Georges Pancreac'h ; le Taller tout entier s'investit pour finaliser un projet dans le détail et le rendre compréhensible. Au Pont-Royal, seule l'architecture est au centre des débats ; dans le Tout-Paris et dans les instances administratives, politiques et médiatiques, la controverse prend l'allure d'une joute au sabre. Ricardo Bofill rencontre régulièrement ses alliés, Antoine Grumbach et Bernard Huet, pour se faire le relais de la défense de l'architecture et de ce nouveau mouvement postmoderne. Des discussions ardentes entre ces hommes s'étirent dans les bistrots parisiens.

C'est le clan « contre », comme l'APUR[3], dirigé par Pierre-Yves Ligen, très peu convaincu, et le Conseil de Paris, qu'il faut persuader ; un bouillonnement d'initiatives règne et une avalanche de rendez-vous physiques ou téléphoniques est organisée, des courriers sont portés par coursier et des pneumatiques sont adressés quotidiennement aux différents acteurs, rappelés sans relâche au téléphone par Ricardo Bofill. Les jeux d'influences sont analysés, les journalistes importants de l'élite parisienne pris à témoin... et rencontrés à maintes reprises.

3 APUR : Atelier parisien d'urbanisme.

L'antagonisme des postmodernes et des modernes est débattu sur la scène publique et privée, le manque de culture architecturale est criant, les expressions xénophobes pleuvent dans certains médias et la controverse sur le « diplôme » continue d'enchanter les barons inscrits à l'ordre des architectes, enfonçant et dénaturant le vrai débat. Ricardo Bofill rencontre Jack Lang, alors élu du groupe socialiste au Conseil de Paris, qui témoigne :

4 Jack Lang J'ai rencontré Ricardo Bofill à travers des revues et des voyages à Barcelone et ailleurs. Ricardo Bofill était très réputé pour son art dans la construction de logements sociaux en

4 Jack Lang, ancien ministre de la Culture, président de l'Institut du monde arabe à Paris.

Espagne ; pour son style harmonieux et respectueux des habitants qui était montré comme un modèle. Pour les Halles de Paris, c'était le choix de Giscard d'Estaing à l'époque… qui avait le mérite d'être un projet harmonieux, complet dans sa composition.

Son style « néoclassique » a été critiqué. Valéry Giscard d'Estaing était réservé sur l'architecture moderne contemporaine et sensible à l'architecture classique. Il a cependant respecté le choix de Georges Pompidou et prononcé le discours d'inauguration du Centre Georges-Pompidou le 31 janvier 1977 en vantant le choix de son prédécesseur disparu… C'est Georges Pompidou qui a démoli les Halles de Baltard pour créer un centre d'affaires. Projet placé sous la responsabilité de Christian de La Malène.

'héritage de Le Corbusier règne alors en France. Le Taller n'y a jamais dhéré… Comme nous l'avons évoqué, les groupes d'opposition sont ombreux : le Conseil de Paris, qui n'a pas été consulté, cherche une evanche ; les associations de quartier, à la fois favorables à la conservaion des pavillons de Baltard et critiques des décideurs et de leur choix 'une architecture jugée « bourgeoise », à la facture monumentale, pour e quartier historiquement populaire, font pression contre le projet.

Le Taller veut offrir une proposition claire, sobre, avec un jardin arisien à l'échelle humaine, proche de la première mais plus élaborée t plus détaillée, en vue d'emporter l'adhésion notamment du public ui viendra voir l'exposition des maquettes à l'Hôtel de Ville de Paris. l assume un urbanisme à la française qui le convainc pleinement et roclame un certain nombre d'axiomes : un ordonnancement rigoureux, elon un tracé rectangulaire de l'espace entre la Bourse de commerce t la rue Pierre-Lescot ; une architecture extérieure du forum mise en armonie avec cet ensemble ; un jardin composé « à la française » avec ne promenade sous une rangée d'arbres (inspiré du jardin du Palais-oyal) ; une place à une échelle plus petite, « à l'italienne », pour favoriser s rencontres, abritée sous une double colonnade, revisitée en théâtre e verdure de la forme d'un carré ouvert ; un accompagnement du jardin ar des bâtiments en double U fermant la perspective de la Bourse de ommerce, qui enjambent les rues Rambuteau, Lescot et Berger avec es passages couverts par des verrières dans la tradition du Paris du XIXe iècle et des arcades réinterprétant le langage architectural des façades e la rue de Rivoli ; des toitures grises parisiennes haussmanniennes : postmoderne respectueux du style parisien, selon les partisans de ofill, le « pastiche » allant jusqu'au « pompiérisme » selon ses détracurs. Dans l'opinion, sa proposition restera celle d'un président de roite. Roland Castro nous raconte sa version :

5 Roland Castro J'ai rencontré Ricardo Bofill à travers l'architecte Vittorio Gregotti je crois, lors d'un déjeuner avec la compagne d'alors de Ricardo, Loulou de La Falaise.

Il est arrivé en France au milieu d'un tollé xénophobe dont les Français ont le secret. J'avais alors écrit un papier dans *Le Monde* où je défendais les artistes : « Les musiciens n'ont pas de pays, ils sont artistes. » L'énormité du personnage m'a fait rire à l'époque. Son projet de « Petite Cathédrale » pour Cergy était totalement mégalomaniaque et il a été flingué pour cela. En fait, les gens n'ont pas supporté qu'il soit choisi par Valéry Giscard d'Estaing, homme bourgeois plutôt coincé qui recherchait une architecture patrimoniale. Le fait que Ricardo Bofill fasse référence à l'architecture classique française lui a plu.

Mais c'est ce qui a nui à Ricardo Bofill, qui a été catalogué comme architecte « baroque ». Le choix et le goût de Giscard l'ont coupé des Français et des architectes français. Il faut rappeler que Giscard était contre les tours et qu'il voulait couper celles de la Défense… L'échec de Ricardo aux Halles est dû à Valéry Giscard d'Estaing et au désamour des Français pour ce président perçu comme trop bourgeois et trop rigide à la fin de son mandat ; et, bien entendu, à la lutte entre Chirac et au pouvoir des partisans du centre d'affaires contre Giscard d'Estaing.

5 Propos recueillis par téléphone par l'autrice le 13 juillet 2022.

**Durant tout le premier trimestre 1975, on s'active à l'atelier des maquettes au sous-sol de La Fábrica à Sant Just Desvern, alors siège du Taller en travaux. Elle sera de bois et de plâtre peinte à la main.**

## L'exposition des trois maquettes à l'Hôtel de Ville de Paris : un succès inattendu auprès d'un public passionné et nombreux

**Bofill, dans ses interviews et ses prises de parole médiatiques, prépare le public parisien à découvrir une proposition grandiose et monumentale. Il n'est pas déçu. Une foule compacte se presse pour découvrir les différentes propositions pendant deux jours, débordant ses organisateurs. L'avant-veille de l'ouverture, la maquette du Taller est acheminée en voiture depuis Barcelone par Xavier Llistosella et installée dans le plus grand secret dans la salle des fêtes de l'Hôtel de Ville. Découvrant la couleur trop méditerranéenne des façades et de la colonnade, Ricardo et Manolo font revenir Llistosella de Barcelone, où il venait de rentrer, pour qu'il reprenne de sa main, durant la nuit précédant l'ouverture au public, la couleur des éléments jugés trop « rouges ». Durant toute la durée de l'exposition, les membres du Taller parlant français, Manolo Nuñez Yanowsky et Bernard Torchinsky principalement, sont présents**

**Maquette de l'Hôtel de Ville, détails, 1975** / The Hôtel de Ville maquette, details, 1975

**et répondent aux questions posées par les visiteurs, surtout sur le théâtre de verdure, proposition très nouvelle à l'époque, où l'on pourra s'asseoir librement, admirer Saint-Eustache et Paris, pique-niquer, faire jouer les enfants et assister à des spectacles en plein air, voir le ciel de Paris de jour comme de nuit, se rencontrer…**

## Rigoureux rectangle ou axe oblique ? Le dilemme insoluble du Conseil de Paris

6 Roland Castro À mon sens, Bofill a voulu défendre une architecture française un peu comme une marque « à la française ». On doit souligner que son plan « inspiré du Palais-Royal » était bon ; c'est ce qu'il fallait faire. Jean Nouvel l'a repris lors du dernier concours en 2004.

6 Propos recueillis par téléphone par l'autrice le 13 juillet 2022.

**Remanié dans sa facture par rapport aux premières idées, le projet offre un ordonnancement rectangulaire, les placettes et les espaces du jardin sont soignés et le tout apporte une nouvelle sérénité au quartier, laissé en chaos depuis quatre ans du fait des démolitions successives du bâti, des expulsions et des travaux d'infrastructure. Le jardin offre en son centre une colonnade carrée, le forum s'efface, encadré par une architecture rigoureuse en U, que certains critiquent car ils jugent qu'elle est une caricature du Paris du XIXe siècle, quand d'autres l'apprécient pour son caractère éminemment parisien et la sophistication de ses détails. La deuxième maquette, signée Bernard de La Tour-d'Auvergne, adopte elle aussi le parti rectangulaire depuis la Bourse de commerce jusqu'à la rue Pierre-Lescot et propose un parc à l'anglaise. Mais son architecture, aux lignes « modernes », ne convainc pas le Conseil de Paris et certains visiteurs.**

**Enfin, la troisième maquette, celle de Jean-Claude Bernard pour l'APUR, propose une composition selon un axe « en biais » depuis le Pont-Neuf vers l'église Saint-Eustache, un parti original qui surprend et séduit certains. Mais l'architecture, assez banale, ne convainc pas, elle non plus. Le préfet de Paris, représentant l'État, distinguera deux partis : un parti rectangulaire et monumental, qu'il qualifie de « fort et ambitieux » et auquel il attribue de nouveaux financements d'État, et un parti oblique. Mais au sein de cette société mixte Ville-État, il ne choisit pas ! Et laisse le choix final au Conseil de Paris.**

7 Ricardo Bofill […] Il a été dit que c'étaient surtout les idées du projet Bofill qu'il fallait retenir mais qu'on devait adopter un peu de celui de La Tour-d'Auvergne. C'était une astuce pour gagner du temps et diluer la force du projet… Et cela s'est terminé, comme toujours en France, par un vote politique, c'est-à-dire

7 Ricardo Bofill, *L'Architecture d'un homme*, *op. cit.*

un compromis. Il s'agissait surtout de nous empêcher de gagner, d'une façon nette. Pour ce faire les « politiciens » n'ont pas considéré notre projet en tant que tel, mais lui ont réglé son compte, selon une formule administrative française appropriée, en invoquant le PAZ[8], sorte de dossier urbanistique primaire, établi à partir de fausses méthodes urbanistiques qui ont pour objet de détourner les « vraies questions ». De cette façon ils ont réussi à réduire l'échelle du projet, déjà trop petite pour offrir la compréhension d'un espace urbain.

8 Le PAZ (Plan d'aménagement de zone) pris comme prétexte et cadre d'analyse, alors en cours d'élaboration par l'APUR.

**En effet, le PAZ est adopté définitivement le 30 avril 1975 par le Conseil de Paris, sans désignation d'architecte en chef de l'espace. La SEMAH est nommée maître d'ouvrage sous la direction de Dominique Saglio, qui succède à Christian de La Malène. Elle s'installe dans des Algeco au pied du Centre Beaubourg, sur la place Edmond-Michelet.**

**Contre toute attente, Émile Aillaud, évincé lors de la première consultation de 1974, fait valoir son statut de représentant incontestable de l'architecture française moderne. Il est nommé pour « superviser » les études, puis écarté du projet quelques mois plus tard par la SEMAH, après avoir tenté de fournir ses propres esquisses.**

Ricardo Bofill La collaboration avec Aillaud s'est révélée épouvantable… Mais je m'entendais bien avec La Tour-d'Auvergne. L'administration n'était pas d'accord pour nous laisser faire. Elle a alors cherché d'autres architectes parmi ceux qui avaient en France le plus de titres.

9 *Ibid.*

**C'est alors que le préfet et la SEMAH, avec l'assentiment du Conseil de Paris et de l'Élysée, demandent à Ricardo Bofill et à Bernard de La Tour-d'Auvergne de s'associer pour travailler à un troisième projet défendant le choix du président de la République. Viendront les rejoindre l'architecte Henry Bernard, Grand Prix de Rome et membre de l'Institut, auteur de la Maison de la Radio, ainsi que, dans le rôle du modérateur, Marc Saltet, architecte des Monuments historiques chargé du château de Versailles, homme en fin de carrière, connu pour sa diplomatie politique et son élégance vieille France. L'alliance de la carpe et du lapin ! Un attelage dont seule l'administration française a le secret. Avait-elle d'ores et déjà scellé l'issue fatale du projet du président ? Comment parvenir à faire travailler ensemble trois personnalités si dissonantes dans un projet majeur ? Dominique Saglio et Jean Lebrat, son directeur technique, sont-ils les fossoyeurs d'un enterrement de première classe ?**

# April 1975, the Halles maquette at the Hôtel de Ville



1 Ricardo Bofill **I wasn't going to arrive in France, do some sort of naïve lap of honour and then leave again after famously resigning. [...] Ever since I was 17 [...] I've wanted to win and to play an active role—if I start something, I want to finish it.**

1 Ricardo Bofill, *L'Architecture d'un homme. Entretiens avec François Hébert-Stevens*, Paris: Éditions Arthaud, 1978.

Taller got together in Barcelona to organize the making of the maquette requested by the Council of Paris. Ricardo Bofill, in war-chief mode, was determined to "win", to conquer Paris by designing a public square with a central monument, and to lead the defence of architecture as an art.

2 Ricardo Bofill **There was a second competition. I asked for the rules to be strict [...] because I realized it was more a political problem than an architectural one.**

2 *Ibid.*

He split his time between Paris, where he waged his media battle while at the same time fighting against political and bureaucratic opposition, and Barcelona, to lead and supervise work on the project.

At that point, anything was still possible. He could rely on support from the Élysée, from a close circle of architects, from the Paris intelligentsia, and from some journalists and politicians. For him, the criticism was galvanizing. He was carried along by his young team, bursting with talent. The poet José Agustín Goytisolo and the philosopher Xavier Rubert de Ventós, both members of Taller, joined him in Paris and reinforced his thinking.

Still using the Hôtel Pont-Royal as a base, sketches were produced by Francesc Guàrdia Riera and Xavier Llistosella, before being reviewed by Manolo Nuñez Yanowsky and Ricardo Bofill, who debated the overall ayout, the form of the accompanying buildings, the garden, the rhythm nd classical composition of the façades, the little sub-squares, the colonnade, its form, its assertiveness, the heights, etc.

At the same time, both men wanted to alter the Forum's inverted pyramidal form. Numerous, often heated meetings were organized with Claude Vasconi, who sometimes stormed out of them. Eventually, thanks o a fitting partnership proposed by Bofill, there were glimpses of a possible compromise, and then a consensus was reached, through involving the architect Georges Pencreac'h, an associate of Vasconi's, for he Forum, and Allain Provost for the garden. This, they thought, was a rst victory in a battle that was edging towards French consensus! The naquette that was displayed in April, with Vasconi's consent, was thus produced collaboratively by Taller de Arquitectura, Georges Pencreac'h and Allain Provost.

In Barcelona, Peter Hodgkinson, who was responsible for the project's architectural feasibility, increased the frequency of his discussions with Pencreac'h; the whole of Taller devoted itself to finalizing he project in detail and making it comprehensible. At the Pont-Royal, rchitecture alone was at the heart of the discussions; in broader Paris ociety, as well as administrative and political bodies and the media, he controversy started to be viewed as a jousting tournament. Ricardo Bofill regularly met with his allies Antoine Grumbach and Bernard Huet, o relay arguments in defence of architecture and the new Postmodern movement to each other. Intense discussions between the three would o on for hours in Paris bistros.

The ones that needed persuading were the "against" clan, such s the APUR, headed by Pierre-Yves Ligen, who was very unconvinced, nd the Council of Paris; there was a ferment of initiatives and an valanche of in-person or telephone meetings was organized, letters ere transmitted by courier, and messages were addressed daily to the fferent stakeholders, whom Ricardo Bofill called relentlessly on the lephone. The power plays were analysed, important journalists from he Parisian elite were called to act as witnesses... and were met with n numerous occasions.

The antagonism between the Postmodernists and the Modernists was debated both in the public arena and in private; there was glaring lack of architectural awareness, certain parts of the press ere awash with xenophobic expressions, and the controversy over he "diploma" continued to delight bigwigs who were members of the fficial Order of Architects, muddying and distorting the debate.

Ricardo Bofill met Jack Lang, then an elected Socialist Party olitician in the Council of Paris, who offers his testimony.

**Maquette de l'Hôtel de Ville, détails, 1975** / The Hôtel de Ville maquette, details, 1975

Jack Lang **I met Ricardo Bofill, through journals and trips to Barcelona and elsewhere. He was renowned for his art in social housing projects in Spain—for his harmonious style that showed respect for the residents and was held up as a model. For Paris's Les Halles, it was Giscard d'Estaing's choice at the time** [...] **and had the merit of being a harmonious design that was complete in its composition.**

**His "neoclassical" style was criticized. Valéry Giscard d'Estaing had reservations about contemporary modern architecture and an affinity with classical architecture. He did however respect Georges Pompidou's choice, and indeed extolled his late predecessor's decision when he gave a speech at the opening of the Centre Pompidou on 31 January 1977** [...]. **It was Georges Pompidou who demolished Batard's Halles to create a business centre. A project for which Christian de La Malène was given responsibility.**

3 Jack Lang, former Minister of Culture, president of the Institut du Monde Arabe (Institute of the Arab World) in Paris.

e Corbusier's legacy reigned supreme in France at the time. Taller ever subscribed to it. As mentioned earlier, there were many groups pposing the proposals. The Council of Paris, which was not consulted, ought revenge. Local neighbourhood associations, which were both in vour of preserving the Baltard pavilions and critical of the decision-akers and their choice of a style of architecture that they perceived as ourgeois" and overly monumental for this historically working-class eighbourhood, added further pressure against the project.

Taller wanted to offer a clear, sober proposition, with a Parisian rden at human scale, similar to the first but more elaborate and detailed, oping notably to win over members of the public who would come to e the maquettes exhibited at Paris's Hôtel de Ville (City Hall). With tal conviction, they adopted a French-style urbanism that proclaimed number of axioms: a disciplined arrangement of the rectangular space etween the Bourse de Commerce (Commodities Exchange) and Rue erre-Lescot; exterior architecture for the Forum that harmonized with is setting; a garden laid out in French style with a tree-lined promenade nspired by the garden of the Palais Royal); a smaller-scale, "Italian"-yle piazza, to encourage people to gather in the shade of a double olonnade, revisited as an open-air "green theatre"; buildings with a uble U structure to accompany the garden, closing the view from the ourse de Commerce and straddling Rue Rambuteau, Rue Lescot and ue Berger, with glass-roofed walkways in the tradition of 19th-century aris and arcades reinterpreting the architectural language of the façades the Rue de Rivoli; and grey roofs in the style of Haussmann's Paris. ofill's supporters saw all of this as a Postmodernism that respected the arisian style, while his detractors labelled it anything from "pastiche" "*pompiérisme*" (grandiloquence). Public opinion continued to view e proposal as that of a right-wing president.

4 Roland Castro **I think it was through the architect [Vittorio] Gregotti that I met Ricardo Bofill—at a lunch with Ricardo's then partner, Loulou de la Falaise.**

**He'd arrived in France in the midst of a xenophobic backlash of the type that the French are all too adept at. I'd written an article in *Le Monde* where I defended artists: "Musicians don't belong to any particular country, they are artists." His larger-than-life character made me laugh at the time. His "La Petite Cathédrale" project for Cergy was totally megalomaniac, and he was pilloried for it. The point was that people couldn't stand his having been chosen by Valéry Giscard d'Estaing, a rather reserved, bourgeois man who was looking for heritage architecture. He liked the fact that Ricardo Bofill proposed architecture with references to classical French architecture. But that's what was detrimental to Ricardo Bofill, who was categorized as a "Baroque" architect. Giscard's choice and taste cut him off from the French people and French architects. It shouldn't be forgotten that Giscard was against high-rises, and that he wanted to stop the ones at La Défense [...].**

**Ricardo's failure at Les Halles was due to Valéry Giscard d'Estaing and how the French people had fallen out of love with a president they perceived as too bourgeois and too rigid by the end of his time in office; and of course to the struggle that pitted Chirac and powerful supporters of the business centre against Giscard d'Estaing.**

4 Telephone interview with the author, 13 July 2022.

For the whole of the first three months of 1975, the maquettes workshop in the basement of La Fábrica at Sant Just Desvern, which was then Taller's headquarters and undergoing building work, was a hive of activity. The maquette was to be made of wood and plaster, painted by hand.

## The exhibition of three maquettes at the Paris Hôtel de Ville: an unexpected hit with droves of enthusiastic visitors

Bofill readied the Parisian public for his grandiose, monumental proposal through interviews and press statements. The public was not disappointed. A tight crowd thronged in to see the various proposals over the course of two days, overwhelming the organizers.

Two days prior to the opening, Taller's maquette was brought by car from Barcelona by Xavier Llistosella and installed in the Hôtel de Ville's main reception room in the utmost secrecy. On seeing the overly Mediterranean colours of the façades and colonnade, Ricardo and Manolo had Llistosella come back from Barcelona, where he had just returned, so that he could adjust the colour of the elements they onsidered too "red" by hand during the night before the exhibition pened to the public.

For the duration of the exhibition, the French-speaking members f Taller—primarily Manolo Nuñez Yanowsky and Bernard Torchinsky—ere present and answered questions posed by visitors, which mostly oncerned the green theatre, a very new idea at the time, where people ould be freely able to sit down and admire Saint-Eustache and Paris, ave picnics, let their children play, watch open-air performances, see ie Parisian sky day or night, meet up...

## trict rectangle or diagonal axis? ie Council of Paris's unsolvable dilemma

Roland Castro **To my mind, Bofill wanted to defend French architecture as a sort of French "brand". It should be emphasized that his "Palais-Royal-inspired" plan was good; it was what needed to be done. [Jean] Nouvel took it up again for the final competition, in 2004.**

5 *Idem.*

evamped in comparison to the initial ideas, the design presented a ctangular arrangement, with carefully conceived small squares and rden spaces, the whole scheme bringing a new sense of serenity to neighbourhood that had been left in chaos for four years because of ccessive demolitions of existing buildings, expulsions and infrastrucral works. In the centre of the garden was a square colonnade. The rum blended in, framed by rigorous architecture forming a U, which me criticized because they viewed it as a caricature of 19th-century ris, while others appreciated it for its eminently Parisian character d for the sophistication of its details.

The second maquette, made by Bernard de La Tour-d'Auvergne, ewise adopted the rectangular arrangement extending from the Bourse Commerce to Rue Pierre-Lescot, and proposed an English-style rk. But its architecture, with its "modern" forms, did not convince e Council of Paris or some of the visitors.

Lastly, the third maquette, by Jean-Claude Bernard for the UR, proposed a composition based around a "diagonal" axis from e Pont-Neuf to the church of Saint-Eustache, an original concept that me found surprising and attractive. But its rather banal architecture oved likewise unconvincing. The Prefect of Paris, representing the te, singled out two schemes: one rectangular and monumental, which described as powerful and ambitious and to which he accorded new te financing; and one diagonal. But in this mixed association of the ty and the State, it was not up to him to choose! And he left the final cision to the Council of Paris.

6 Ricardo Bofill **They were saying that the ideas from the Bofill design were the ones that should be selected, but that something of La Tour-d'Auvergne's should be adopted too. It was a trick to save time and dilute the power of the design [...]. And, as always in France, it ended up with a political vote—that is, a compromise. Above all, it was a matter of finding a neat way to prevent us from winning. To do that, the "politicians" didn't consider our project on its own terms, but instead hit back by using a suitable French bureaucratic formula—that is, by invoking the PAZ,[7] a sort of primary brief for urbanization, which was established on the basis of spurious urbanistic methods whose aim was to deflect "genuine questions". They thus managed to reduce the scale of the project, which was already too small to allow a grasp of the urban space.**

6 Ricardo Bofill, *L'Architecture d'un homme*, *op. cit.*

7 The development plan for the sector (PAZ) that was used as a pretext and framework for analysis was being developed at the time by the APUR.

The PAZ was definitively adopted on 30 April 1975 by the Council of Paris, without any specification as to who the chief architect of the space would be. The SEMAH was named as the contracting authority, headed by Christian de La Malène's successor Dominique Saglio. It set up premises in some Portakabins outside the emerging Centre Pompidou, on Place Edmond-Michelet. Contrary to all expectations, Émile Aillaud, who had been ousted during the first consultation in 1974, asserted his status as uncontested representative of French modern architecture. He was appointed to "supervise" the technical studies, then dropped a few months later by the SEMAH, after trying to supply his own sketches.

8 Ricardo Bofill **Working with Aillaud proved a dreadful experience [...]. But I got on well with La Tour-d'Auvergne. The administrative authorities weren't ready to let us just do our own thing. So they looked for other architects, from among the ones with the most French qualifications.**

8 *Ibid.*

It was at this point that the Prefect and the SEMAH, with the approval of the Council of Paris and the Élysée, asked Ricardo Bofill and Bernard de La Tour-d'Auvergne to come together to work on a third design that would champion the President's decision. They were joined by the architect Henry Bernard, a winner of the Rome Prize and member of the Institut de France,[9] who had designed the headquarters of the French national public radio broadcaster, and by Marc Saltet, an architect from the Monuments Historiques (Commission of Historic Monuments), who was in charge of the Château of Versailles—a man approaching retirement who was known for his political diplomacy and his classic French elegance. Chalk and cheese! The sort of pairing that only the French administrative authorities could dream up. Did this seal the fate of the President's project? How could three so contrasting characters be made to work together on a major project? Were Dominique Saglio and his technical director Jean Lebrat the gravediggers for a first-class funeral?

9 A French learned society founded in 1795 that brings together the elite in various fields, to advise public authorities.

**quette de l'Hôtel de Ville, détails, 1975** / The Hôtel de Ville maquette, details, 1975

# Le collège des Halles : 127
# l'union de la carpe et du lapin

'ommanditaire / Client
**EMAH**

Surface / Total area
**Non connue / Unknown**

Principaux collaborateurs / Key collaborators
**Henry Bernard**
**Ricardo Bofill**
**Bernard de La Tour-d'Auvergne**
**Marc Saltet**

Programme
**Aménagement de 10 hectares. Programme mixte / Development of a 10-hectare site. Mixed programme**

## 1976

**Proposition de plan masse, 1976–1977. Feutre encre de Chine sur calque 76) puis encre de Chine r calque reprise au feutre uleur (1977)** / Proposed ound plan, 1976–1977. lt-tip pen and Indian ink tracing paper (1976), then lian ink on tracing paper th colour felt-tip pen (1977)

**Esquisse du bâtiment scot sur le Forum des Halles, 76. Encre de Chine et feutre** etch of the Rue Lescot buil- g on the Forum des Halles, 76. Indian ink and felt-tip pen

## La recherche d'un troisième projet. « Le collège d'architectes des Halles » : un enterrement de première classe

C'était compter sans la combativité de cette jeune équipe, résolue à réaliser ce projet sous la houlette de son chef d'orchestre.

1976, Franco est en passe de mourir, Ricardo Bofill vit de plus en plus à Paris, où il a rencontré Loulou de La Falaise, muse d'Yves Saint Laurent. Il décide de s'y installer plus durablement et emménage place Furstemberg chez un ami, Fernando Sanchez, qui travaille comme styliste à New York et lui prête son appartement parisien.

Le Taller, lui, s'établit dans un atelier d'artiste sans prétention de 50 mètres carrés, situé en rez-de-chaussée en duplex, derrière le Centre Beaubourg alors en construction, au 4, rue Geoffroy-l'Angevin.

Une grande pièce en vitrine, basse de plafond, s'étirant en longueur, avec au fond une cuisine ouverte, sera la salle de dessin, avec pour seul mobilier des planches en mélaminé blanc sur tréteaux et des chaises de bois pliantes ; au premier étage, auquel on accède par un escalier de bois peint en blanc, le bureau de Ricardo que je partage avec lui, avec deux petites fenêtres sur rue et un mobilier aussi spartiate que celui du rez-de-chaussée, fait aussi office de salle de réunions. Manolo Nuñez Yanowsky installe sa chambre et son bureau privé dans la cave voûtée repeinte en blanc brillant étincelant, du sol au plafond.

Nous recevons là, portes ouvertes, ce que l'on nomme alors le « Tout-Paris » médiatique et de la mode, ainsi que les architectes du Collège des Halles, les réfugiés catalans en attente de la mort de Franco, les amis, les enfants, les collaborateurs. Chaque soir, l'équipe est invitée à dîner dans les bistrots réputés de cette époque des Halles, le Grand Comptoir ou Goldenberg avec Ricardo Bofill, le Royal Mondétour avec Manolo Nuñez Yanowsky. Puis le travail reprend jusque tard dans la nuit, les compagnes et les amies apportent des gâteaux et des victuailles. L'ambiance est festive et concentrée tout à la fois. Les projets sont présentés chaque matin à la SEMAH, résultat de la réflexion de la veille.

Le Taller de Arquitectura de Paris s'organise administrativement et assoit son autonomie financière vis-à-vis de celui de Barcelone. Par ailleurs, des propositions de collaboration avec des organismes de logements HLM se concrétisent. Ce seront d'abord les 3F, avec un projet de 700 logements pour la ville nouvelle de Saint-Quentin-en-Yvelines, « Le lac », à la demande de Serge Goldberg, directeur de la Ville nouvelle[1].

Le Taller signe des contrats d'études avec la SEMAH *via* le Collège d'architectes des Halles, une structure juridique spécifique créée à cette occasion, dont je suis chargée avec mon alter ego chez Bernard de La Tour-d'Auvergne, Pascaline Masurel. Au sein de l'équipe, les Catalans sont repris par leurs études pour les uns, les obligations militaires pour les autres. De nouveaux collaborateurs essentiellement

1 Voir « 1972–1987. Les HLM de Bofill en France : des organismes de vie » p. 21

français, tous âgés de 25 à 30 ans, rejoignent le Taller de Paris. Il y a tout d'abord Bernard Torchinsky[2], architecte français DPLG qui avait travaillé au Taller de Barcelone, proche par sa famille du PSUC[3] catalan et des républicains espagnols, bilingue français-espagnol, et qui signe les permis de construire avec la confiance de Manolo et de Ricardo. D'autres arrivent en renfort, issus pour certains de l'agence d'Antoine Grumbach, comme Jean-Jacques Reymond, Francis Martinuzzi et Thierry Recevski, ainsi que d'autres horizons comme Victor Gwiazda, architecte polonais ami de Manolo Nuñez Yanowsky. Tous racontent leur fascination pour l'effervescence créatrice du Taller d'alors. Thierry Recevski se souvient :

2 Bernard Torchinsky est mort en août 2022. Il fut chargé des projets français de Saint-Quentin-en-Yvelines, des Halles puis d'Antigone en collaboration avec Ramón Collado et Omar Migliore.

3 PSUC : Parti socialiste unifié de Catalogne.

> Thierry Recevski Je suis entré au Taller de Arquitectura lors du concours des Halles, en 1976, afin de renforcer l'équipe qui travaillait sur ce projet. À peine sorti de l'École d'architecture des Beaux-Arts de Paris (UP6) et de son enseignement quelque peu dogmatique par rapport au « style international », j'ai été plongé dans la réalisation d'un projet de grande ampleur au cœur de la capitale, au sein d'une équipe remarquable. Elle était composée de jeunes architectes d'horizons et de pays différents qui travaillaient en « charrette permanente » et faisaient preuve d'un regain d'intérêt pour le dessin. Ils faisaient des esquisses fabuleuses, peintes à l'aquarelle sur d'immenses panneaux accrochés sur les murs de l'agence, car à l'époque il n'y avait pas d'informatique, pas d'images de synthèse.
>
> [...] Le projet des Halles a obligé le Taller à s'imprégner de l'histoire de l'architecture française, tout en s'initiant aux technologies de construction de ce pays. Ce qui l'a poussé à élaborer des méthodes de composition fondées sur des tracés géométriques rigoureux et « à revenir à l'utilisation d'un vocabulaire classique », ce qui s'est souvent avéré plus riche et dynamique que certaines approches élitistes de l'architecture dite « moderne »... Il est évident que cette nouvelle manière d'appréhender l'architecture et l'urbanisme se heurta rapidement à la critique, qui voyait là un retour en arrière au lieu d'y voir une rupture par rapport au style « international » et un renouveau.

4 Témoignage du 20 octobre 2022.

## Le Collège d'architectes sonnera-t-il le glas du jardin des Halles de Valéry Giscard d'Estaing ?

Des discussions sans fin, défendues avec force dessins et maquettes, sont organisées lors de réunions à l'agence d'Henry Bernard ou de Bernard de La Tour-d'Auvergne dans le 16e arrondissement : un autre monde.

**Études de façades, 1977. Encre de Chine et feutre sur calque** / Façade studies, 1977. Indian ink and felt-tip pen on tracing paper

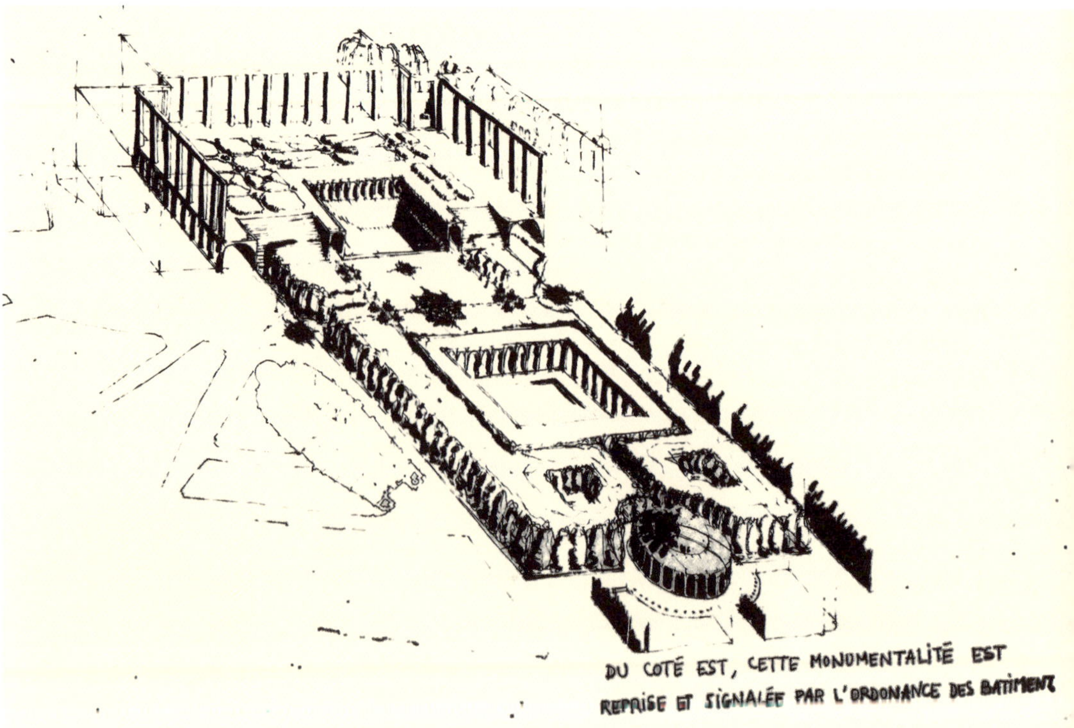


**Axonométrie de l'espace depuis le bâtiment Lescot, 1977. Tirage sur papier aquarellé** / Axonometric of the whole space from the Rue Lescot building, 1977. Print on watercolour paper

Jean-Jacques Reymond On était très brimés à l'école car le dessin et les aquarelles étaient inexistants à l'époque. L'interdit du dessin était très fort. Le Taller a libéré les mains et les esprits. Nous étions restés frustrés de 1968 et étions minoritaires dans la défense du dessin. Les aquarelles du Taller, parues dans le numéro 182 de *L'Architecture d'Aujourd'hui*, ont créé un véritable électrochoc à Paris dans le milieu de l'architecture. À ce moment-là, il y avait un concours pour la Villette auquel nous participions avec Antoine Grumbach. Nous avons déclaré: « L'architecture renaît à partir de maintenant! »

J'étais enseignant. Antoine Grumbach, qui était mon professeur à UP6, me dit: « Jean-Jacques il faut que tu ailles travailler au Taller, ils cherchent quelqu'un pour le projet des Halles de la mairie de Paris, ce n'est pas du grattage, mais de l'architecture! »

Je me suis présenté à Manolo à 9 heures rue Geoffroy-l'Angevin, avec quatre dessins A4 et un carnet de croquis. Il m'a dit: « Quand commencez-vous? » Ils avaient besoin de collaborateurs, j'ai alors fait venir Alain Burkhalter, Thierry Recevski et Francis Martinuzzi, qui travaillaient tous chez Antoine Grumbach où étaient ses élèves.

J'ai d'abord travaillé avec Bernard Torchinsky sur le projet de Saint-Quentin-en-Yvelines. Et puis un jour, Ricardo arrive, et me dit, en regardant mes dessins au crayon noir HB: « *Qué es esto?* On ne travaille pas comme cela, au Taller. » (Les dessins au crayon étaient alors considérés comme à l'avant-garde...)

J'ai déclaré à Manolo que dans ces conditions, je partais. Il m'a cependant demandé de venir déjeuner avec Ricardo chez Goldenberg, un de ses restaurants préférés. À table, nous nous sommes expliqués et avons parlé d'architecture. Nous ne nous sommes plus quittés pendant tout le projet des Halles, puis jusqu'à la fin du contrat d'assistance technique en Algérie en 1980. J'ai participé aux nombreuses charrettes sur les Halles où nous rendions, depuis le petit atelier de la rue Geoffroy-l'Angevin, une maquette de variantes par nuit...

**François Gauthier [6], architecte alors jeune collaborateur de Bernard de La Tour-d'Auvergne, décrit pour nous le Collège d'architectes des Halles et témoigne de ce qu'il a vécu:**

François Gauthier L'apparition, en 1975, de Ricardo Bofill dans le paysage parisien du quartier central des Halles au début du septennat de Valéry Giscard d'Estaing, représenta une immense ouverture d'esprit pour les architectes non encore ou tout juste diplômés qui travaillaient sur le sujet dans les agences concurrentes ou « mariées » par l'administration de la Ville de

5 Jean-Jacques Reymond, architecte DPLG, collaborateur du Taller à Paris, puis à Alger. Vit et travaille à Marseille. Propos recueillis par téléphone les 13 juillet et 17 octobre 2022.

6 François Gauthier, architecte DPLG, a rejoint l'atelier Bernard de La Tour-d'Auvergne de la rue Raffet en 1973. Il a été son collaborateur assidu simultanément à ses études d'architecture, diplômé en 1976. Au décès de Bernard de La Tour-d'Auvergne, François Gauthier a été désigné comme son successeur. À ce titre, outre le projet des Halles avec Ricardo Bofill, il détient les droits d'auteur des études et des réalisations.

7 Extraits d'un texte de François Gauthier de septembre 2022. Remis à l'autrice en témoignage.

Paris. Membre actif de l'« atelier de la rue Raffet », approchant du diplôme, je fus jeté, en 1975 — à la suite de la décision du Conseil de Paris — dans le bain du site des Halles de Paris par notre patron, Bernard de La Tour-d'Auvergne, avec François Pélegrin et quelques autres camarades étudiants. L'architecture institutionnelle des pontes fut « éclaboussée » par l'arrivée sur le projet des Halles du Taller de Arquitectura associé à l'atelier de Bernard de La Tour-d'Auvergne. Aujourd'hui, ce duo serait qualifié de « start-up » inventant la vie et le charme du centre de Paris de demain avec le rêve de créer le bonheur de vivre avec les autres, à travers ce projet.

Le fondement de la réflexion sur les Halles fut résumé, pour moi, dans une phrase du président Giscard d'Estaing lors d'une rencontre sur une autre étude : « Dans la création de ce nouveau cœur de ville, je voudrais aérer les académismes, magnifier la puissance créatrice et la sensibilité des architectes dessinant, autour d'un jardin, les bâtiments au cœur d'une vie urbaine, dense et multiple. » Bel enjeu pour l'équipe qui mariait des architectes catalans et parisiens, opiniâtres, tous convaincus de leurs talents supérieurs... Ricardo Bofill et le Taller de Arquitectura de Barcelone sont des créateurs d'événements architecturaux qui s'inscrivent dans l'histoire des villes. C'est pour moi un honneur indéfectible d'avoir partagé avec eux ce « jus » créatif durant trois ans. Ricardo Bofill était entouré d'un aréopage de jeunes créatifs, de penseurs, de faiseurs de mots, de plumes acérées, sublimes en dessin.

L'atelier des Halles vivait des situations rocambolesques : détruisant la nuit ce qui avait été créé la veille. Nous arrivions fatigués au petit matin pour créer l'événement à la réunion officielle, avec un nouveau projet « solide », présenté avec la dignité et la théâtralité attendues par nos commanditaires. La création se façonnait et mûrissait avec les mots, que développaient Ricardo Bofill dans ses intenses et longs monologues didactiques et ce que murmurait pour sa part Bernard de La Tour-d'Auvergne, avec son art de se faire entendre en quelques mots susurrés... Ces paroles et ces silences n'avaient rien à voir avec les pontifiantes affirmations de l'architecture académique, ni avec les palabres de quelques agités d'alors pour qui « faire la ville » consistait à élucubrer du langage tout mâché de « partis politiques ». La Ville de Paris, en 1975, en la personne de M. de La Malène, président du Conseil de Paris, avait associé des architectes que tout opposait : tempérament, culture, méthodes, réalisations, vocabulaire, imagination, personnalité. Dans ce contexte, le projet des Halles ne pouvait que « capoter » ; individuellement brillants, ces architectes étaient inconciliables.

Pour sortir le projet de l'impasse et sauver le sujet d'un fiasco, le président de la République, avec l'accord de l'APUR, chargé de l'administration du projet, tenu par M. Pierre-Yves Ligen, imposa le mariage entre les Barcelonais du Taller de Arquitectura de Ricardo Bofill et les Parisiens de l'atelier Bernard de La Tour-d'Auvergne, auteur, avec ses jeunes collaborateurs, du CEDEP INSEAD à Fontainebleau. Le trio d'architectes fut scellé avec la participation d'Henry Bernard, pilier des académismes du quai Conti, mais homme curieux, auteur de la Maison de la Radio et protégé de l'APUR. C'est alors qu'une agence commune fut créée ; autre nouveauté !

[...] Un théâtre permanent où un grand metteur en scène, Ricardo Bofill, a apporté une nouvelle force de création. Mes amis des Beaux-Arts travaillant dans des agences parisiennes racontaient les fayotages, les rivalités, les coups bas, les hiérarchies, les pontes. À l'inverse, l'esprit de Ricardo Bofill exacerbait la coresponsabilité et le dynamisme : seul primait le succès des idées partagées, nuit et jour, en privé, en public. Ricardo accordait une confiance absolue et inconditionnelle à l'équipe du projet à laquelle il avait insufflé une ambition enthousiaste... L'agence commune ou « Collège d'architectes des Halles » a été une première leçon : un « vivier » producteur d'architecture. Rien à voir avec les grands bâtisseurs de nos banlieues monopolisant tous les grands projets qui, sans avoir jamais dessiné eux-mêmes, d'un coup de « kutch », arrachaient un calque. Bofill n'a jamais déchiré un dessin. Il respectait tous les dessins, quel que soit son jugement sur le « calque ».

À cette époque, dans l'équipage, on savait crayonner, aquareller, griffonner et même écrire à l'envers, avec Manolo Nuñez Yanowsky exacerbant avec patience les talents ou Bernard Torchinsky maniant méticuleusement des pointes de Rotring Rapido 0,1 pour la perfection du trait. Avec Ricardo Bofill, l'architecte déroulait les idées sur papier en redécouvrant la force des proportions et les équilibres, sans autre matière que l'encre et le papier pour maîtriser la création. Avec Manolo Nuñez Yanowsky, l'imagination était flamboyante. Avec les plans et les façades de l'époque, le trait figé sur le papier était le support d'une libre imagination, rêverie, interprétation par ceux qui analysaient longtemps le rendu de façade en noir et blanc.

Dans le parisianisme des années 1975, Bofill est apparu comme un « objet » étonnant, il a bousculé le paysage autosatisfait des gothas tant de l'architecture académique que des cercles post-soixante-huitards. Les uns le costumaient en « historiciste », les jaloux en « petit hâbleur catalan », d'autres en « Espagnol ». Ces gens-là parlaient sans le connaître, peut-être attendaient-ils l'arrivée politique de Jacques Chirac à la Mairie de Paris, que convoitait aussi le giscardien Michel d'Ornano. Aucun « gauchisant » n'arrivait cependant à s'approprier ce Catalan antifasciste. Ricardo n'était pas un épiphénomène du giscardisme libéral, il était une force de liberté de création, de paroles, d'idées. Bofill était un acteur talentueux pour, dans son français teinté de catalan, dire la même idée de différentes manières afin que des interlocuteurs divergents comprennent ce que chacun croit entendre. Le doute des uns soutenait le doute de l'autre.

Dans ce contexte harmonieux, le projet des Halles dut composer avec le troisième architecte associé, Henry Bernard. Nous n'avons jamais su s'il partageait ou détestait les dessins et les attitudes toujours respectueuses à son égard. Ses collaborateurs géraient le dossier parmi beaucoup d'autres, certainement moins complexes et plus rémunérateurs. Nous n'avons jamais su comment briser la glace relationnelle ni casser le miroir qui séparait son bureau de la salle de dessin, dans son agence qui, pour quelques semaines, nous avait été imposée comme « collective », avenue d'Iéna. Remercions-le de sa retenue et de sa confiance. Toute l'équipe des collaborateurs a vécu une aventure rare dans l'immense confiance partagée des auteurs : réussir un projet phare unique.

[...] Dans les années 1970, l'architecte et le financier décidaient de ce qu'ils signaient ensemble. Ensuite, l'entreprise générale, troisième pilier de l'acte bâti, assumait toute la réalisation dans le respect des auteurs. Dans le Collège d'architectes des Halles, les architectes maîtrisaient l'œuvre bâtie de A à Z, assistés de collaborateurs par spécialités, choisis par les architectes eux-mêmes. Il y avait aussi et surtout Manolo Nuñez Yanowsky, architecte phare du Taller de Barcelone. C'était un spectacle unique d'entendre Ricardo commenter des formes avec Manolo, dont la main gauche dessinait simultanément en parfaite inversion symétrique ce que dessinait la main droite. Dans ces sublimes échanges esthétiques, très calmes, les mots de Ricardo suivaient les traits de Manolo qui atténuait, densifiait, élevait, recomposait les idées, dans une osmose totale. La main de Manolo guidait la réflexion de Ricardo et les mots de Ricardo guidaient les doigts de Manolo. La densité des phrases de Ricardo devenait architecture et le dessin de Manolo devenait le discours dans la bouche de Ricardo... C'est alors que l'architecture devenait un acte politique. La « dureté » peut être évoquée pour souligner la rivalité entre Chirac et Giscard, malgré tous les efforts de diplomatie, de courtoisie, développés en réunions officielles et en petits comités ou cénacles d'influence par les fonctionnaires et les architectes invités. Tout ce qui, côté Premier ministre, faisait traîner ou capoter ce que la Présidence avait validé brisait peu à peu l'ambition créatrice du Collège des Halles.

**erspective sur Saint-Eustache, 1977. Crayon** / Perspective drawing of Saint-Eustache, 1977. Pencil

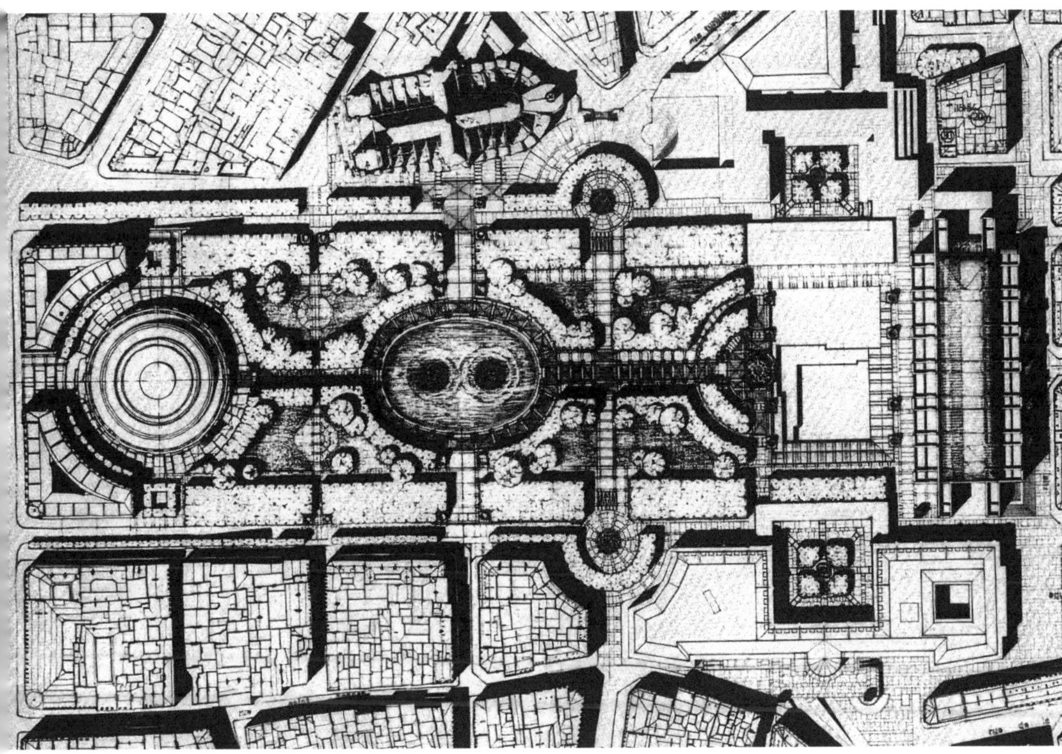

**ernier plan de masse du collège d'architectes des Halles, 1977. Encre de Chine, tirage** / The Collège d'Architectes des Halles's final ound plan, 1977. Indian ink print

**Études de façades des bâtiments de logements, 1977. Dessins sur calque, encre de Chine et feutre** / Studies for the façades of the apartment buildings, 1977. Indian ink and felt-tip pen on tracing paper

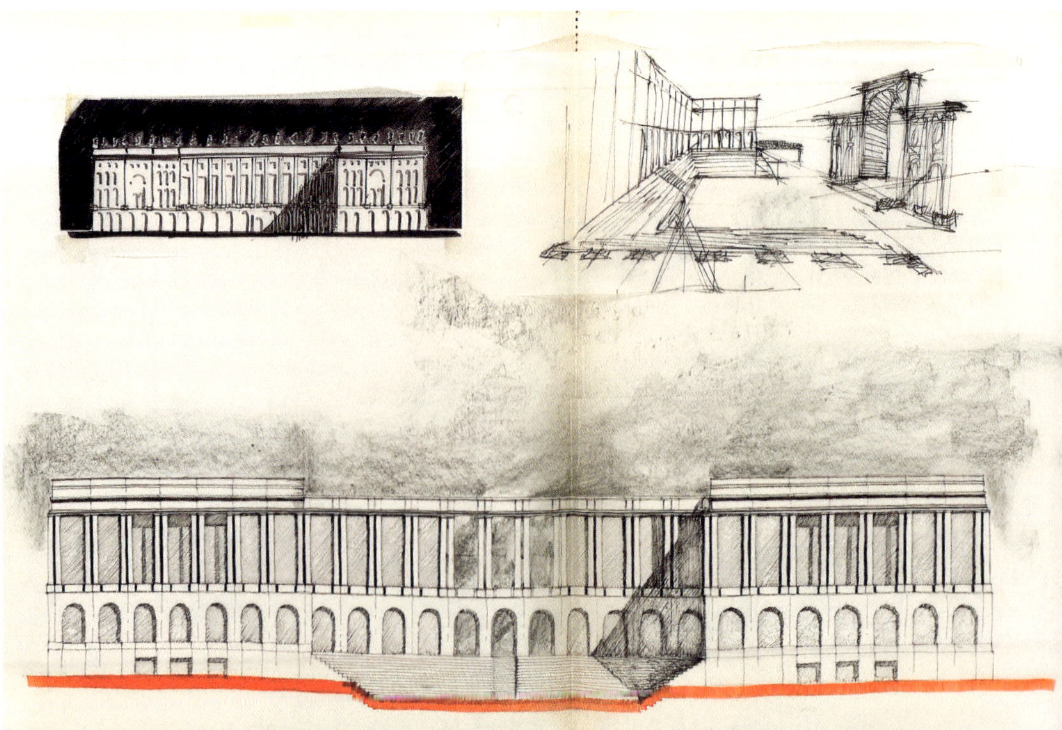

**Études du bâtiment Lescot, 1977. Dessins sur calque, encre de Chine et feutre** / Studies for the Rue Lescot building, 1977. Indian ink and felt-tip pen on tracing paper

De cette épopée me reviennent ces moments d'intimité et de bonheur que j'ai plaisir à évoquer. Lorsque, le jour, la « politicaille » avait tout cassé, la nuit, Ricardo Bofill retrouvait une talentueuse figure féminine de la rive droite. Cette femme unique alimentait l'imagination d'Yves Saint Laurent. Ricardo en tomba amoureux. Nous fondions tous devant elle quand Ricardo, lui, s'imposait avec son incommensurable dignité séductrice. Quelques soirs, place Furstemberg, j'ai quitté deux amoureux libérés de tous leurs personnages publics. Le lendemain, contraste magique dont Ricardo était maître, le costume du révolutionnaire catalan détruisait, en quelques tirades, la phraséologie post-soixante-huitarde des architectes qui se sont ensuite révélés sous le septennat de Mitterrand.

Parmi les étudiants avec qui j'ai fait mes études aux Beaux-Arts (UP4), un seul a eu le talent de se fondre dans la théâtralité composée de ces deux grands hommes, absorbant tout de ce que Ricardo et Manolo tentaient de créer. Il savait toujours faire le rendu de façade qui sauvait la situation le lendemain, quand nous tracions les plans ; l'architecte Bernard Torchinsky est le seul qui eut l'aptitude d'oublier son égo pour créer le rôle de la main qui traduisait les mots de Ricardo à la perfection en plans et élévations. Il était un des piliers de ces dîners de travail dans les bistrots des Halles, auxquels nos amis architectes de l'agence La Tour-d'Auvergne et d'autres du Taller pouvaient participer.

Pendant ce temps festif, Ricardo réfléchissait seul en lui-même, à côté de La Tour-d'Auvergne plongé dans un autre silence : comment répondre au bel objectif du président Valéry Giscard d'Estaing d'aérer les académismes franco-français, d'ouvrir le quant-à-soi fermé des chapelles et imposer un sang nouveau en cœur de ville d'une France ouverte au monde ? Après ces dîners, la nuit s'éclairait de dessins et d'idées, au petit matin tout était génial, la synthèse était formulée par nous tous. Entre Manolo et Ricardo, entre ces deux égos géniaux, cela explosait avant de justifier un trait de colonne, une forme ou de se contredire en affirmant l'inverse avec obstination... Quand la ligne parfaite était trouvée, les deux se congratulaient, louant et hiérarchisant chacun à sa manière, le talent de l'autre dans un équilibre inversé. Bien évidemment, il ne restait qu'une charrette pour les collaborateurs, l'agence commune pour dessiner à grande échelle, à la main, leurs idées, sans informatique[8]. Venait le matin, où il me fallait rejoindre Bernard de La Tour-d'Auvergne avec des plans et des façades créés avec les Bofill et lui faire valider pour transmettre la conclusion favorable tant au Taller qu'aux équipes côté atelier La Tour-d'Auvergne. Tout devait être recalé dans la réalité des contraintes et affirmer un

8 Les dessins informatiques et AutoCAD n'apparaissent que dix ans plus tard.

dire unique des deux équipes. Le jour même, nous devions aller à la réunion administrative et agir au nom des trois architectes.

Henry Bernard, associé dans le trio pour présenter et cautionner le travail commun, disait avec diplomatie: « On a tout changé, c'est solide », quand, cependant, les études étaient à des années-lumière de celles montrées la veille; pour nous, proposer à Henry Bernard de valider était la démarche diplomatique gagnante, à la fois pour lui et pour nos interlocuteurs. Mais après cinquante ans, on peut dévoiler un secret. Tout cet édifice merveilleux entre quelques hommes était porté par deux femmes à qui l'on doit rendre hommage: les deux agences, le Taller de Ricardo et l'atelier La Tour-d'Auvergne, étaient tenues par deux femmes aux tempéraments totalement différents, aux personnalités très affirmées. Ces perles de diplomatie anticipaient tous les potentiels conflits entre les architectes, et cela à tous les niveaux. Elles gommaient les aspérités des patrons, consolaient ceux qui n'avaient pas été entendus et traduisaient les non-dits. Ces dames géraient le contractuel, l'administratif, les honoraires, les relations avec les fonctionnaires de la Ville, de l'État. Elles éteignaient les conflits avant qu'ils ne surgissent, elles traduisaient habilement ce que l'un avait dit pour que l'autre puisse entendre. Sans Dominique Serrell et Pascaline Masurel, l'aventure n'aurait pas duré et, pour moi, continué, en partageant avec Bofill plus tard d'autres projets comme ma participation à la place de Catalogne à Paris.

La force des exigences de Ricardo s'est révélée un jour dans une église. Bernard de La Tour-d'Auvergne est tombé gravement malade au cours du projet des Halles, qu'il continuait de suivre. Jusqu'à la dernière minute, Ricardo et Manolo m'ont accompagné pour lui raconter où on en était et échanger des informations sans laisser paraître qu'ils savaient l'issue, une heure de silence entrecoupée de quelques mots. La cérémonie religieuse de ses obsèques eut lieu en présence du président de la République et de Mme Giscard d'Estaing, de ministres, d'une grande assistance de la noblesse d'État, notables reconnus et corps diplomatique, uniformes et professionnels. À droite de l'allée centrale, dans le plan protocolaire fait à l'agence, les chaises des premiers rangs étaient réservées aux architectes, nominativement attribuées avec un carton. Ricardo Bofill étant l'« associé », nous lui avions attribué la première chaise au premier rang. Quelle ne fut pas notre stupeur en voyant les premiers architectes du même rang, membres de l'Institut, qui, à peine arrivés, avaient décalé leur chaise de cinquante centimètres pour laisser celle de Ricardo isolée: attitude honorifique ou mépris et rejet: à chacun aujourd'hui de choisir sa version. Ce jour-là, Ricardo Bofill nous donna une exceptionnelle leçon d'équilibre et de la symétrie dans la composition architecturale et monumentale. Arrivant face à l'autel, un majordome lui désigna « sa » chaise. Deux grandes gerbes étaient situées contre les deux piliers de part et d'autre de l'autel, Ricardo m'interpella alors : « Paco, ma gerbe est moins haute que celle du président, cela déséquilibre la symétrie de l'édifice. Il faut arranger cela immédiatement. » Action : Dominique Serrell donna l'ordre d'aller acheter un bouquet de glaïeuls de soixante-dix centimètres chez un fleuriste voisin. Les glaïeuls finirent plantés en haut de la gerbe quelques secondes avant l'arrivée du cercueil du défunt. La symétrie de la nef était sauvée.

## 976. Mort de La Tour-d'Auvergne ; clatement du Collège d'architectes des Halles

**e décès de La Tour-d'Auvergne est le prétexte à l'arrêt de la collabo- ation du trio, aucune solution satisfaisante n'étant retenue par l'en- emble des commanditaires, comme on a pu le penser. La SEMAH, la recherche d'une solution rapide pour l'aménagement de ce « trou » éant au centre de Paris depuis cinq ans, devenu si célèbre, décide, vec l'assentiment de l'Élysée, que Ricardo Bofill se verra confier le âtiment de logements à caractère social qui longe la rue Rambuteau et oit masquer la centrale de climatisation du centre ferroviaire, située en uperstructure, rue de Turbigo, dont la maîtrise d'ouvrage revenait à la IVP[9]. Henry Bernard se voit confier un auditorium dans le bâtiment à aître rue Pierre-Lescot[10]. La réflexion sur le jardin est reportée à plus rd et le bâtiment de la rue Berger, destiné à un promoteur privé, est is au point mort ; l'inauguration de la gare du RER est programmée our décembre 1977.**

9 RIVP : Régie immobilière de la Ville de Paris. Dirigée alors par Michel Lombardini.

10 Au futur emplacement des « parapluies » de Jean Willerval.

# The Collège d'Architectes des Halles: like chalk and cheese



The plan had not accounted for the young team's fighting spirit. They were determined to see the project through, under Bofill's leadership.

In 1976, Franco was dying, and Ricardo Bofill was spending more and more time in Paris, where he met Loulou de la Falaise, Yves Saint Laurent's muse. He decided to move there more permanently and went to live on Place Furstemberg in an apartment that was lent to him by his friend Fernando Sanchez, who was working as a stylist in New York. Taller took up residence in an unpretentious, 50-square-metre artist's workshop located on the ground and first floors at 4 Rue Geoffroy-l'Angevin, behind the Centre Pompidou which was then under construction. A large, low-ceilinged, glass-fronted room that extended through to an open-plan kitchen at the back would be the drawing studio, the sole furniture being white melamine boards on trestles and wooden folding chairs; on the upper level, reached by a white-painted wooden stairway, Ricardo's office, which I shared with him, with two little windows over the street and furnished in just as spartan a fashion as the ground-floor space, also served as a meeting room. Manolo Nuñez Yanowsky set up his bedroom and private office in the vaulted cellar, which he repainted in sparkling glossy white, from floor to ceiling.

There, our doors were always open for visits from the Paris press and fashion jet set, as well as the Collège d'Architectes des Halles (Architects' College of Les Halles), Catalan refugees who were waiting for Franco to die, friends, children and colleagues. Every evening, the team was treated to a meal in the famous bistros of the Halles period—Le Grand Comptoir or Goldenberg with Ricardo Bofill, the Royal Mondétour ith Manolo Nuñez Yanowsky. Then we would set back to work again ntil late at night, with our girlfriends and partners bringing us cakes nd victuals. The atmosphere was festive and focused at the same time. he designs were presented to the SEMAH every morning, the fruits of ie previous day's reflections.

The Paris studio of Taller de Arquitectura set the necessary aperwork in place and established its financial independence from ie Barcelona office. Meanwhile, proposals for collaborations with social ousing organizations were coming together. First there was 3F, with a roject for seven hundred dwellings for the New Town of Saint-Quentin-n-Yvelines—"Le Lac", as requested by the New Town director Serge oldberg.[1] Taller signed the technical contracts with the SEMAH via the ollège d'Architectes des Halles, a specific legal entity created for the urpose, which I headed along with my counterpart in Bernard de La our-d'Auvergne's practice, Pascaline Masurel. Within the team, some of ie Catalans had to return home to continue their studies, and others to ndertake military service. New colleagues, most of whom were French nd all of whom were aged between twenty-five and thirty, joined the aris Taller studio. First of all there was Bernard Torchinsky,[2] a certi-ed French architect (DPLG) who had worked for Taller in Barcelona. is family were close to the Unified Socialist Party of Catalunya and panish republicans, he was fully bilingual (French and Spanish), and Ianolo and Ricardo entirely trusted him to sign off planning permission aperwork. Others came to provide further support—some from Antoine rumbach's office, such as Jean-Jacques Reymond, Francis Martinuzzi nd Thierry Recevski, and others from elsewhere, such as Victor Gwiazda, Polish architect and friend of Manolo Nuñez Yanowsky's. All of them peak of their fascination with Taller's creative effervescence at the time. hierry Recevski offers his recollections.

Thierry Recevski **I joined Taller de Arquitectura at the time of the competition for Les Halles, in 1976, to bolster the team who were working on that project. I'd barely finished studying at the architecture school of the Paris Beaux-Arts (UP6), with its rather dogmatic teaching in relation to the "International Style", then I was plunged into the realization of a large-scale project at the heart of the capital, surrounded by a remarkable team. It consisted of young architects from various countries and backgrounds who were permanently working in "*charrette*" fashion and evidenced a return of interest in drawing. They made fabulous sketches, painted in watercolour on enormous panels hung on the studio walls, because at the time there wasn't any IT, there were no computer renderings.**

[...] **The Halles project obliged Taller to impregnate itself with the history of French architecture, while also learning about this country's construction methods. That drove the team**

1 See "Bofill's social housing: organisms for life", p. 212.

2 Bernard Torchinsky died in August 2022. He led the French projects of Saint-Quentin-en-Yvelines, Les Halles and then Antigone in collaboration with Ramón Collado and Omar Migliore.

3 Account provided on 20th Octobre 2022.

**to develop compositional methods founded on strict geometrical frameworks and "to return to using a classical vocabulary", which is often richer and more dynamic than certain elitist approaches in so-called "modern" architecture [...]. Obviously this new way of perceiving architecture and urbanism quickly came up against criticism, being seen as a step backwards instead of as a breaking away from the "International Style", a rebirth.**

## Would the Collège d'Architectes des Halles spell the end of Valéry Giscard d'Estaing's Les Halles garden?

Endless discussions, cogently backed up by drawings and maquettes, were organized during meetings at Henry Bernard's or Bernard de La Tour-d'Auvergne's offices in the 16th arrondissement: a different world.

4 Jean-Jacques Reymond **We were picked on a lot as students because drawing and watercolour were non-existent at the time. Drawing was very much taboo. Taller liberated hands and minds. We'd remained frustrated post-1968 and were in the minority as defenders of drawing. Taller's watercolours, which appeared in issue 182 of *L'Architecture d'Aujourd'hui*, sent genuine shockwaves through Parisian architectural circles. At that time, there was a competition for La Villette that we were taking part in with Antoine Grumbach. We declared: "Architecture is being reborn, starting now!"**

**I was a teacher. Antoine Grumbach, who was my tutor at UP6, told me: "Jean-Jacques, you need to work at Taller, they're looking for someone for the Paris city authority's Les Halles project, it isn't just paper-pushing, it's architecture!" I introduced myself to Manolo at 9 a.m. on Rue Geoffrey-l'Angevin, with four A4 drawings and a sketchbook. He said: "When do you want to start?" They needed more people on board, so I got Alain Burkhalter, Thierry Recevski and Francis Martinuzzi to come along—they were all either working for Antoine Grumbach or were his students.**

**I began by working with Bernard Torchinsky on the Saint-Quentin-en-Yvelines project. And then, one day, Ricardo arrived and said to me, as he looked at my drawings in black HB pencil: "*Qué es esto?* We don't work like that at Taller." (Pencil drawings were then considered avant-gardist...)**

**I told Manolo that if that was the way things were, I was leaving. But he asked me to come for lunch with Ricardo at Goldenberg, one of his favourite restaurants. As we sat around**

4 Jean-Jacques Reymond, French-certified architect (DPLG), worked with Taller in Paris, then in Algiers. He liv[es] and works in Marseille. From a telephone conversation with the author, 13 July and 17 October 2022.

**:udes de façade du bâtiment Lescot, 1977. Encre de Chine sur calque, reprise à l'aquarelle** / Façade study for the Rue Lescot
ıilding, 1977. Indian ink on tracing paper with watercolour accents

**ıtiment de logements**
ıartment building

**Bâtiment de logements ou hôtel, reprise au feutre couleur**
Apartment building or hotel, felt-tip pen accents

**Bâtiment Lescot, reprise au feutre couleur** / The Rue Lescot, building felt-tip pen accents

**the table, we explained ourselves to each other and talked about architecture. From then on we stuck together throughout the whole of the Halles project, then up to the end of the technical assistance contract in Algeria in 1980. I took part in the countless *charrettes* on Les Halles where, from the little studio in Rue Geoffroy-l'Angevin, we would produce one maquette of variations every night [...].**

François Gauthier,[5] then a young architect who was working with Bernard de La Tour-d'Auvergne, describes the Collège d'Architectes des Halles and gives an account of his experiences there.

6 François Gauthier **Ricardo Bofill's arrival in 1975, in the central Parisian landscape of the Halles sector, at the start of Valéry Giscard d'Estaing's seven-year term as president, represented a huge opening of minds for architects who had not yet or only just qualified, who were working on the subject in rival firms or those "wedded" to the City of Paris's administrative authorities. An active member of the "Rue Raffet Workshop" and nearing the end of my diploma course, in 1975, following the Council of Paris's decision, I was thrown in at the deep end on the Halles site by our boss, Bernard de La Tour-d'Auvergne, with François Pélegrin and a few other student friends. The reputation of the bigwigs of institutional architecture was "stained" by Taller de Arquitectura's arrival on the Halles project, in association with Bernard de La Tour-d'Auvergne's studio. Today, the duo would be described as a "start-up" that was inventing a future lifestyle and sense of charm for central Paris, with a dream of creating the joy of community living through this project.**

**The fundamental thinking behind Les Halles can be summarized, for me, in a few words of President Giscard d'Estaing's that he said during a meeting about another technical study: "In creating this new heart for the city, I want to breath fresh air into academicism, to boost the creative power and sensitivity of architects who, with a garden as a focal point, are designing the buildings at the heart of a diverse, compact urban life." A wonderful challenge for the team, which included Catalan and Parisian architects, all of them stubborn and all of them convinced of their superior talents [...]. Ricardo Bofill and Taller de Arquitectura in Barcelona are designers of architectural events that are etched into cities' history. For me, it's an endless honour to have shared those creative "juices" for three years. Ricardo Bofill was surrounded by an assembly of creative young thinkers who were equally productive with the written word, penning texts that were as sharp as their drawings were sublime.**

5 François Gauthier, certifie architect (DPLG), joined Bernar de La Tour-d'Auvergne's studi in Rue Raffet in 1973. He worke diligently for him alongside studying architecture, for whic he obtained his diploma in 197 On La Tour-d'Auvergne's death Gauthier was designated as hi successor. As such, in additio to the design of Les Halles with Ricardo Bofill, he owns the copyright of the technical studies and completed works

6 Extracts from a text by François Gauthier, written September 2022. Given to the author as a personal testimor

During the work on Les Halles, the studio went through some incredible moments: destroying at night what had been created that day. We would arrive tired at the crack of dawn to create a sense of occasion at the official meeting, with a "robust" new design, presented with the dignity and theatricality that our clients expected. The design process was honed and matured through words, which Ricard Bofill would use expansively in long, intense, didactic monologues, while Bernard de La Tour-d'Auvergne rather whispered, with his art of making himself heard through just a few hushed utterances... Those words and silences were a world apart from the pontificating affirmations of academic architecture, and from the palaver of a few overexcited individuals at the time for whom "city-making" meant concocting musings in the chewed-up language of "political parties". The City of Paris, in 1975, in the person of Christian de La Malène, president of the Council of Paris, had brought together a group of architects who were opposite in every way: temperament, culture, methods, built works, vocabulary, imagination, personality. In this context, the Halles project was bound to "capsize": while individually brilliant, these architects were incompatible with each other. To overcome the impasse and save the project from a fiasco, the French President, with the agreement of the APUR, which was tasked with overseeing the project and was led by Pierre-Yves Ligen, imposed the union of Ricardo Bofill's Taller de Arquitectura from Barcelona and the Parisian studio of Bernard de La Tour-d'Auvergne, who, with his young employees, had designed the CEDEP INSEAD[7] at Fontainebleau. The trio of architects was completed by Henry Bernard, pillar of Quai Conti academicism,[8] but an inquisitive man, who designed the Maison de la Radio and was an APUR protégé. That was when a joint agency was established—another novelty!

[...] A permanent theatre where a great stage director, Ricardo Bofill, brought a new creative power. My friends from the Beaux-Arts who were working in Paris offices would tell tales of the bootlicking, the rivalry, the cheap shots, the hierarchies and the bigwigs. In contrast, the Ricardo Bofill spirit heightened the sense of shared responsibility and dynamism: the success of shared ideas took sole precedence, night and day, in private and in public. Ricardo had total and unconditional trust in the project team, and had infused them all with enthusiasm and ambition [...]. The joint agency or "Collège d'Architectes des Halles" was a first lesson: an architectural production pool. It was nothing like the big construction company bosses monopolizing large-scale projects on city fringes, who, having never drawn anything themselves, would take a ruler

7 CEDEP INSEAD: the Centre Européen d'Éducation Permanente (European Centre for Executive Development), on the Institut Européen d'Administration des Affaires (European Institute of Business Administration) campus, at Fontainebleau, south of Paris.

8 Quai Conti is the address of Paris's Académie des Beaux-Arts, the fine arts academy of the Institut de France.

**Maquette carton du bâtiment Lescot, 1977. En bas à droite, colonnade** / Cardboard maquette of the Rue Lescot building, 1977. On the bottom left, colonnade

and rip off blueprint layers. Bofill never tore a drawing. He respected all drawings, whatever his opinion of the blueprint.

At that time, our whole crew could draw in pencil or watercolour, doodle, and even write backwards, with Manolo Nuñez Yanowsky patiently honing talents and Bernard Torchinsky meticulously wielding Rotring Rapido 0.1 tips for perfect lines. Ricardo Bofill would develop his ideas on paper, rediscovering the power of proportions and balance, with no medium other than ink and paper to master his creations. With Manolo Nuñez Yanowsky, the imagination was dazzling. In plans and elevations at that time, lines fixed onto paper were the medium of a free imagination, reverie and interpretation by those who had long analysed elevation drawings in black and white.

In the Parisianism of the mid-70s, Bofill appeared as an "object" of surprise; he shook up the self-satisfied world of the elites, both in academic architecture and in post-1968 anti-establishment circles. Some classified him as a "historicist", those jealous of him as a "little Catalan show-off", others as a "Spaniard". They were all talking about him without knowing him at all—perhaps they were in waiting for Jacques Chirac's political arrival as Mayor of Paris, a post that the Giscardian Michel d'Ornano was also yearning for. And yet none of the "leftists" managed to appropriate this anti-Fascist Catalan for themselves. Ricardo wasn't an epiphenomenon of liberal Giscardism, but a force for freedom of creativity, speech and thought. Bofill, speaking in his Catalan-inflected French, had a great talent for explaining the same idea in several different ways, so that the various people he was speaking to would glean from it whatever they thought they had heard. One person's doubt would foster another's.

In this harmonious context, the Halles project had to find a compromise with the third associate architect, Henry Bernard. We never knew whether he appreciated or hated the drawings and attitudes that were always respectful towards him. His colleagues were dealing with this project alongside many others that were certainly less complex and brought in more money. We never figured out how to break the ice, or break through the mirror that separated his office from the drawing studio in his practice's premises in Avenue Iéna, which were imposed on us for a few weeks as a "collective". We can only be grateful to him for his self-restraint and trust. The whole team of colleagues was on a rare adventure, with the huge shared trust of those creative minds: to successfully complete a unique flagship project.

[...] In the 1970s, the architect and the financier would decide on what they would jointly put their names to. Then, the construction firm, the third pillar of the act of building, would take on the entire realization of the project, respecting the architect's and financier's specifications. Within the Collège d'Architectes des Halles, the architects managed the work from start to finish, assisted by professionals in other areas of expertise who were chosen by the architects themselves. Also, and most importantly, there was Manolo Nuñez Yanowsky, the pioneering architect from Taller in Barcelona. Watching Ricardo comment on form with Manolo was a unique spectacle. Manolo's left hand would simultaneously draw a perfect, symmetrically flipped version of what his right hand was drawing. In these very calm yet sublime aesthetic exchanges, Ricardo's words would follow Manolo's drawn lines as he softened, thickened, heightened and reconstructed the ideas, in total osmosis. Manolo's hand guided Ricardo's thoughts, and Ricardo's words guided Manolo's fingers. The density of Ricardo's phrases became architecture, and Manolo's drawing became the speech on Ricardo's tongue. [...] That was when architecture became a political act. "Harshness" could be evoked to highlight the rivalry between Chirac and Giscard, despite all the efforts of courtesy and diplomacy that were made in official meetings and small gatherings or circles of influence by invited architects and civil servants. As more and more things that had been approved on the President's side were delayed or blocked on the Prime Minister's side, the creative ambition of the Collège d'Architectes des Halles was gradually broken.

There were some private moments of joy in the whole saga that I'm happy to relate. When the political game-playing had ruined everything during the day, in the evening Ricardo Bofill would meet up with a talented figure from the Rive Droite[9]—a unique woman who was Yves Saint Laurent's muse. Ricardo fell in love with her. All of us would melt in front of her, while Ricardo would assert himself, with his immense seductive dignity. There were several evenings at Place Furstemberg when I left the two of them as lovers, totally freed from their public personas. The next day, in a magical contrast mastered by Ricardo, he would adopt the manner of a Catalan revolutionary and launch into a tirade that would demolish the post-1968 rhetoric of the architects who subsequently emerged during Mitterrand's term as President.

9 Rive Droite: the Right Bank of the Seine in Paris.

Among my fellow students at the Beaux-Arts (UP4), only one was talented enough to meld with the combined theatricality of those two great men, absorbing everything that Ricardo and Manolo were trying to create. He always knew how to produce an elevation that would save the situation the next day, while we were drawing the plans; the architect Bernard Torchinsky was the only one who had the aptitude to set aside his own ego in order to create the role of the hand that perfectly translated Ricardo's words into plans and elevations. He was one of the stalwarts of those work dinners in the bistros around Les Halles, where our architect friends from La Tour-d'Auvergne's office and from Taller could come along. Amid that joviality, Ricardo would sit thinking to himself, alongside La Tour-d'Auvergne who was likewise deep in silence: how could we fulfil President Valéry Giscard d'Estaing's laudable aim of breathing fresh air into French academicism, opening up the closed insularity of the cliques and bringing new blood into the heart of the city in a France that was open to the world? After those dinners, the night would be lit up by drawings and ideas—in the small hours everything was fantastic, and all of us got involved in summarizing what had been discussed. Between Manolo and Ricardo, those two fantastic egos, discussion would be heated before the form of a column or some other element was agreed upon, or was countered with obstinate assertions of a contrasting form [...]. When the perfect outline had been found, the balance would shift and the two would congratulate one another, each in his own way extolling the other's talent and insisting that the other was the best. Of course, all that then remained to be done was a *charrette*, where their colleagues in the joint agency would draw up their ideas by hand at large scale, with no computer assistance.[10] The next morning, I would have to go to Bernard de La Tour-d'Auvergne with the plans and elevations drawn with the Bofills and ask him to approve them so that the favourable conclusion could be conveyed both to Taller and to La Tour-d'Auvergne's studio team. Everything had to be readjusted in view of the reality of the constraints, and to put across a unified proposal from the two teams together. On the same day, we would have to go to the administrative meeting and act in the name of the three architects.

10 Digital design and AutoCAD did not appear until ten years later.

Henry Bernard, whose role in the trio was to present and endorse the collaboratively produced work, would say, diplomatically: "It's completely transformed, it's solid"—when, meanwhile, the drawings were light years away from the ones he had been shown the previous day; for us, asking Henry Bernard for approval was the winning diplomatic move, both for him and for our interlocutors. But, fifty years on, we can reveal a secret. Alongside those few men, this whole amazing building project was carried forward by two women, who deserve to be paid tribute: the two practices—Ricardo's Taller and La Tour-d'Auvergne's studio—were run by two women with totally different temperaments and very assertive personalities. Paragons of diplomacy, they would anticipate all potential conflicts between the architects, on every level. They would smooth over the bumps for the bosses, console those who had not been listened to, and translate subtext. Those two women managed contracts, administration, salary payments, and relations with civil servants of both the City and the State. They would extinguish conflict before it arose, and would skilfully translate what one person said so that another could hear it as it was intended. Without Dominique Serrell and Pascaline Masurel, the adventure would not have lasted—and indeed, in my case, continued, as I also worked on later projects with Bofill, such as the Place de Catalogne in Paris.

The strength of Ricardo's demands was revealed one day in church. Bernard de La Tour-d'Auvergne fell seriously ill while we were working on Les Halles, although he continued to follow the project's progress. Up to the very last, Ricardo and Manolo would come with me to tell him where we were at and share information, without letting on that they knew where things were headed; an hour of silence, interspersed with a few words. The religious funeral was held in the presence of President Valéry Giscard d'Estaing and his wife, along with ministers, a large portion of the "state nobility", establishment figures and members of the diplomatic service, uniform and professional. To the right of the nave, in accordance with the

**Étude de façade. Feutre sur calque** / Façade study. Felt-tip pen on tracing paper

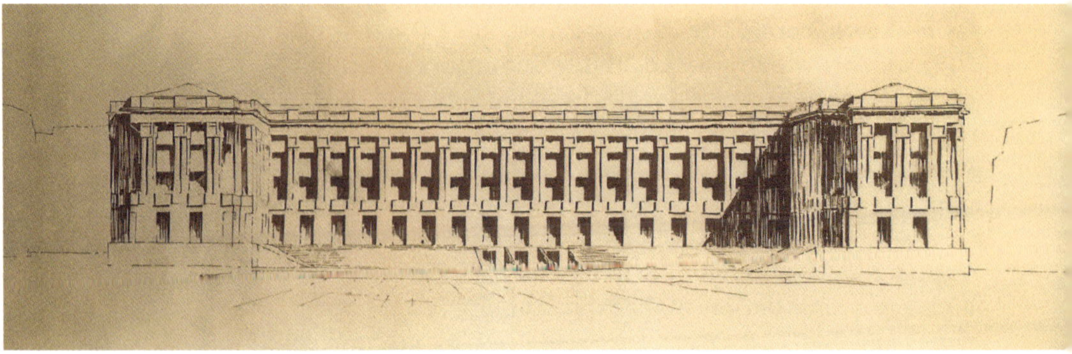

**Esquisses du bâtiment Lescot. Feutre sur calque** / Sketches of the Lescot building. Felt-tip pen on tracing paper

plans prepared at the studio to adhere to protocol, the front-row seats were reserved for the architects, with cardboard labels bearing their names. Since Ricardo Bofill was the "Partner", we had given him the first seat in the front row. We were stupefied when, as the first architects in the same row—all members of the Institut de France—arrived, we saw them shifting their chairs fifty centimetres away, to leave Ricardo's isolated. An expression of respect, disdain or rejection? We can all draw our own conclusions on that. That day, Ricardo Bofill gave us a great lesson on balance and symmetry in the composition of architecture and monumental structures. As he arrived in front of the altar, an usher indicated "his" chair to him. Two large wreaths were placed against two pillars, to either side of the altar. Ricardo called me over: "Paco,[11] my wreath is smaller than the President's, which messes up the building's symmetrical balance. That needs to be put right immediately." Action: Dominique Serrell gave the order to buy a 70-centimetre-tall bouquet of gladioli from a nearby florist. The gladioli were set in place above the wreath a few seconds before the coffin arrived. The symmetry of the nave had been rescued.

11 Nickname given to François Gauthier, Paco being the diminutive of the equivalent Spanish name Francisco.

## 976: La Tour-d'Auvergne's death; e Collège d'Architectes des Halles falls apart

La Tour-d'Auvergne's death served as a pretext for putting an end to the trio's collaboration, since no satisfactory solution could be agreed upon unanimously by all the clients, as might have been expected. The SEMAH, which wanted a swift solution for this gaping and now famous "hole" that had blighted central Paris for five years already, decided, with the Élysée's assent, that Ricardo Bofill would be entrusted with the social housing block along Rue Rambuteau and should conceal the railway hub's air-conditioning facility, situated above ground on Rue de Turbigo, for which the client was the RIVP,[12] Paris's social housing agency. Henry Bernard was given an auditorium in the building that was planned for Rue Pierre-Lescot.[13] Considerations of the garden were delayed until later, and the building on Rue Berger, which was intended for a private developer, was stalled; the inauguration of the RER station was planned for December 1977.

12 RIVP: Régie Immobilière de la Ville de Paris. Its director at the time was Michel Lombardini.

13 On what would become the site of Jean Willerval's "umbrellas".

# Quatrième et dernier projet. Le bâtiment Rambuteau-Turbigo



ommanditaire / Client
**IVP, Régie immobilière e la Ville de Paris**

Surface / Total area
**Non connue / Unknown**

Principaux collaborateurs / Key collaborators
**Manolo Nuñez Yanowsky**
**Xavier Llistosella** (conception)
**Bernard Torchinsky** (direction)
**Ramón Collado**
**Jean-Jacques Reymond**
**Thierry Recevski**
**Victor Gwiazda**

Programme
**230 logements sociaux et une crèche de la Ville de Paris / 230 social housing units and a crèche for the City of Paris**

1976 1977

Dessin de la façade bâtiment d'angle, 1977. cre de Chine et feutre awing of the corner building, 77. Indian ink and felt-tip pen

Perspective du bâtiment logements sur la rue Turbigo. Aquarelle rspective view of the artment building on Rue Turbigo. Watercolour

## 1976–1977 Démarrage du quatrième projet : l'opération de logements HLM « Rambuteau-Turbigo » pour la RIVP

Durant l'année 1976, les études des bâtiments de logements et de Lescot se déroulent au sein de l'atelier de la rue Geoffroy-l'Angevin. Fin 1976, un contrat de maîtrise d'œuvre est passé pour 250 logements de type HLM de la Ville de Paris ainsi que pour une crèche située au chevet de Saint-Eustache.

De nouveau, le débat sur le plan de masse, puis sur la composition des façades anime les réunions à la SEMAH et au siège de la RIVP place Saint-Thomas-d'Aquin. L'Élysée est tenu régulièrement informé par Ricardo Bofill de l'évolution du projet créatif, en vue de recueillir son assentiment sur l'esprit insufflé au projet, conformément aux premières recommandations élyséennes de 1974.

Ricardo désire affirmer franchement le caractère « post-moderne » des façades en y imposant des motifs répétitifs de l'architecture classique : pilastres, colonnes, etc. Manolo tente de calmer l'expression forte de l'ensemble et bataille avec les ingénieurs de la SEMAH pour trouver des solutions au traitement de la centrale de ventilation ainsi qu'aux « chameaux » imposés par les infrastructures et les nombreuses « sorties » techniques qui devaient à l'origine être absorbées dans des constructions désormais disparues. De longues discussions s'éternisent à l'atelier et tard le soir dans les bistrots ou chez Goldenberg rue des Rosiers. Encore et toujours, le dessin doit traduire ces échanges le lendemain pour être présenté.

Bernard Torchinsky conduit le dossier de permis de construire en tant qu'architecte DPLG français. Il pèse avec flegme en vue de concilier les contraintes techniques, les demandes des ingénieurs, des fonctionnaires de l'APUR ainsi que de la Préfecture du boulevard Morland, chargée de l'instruction du permis de construire. Il répond au programme de la RIVP pour ce qui concerne les plans des appartements, et avec l'appui de Ramón Collado, chargé de la partie réalisation au Taller, il étudie la faisabilité des panneaux préfabriqués qui permettront de respecter les objectifs financiers.

La Commission des sites et les Bâtiments de France, dirigés par les architectes des Monuments historiques, donnent finalement leur accord en novembre 1977 après une séance ubuesque dans la salle protocolaire du Conseil de Paris, en présence de Jacques Chirac et des conseillers de Paris, où Ricardo Bofill, Manolo Nuñez Yanowsky et Bernard Torchinsky présentent une maquette du bâtiment, fabriquée au Taller à Barcelone, avec plusieurs toitures possibles qui s'emboîtent et se déboîtent comme des poupées russes. Le permis de construire est obtenu et signé par Jacques Chirac, nouveau maire de Paris, élu depuis mars 1977 contre Michel d'Ornano, ami politique et favori de Valéry Giscard d'Estaing... Le 31 janvier 1977, Valéry Giscard d'Estaing inaugure le Centre Georges-Pompidou.

**rspective d'ensemble de l'opération logements, 1977. Encre de Chine reprise à l'aquarelle** / Perspective view of the entire complex apartments, 1977. Indian ink with watercolour accents

**rspective sur la rue Rambuteau, dossier du permis construire, 1977. Aquarelle** / Perspective view of Rue mbuteau, planning permission dossier, 1977. Watercolour

**Maquette carton de la façade côté rue Rambuteau, dossier du permis de construire, 1977** / Cardboard maquette of the façade on the Rue Rambuteau side, planning permission dossier, 1977

# Fourth and last scheme —the "Rambuteau-Turbigo" social housing

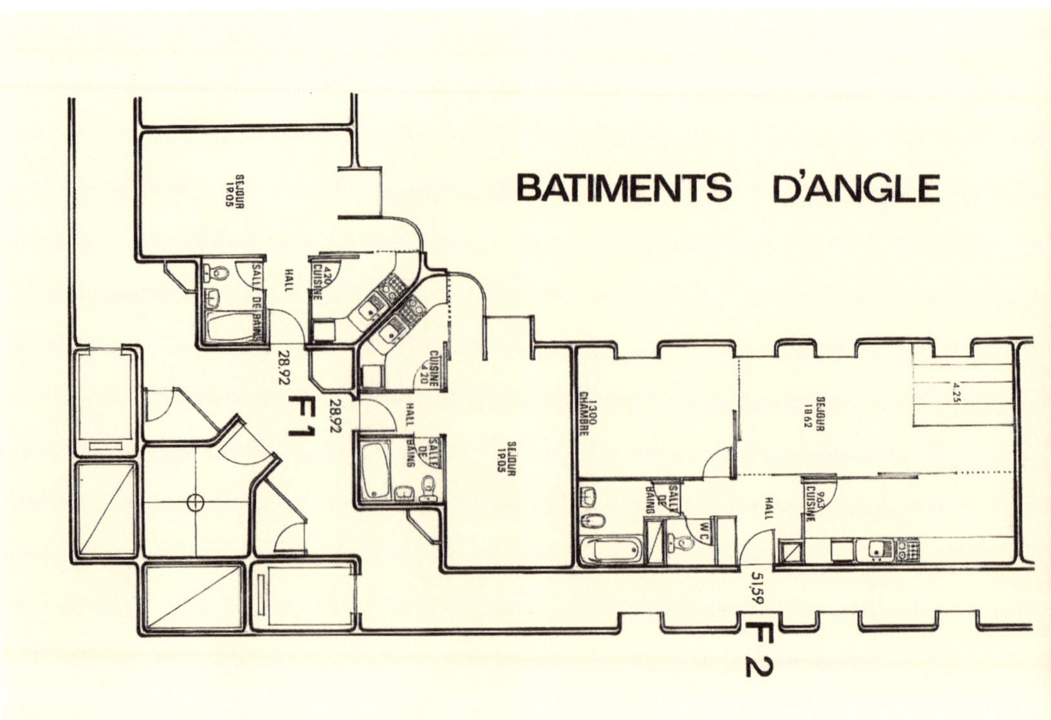


**Plan d'étage des logements du bâtiment d'angle, dossier du permis de construire, 1977. Encre de Chine** / Above-ground floor plan of the apartments in the corner building, planning permission dossier, 1977. Indian ink

## 1976–1977: Beginning of the fourth scheme—the "Rambuteau-Turbigo" social housing for the RIVP

Over the course of 1976, the designs for the housing and Rue Lescot buildings were developed in the studio on Rue Geoffroy-l'Angevin. Towards the end of the year, a construction management contract was signed for two hundred and fifty units of social housing for the City of Paris, and for a crèche at the east end of the church of Saint-Eustache.

Once again, there was lively debate during meetings at the SEMAH and at the RIVP's headquarters on Place Saint-Thomas-d'Aquin. Ricardo Bofill regularly kept the Élysée informed about the creative evolution of the designs, with a view to obtaining its assent on the character infused into the project, in accordance with the first recommendations from the Élysée in 1974. A specified target cost for construction of the social housing had to be adhered to,[1] despite very strong architectural ambitions.

Ricardo wanted to openly assert the "Postmodern" character of the façades, by applying repetitive motifs from classical architecture: pilasters, columns, etc. Manolo sought to temper the assertiveness of the building's character, and battled with the engineers at the SEMAH to find solutions for the treatment of the air-conditioning facility and for the various lumps and bumps that remained from the infrastructure and numerous protruding technical equipment outlets that were originally to be absorbed into the now abandoned structures. Discussions dragged on and on, at the studio and late in the evening in bistros or at the Goldenberg restaurant in Rue des Rosiers.

Bernard Torchinsky took responsibility for obtaining planning permission, since he was a French-certified architect (DPLG). He weighed in to reconcile viewpoints, technical constraints and the demands of engineers and APUR civil servants as well as from the Prefecture in Boulevard Morland, which was responsible for instructing planning permission. He satisfied the RIVP's programme specifications on the plans of the apartments and, aided by Ramón Collado, who was in charge of the execution side at Taller, explored the feasibility of prefabricated panels that would allow the financial targets to be met.

The Commission des Sites (representing listed sites) and the Bâtiments de France (representing listed buildings), directed by the architects of the Monuments Historiques, finally gave their consent in November 1977, after a farcical session in the formal chamber of the Council of Paris at which Jacques Chirac and the members of the Council of Paris were present, where Ricardo Bofill, Manolo Nuñez Yanowsky and Bernard Torchinsky presented a maquette of the building, with several possible roofing options that slotted together like Russian dolls. The planning permission was obtained and signed off by Jacques Chirac, the new Mayor of Paris, who had been elected in March 1977 after running against Michel d'Ornano, political ally and favourite of Valéry Giscard d'Estaing... On 31 January 1977, Valéry Giscard d'Estaing inaugurated the Pompidou Centre.

1 The construction cost of social housing at the time was around 4,500 francs per square metre.

# Le lot de consolation des Halles : La place de Catalogne

ommanditaire / Client
**AGI, Société d'amé-**
**agement et de gestion**
**nmobilière**

Surface / Total area
**22 000 m²**

Principaux collaborateurs / Key collaborators
**Peter Hodgkinson**
**Xavier Llistosella**
**Patrick Dillon**
**Thierry Recevski**

Programme
**274 appartements et commerces / apartments and shops**

1986

**Perspective d'ensemble**
**la place de Catalogne,**
**86. Encre de Chine, crayon**
verall perspective view
the Place de Catalogne,
86. Indian ink and pencil

**Détail de la façade du mur**
**leau et panneaux de béton**
**chitectonique teinté**
**ns la masse** / Detail of the
çade with curtain wall and
egrally coloured fair-faced
ncrete panels

**26 octobre 1978 : annulation du permis de construire.
Chirac s'autoproclame l'architecte des Halles :
« Je veux un Paris qui sente la frite. »**

**Le chantier des logements rue Rambuteau-Turbigo démarre. Les premières colonnes sont fabriquées. L'entreprise SICRA bétonne les fondations, tout est calme avant la tempête.**

1 Thierry Recevski Jacques Chirac a fait irruption dans la baraque du chantier de l'entreprise où nous étions, Bernard Torchinsky et moi-même, en réunion de travail avec l'entreprise générale, et sans préambule s'adresse à nous en déclarant de sa voix tonitruante : « Le projet c'est fini. À partir de maintenant c'est moi l'architecte des Halles. Vous pouvez partir. »

Nous sommes alors sortis complètement abasourdis par cette annonce et nous avons pleuré avec les ouvriers qui étaient sur place, impliqués avec ferveur pour réussir ce projet exemplaire et emblématique, pour eux comme pour nous.

1 Témoignage du 20 octobre 2022.

**Ricardo Bofill n'était pas à Paris ce jour-là. Il est convoqué par Jacques Chirac lors d'un entretien où ce dernier lui tient ces propos :**

2 Jacques Chirac Messieurs les architectes, désormais l'architecte des Halles c'est moi ; je veux aux Halles une architecture qui sente la frite. [...] Comprenez que je ne veux pas de ce projet que je juge trop monumental et incongru par rapport à son environnement, bien que je respecte votre talent.

2 *Idem.*

**Face à l'exploitation médiatique du manque de décision des instances et au désengagement de l'État, qui renonce à financer l'auditorium de la rue Lescot, confié à Henry Bernard, une tension accrue se porte sur l'opération « Bofill » de logements sociaux et de crèche, dont l'expression architecturale suscite toujours la polémique.**

**Le 1er octobre 1978, le maire de Paris annonce officiellement sa décision de renoncer à la poursuite de l'opération avec la RIVP. Il prend pour prétexte juridique le non-respect du PAZ ; en effet, outre son aspect monumental, le bâtiment gomme une partie de la rue Rambuteau, obstrue les passages piétons historiques — pour cacher la centrale de climatisation — et ne respecte pas les alignements de la rue de Turbigo.**

**Abasourdi, Ricardo Bofill consulte ses amis et ses alliés. On lui conseille de rencontrer le célèbre avocat Jean-Denis Bredin, qui recommande l'apaisement pour sortir de cette crise par le haut. Il faut, selon lui, retourner la situation et l'opinion en ignorant délibérément les critiques, les abandonnant sur le terrain qui est le leur, celui de la « lutte politique » et non l'architecture, dont Bofill restera le héros. Il dicte un projet de lettre d'anthologie que je suis chargée de faire paraître dans**

e journal *Le Monde* au titre du droit de réponse, à l'annonce publique lu maire de Paris d'annuler la délivrance d'un permis de construire « par fait du prince ».

Bofill repart à Barcelone avec une partie de son équipe parisienne ; on l'appelle à Alger pour organiser des plans directeurs de villes nouvelles et de villages populaires agricoles, dans un vaste programme l'assistance technique voulu par le président Houari Boumédiène à ravers son ministre de l'Habitat et de la Construction. Désormais, concernant les Halles, il ne prendra plus jamais la parole publiquement et ne publiera plus aucun de ses dessins.

## 979–1980 : La fin d'un rêve grandiose pour Paris

Démarrage des négociations de sortie de crise avec la RIVP ;
démolition du bâtiment en construction ;
obtention d'un lot de consolation au prix d'un silence médiatique sur l'opération des Halles

Pour atténuer l'impact auprès des partisans du projet, hommes d'État, fonctionnaires et élus, et justifier le nouveau retard apporté à l'opération en friche depuis sept ans, Jacques Chirac donne pour nstruction à la RIVP et à son président-directeur général, Michel Lombardini, de négocier rapidement cette sortie de crise. Il s'engage à allouer un ou plusieurs nouveaux projets en compensation à Ricardo Bofill, « pour bien marquer son absence de critique et de mise en cause globale de cet architecte, mais seulement la critique de l'un de ses projets particuliers[3] ».

Il s'avérera plus tard, lors d'interventions sur les ondes, qu'effectivement l'architecture n'avait pas été le véritable enjeu du rejet par certains, notamment des associations de quartier, qui avaient beaucoup pesé dans la décision de Chirac, soucieux de contenter ses électeurs, mais le fait que la proposition des aménageurs était trop ambitieuse et trop « bourgeoise » pour le quartier[4] ! « On n'a rien contre Bofill... On n'a pas été consultés sur le nouveau projet et les maquettes ; on a donc bloqué Bofill. On est contre une opération qui consiste à faire de l'habitat bourgeois une opération de prestige, même si c'est du HLM, à cet emplacement. »

L'architecte Fernand Pouillon, invité sur le plateau, répond que le projet de Bofill « était un très beau projet pour les Halles, très beau plan, très beau jardin. Il n'existe rien de tel aujourd'hui. » Le bâtiment en construction est alors démoli. En effet, il était temps pour Bofill de tirer sa révérence.

3 *Paris-Projet* n^os 25–26 : *les Halles, achèvement d'un projet*, p. 37 note 1.

4 « Droit de réponse » du 23 janvier 1982, propos de J.-J. Coudray, de l'association « Champeaux des Halles ».

5 Ricardo Bofill Quand les Halles ne seront plus une œuvre d'art, je partirai. L'architecture est un art qui doit sublimer le goût des gens. Sinon vous réduisez la vie à quelque chose de petit, de médiocre, de laid. Il est du devoir de l'architecte de magnifier le quotidien des gens.

5 Ricardo Bofill, *L'Architecture d'un homme, op. cit.*

**La plus grande promenade parisienne, qui devait relier le Palais-Royal à la place des Vosges, est définitivement abandonnée. Les pourparlers s'enclenchent en vue de la signature d'un accord amiable à la suite de la rupture unilatérale du contrat « par le fait du prince ». Dédommagement financier et contrepartie en termes de projets sont abordés et âprement négociés. Ricardo me laisse avancer avec les délégués des différentes parties. On lui propose deux programmes, soit la « passerelle des Arts », qui devra être refaite, soit un projet de plus de 200 logements dans le nouveau quartier de la gare Montparnasse, soit l'équivalent de celui de la RIVP abandonné.**

**Il opte pour le second, sans enthousiasme pour l'emplacement, jugé unanimement ingrat. Un protocole d'accord amiable est rédigé et signé, dans lequel Jacques Chirac demande à Bofill un engagement de confidentialité non seulement sur ce protocole, comme il est d'usage en la matière, mais sur les projets des Halles, à partir de la démolition des pavillons Baltard, et ce réciproquement pour lui-même et l'administration chargée de ce projet. Chirac se jette alors dans son nouveau projet des Halles dès décembre 1978 et lance les consultations qui aboutiront au projet présenté en mars 1979 par l'APUR avec un axe oblique vers Saint-Eustache ! Il ne critiquera plus jamais Bofill.**

**De son côté, voulant tourner cette page douloureuse où lui et son équipe se sont investis avec passion, Ricardo Bofill accepte ces conditions et ne reparlera jamais en public de cette aventure d'une importance majeure dans son parcours. J'en veux pour preuve l'exposition rétrospective de son travail en France que nous organisons en 1982 avec Jean-Jacques Aillagon, alors sous-directeur de l'École des beaux-arts dirigée par Jean Musy, où ne figure aucun dessin des Halles, ainsi que dans le catalogue publié alors par les éditions de l'Équerre, comme le souligne avec regrets la journaliste Andrée Mazzolini dans un article paru dans *Le Matin de Paris* le 20 novembre 1982 : « Un absent de marque toutefois : le projet des Halles. Passionnant de toutes façons. »**

6 Ricardo Bofill Le problème d'échelle est essentiel en architecture et à ce niveau est irréparable aux Halles plus qu'ailleurs... Tout d'abord, j'ai dû expliquer qu'il s'agissait de 8 hectares et non pas du bois de Boulogne... mettre à cet endroit des axes en biais, des pelouses et des fleurs, etc., un univers petit et désagréable. La démagogie architecturale !

6 *Ibid.*

Pour ses défenseurs, il est incontestable que le plan proposé par le Taller était le meilleur pour cet espace. Comme le souligne Serge Goldberg: « Son plan pour les Halles était de loin le meilleur. C'est lui qui comprenait le mieux le sens des rues. Il était bien plus intelligent que ce qui a été choisi par la suite[7] », suivi de Pouillon lors de l'émission de télévision « Droit de réponse » en 1983 ou encore de Roland Castro[8], pour qui le « plan de Bofill » était le meilleur.

Manolo Nuñez Yanowsky et Ricardo Bofill, après un ultime échange théâtral et grandiloquent, rue Geoffroy-l'Angevin, se séparent sur une querelle qui porterait sur la politique d'alors en Espagne. Manolo déclare brusquement qu'il va tourner un film avec Vittorio Gassman, se lève et salue Ricardo en levant le bras à la manière d'un matador du haut de l'escalier de la rue Geoffroy-l'Angevin, puis disparaît. Il ira pour cela en Belgique, non pas avec Vittorio Gassman bien entendu, où plus tard il fondera sa propre agence, les « Ateliers du Grand-Hornu ». Après avoir obtenu son diplôme français d'architecte, il construira à Noisy-le-Grand les Arènes Picasso, grand ensemble de logements qu'on nomme souvent « les camemberts ». Jack Lang conclut cet épisode que l'on peut qualifier d'« épopée ».

7 Entretien avec Serge Goldberg par Sabine Effosse.

8 Propos recueillis par téléphone par l'autrice le 13 juillet 2022.

Jack Lang C'était une lutte politique. Chirac était entouré et fortement influencé par une équipe de bétonneurs, dont M. de La Malène, président de la SEMAH et premier adjoint au maire de Paris, qui étaient contre ce projet. Par ailleurs, il voulait détruire tout ce à quoi tenait Valéry Giscard d'Estaing.

[...] Sur les Halles, les projets réalisés à la fois sous Chirac et Delanoë sont un exemple de vulgarité et de la nullité de certains hommes politiques qui ont permis la réalisation d'une telle laideur et un gaspillage énorme d'argent public. Le quartier des Halles est une catastrophe, le jardin est hideux et son architecture de « petit bras » vulgarise le centre de Paris. Si j'étais maire de Paris, je le raserais. Je regrette que le projet dans le 14e donné par Chirac à Ricardo Bofill en échange des Halles soit dans un quartier inadapté à son architecture.

Ricardo Bofill proposait un habitat moderne harmonieux où il fait bon vivre. Je lui suis très reconnaissant pour son aide lors des campagnes sur l'Europe et ses contributions lors de conférences sur l'architecture. C'était un homme généreux, cultivé, charmant et très talentueux, reconnu internationalement, même si son « style » a pu être critiqué.

9 Propos recueillis par téléphone par l'autrice le 4 juillet 2022.

## La place de Catalogne, compensation empoisonnée : « Bofill, un fou génial »

**C'est sur la promesse de Jacques Chirac de proposer un projet en compensation à la perte du bâtiment désormais démoli des Halles que la SAGI[10] est désignée en tant qu'organisme HLM de la Ville de Paris pour, début 1980, passer un contrat de maîtrise d'œuvre de 274 logements au Taller de Arquitectura, dès lors installé au 18, rue de l'Université, dans le 7e arrondissement.**

**La zone est en cours d'aménagement[11], un nouveau quartier doit voir le jour derrière la gare Montparnasse avec ses immeubles caractéristiques de l'architecture moderne de 1966 de Jean Dubuisson. Il est enserré entre la gare, un axe rapide d'accès au périphérique et à l'autoroute A6, la rue du Commandant-René-Mouchotte, bordée d'immeubles résolument modernes ayant remplacé les anciens hangars de la SNCF décrits par Romain Gary dans son ouvrage *La nuit sera calme* comme « une cochonnerie de rue sinistre », et le quartier conservé de la rue du Château.**

**Michèle Champenois en décrit l'ingratitude d'un ton acerbe, dans son article paru dans *Le Monde* du 18 juin 1984 : « Paris, qui ne voulait plus de Bofill aux Halles, lui a donné en lot de consolation un lieu très ingrat, derrière la gare Montparnasse, face au pont des Cinq-Martyrs-du-lycée-Buffon, à remodeler entièrement. » Voulait-on une nouvelle fois mettre Bofill à l'épreuve ? Il n'en « tombera pas amoureux ». Le musicien Jean-Michel Jarre, à propos des Échelles du Baroque, déclare[12] : « Bofill est un fou génial. Fou parce que c'est gonflé de faire une architecture comme ça... »**

10 SAGI : Société d'aménagement et de gestion immobilière.

11 ZAC Guilleminot-Vercingétorix.

12 Propos retranscrits dans *Le Parisien* du 21 septembre 1989.

13 Georges-Marc Benamou Tout ce qu'on peut dire, entendre, écrire sur Ricardo Bofill, et tout ce que lui-même, showman surdoué, peut déclarer, est faux, incertain et ambigu. Méfiance. Méfiance, car depuis plus de vingt ans on raconte tout et n'importe quoi sur la superstar de l'architecture, la seule depuis Le Corbusier. Diva cosmopolite pour les salons, il a prouvé qu'il n'était pas seulement l'architecte attitré de la jet-set mais plutôt un bâtisseur social, certes singulier et contesté, avec des milliers de HLM grandioses « chic et pas cher », posés aux quatre coins du monde, en Espagne, en Algérie (une expérience amère qui lui fait dire « qu'il n'y a d'architecture qu'occidentale ») et en France.

Révolutionnaire prétentieux et penseur subversif aussi, pour les notables et les politiques, séduits un instant avant de s'effrayer, Bofill est plus poli qu'on ne le croit. Le trublion mégalo masque, avec ses gesticulations et ses humeurs, la forêt de ses réalisations et sa véritable inspiration, « le classicisme ». Un classicisme moderne, chargé d'âme et de mémoire, à l'encontre des nudités et des carcasses de l'architecture fonctionnaliste,

13 Dans *Maison et jardin International* de juin 1984.

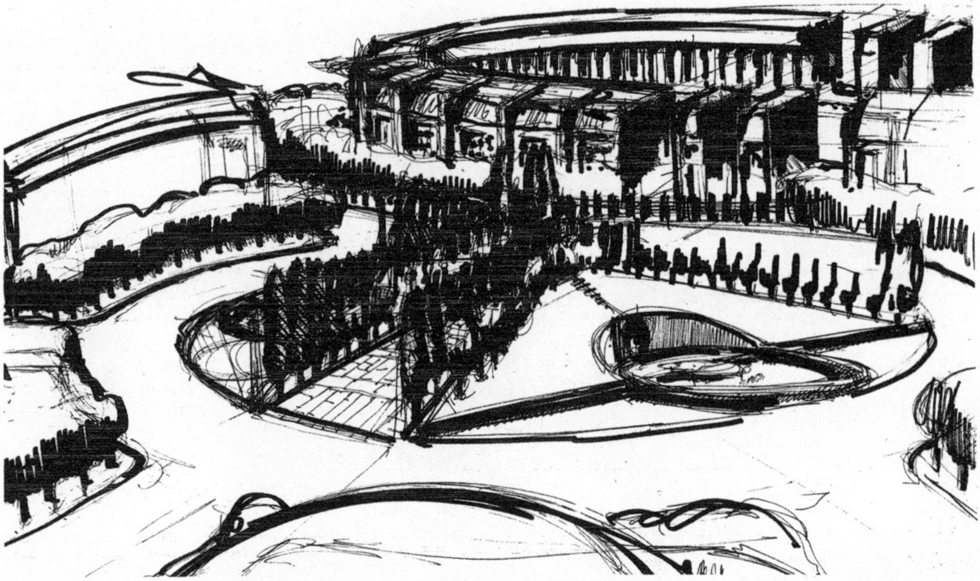

**essin de la place. Encre de Chine** / Design for the public square. Indian ink

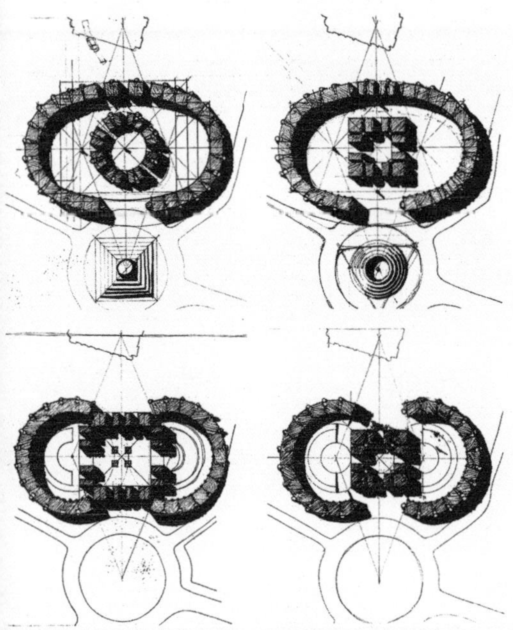

**tudes de plan de masse. Encre de Chine** / Ground-plan studies. ndian ink

**Perspective de la rue intérieure vers le jardin. Crayon** / Perspective drawing of the interior street towards the garden. Pencil

**Maquette en résine** / Resin maquette

**Étude de porche. Encre de Chine et crayon** / Porch study. Indian ink and pencil

**Étude de façade. Crayon** / Façade study. Pencil

et qui se propose de faire de tout édifice un temple (un monument)... Bofill-mégalo, tel qu'on l'a surnommé aux Beaux-Arts, déroute. Séduit. Irrite. Fascine. Sa carrière, son œuvre, sont de ce fait, de son fait aussi, une suite d'errances, de passions, de scandales, d'amertume et d'enthousiasme. On peut ricaner, critiquer, s'acharner contre lui, il tient bon, convaincu qu'il a l'éternité avec lui. Certain, comme cet autre Catalan, Salvador Dalí, d'être un génie. Et même « le plus grand architecte au monde... depuis Michel-Ange ».

[...] Contrairement à nombre de ses détracteurs, mais comme Le Corbusier, Ricardo Bofill n'est pas (vraiment) un théoricien. Il ne plaque pas çà et là la même agora ou le même temple aux quatre coins du monde occidental. Il réédite toujours, car, dit-il, « tout architecture doit être en harmonie avec le climat et les traditions locales ». Ricardo est un classique. Un témoin rappelant les formes du passé européennes, autant qu'un visionnaire, qui les remodèle.

**e nouvelles polémiques et accusations de « pastiche » fleuriront armi ses éternels et mêmes détracteurs, qui répètent leur discours. 'est ainsi que le permis de construire des Échelles du Baroque sera ictime d'une brève attaque par une association de quartier au prétexte, e nouveau invoqué ici, du non-respect du PAZ[14], puis poursuivi sans élai sous l'impulsion d'Alain Chouffier, directeur de la SAGI à l'époque. a construction s'achèvera en 1985.**

**Chirac lui commandera cependant en son centre un disque ionumental de granit d'où l'eau jaillit, œuvre de son protégé Shamaï aber, sculpteur vivant dans le 14e, à l'emplacement d'un espace planté roposé alors par le Taller. Objet de multiples controverses, cette ntaine ne fonctionnant généralement pas, Anne Hidalgo la détruira n 2021. Mais la place dans son ensemble continuera à être attribuée tort à Bofill !**

**Ricardo Bofill nomme Thierry Recevski à la tête du projet près avoir été associé à sa conception à Barcelone, sous la houlette de eter Hodgkinson et Xavier Llistosella ; Ramón Collado le rejoindra en hase de réalisation. En effet, entre-temps, Bofill, son staff et une partie e ses collaborateurs sur les Halles, ainsi que de nouvelles recrues, se ont installés fin 1978 au premier étage du 18, rue de l'Université, à Paris, ans un élégant immeuble bourgeois du faubourg Saint-Germain face l'iconique rue du Pré-aux-Clercs, et à Alger, dans un camp militaire, où il développe un vaste programme de villes nouvelles, avec ean-Jacques Reymond et Francis Martinuzzi tout d'abord, dès fin ovembre 1977, puis plus tard avec d'autres collaborateurs du Taller, ui les rejoindront[15].**

14 PAZ : Plan d'aménagement de zone.

15 Voir « Algérie : l'appel du désert », p. 191.

**Forte résilience et robuste combativité d'une équipe soudée autour de son téméraire chef de file, galvanisée par le nouveau défi architectural du Taller, passant tout à coup à l'échelle d'un territoire.**

**Après sa rencontre avec Annabelle d'Huart, qui donnera naissance à leur fils, Pablo, en 1980, Ricardo Bofill quitte la place Furstemberg et s'installe à son tour avec sa nouvelle compagne au-dessus des bureaux, dans le même immeuble. La cellule dédiée à la réalisation les rejoint en 1980 avec ses collaborateurs catalans revenus d'Alger, parmi lesquels Ramón Collado, Hilario Pareja et José Maria Rocías ; elle s'installe à l'entresol. Le Taller de Paris est en pleine expansion, celui de Barcelone passe temporairement au second plan. Certains seront amenés, avec Ricardo, à partager leur temps entre Alger et Paris dans un contraste abyssal de conditions de vie. J'en fais partie[16].**

16 Voir « Algérie : l'appel du désert », p. 191.

**Une nouvelle organisation du Taller, des allers et venues entre Alger, Paris et Barcelone où la structure voit son activité drastiquement réduite et se trouve placée sous la direction d'Anna Bofill-Levi, Salvador Clotas étant devenu ministre de la Culture du gouvernement socialiste espagnol. Un jeune architecte français rejoint alors Peter Hodgkinson à Barcelone, Jean-Pierre Carniaux, fraîchement diplômé du MIT[17], qui, après le départ de Manolo Nuñez Yanowsky, deviendra le nouveau partenaire phare de la cellule conception. Il ne participera pas aux projets algériens.**

17 MIT : Massachusetts Institute of Technology.

18 Ricardo Bofill À proximité de la gare Montparnasse, le projet veut rétablir une continuité urbaine. Dès le début je l'aborde donc comme une façade semi-circulaire, épousant le tracé d'une place. À l'opposé de ce demi-cercle, les blocs d'immeubles délimitent deux espaces distincts : un théâtre et une ellipse. Je reprends l'idée de Borromini : articuler le concave et le convexe, en élargissant les points d'intersection de façon à pouvoir disposer entre les deux des appartements. Toute la difficulté fut ensuite de réaliser ces courbes complexes de façon industrielle, que l'on obtient, en réalité, par des fractions de droites.

18 Ricardo Bofill et Jean-Louis André, *Espaces d'une vie*, Paris, Odile Jacob, 1989.

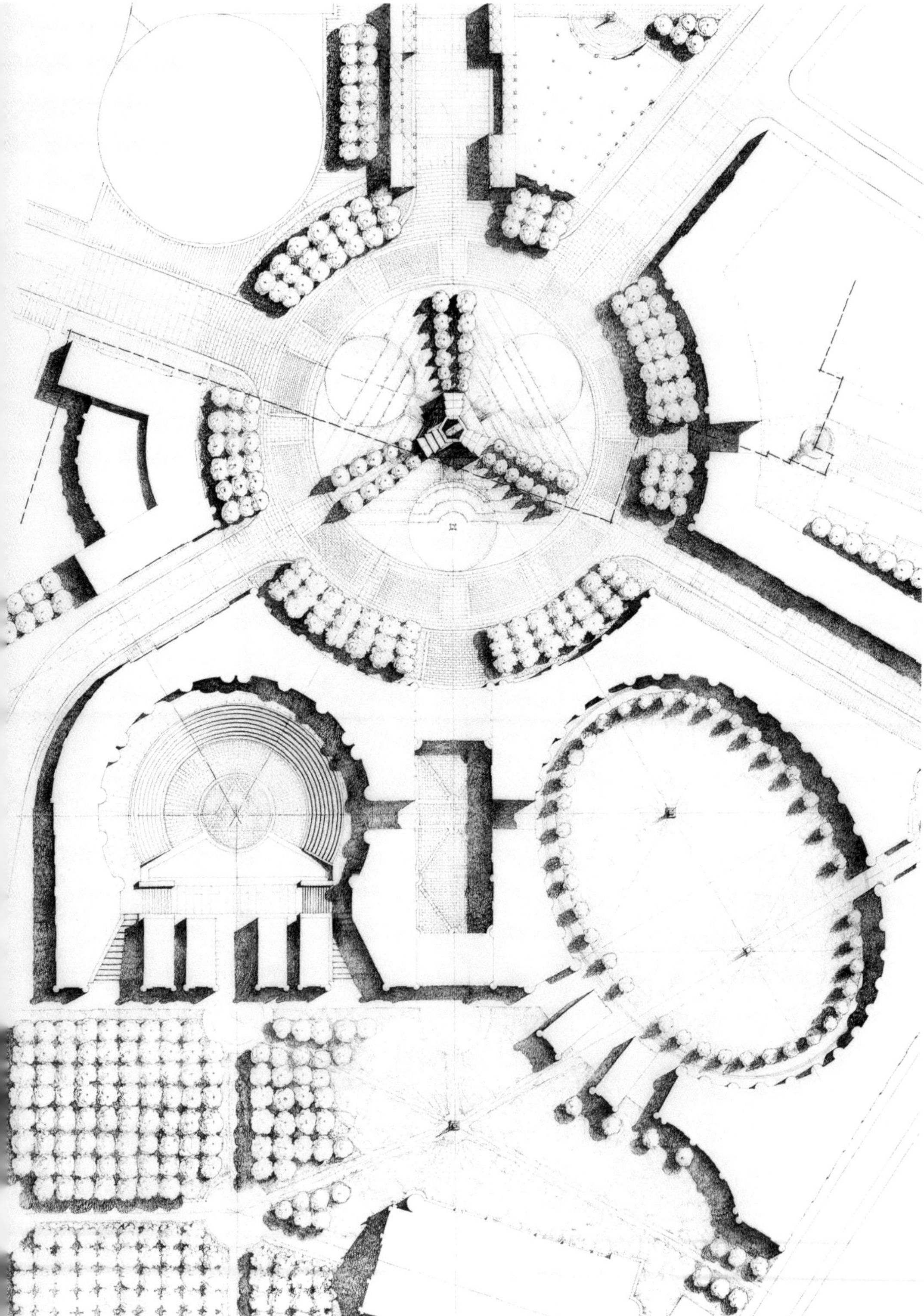

**ude de plan de masse avec jardins. Crayon** / Ground-plan study with gardens. Pencil

# The trade-off for Les Halles: Place de Catalogne

**Façade sur la place** / Façade overlooking the square

**6 October 1978: Jacques Chirac cancelled ne building permit and appointed himself architect of the Halles. want a Paris that smells of French fries".**

Vork on the housing development on Rue Rambuteau and Rue de urbigo had started. The first columns had been fabricated and the ICRA construction company was laying the concrete foundations. It 'as the calm before the storm.

> Thierry Recevski **Jacques Chirac burst into the construction site's hut where Bernard Torchinsky and I were in a meeting with the contractor, and abruptly announced in his booming voice: "The project is over. From now on, I am the Halles' architect. You can leave."**
>
> **Completely stunned by this announcement, we left and shared our distress with the builders who were on site and who were deeply committed to making a success of this exemplary and emblematic project, as much for them as for us.**

1 Account provided on 20 October 2022.

icardo Bofill was not in Paris that day, but Jacques Chirac summoned m to a meeting during which he upheld his decision:

> Jacques Chirac **Gentlemen, from now on I shall be the Halles architect; I want the architecture of Les Halles to smell like French fries. [...] You must understand that as much as I respect your talent, I cannot accept this design, which I find too monumental and incongruous in relation to its environment.**

2 *Idem.*

ith the media making capital out of the authorities' indecisiveness and e government's disengagement when it recanted on the financing of the ditorium in Rue Lescot, which had been awarded to Henry Bernard, nsions mounted and came to bear on Bofill's social housing and crèche oject, the architectural form of which still aroused controversy.

On 1 October 1978, the Mayor of Paris officially announced his cision not to continue with the RIVP operation on the pretext that did not comply with the PAZ development planning, due to the fact at, apart from its monumental aspect, the building had encroached part of Rue Rambuteau, obstructing the historic pedestrian walkays—in order to hide the air conditioning—and did not respect Rue Turbigo's alignments.

Ricardo Bofill was dumbfounded, and after discussing it with his ends and supporters, took their advice to meet with the well-known vyer Jean-Denis Bredin, who recommended a conciliatory approach a way out of the crisis. He felt it would be better to turn the situation d public opinion around by deliberately ignoring the critics, leaving em on their own territory of "political struggle" and not of architecture where Bofill would remain a hero. He dictated a draft letter summarizing the facts, which I was tasked with getting published in *Le Monde*, and which was in response to the public announcement by the Mayor of Paris that the building permit was to be withdrawn by mayoral decree (“*fait du prince*”).

Bofill returned to Barcelona with some of his Paris team: they had been called to Algiers to produce blueprints for the development of New Towns and community agricultural villages in a vast technical assistance project commissioned by President Houari Boumédiène through the Ministry of Housing and Construction. From then on, Bofill never spoke publicly about Les Halles, nor did he publish any more of his designs.

## 1979–1980: The end of a grandiose dream for Paris. Opening negotiations with the RIVP to resolve the crisis; the demolition of the building already under construction; a compensatory project obtained at the price of media silence on the Halles operation

To soften the blow to the project’s supporters—top government officials, civil servants and politicians—and to justify the further delay to an operation that had been a virtual wasteland for seven years, Jacques Chirac instructed the RIVP and its chairman and managing director, Michel Lombardini, to find a rapid way out of the crisis. He set about awarding Ricardo Bofill several projects “to emphasize that there was no overall criticism of the architect’s work, just for that one particular project”.[3]

It transpired from later media broadcasts that, in fact, the architectural design had not been the real reason for its rejection by certain people—particularly the local housing associations, who, anxious to please Chirac’s voters, had very much leant towards his decision—but because the architects’ proposals were too ambitious and too “bourgeois” for the neighbourhood.[4] “We have nothing against Bofill [...]. We weren’t consulted on the new proposals and the models, and so we blocked Bofill. We were against a project that consisted of constructing bourgeois residences—a prestigious operation, even if there were to be social housing on the site.”

The architect Fernand Pouillon, a guest on the programme, replied that Bofill’s project “was a very beautiful proposal for Les Halles, a lovely design and a beautiful garden. There is nothing like that today.” The building that was already under construction was then demolished. And so, for Bofill, it was time to step aside.

4 Ricardo Bofill **When Les Halles ceases to be a work of art, that’s when I leave. Architecture is an art that must elevate people’s**

3 *Paris-Projet n° 25–26: les Halles, achèvement d’un projet*, p. 37, footnote 1

4 Ricardo Bofill, *L’Architecture d’un homme. Entretiens avec François Hébert-Steven*, Paris: Éditic[ons] Arthaud, 1978.

**taste. Otherwise you reduce life to something small, mediocre and ugly. It's the architect's duty to increase the scope of people's daily lives.**

he most important Paris promenade that was to link the Palais Royal ith the Place des Vosges was now definitively shelved. Discussions were nder way for an amicable agreement following the unilateral cancellation f the contract by mayoral decree.

Financial restitution and compensatory projects were bitterly egotiated. Ricardo allowed me to further the cause with the various elegates from different factions. He was offered two programmes: either e Pont des Arts (also known as the Passerelle des Arts), or a project nsisting of 200 residences in the new Montparnasse zone, which was quivalent in size to the cancelled RIVP undertaking.

He chose the second, unenthusiastic about its location, which was nanimously considered to be unattractive. An amicable agreement was rawn up and signed, in which Jacques Chirac called for Bofill's confidenality, not only on this protocol, as is usual in this kind of document, but so on all the Halles projects, starting with the demolition of the Baltard avilions. Chirac then threw himself into his new Les Halles project from ecember 1978, launching consultations that would eventually result in e plan put forward in March 1979 by the APUR, with an oblique axis retching towards Saint-Eustache. He never again criticized Bofill.

For his part, Bofill, wishing to turn the page on this distressing isode in which he and his team had been so wholeheartedly invested, cepted these conditions and never spoke in public of this venture, which d been of major importance to his career. As testament to this, I cite retrospective exhibition of his work in France, which we organized collaboration with Jean-Jacques Aillagon, who was then the deputy rector of the École des Beaux Arts, under Jean Musy's directorship. The hibition did not feature a single design for Les Halles, nor did any appear the catalogue published by Éditions de l'Équerre—an omission which as deplored by the journalist Andrée Mazzolini in an article published *Le Matin de Paris* on 20 November 1982: "However, there was a notable sence—the Halles project. Fascinating nevertheless."

Ricardo Bofill's death on 14 January 2022, and that of Jacques irac in 2019, have freed us from any non-disclosure obligations and spired this retrospective work on that period, if only to set the heritage cord straight.

Ricardo Bofill **The problem of scale is of prime importance in architecture, and in this respect is irreparable for Les Halles, more so than anywhere else [...]. To begin with, I had to explain that we were dealing with eight hectares, not the Bois de Boulogne [...] putting diagonal axes in this place with lawns and flowers etc.—a small, unpleasant universe. Architectural demagoguery!**

5 *Ibid.*

**Façades sur jardin intérieur** / Façade overlooking the inner garden

There was no doubt, as far as Bofill's supporters were concerned, that the design put forward by Taller was the best for the space. As Serge Goldberg said: "His plan for the Halles was by far the best. He was the only one who understood street orientation. It was far more intelligent than what was later chosen."[6] This was upheld by Fernand Pouillon during another "Droit de Réponse" broadcast in 1983, and by Roland Castro, who said that "Bofill's plan" was the best.[7]

6 Interview by Sabine Effosse with Serge Goldberg.

7 From a telephone conversation with the author, 13 July 2022.

Manolo Nuñez Yanowsky and Ricardo Bofill quarrelled over Spanish politics of the time. After a final, theatrical and grandiose exchange of words in Rue Geoffroy-l'Angevin, they parted company. Manolo declared abruptly that he was going to make a film with Vittorio Gassman, then got to his feet and, from the top of the street's stairs, he saluted Bofill, lifting his arms matador-style, and disappeared. For all that, he did not, of course, make a film with Vittorio Gassman, but went to Belgium where he established his own architectural practice, the Ateliers du Grand-Hornu. After receiving his French degree in Architecture, he constructed a huge social housing development, Les Arênes de Picasso in Noisy-le-Grand, which is often dubbed "*les camemberts*". Jack Lang's words close this epic affair.

Jack Lang **It was a political struggle. Chirac was surrounded and strongly influenced by a team of concrete lovers, including the deputy mayor of Paris and president of SEMAH Christian de La Malène, who was against the project.**

8 From a telephone conversation with the author, 4 July 2022.

**He also wanted to destroy anything that was dear to Valéry Giscard D'Estaing.**

[...] **On the subject of Les Halles, the projects that were realized under Chirac and Delanoë's[9] direction are examples of the vulgarity and mediocrity of certain politicians who allowed something of such ugliness, and at such huge and wasteful public expense, to be executed. The Halles area is a catastrophe; the garden is hideous, and its unenterprising architecture debases the centre of Paris. If I were the Mayor of Paris, I would raze it to the ground. I find it regrettable that the project in the 14th arrondissement which Chirac gave to Bofill in exchange for Les Halles is in an area ill-suited to its architecture.**

9 Bertrand Delanoë, at the time a member of the Council of Paris, later Mayor of Paris (2001–2014).

**Ricardo Bofill's proposal was for a modern, harmonious residential area, where it would be a pleasure to live. I am very grateful to him for his help during the campaigns on Europe and for his contributions in terms of talks and conferences on architecture. He was a generous, cultivated, charming and very talented man, who was internationally renowned, even if his "style" gave rise to criticism.**

## Place de Catalogne—a poisoned consolation prize; "Bofill, a crazy genius"

Jacques Chirac's promise of a new project as compensation for the loss of Taller's now demolished Les Halles building led to the SAGI,[10] responsible for social housing in the City of Paris, awarding a contract for the construction of 274 residential units to Ricardo Bofill's Taller de Arquitectura, whose offices were then at 18 Rue de l'Université, in Paris's 7th arrondissement.

10 SAGI: Société d'Aménagement et de Gestion Immobilière (Property Planning and Management Company).

A new district[11] was being developed behind Gare Montparnasse, with its first buildings, characteristic of the modern style of 1966, by the architect Jean Dubuisson. The area was sandwiched between the train station, the fast-access road to the city's ring road and the A6 motorway, the Rue du Commandant-René-Mouchotte—lined with its uncompromisingly modern buildings that replaced the former SNCF freight depots, which in his book *La nuit sera calme* (The Night will be Calm, 1974), Romain Gary describes as a "dismal, low-rent street"—and the Rue du Château heritage district.

11 ZAC Guilleminot-Vercingétorix.

Michèle Champenois gave an acerbic account of this ungrateful gesture, in an article published in *Le Monde* on 18 June 1984: "Paris, which no longer wanted Bofill at les Halles, gave him the dubious consolation prize of an extremely unrewarding site behind Gare Montparnasse, opposite the Cinq-Martyrs-du-Lycée-Buffon bridge, to be completely remodelled." Did they want to put Bofill to the test again? He "wouldn't fall in love with it". And when commenting on the Échelles du Baroque, the musician Jean-Michel said: "Bofill is a crazy genius. Crazy because it took some nerve to produce architecture like that."[12] In the June 1984 issue of *Maison et jardin International*, Georges-Marc Benamou wrote:

12 Comments recorded in *Le Parisien*, 21 September 1989.

13 Georges-Marc Benamou **Everything that is said, heard and written about Ricardo Bofill, and everything that he himself, an exceptionally gifted "showman", might state, is false, vague and equivocal. But we should step carefully. Carefully, because for over twenty years people have been saying whatever comes into their heads about this architectural superstar, the only one since Le Corbusier. A cosmopolitan salon diva, he has proved that he is not just an architect catering to a wealthy elite, but a socially aware builder, albeit an unusual and controversial one, with multiple grandiose, "smart but inexpensive" social housing schemes worldwide: in Spain, in Algeria (a bitter experience which led him to comment that "the only architecture is Western") and in France.**

**An ostentatious revolutionary and subversive thinker, Bofill is nevertheless more polite than one might imagine to notables and politicians, who are seduced for a moment before taking fright. He is a power-hungry firebrand, but one whose**

13 In *Maison et jardin International*, June 1984.

> **gestures and mood swings mask the forest of his achievements and his true inspiration, "classicism"—a modern classicism charged with soul and memory, which aims to make every building a temple (a monument), as opposed to the bare bones of functionalist architecture** [...]. **Megalomaniac-Bofill, as he is known at the Beaux-Arts, confounds. Seductive. Irritating. Fascinating. Words that sum up not only the man but his career and work—a series of wanderings, passions, scandals, bitterness and enthusiasm. He holds his own against sneers, criticism and being badgered, convinced that he has eternity on his side. He is as convinced as is that other Catalan, Salvador Dalí, of being a genius. And even "the greatest architect in the world... since Michelangelo".**
>
> [...] **Contrary to a number of his detractors, but like Le Corbusier, Ricardo Bofill, is not (really) a theoretician. He doesn't plonk the same agora or the same temple in whatever corner it may be in the Western world. He always rethinks it, and as he says: "All architecture must be in harmony with the climate and local traditions."**
>
> **Ricardo is a classicist. He is as much an observer calling on past European forms as he is a visionary who remodels them.**

Fresh controversies and charges of "pastiche" flourished among his enduring detractors and their repetitive arguments. The planning permission for the Échelles du Baroque was briefly opposed by a district association that claimed non-compliance with the development plan (PAZ), but the building went ahead without further ado, carried forward by Alain Chouffier, who was then director of the SAGI. Construction was completed in 1985.

Chirac however went on to commission his protegé Shamaï Haber, a sculptor living in the 14th arrondissement, to create a monumental granite disc spouting jets of water, to occupy the central planted space that Taller had proposed. It was a controversial fountain that hardly ever worked, and in 2021, Paris's then mayor Anne Hidalgo had it dismantled. However, Bofill continues to be held responsible, erroneously, for the entire area!

To head the project, Ricardo Bofill appointed Thierry Recevski, who had been involved in its conception in Barcelona, under the leadership of Peter Hodgkinson and Xavier Llistosella. Ramón Collado was to join him at the construction stage. In the meantime, Bofill, his staff and some of his associates who had collaborated on Les Halles, as well as new recruits, set up two offices in late 1978: one on the first floor of an elegant bourgeois building at 18 Rue de l'Université in the Saint-Germain district of Paris, opposite the iconic Rue du Pré-aux-Clercs, and the other in Algiers in a military camp, where he had been commissioned in late November 1977 to develop a huge programme of

 

New Towns, working initially with Jean-Jacques Reymond and Francis Martinuzzi, who were later joined by other members of the Taller team.[14]

It was a strongly resilient and combative team, firmly loyal to its adventurous leader and spurred into action by a new Taller architectural challenge that suddenly took on the dimensions of an entire region.

After meeting Annabelle d'Huart, who gave birth to their son Pablo in 1980, Ricardo Bofill left his Place Furstemberg residence, and with his new partner moved to an apartment in the same building as his offices. His chosen project team joined them in 1980, along with his Catalan collaborators who had returned from Algiers, among whom were Ramón Collado, Hilario Pareja and José Maria Rocías; they were installed on the mezzanine floor. Taller in Paris was expanding rapidly, leaving Taller Barcelona temporarily on the back burner. Some of the team, including Ricardo, were obliged to divide their time between Algiers and Paris in an abysmal contrast in living conditions.[15] I was one of them.

The new Taller set-up of toing and froing between Algiers, Paris and Barcelona saw a vast reduction of activity in the Barcelona offices, which were placed under the direction of Anna Bofill-Levi, Salvador Clotas having become the Spanish socialist government's minister for culture. Peter Hodgkinson in Barcelona was joined by Jean-Pierre Carniaux, a young architect from France and newly qualified with a degree from the MIT;[16] and after Manolo Nuñez Yanowsky's departure, he became the new partner and leading light in the design team. He had no part in the Algerian projects.

14 See "The call of the desert", p. 202.

15 *Idem.*

16 MIT: Massachusetts Institute of Technology.

17 Ricardo Bofill **The project's mission was to re-establish urban continuity near Gare Montparnasse. I set about it with a semicircular façade, which followed the outlines of a plaza. The buildings at the opposite ends of the semicircle marked off two distinct spaces—an ellipse and a theatre. I borrowed the idea from Borromini: to articulate the concave and the convex by opening out the intersection points in such a way as to be able to place the apartments between the two. This left the problem of creating those complex curves industrially, which were, in fact, created by fractions of straight lines.**

17 Ricardo Bofill and Jean-Louis André, *Espaces d'une vie*, Paris: Éditions Odile Jacob, 1989.

→ **Étude de plan de masse, élévations de façades et axonométrie. Encre de Chine et crayon** / Ground-plan study elevations and axonometric. Indian ink and pencil

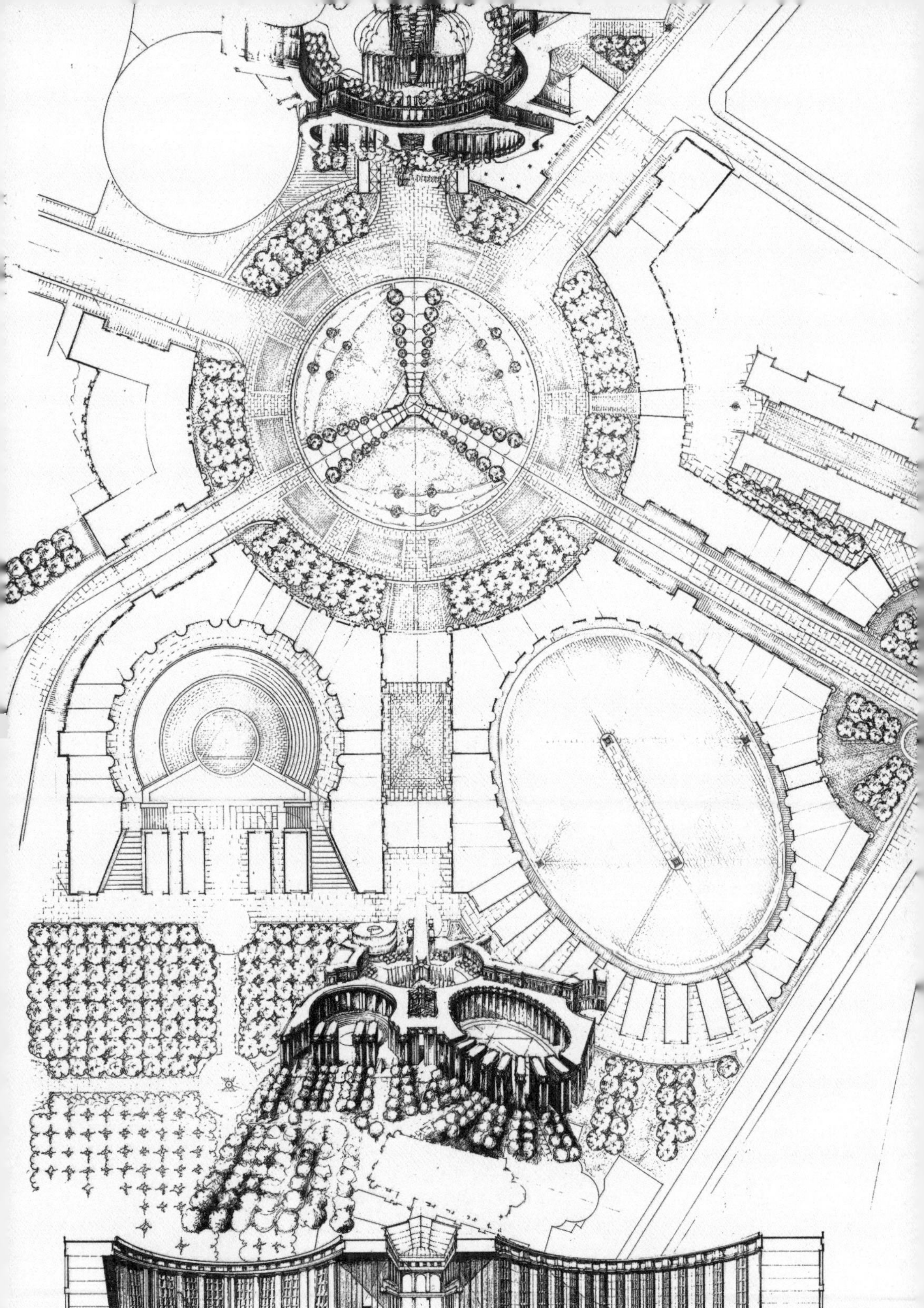

# Ricardo Bofill « Post Scriptum »



Michèle Champenois
Journaliste au journal *Le Monde* de 1968 à 2008
Critique d'architecture

Les journalistes ne sont pas des historiens, ils font de l'« histoire immédiate », selon la formule trouvée par Jean Lacouture, grand journaliste et grand biographe. Et parfois, ce qu'ils ont pu écrire sert à reconstituer l'histoire d'une vie, d'une ville, d'une époque.

Participer en témoin à la préparation de cet ouvrage qui retrace le parcours du Taller de Arquitectura en France, c'est interroger la mémoire de son créateur, Ricardo Bofill. Il est l'incarnation de cette œuvre, par la force de son charisme et de sa volonté de « gagner », de faire passer ses idées, de réaliser ses projets. Son aventure avec Paris, puis avec la France, est singulière. Cela s'est vu sur le moment, à la fin des années 1970, dans un temps où l'architecture en France était partagée entre fatuité et médiocrité, bien que l'équipement des villes, la transformation des quartiers anciens, la création de nouvelles banlieues, aient pu être l'occasion pour des talents de se faire connaître.

Une autre particularité de cette période, c'est la puissance de l'administration, du ministère de l'Équipement et de ses succursales, qui parfois entraient en conflit avec les maires. Retracer ce cadre, c'est mettre en avant des particularités qui ont presque disparu. En près de cinquante années, « un bail » comme on dit, tout ou presque a changé. Des élus parfois mal inspirés, la prise en compte de normes plus ou moins écologiques, la puissance de l'argent et donc des équilibres financiers, la baisse d'influence de l'administration ou des constructeurs sociaux, l'embourgeoisement de la clientèle qui ne se soucie pas trop d'originalité, ainsi que la dégradation de la culture architecturale, sans doute chez les architectes eux-mêmes, dominent à notre époque.

On pourrait dire que, vu d'ici, rien n'est plus tellement exaltant.

Car cela a été exaltant, dès la fin des années 1970, quand des architectes comme Ricardo Bofill ont été invités, par l'énergie créative de certains hauts fonctionnaires désireux d'améliorer l'ordinaire — on pourrait citer les noms de Jean-Eudes Roullier, patron des villes nouvelles, de Robert Lion, créateur du Plan-Construction, ou de Florence Contenay, au ministère de la Culture... Ils se sont donné la main et ont saisi les opportunités de s'adresser à la génération post-68 des écoles d'architecture et de leur offrir des occasions de s'exprimer.

Au début des années 1980, à l'arrivée de François Mitterrand à l'Élysée et de Jack Lang rue de Valois, le « climat » était tel que l'on pouvait « même » envisager une série de grands concours internationaux pour équiper la capitale — et certaines villes de France — de constructions majeures qui seraient signées par de nouveaux créateurs, parfois étrangers, parfois français. Entre-temps, il ne faut pas ignorer que le « règne » de Valéry Giscard d'Estaing avait aussi été marqué par des initiatives en faveur de l'éducation architecturale : la création de l'Institut français d'architecture, le plan d'action des « Mille jours pour l'architecture », le Grand Prix de la critique architecturale — remporté la première année par le journal *Le Monde*, qui alignait alors cinq signatures régulières sur ce thème culturel — sont des initiatives de la fin de ce septennat. Donc, il n'y avait pas que l'« architecture du prince », expression péjorative ; il y avait, il faut le croire, un réel désir que le goût de la bonne architecture et/ou de l'innovation se répande parmi les citoyens. Dans le même temps, des associations d'habitants, pour divers motifs, avaient bataillé dur dès les années 1970 pour faire échouer des rénovations urbaines qu'elles estimaient excessives, destructrices de la ville « ancienne » et peu soucieuses d'urbanité, justement. Les exemples sont nombreux, à Paris et dans les métropoles.

Dans ce climat de débat permanent, l'affaire du « trou des Halles », comme on le nommait après avoir démoli (et regretté vivement de l'avoir fait) les pavillons métalliques du sieur Baltard, le « ventre de Paris », à défaut d'être déjà son cœur, était à ciel ouvert. Batailles, avatars, avanies, coups tordus, motivations commerciales, incompétence, grandiloquence, difficile de résumer cette succession d'événements. Ce n'est pas le sujet. C'est le contexte dans lequel Ricardo Bofill et le Taller de Arquitectura furent amenés à proposer un projet.

Ceux qui étaient présents n'ont pas oublié la première conférence de presse que l'architecte catalan, fringant et intimidé, serré dans sa chemise blanche et son costume anthracite, a tenue à l'hôtel du Pont-Royal, à Saint-Germain-des-Prés, où l'on ne savait pas encore qu'il avait installé ses bureaux et son atelier. À nous deux, Paris !... Les images sont nombreuses et faciles.

Rayonnant d'audace, conscient de sa valeur, l'architecte que l'on connaissait pour des constructions fortement colorées, extrêmement sculpturales et surprenantes, réalisées en Espagne, présentait à a France ce qu'il pensait être de son goût: un néoclassicisme majes-ueux, des colonnades et des ordonnancements réguliers. Il est juste de appeler que Valéry Giscard d'Estaing avait déjà réclamé par ailleurs une architecture à la française». Il est juste de souligner que le mouvement ostmoderne, en Amérique (Charles Moore, par exemple), en Angleterre t ailleurs, bien documenté par l'ouvrage de Charles Jencks, donnait le on de cette période. On voulait rompre avec un modernisme sorti de es lignes claires et dévoyé par la simplification des grands ensembles. quel rythme s'opéraient ces remises en cause, c'est un mystère pour eux qui regardent aujourd'hui... où plus rien ou presque ne se passe ans le champ de l'architecture réelle.

Les articles de presse sont nombreux sur les aventures du Taller. In épais volume de ces publications, conservé par Thierry Recevski[1], nontre la notoriété internationale de ce groupe et la flamboyance effi-ace de son patron. Dans *Le Monde*, le journal auquel j'ai eu l'hon-eur d'appartenir, nous avons suivi de près projets et polémiques. On ote que cette architecture imagée et spectaculaire suscitait des titres ttrayants: «Bofill, époque mégalo-romaine», pour Marne-la-Vallée, Versailles pour le peuple», à Saint-Quentin-en Yvelines, «Antigone, la eauté du Diable» pour le splendide quartier du centre de Montpellier... n pouvait s'amuser en écho à la créativité des architectes qui jouaient vec les époques et avec l'histoire. *Le Langage de l'architecture classique* e John Summerson (1963) ou encore *A History of Architecture* de Sir anister Fletcher (1956) devaient dormir sur leurs tables de nuit... Ce ue l'on ne soulignait pas assez sur le moment, c'est la qualité de déri-ion et d'humour, d'exagération et de jeu, appliquée à des ensembles e logements ordinaires... Il se trouve qu'en 2023, l'association Genius oci, qui invite des artistes à s'inspirer d'un lieu pour l'habiller de ses êves ou de ses visions, a choisi le palais d'Abraxas, logements sociaux Marne la Vallée, comme l'un de ses points de chute. Près de cinquante ns plus tard, le «patrimoine» est regardé d'un autre œil.

Pour illustrer les débats de cette période, on peut citer succinc-ement, parmi les innombrables publications, deux articles parus dans *Macadam* en 1978, dans un dossier «Sur Bofill» annoncé en une. Journal e journalistes, *Macadam*, bimensuel, a publié dix-huit numéros entre 977 et 1981 et reste une référence.

Dans un article intitulé «Le bonheur est une idée neuve en rchitecture[2]», François Chaslin décrit avec lyrisme et passion l'esprit u Taller. «Pas de refoulement, pas de complexes, pas d'interdits. L'orne-ent, enfin, n'est plus un crime, le plaisir, enfin, n'est plus inavouable; architecture doit éveiller le désir, flatter les sens, enivrer.» Autre cita-on, relative à l'éviction du projet Bofill: «Quel bonheur chez les nains! e béret basque triomphe de l'habit de lumière de celui qui osa toréer ans ce milieu parisien qu'il avait pris pour une arène quand ce n'était u'un cirque[3]...»

1 Architecte ex-*partner* du Taller de Arquitectura.

2 *Macadam*, collection 15 novembre — 15 décembre 1978, p. 111.

3 *Ibid.*

Un autre article, signé de mon nom, s'intitule « Les pièges de l'architecture-spectacle[4] ». Il décrit le piège politique qui s'est refermé sur l'enthousiasme, la célébrité et les coups d'éclat des architectes. « J'ai voulu gagner », explique Bofill avec des arguments tirés de sa biographie. Plus loin, il admet qu'on ne peut pas « faire de politique hors de son pays ». Étrange résignation après des joutes pas toujours honnêtes et des propos caricaturaux. Car, entre-temps, le projet des Halles avait été victime d'un combat politique entre le nouveau maire de Paris, élu en 1977, et Valéry Giscard d'Estaing. Quand Jacques Chirac déclare : « L'architecte en chef des Halles, ce sera moi, carrément et sans complexe[5] », ce n'est pas à Bofill qu'il s'adresse, mais à son rival, le président de la République.

Vu d'ici, après plusieurs concours, plusieurs chantiers, plusieurs épopées, ce qui reste des Halles, c'est un espace de plates-bandes que l'on n'ose appeler « jardin » et, à part la restauration de la Bourse de commerce, un ensemble hétéroclite qui aurait pu être ordonné par une colonnade. Qu'on l'appelle postmderne ou néo-classique, on ne peut, hélas, que la regretter.

4 *Ibid.*, p. 113.

5 *Macadam*, collection 15 février — 15 mars 1979, p. 151.

→ **François et Olivier Chasl Jeu de l'oie des Halles, publié dans *Macadam* n°6, 15 novembre – 1er décembre 1978** / François and Olivier Chaslin, *Jeu de l'oie des Hall* (The Halles' Snakes and ladders), published in *Macadam* n°6, 15 November 1st December 1978

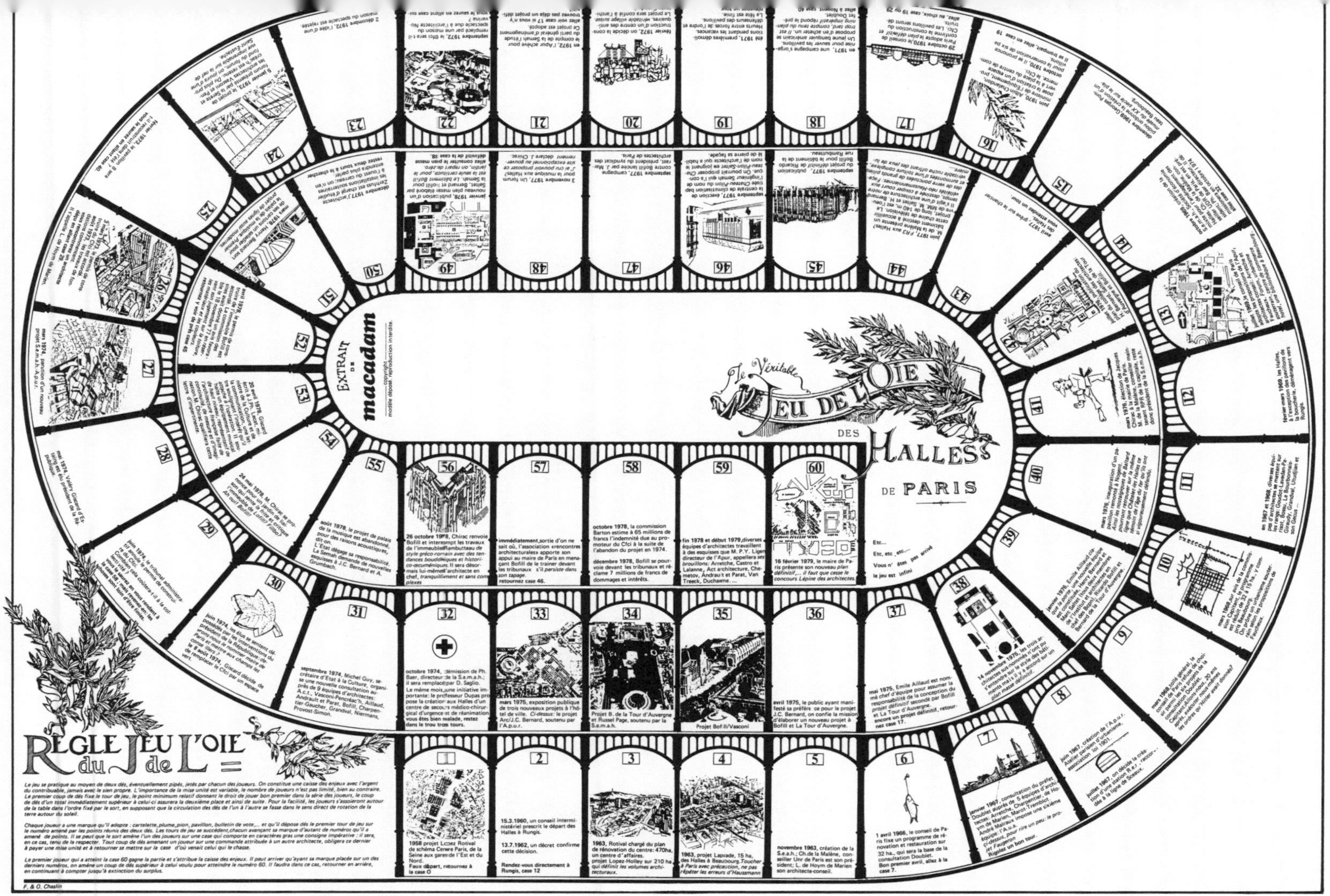
Le Véritable JEU DE L'OIE DES HALLES DE PARIS
EXTRAIT DE macadam
copyright modèle déposé, reproduction interdite.
RÈGLE du JEU de L'OIE
Le jeu se pratique au moyen de deux dés, éventuellement pipés, jetés par chacun des joueurs. On constitue une caisse des enjeux avec l'argent du contribuable, jamais avec le sien propre. L'importance de la mise unité est variable, le nombre de joueurs n'est pas limité, bien au contraire. Le premier coup de dés fixe le tour de jeu, le point minimum relatif donnant le droit de jouer bon premier dans la série des joueurs, le coup de dés d'un total immédiatement supérieur à celui-ci assurera la deuxième place et ainsi de suite. Pour la facilité, les joueurs s'assoieront autour de la table dans l'ordre fixé par le sort, en supposant que la circulation des dés de l'un à l'autre se fasse dans le sens direct de rotation de la terre autour du soleil.
Chaque joueur a une marque qu'il adopte : cartelette, plume, pion, pavillon, bulletin de vote,... et qu'il dépose dès le premier tour de jeu sur le numéro amené par les points réunis des deux dés. Les tours de jeu se succèdent, chacun avançant sa marque d'autant de numéros qu'il a amené de points. Il se peut que le sort amène l'un des joueurs sur une case qui comporte en caractères gras une consigne impérative : il sera, en ce cas, tenu de la respecter. Tout coup de dés amenant un joueur sur une commande attribuée à un autre architecte, obligera ce dernier à payer une mise unité et à retourner se mettre sur la case d'où venait celui qui le chasse.
Le premier joueur qui a atteint la case 60 gagne la partie et s'attribue la caisse des enjeux. Il peut arriver qu'ayant sa marque placée sur un des derniers numéros, on amène un coup de dés supérieur à celui voulu pour atteindre le numéro 60. Il faudra dans ce cas, retourner en arrière, en continuant à compter jusqu'à extinction du surplus.
F. & O. Chaslin
1
1958 projet Lopez Rotival de schéma Centre Paris, de la Seine aux gares de l'Est et du Nord.
Faux départ, retournez à la case O
2
15.3.1960, un conseil interministériel prescrit le départ des Halles à Rungis.
13.7.1962, un décret confirme cette décision.
Rendez-vous directement à Rungis, case 12
3
1963, Rotival chargé du plan de rénovation du centre: 470ha, un centre d'affaires.
projet Lopez-Holley sur 210 ha qui définit les volumes architecturaux.
4
1963, projet Laprade, 15 ha, des Halles à Beaubourg. Toucher à Paris avec précaution, ne pas répéter les erreurs d'Haussmann
5
novembre 1963, création de la S.e.a.h.; Ch.de la Malène, conseiller Unr de Paris est son président; L. de Hoym de Marien son architecte-conseil.
6
1 avril 1966, le conseil de Paris fixe un programme de rénovation et restauration sur 32 ha., qui sera la base de la consultation Doublet.
Bon premier avril, allez à la case 7.
31
septembre 1974, Michel Guy, secrétaire d'Etat à la Culture, organise une nouvelle consultation auprès de 9 équipes d'architectes: A.c.t., Vasconi-Pencréac'h, Aillaud, Andrault et Parat, Bofill, Charpentier-Gaucher, Grandval, Niermans, Provost-Simon.
32
octobre 1974, démission de Ph. Baer, directeur de la S.e.m.a.h.; il sera remplacé par D. Saglio.
Le même mois, une initiative importante: le professeur Dupas propose la création aux Halles d'un centre de secours médico-chirurgical d'urgence et de réanimation, vous êtes bien malade, restez dans le trou trois tours.
33
mars 1975, exposition publique de trois nouveaux projets à l'hôtel de ville. Ci-dessus: le projet Arc/J.C. Bernard, soutenu par l'A.p.u.r.
34
Projet B. de la Tour d'Auvergne et Russel Page, soutenu par la S.e.m.a.h.
35
Projet Bofill/Vasconi
36
avril 1975, le public ayant manifesté sa préférence pour le projet J.C. Bernard, on confie la mission d'élaborer un nouveau projet à Bofill et La Tour d'Auvergne.
37
55
août 1978, le projet de palais de la musique est abandonné, pour des raisons acoustiques, dit-on.
L'Etat dégage sa responsabilité. La Semah demande de nouvelles esquisses à J.C. Bernard et A. Grumbach.
56
26 octobre 1978, Chirac renvoie Bofill et interrompt les travaux de l'immeuble Rambutteau de style gréco-romain avec des tendances bouddhiques et historico-œcuméniques. Il sera désormais lui-même l'architecte en chef, tranquillement et sans complexes
57
immédiatement, sortie d'on ne sait où, l'association «rencontres architecturales» apporte son appui au maire de Paris en menaçant Bofill de le trainer devant les tribunaux s'il persiste dans son tapage.
retournez case 46.
58
octobre 1978, la commission Barton estime à 65 millions de francs l'indemnité due au promoteur du Cfci à la suite de l'abandon du projet en 1974.
décembre 1978, Bofill se pourvoie devant les tribunaux et réclame 7 millions de francs de dommages et intérêts.
59
fin 1978 et début 1979, diverses équipes d'architectes travaillent à des esquisses que M. P.Y. Ligen directeur de l'Apur, appellera ses brouillons: Arretche, Castro et Lalanne, Act architecture, Chemetov, Andrault et Parat, Van Treeck, Duchamme. ...
60
16 février 1979, le maire de Paris présente son nouveau plan définitif,... il faut que cesse le concours Lépine des architectes.
Etc...
Etc, etc, etc,...
Vous n' êtes pas arrivé
le jeu est infini

# Ricardo Bofill "Post Scriptum"



**Michèle Champenois**
Journalist for the newspaper *Le Monde* from 1968 to 2008
Architecture critic

Journalists are not historians—they deal in "instant history" (*l'histoire immédiate*), as the great journalist and biographer Jean Lacouture termed it. And sometimes what they write can serve to reconstruct the history of a life, a city or an era.

To be a witness to the preparation of this book tracing the story of Taller de Arquitectura in France is to interrogate Ricardo Bofill's memory. He was the incarnation of this work, through the strength of his charisma and his will to "win", to get his ideas through, to achieve what he set out to do. His love affair with Paris, and then with France, was a unique one. That could be sensed at the time in the late 1970s, when architecture in France was split between smugness and mediocrity, while improvements to city infrastructure, the transformation of historical districts and the creation of new suburbs could have offered an occasion for new talent to emerge.

Another particularity of that period was the power of the state authorities, the Ministry of Public Works and its subsidiaries, which sometimes came into conflict with mayors. To succinctly retrace this context is to highlight particularities that have practically disappeared since. All of that was nearly fifty years ago—"an age", as one might say—and everything, or almost everything, has changed since then. The dominant forces in our time are elected officials who may sometimes be misguided, norms for relative eco-friendliness that must be taken into account, the power of money and therefore of financial balances, the diminishing influence of the state or of builders of social housing, the increasingly bourgeois nature of a clientele which is not particularly ɔothered about originality, and the deterioration of architectural culture, ɪo doubt among architects themselves. Looking back, you could say that hings are not so exciting now as they were then.

Because it *was* exciting, from the late 1970s, when architects like Ricardo Bofill were being called upon, thanks to the creative energy of ertain senior officials who wanted to improve the everyday—figures uch as Jean-Eudes Roullier, head of the New Towns, Robert Lion, who devised the Plan Construction (Building Plan), and Florence Contenay n the Ministry of Culture... They joined forces and seized opportunities o address the post-1968 generation in architecture schools, and to offer hem chances to express themselves.

In the early 1980s, with François Mitterrand appointed President ınd with Jack Lang's arrival in the Ministry of Culture, the "climate" was uch that it was "even" possible to envisage a series of prestigious international competitions to equip Paris—and certain other French cities —with major buildings that would be designed by talented newomers—some foreign, some French. Meanwhile, it should not be forgoten that Valéry Giscard d'Estaing's "reign" was marked by initiatives that ave a boost to architectural education: among those around the end of is seven-year period in office were the setting up of the French Institute f Architecture, the "One Thousand Days for Architecture" action plan, nd the Grand Prix for architectural criticism—won in its first year by he newspaper *Le Monde*, which at the time had five regular correspon-ents assigned to this cultural theme. So there was not only aloof "high rchitecture"; it must be believed that there was a genuine desire for the eneral public to acquire a taste for good architecture and/or innovation. t the same time, residents' associations had for various reasons been ghting hard during the 1970s to bring down urban renewal schemes hich they judged excessive, destructive of the "old" towns and indeed s paying scant regard to urbanistic considerations. Examples of this ere numerous, in Paris and other cities.

Within this climate of constant debate—the "Hole of Les Halles" *Trou des Halles*) affair, as it was called following the (subsequently deeply egretted) demolition of the metal pavilions designed by Mr Baltard—the Belly of Paris", no longer able to be its beating heart, was open to the ky. Battles, contretemps, snubs, dirty tricks, commercial motivations, ıcompetence, grandiloquence—it is difficult to summarize the succesıon of events. But that is not the subject here. It is the context in which icardo Bofill and Taller de Arquitectura came to propose a design.

Those who were there have not forgotten the first press conferınce that the Catalan architect—dashing and awe-struck, clad in his ghtly fitting white shirt and charcoal-grey suit—held at the Hôtel du ont-Royal, Saint-Germain-des-Prés. It was here—at that point unbeınown to anyone—that he had set up his office and design studio. Ve would show Paris what we were made of! Like something out of a lay or novel.

Beaming with boldness and conscious of his worth, the architect known for highly colourful, extremely sculptural and surprising constructions built in Spain was presenting to France what he thought would be to its taste: majestic Neoclassicism, with colonnades and orderly layouts. It is only fair to mention that Valéry Giscard d'Estaing had already demanded "French-style architecture". It is also only fair to emphasize that the Post-modern movement in America (Charles Moore, for example), Britain and elsewhere, which was well documented by Charles Jencks's book, set the tone for this period. There was a desire to break away from a Modernism that had left behind its pure lines and been seduced by the simplification of large complexes. The rate at which this calling into question took place is mystifying for those looking on today... where nothing, or almost nothing, is happening in the field of real-life architecture.

There was plenty of press coverage of Taller's adventures. A thick volume of these articles, preserved by Thierry Recevski, an architect who was a member of the Taller team, showcases the group's international reputation and the dazzling productiveness of its leader. In *Le Monde*, the newspaper I had the honour of working for, we followed those projects and polemics closely. It is noticeable that this imaginative and spectacular architecture triggered some eye-catching headlines: "Bofill, the Megalo-Romaniac Era" (*Bofill, époque mégalo-romaine*) for Marne-la-Vallée, "Versailles for the People" (*Versailles pour le peuple*) at Saint-Quentin-en-Yvelines, "Antigone, Beauty and the Devil" (*Antigone, la beauté du Diable*) for the magnificent district of central Montpellier... Fun could be had in echoing the creativity of the architects who were playing with eras and history. John Summerson's *The Classical Language of Architecture* (1963), or Sir Banister Fletcher's *A History of Architecture* (1953), must have been their bedtime reading. What was not underlined enough at the time was the aspect of mockery and humour, exaggeration and playfulness, that was being applied to ordinary housing developments... It so happens that in 2023, the Genius Loci association, which invites artists to find inspiration in a place and to bedeck it with their dreams or visions, chose the Palacio d'Abraxas, the social housing complex at Marne-la-Vallée, as one of its locations. Almost fifty years later, "heritage" is viewed differently.

Among the countless articles that could be cited to illustrate the elements of the debate in that period are two published in *Macadam* in 1978, with a dossier on Bofill as the cover story. *Macadam* is the journalists' newspaper, with eighteen issues having been published bimonthly between 1977 and 1981, and remains a benchmark.

In a piece entitled "Happiness is a new idea in architecture", François Chaslin describes the spirit of Taller with lyricism and passion: "No repression, no complexes, nothing forbidden. It turns out that ornament is no longer a crime, and pleasure is not shameful; architecture should arouse desire, delight the senses, intoxicate."[1] Another quote relates to the ousting of Bofill's design: "What wonderful news for the

1 "Le bonheur est une idée neuve en architecture", *Macadam*, 1 December 1978, p. 111.

small-minded! The Basque beret has triumphed over the mantle of light of he who dared play the toreador in this Parisian milieu that he took for an arena when in fact it was no more than a circus".[2]

Another article, which I penned myself, is titled "The pitfalls of architecture as show".[3] It describes the political trap that closed in around the architects' enthusiasm, celebrity and accomplishments. "I wanted to win", explains Bofill, with arguments drawn from his life story. Later, he admits that you cannot "do politics outside your own country". A strange resignation after sparring matches that were not always honest, and grotesquely distorted remarks: because the Halles project had meanwhile fallen victim to a political face-off between the new Mayor of Paris, elected in 1977, and Valéry Giscard d'Estaing. When Jacques Chirac declared: "From now on, I shall be the chief architect of Les Halles, it's as simple as that",[4] the statement was not addressed to Bofill but to his rival, the President of France.

Looking back after several competitions, several construction projects and several epic sagas, what remains of Les Halles is a space with flowerbeds that cannot sensibly be called a garden and, apart from the Bourse de Commerce, a mishmash of structures that might usefully have been given a sense of order via a colonnade. Whether you want to call it Postmodern or Neoclassical, it can only be lamented—alas!

2 "Le bonheur est une idée neuve en architecture", *Macadam*, *op. cit.*

3 "Les pièges de l'architecture-spectacle", *Macadam*, 1 December 1978, p. 151.

4 *Ibid.*

# Échapper au piège des Halles

1978 1980

# Escaping from the Halles trap

# Algérie : l'appel du désert

Ricardo Bofill Au fond je n'ai été qu'un bâtisseur du vide.

Alors que la bataille des Halles semble en voie d'achèvement, une nou-velle tombe soudainement fin 1977, qui emmène le Taller hors des fron-tières de l'Europe : la demande pressante du gouvernement algérien, sous a présidence du colonel Houari Boumédiène, de faire participer Bofill t le Taller, sollicité en tant que groupe multidisciplinaire d'architecte-urbanistes, à un vaste programme de construction d'un million de ogements sur dix ans. Le Taller et Ricardo Bofill bénéficient alors d'une orte popularité, née en France à l'occasion du projet des Halles, et de eur couleur politique « socialiste-républicaine » antifranquiste.

À cette époque post-indépendance, le pays connaît une très orte croissance démographique, la population algérienne passant de 0 à 20 millions de personnes en vingt ans, de 1962, date de la procla-nation de l'Indépendance, à 1982. Massivement rurale à l'issue de la période coloniale, cette population devient citadine. Le président de la République cumule alors les fonctions de Premier ministre, de ministre e la Défense et de président du parti unique, le FLN[2], de type socialiste. La priorité est donnée au développement industriel, à la scolarisation t à la formation professionnelle. Les terres agricoles ont été nationali-sées, tout comme les ressources en hydrocarbures. Le pays connaît une énurie de produits industriels transformés, la population est pauvre, élite commence à s'enrichir. Ce défi gigantesque bouscule l'organi-sation du Taller et transporte Ricardo Bofill loin de Paris, où il se sent iégé, de son propre aveu, dans une lutte sans issue.

1 Ricardo Bofill et Jean-Louis André, *Espaces d'une vie*, Paris, Odile Jacob, 1989.

2 FLN : Front de libération nationale.

3 Ricardo Bofill Pendant qu'à Paris se poursuivaient discussions et conflits autour du projet des Halles, j'étais en Algérie, montant un nouveau groupe, essayant d'articuler une équipe composée alors du ministère de l'Habitat et de mes collaborateurs. Il s'agissait d'aborder des problèmes de dessin urbain et de construire de nouveaux quartiers populaires à partir de données communes aux pays en voie de développement. En effet, la réalité algérienne allait me démontrer que le talent, le génie individuel étaient des qualités indispensables pour suppléer au manque de formation supérieure et produire une œuvre créatrice.

3 Texte de Ricardo Bofill sur Marne-la-Vallée, 1983.

**Cette aventure aboutit à la création de l'AAU[4], composé d'une vingtaine d'architectes de toutes nationalités issus du Taller de Barcelone ou de Paris, et de futurs architectes de nationalité algérienne en voie de diplôme ou fraîchement diplômés. Elle est couplée à un vaste programme de formation professionnelle aux modes de construction des bâtiments, à la fois des ouvriers et des cadres, confiée à l'ADEP[5], une émanation du ministère français de l'Éducation nationale.**

4 AAU : Atelier d'architecture et d'urbanisme créé en 1978 sous la direction de Ricardo Bofill sous la tutelle du ministère algérien de l'Habitat et de la Construction.

5 ADEP : Association pour le développement de l'éducation populaire, dirigée alors par Jean-Joseph Scheffknecht.

## 1978–1980. L'aventure des villes idéales. L'épreuve de la co-construction

**Nous nous rendons en 1977 avec Salvador Clotas à Sidi Bel Abbès pour rencontrer le directeur de la Wilaya[6]. Quelques mois plus tard, à la suite de cette courte visite durant laquelle nous avons été frappés par le contraste entre l'ambition du programme et les moyens et environnements sociopolitiques très éloignés de ceux dont nous bénéficiions tant en Espagne qu'en France, Ricardo Bofill reçoit à Barcelone la visite d'un conseiller technique du ministre de l'Habitat et de la Construction, venu en émissaire. De longs pourparlers sont entamés en vue d'établir un accord-cadre de collaboration entre, d'une part, du côté algérien, le ministère de l'Habitat et de la Construction, les cadres du gouvernement et de l'ANP[7], son bureau d'études techniques le BEREG[8], la CADAT[9] ainsi que la DNC[10] ; et, du côté européen, le Taller et l'ADEP. Le défi lancé au Taller est considérablement ambitieux et complexe. Il s'agit de contribuer dans les dix ans à la conception puis à la réalisation d'un million de logements sociaux ainsi que des équipements nécessaires au sein de cinq ZHUN[11] — équivalent de nos ZAC[12] —, le tout en étroite collaboration avec les forces vives locales.**

**Pour la construction, les cadres dirigeants et formateurs de l'ADEP devaient se charger, auprès de la DNC et du BEREG, de la formation aux techniques de construction locales à partir de matériaux produits massivement localement, notamment la brique. Un dossier**

6 Wilaya : préfecture.

7 ANP : Armée nationale populaire.

8 BEREG : Bureau d'études de recherches et d'engineering générales.

9 CADAT : Caisse algérienne d'aménagement du territoire.

10 DNC : Développement national de la construction.

11 ZHUN : Zone d'habitat urbain nouvelle.

12 ZAC : Zone d'aménagement concerté.

graphique de grand format destiné à montrer et à convaincre de la méthodologie à adopter est élaboré à Barcelone avec le concours de l'équipe de conception des Halles, Manolo Nuñez Yanowsky, Francesc Guàrdia Riera, Xavier Llistosella, Francis Martinuzzi et Jean-Jacques Reymond. Illustré de nombreux plans de villes idéales, il propose une alternative aux barres des grands ensembles et aux tours.

Les grandes lignes des préconisations y sont posées : la création d'un atelier d'architecture et d'urbanisme composé d'architectes, d'urbanistes et de sociologues européens ainsi que de leurs alter ego algériens, inspiré du Taller mais sur le modèle de l'Atelier parisien d'urbanisme ; nsuite le déploiement de master plans de villes nouvelles méditerranéennes, sur le modèle des formes géométriques issues de la culture arabe : le cercle, le carré, le rectangle, la ligne ; le tout accompagné du développement des techniques de construction à partir des savoir-faire traditionnels locaux issus de la culture propre à chacune des régions.

En prélude à la concrétisation du contrat d'assistance technique prévu pour deux ans, dont la signature est imminente, un premier voyage st organisé fin novembre 1977, où sont envoyés les deux « Français[13] », ean-Jacques Reymond et Francis Martinuzzi, qui y resteront, pour le premier vingt ans, pour l'autre deux ans.

13 Au sein du Taller, les collaborateurs étaient désignés par leur pays ou région d'origine.

Ces derniers sont reçus de nuit à l'aéroport d'Alger, puis dans le quartier militaire des officiers du Caroubier, proche d'Alger, où ils découvrent, quelque peu surpris, un environnement qui leur est totalement inconnu. L'un a abandonné son enseignement, sa ville de Nice t sa famille, l'autre est célibataire, mais ils sont partis tous deux pour amour de l'architecture et de l'aventure immense qui leur est proposée : une commande hors du commun pour un architecte, depuis celle de Brasilia passée à Oscar Niemeyer. Ils sont chargés de nous faire un premier rapport sur l'état des lieux et les moyens logistiques et humains qui seraient mis à notre disposition pour réaliser les objectifs annoncés. Puis c'est au tour de José Agustín Goytisolo, d'Anna Bofill-Levi, de Ricardo et de moi-même, qui y séjournons, en alternance avec Paris et Barcelone, sous forme de workshops de dix jours par mois.

Comme lors de la bataille des Halles, le groupe vit de nouveau nsemble, pratiquement vingt-quatre heures sur vingt-quatre. Nous menons une vie communautaire semi-monacale, calquée sur celle des adres militaires ; les repas sont pris en commun avec des officiers, les sorties aussi. Un chauffeur nous accompagne dans tous nos déplacements. Sur « ordre de mission », nous ne sommes jamais seuls. Le ontrat est officiellement signé à la fin janvier 1978 avec le ministère de l'Habitat et de la Construction. Manolo Nuñez Yanowsky, avant son départ, s'occupe de monter l'équipe occidentale qui formera le noyau dur, chargé de la conception architecturale mais aussi de la formation des architectes algériens de ce futur atelier d'architecture. Il s'agit de placer, aux côtés de chaque architecte du Taller, son double algérien, qui devra s'y substituer après sa formation. C'est ainsi que naît cet AAU

**formé de vingt puis de cent cinquante personnes. Par la suite, l'AAU a vocation à se développer seul avec une équipe exclusivement algérienne. Jean-Jacques Reymond le pilotera en tant que directeur, avec Hanafia, son alter ego algérien, après la clôture de notre contrat. Cet atelier s'installe près d'Alger dans des locaux de la DNC, des baraquements militaires appelés « la base », dont le confort est spartiate, mais qui comprend un tennis… Sont conviés à rejoindre les deux « Français », les « Catalans » Xavier Anza, Ramón Collado, Xavier Grau, Xavier Llistosella, Omar Migliore, Hilario Pareja, puis le « Belge » Patrick Genard.**

14 Patrick Genard Après un stage de six mois au Taller sous la direction de Francesc Guàrdia Riera, et une fois mon diplôme obtenu, en septembre 1978, Ricardo Bofill m'a proposé de rejoindre l'équipe qui était à Alger, ce que j'ai accepté avec empressement. Pour ce faire, énormément de papiers et de formalités étaient nécessaires. Finalement j'ai pu intégrer l'équipe de l'AAU en Algérie, sous la direction de Jean-Jacques Reymond début 1979. Là, j'ai collaboré au projet de la ZHUN de Ain Naadja et fait entrer mon meilleur copain, Georges Pirson, chez Manolo aux Ateliers du Grand-Hornu » à Bruxelles à ma place. Je suis resté en Algérie jusqu'à fin 1979. Cette aventure a été un vrai choc. Je sortais d'une ambiance universitaire très libertaire et privilégiée, assez peu en phase avec le monde tel qu'il était. D'un seul coup, j'ai été plongé dans la réalité de la vie pure et dure, avec des conditions de vie et de travail difficiles, ce qui a été une très bonne école. J'ai tout de suite été complètement séduit par l'Algérie et ses paysages merveilleux : Gardaïa, le M'Zab et surtout le désert autour de Tamanrasset, où Ricardo a emmené tous les concepteurs du Taller quelques années plus tard. Le désert de cette partie de l'Algérie reste pour moi l'endroit le plus envoûtant que j'ai jamais connu sur cette planète : lumière et silence […], l'architecture de Louis Kahn faite Nature !

14 Propos recueillis par l'autrice le 4 novembre 2022 à l'Empordà.

**Étant donné la précarité des conditions de vie et l'abnégation demandée à tous, certains renoncent, comme Francesc Guàrdia Riera, qui ne séjourne à Alger que quelques jours, puis Jean-Pierre Carniaux, qui reste à Barcelone. En effet, les membres de notre groupe, logés pour les uns, selon l'importance de leur famille, dans des barres de HLM de trois étages, ou, pour les célibataires, dans les bâtiments balnéaires de Pouillon, sur la côte, ne s'accommodent pas de leur environnement très rudimentaire. Les distractions se résument aux voyages à l'intérieur du pays ou aux dîners dans les restaurants d'Alger ou de la côte, ainsi qu'au partage de la lumière et de la beauté des paysages. Plus prosaïquement, la part en dinars de nos rémunérations est vite dépensée. La vie culturelle est quasiment absente, hormis les échanges lors des repas pris entre nous ou avec les intellectuels et les artistes algériens.**

→ Études de plan de masse. Encre de Chine / Ground-plan studies. Indian ink

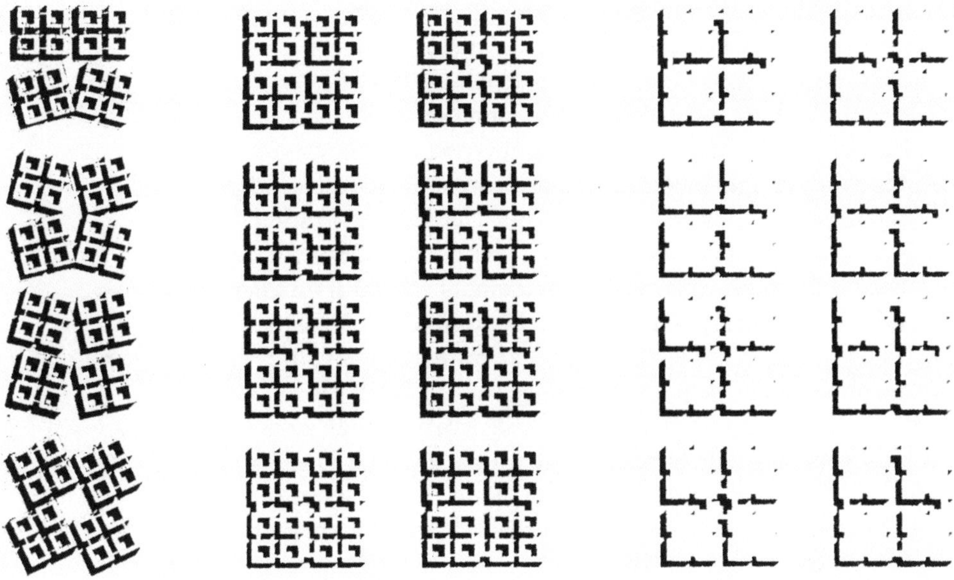

**illes idéales résidentielles** / Ideal residential towns

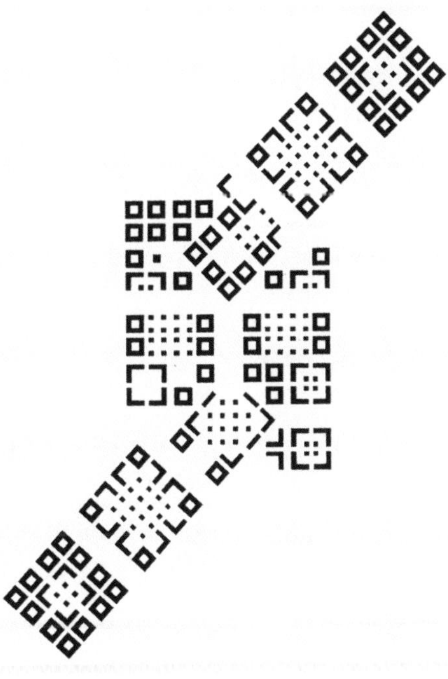

**illes idéales résidentielles** / Ideal residential towns

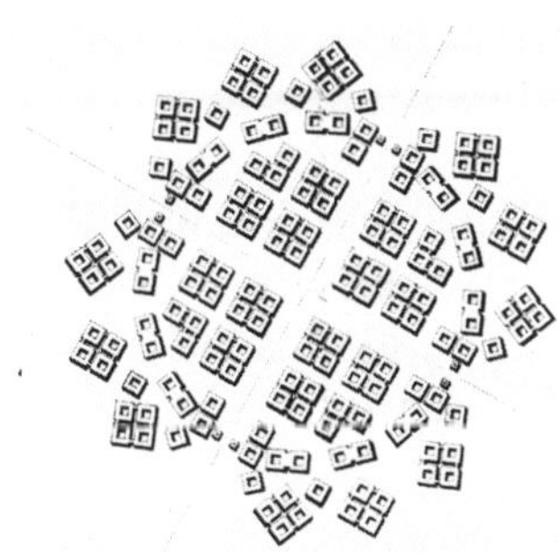

Abadla

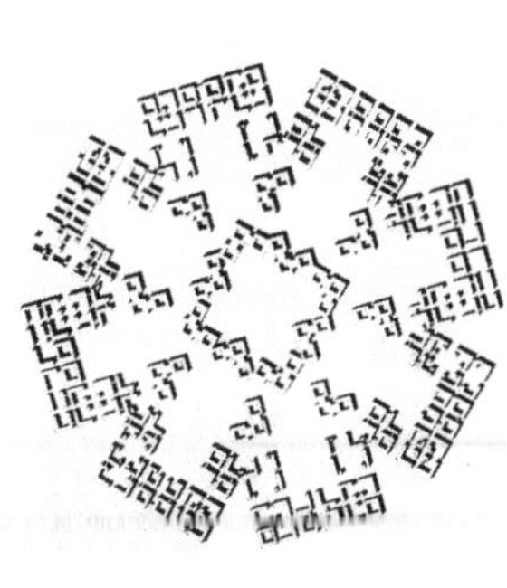

**Abadla, villages agricoles** / Abadla, farming villages

**Le haut niveau du moral de cette équipe est soutenu par l'enjeu urbanistique et architectural extraordinairement élevé du projet, qu'ils partagent avec passion et qui gomme tous les désagréments logistiques. Les journées commencent à 8 h 30 et finissent vers 20 heures ou 22 heures. Il faut avouer que la tâche est immense et l'environnement ascétique. L'Algérie dépend à l'époque, pour la construction, des technologies des pays socialistes de l'Europe de l'Est, la République démocratique d'Allemagne, la Bulgarie et la Pologne, qui exportent des techniques de préfabrication dites en « coffrage tunnel » à base de béton, permettant l'édification de constructions impersonnelles, des « cités » déconnectées des modes de mise en œuvre et des moyens locaux, soit un modèle social et architectural depuis toujours banni par le Taller. Les fabrications locales ont en effet disparu du fait du manque de formation des personnels et de l'importation des modèles occidentaux. La proposition du Taller est donc de récupérer les savoir-faire de la technique de construction traditionnelle, à base de chaux, de sable, de terre cuite, de brique et de fers, courante dans les pays méditerranéens et de tradition historiquement arabe, de manière à ce qu'elle soit maîtrisée par une main-d'œuvre autochtone.**

15 Xavier Llistosella L'absence de normes de construction facilitait la récupération des méthodes traditionnelles, mais empêchait leur modernisation sous de nombreux aspects. Dès notre arrivée, nous eûmes à concevoir un premier quartier de 536 logements à Sidi Moussa, dans la cité de Rouiba, près d'Alger. Leur construction devait démarrer trois mois plus tard.

15 Entretien avec l'autrice du 24 novembre 2022 à Barcelone.

**De jeunes sociologues, des urbanistes, des poètes et des philosophes algériens forment une « cellule de réflexion » chargée d'enrichir l'équipe de conception, de donner forme à une utopie et fournir des rapports au ministère de l'Habitat et de la Construction sur l'avancée des études, par l'intermédiaire du conseiller du ministre de l'Habitat, un esthète intellectuel d'origine française, qui structure les débats avec Ricardo Bofill et les brillants formateurs de l'ADEP. Ricardo Bofill et moi-même devant dédier une présence de dix jours par mois à l'AAU, ce temps est consacré par Ricardo à l'animation de la création et de la cellule de réflexion et par moi à l'organisation, avec mon alter ego algérienne, des équipes et à la bonne exécution contractuelle.**

16 Ricardo Bofill La ville dans le territoire. Nous fondant sur un aperçu sommaire de la réalité européenne, nous cherchons à définir les bases d'une architecture possible qui aille à l'encontre du courant rationaliste par lequel nous sommes envahis. La théorie sur laquelle s'appuie l'architecture construite entre 1920 et 1970 n'est plus valable aujourd'hui, même si elle continue à perdurer. Nous pensons que grâce à l'expérience de nos prédécesseurs, nous savons que chaque système porte en lui les germes de

16 Texte de Ricardo Bofill sur l'ensemble de Marne-la-Vallée, 1983.

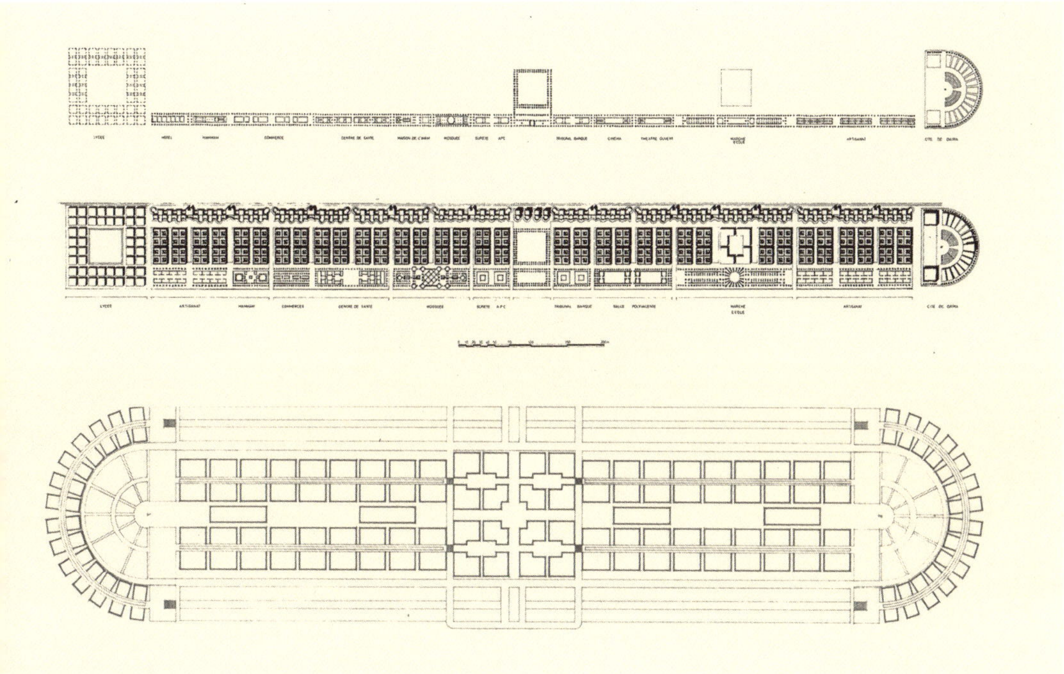

**adla, étude de plan de masse linéaire. Périmètre agricole de 200 000 hectares**/ Abadla, linear ground-plan study.
ricultural perimeter of 200 000 hectares

**adla, vue satellite** / Abadla, Google Maps satellite view, 2023

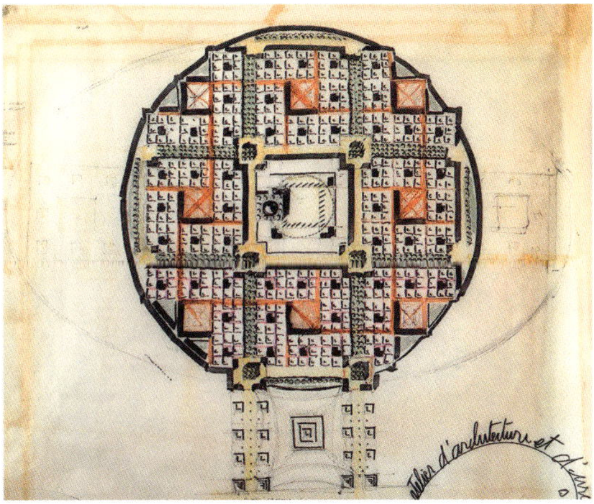

**Abadla, esquisse du plan de masse définitif. Encre de Chine et feutre couleur** / Abadla, sketch of the final ground plan. Indian ink and colour felt-tip pen

**De droite à gauche : le chauffeur, le guide touareg et l'accompagnateur, Ricardo Bofill, Anna Bofill-Levi, José Agustín Goytisolo, Jean-Jacques Reymond, Francis Martinuzzi avec l'encadrement algérien au camp militaire du Caroubier** / Left to right: the driver, the Touareg guide and the tour guide, Ricardo Bofill, Anna Bofill-Levi, José Agustín Goytisolo, Jean-Jacques Reymond and Francis Martinuzzi with Algerian supervisors at the Caroubier military camp

**Village Houari Boumédiène à Abadla, vue extérieure** / Houari Boumédiène village at Abadla, exterior view

**Intérieur de maison avec patio** / House interior with courtyard

**Vue sur rue** / street view

ses propres limites; pour cette raison, nous essayons à la fois d'élaborer des systèmes cohérents mais aussi de les remettre sans arrêt en question.

## .badla : une œuvre collective omme un point dans le désert

**part Rouiba, dès janvier 1978, un premier village agricole nous est onfié, à la frontière avec le Maroc, près de Béchar. Il s'écoule à peine ois mois entre les études préliminaires et le début de la construction. our cette réalisation, qui se doit d'être exemplaire, Emilio Bofill vient ous porter main-forte pour la conception et la mise en place du mode e construction — inventé par les Arabes — à base de briques « armées » vec des tors de fer, des briques qui seront fabriquées localement grâce la réouverture de briqueteries, à la main-d'œuvre qu'il fait venir de atalogne et à l'aide de l'armée populaire algérienne... Les plans établis ır la base d'un plan de masse circulaire — « ville idéale d'un point dans ; désert » — et de maisons-patios à double orientation, traversantes, ce ui permet les courants d'air, sont en parfaite cohérence avec les objec-fs que nous nous étions fixés : reprendre la tradition géométrique arabe n combinant le carré et le cercle; privilégier la ventilation naturelle. e village agricole d'Abadla « Houari-Bouémédiène », de 350 logements, st inauguré en 1978. Une partie de l'objectif étant atteinte, nous pouvons oursuivre l'aventure tracée.**

Ricardo Bofill On pourrait penser que les pays en voie de développement, ceux dominés par un socialisme d'État, offriraient à l'architcctc un champ récl dc travail. Lcs problèmcs récls nc manquent pas; infrastructure, économie, social; besoins authentiques d'une population qui grandit; construction de nouvelles villes; planification du territoire sont les thèmes fondamentaux d'une discipline qui doit, pour se réaliser, se confronter au réel. Mais si on observe de plus près la configuration de ces pays, on s'aperçoit que l'architecte rencontre de nombreuses et importantes difficultés. Le mécanisme du système de pouvoir politique est similaire à celui du pouvoir économique et conduit de la même façon à la paralysie. Les privilèges du pouvoir sont les mêmes que ceux qui engendrent de très mauvaises pratiques ancrées dans notre propre société. Avant tout il s'agit de « conserver » les acquis et d'éviter la moindre déstabilisation du système social existant. Les mythes culturels se poursuivent aujourd'hui, le sort des citadins ne s'améliore pas; parallèlement, la technologie que la révolution industrielle a transformée en patrimoine est l'indicateur du niveau de développement

17 Texte de Ricardo Bofill sur l'ensemble de Marne-la-Vallée, 1983.

d'une nation. Telles sont en partie les raisons pour lesquelles les nations en voie de développement ne peuvent pas apporter de sortie à cette paralysie générale et continuent d'être victimes du sous-développement tout en désirant le plus rapidement possible les privilèges que leur apporterait l'usufruit des pays les plus riches. Il est illusoire de penser à la recherche d'un équilibre territorial, à d'autres alternatives urbaines, égalitaires et harmonieuses, de croire que « projeter » dans le désert offre la possibilité d'une nouvelle architecture, quand on connaît le fonctionnement rigide des pays socialistes, qui est semblable aux pays capitalistes. Les deux systèmes favorisent les infiltrations de phénomènes extérieurs et notamment ceux de la société de consommation.

**Sont alors effectués le recrutement des architectes algériens, puis les études des cinq ZHUN dans le nord, l'ouest et le sud du pays, Ain Naadja (2540 logements, dont 340 logements pour le premier quartier), Relizane (1630 logements), Oued Rhiou (450 logements), Tlemcen, sous la direction de Jean-Jacques Reymond, ainsi que l'extension de la zone de Béchar dans le sud, dont est chargé Francis Martinuzzi.**

18 Ricardo Bofill Autant le dire… : pas d'architecture si l'on n'éprouve pas d'abord un plaisir très physique, très sensuel, de l'espace. Comme d'autres vibrent devant les sons ou les couleurs, je ressens au plus profond de mon être la qualité de l'espace. Je suis dans le désert ; je regarde défiler les heures : la lumière blanche du matin qui fait briller les formes ; l'écrasement total de midi ; où les êtres et la roche, privés de leur ombre, sont réduits à leurs simples volumes. Puis les rayons du soir qui donnent une silhouette de géant au minuscule caillou sur le sable… Au fond je n'ai été qu'un bâtisseur du vide.

18 Extraits de Ricardo Bofill et Jean-Louis André, *Espace d'une vie*, *op. cit.*

**En 1980, le contrat n'est pas renouvelé et Ricardo, dans une lettre adressée au ministre de l'Habitat, reconnaît que, « malgré l'effort développé, un conflit profond s'est créé entre le "système" et la qualité architecturale sur laquelle la société algérienne serait jugée et que l'organisation en place n'était pas capable de défendre. Le système a mangé l'initiative ».**

19 La réputation de Bofill repose sur une série de projets très originaux, souvent controversés, en France, en Espagne et en Algérie : ces projets ont provoqué une rupture avec la morne austérité de la tradition moderne qui a défiguré les banlieues européennes et expulsé la vie hors du centre des villes. L'alternative proposée par le Taller prend ses racines dans la tradition classique et se teinte d'un sain respect de la façon dont les gens veulent vivre.

19 *The Guardian*, 17 janvier 1981.

**llage Houari Boumédiène à Abadla en construction** / Houari Boumédiène village at Abadla under construction

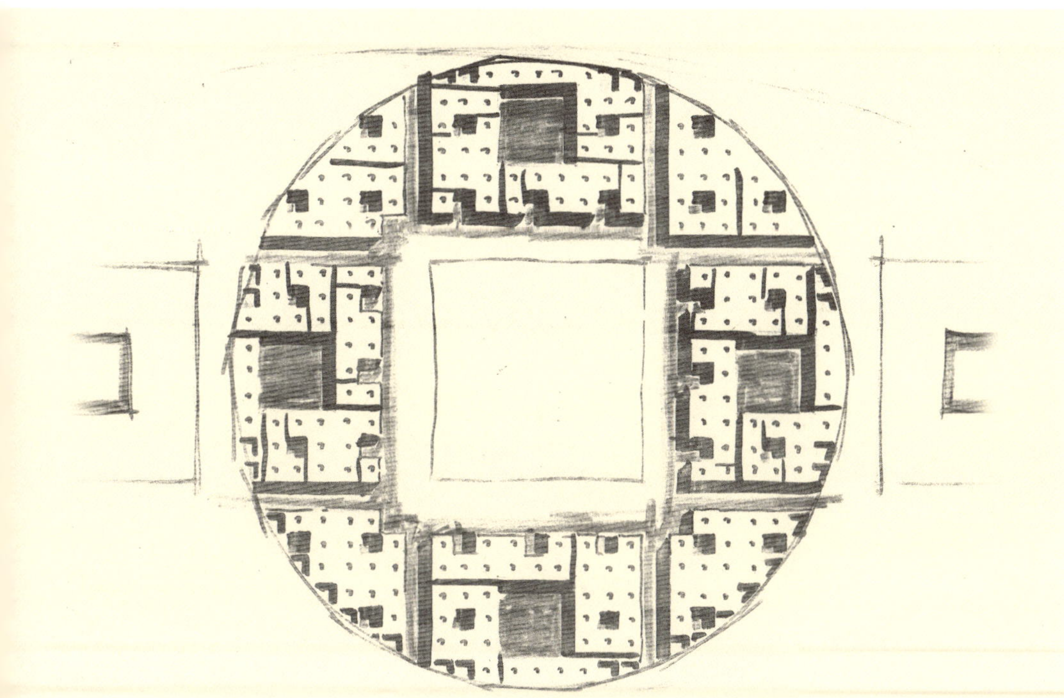

**cardo Bofill, première esquisse du plan de masse. Feutre sur calque** / Ricardo Bofill, first ground-plan sketch. Felt-tip pen on acing paper

ZHUN de Ain Naadja, plan de masse. Aquarelle / Ain Naadja ZHUN, ground plan. Watercolour

Ricardo Bofill **I have only ever been a builder of empty space.**

1 Ricardo Bofill and Jean-Louis André, *Espaces d'une vie*, Paris: Éditions Odile Jacob, 1989.

s the battle of Les Halles seemed to be nearing its end, in late 1977 some ews suddenly came in that took Taller beyond the frontiers of Europe: n urgent request from the Algerian government, under Colonel Houari oumédiène's presidency, for Bofill and Taller—invited on the basis of eing a multidisciplinary group of architect-urbanists—to participate n a vast building programme of a million housing units over ten years.

Taller and Ricardo Bofill were very popular at the time, having ecome so in France through the Halles project and their anti-Franco, socialist-republican" political tendencies.

In that post-Independence period, Algeria was experiencing a teep population growth, rising from 10 to 20 million over the twenty ears from 1962—when Independence was declared—to 1982. It had hifted from a massive rural majority prior to Independence to increa-ing numbers of city dwellers. The President of the Republic then also ccupied the posts of Prime Minister, Minister of Defence and leader of e sole political party, the FLN,[2] which was of a socialist type. Priority as given to industrial development, schools and professional training. gricultural land had been nationalized, as had hydrocarbon resources. here was a shortage of manufactured industrial products, the popula-on was poor, and the elite were starting to become wealthy. This colossal hallenge shook things up dramatically at Taller and took Ricardo Bofill r away from Paris, where he admitted himself that he felt trapped in a opeless battle.

2 FLN: Front de Libération Nationale (National Liberation Front).

Ricardo Bofill **While discussions and clashes around the Halles project continued to rage, I was in Algeria, setting up a new group, trying to put together a team that was then composed of the Ministry of Housing and my colleagues. We needed to address the problems of urban design and build new housing districts for the general population, based on data similar to other developing countries. The reality in Algeria would demonstrate to me that individual talent and genius are crucial qualities to compensate for a lack of advanced training and to produce creative work.**

3 Extract from text by Ricardo Bofill on the Marne-la-Vallée conglomeration, 1983.

is adventure culminated in the establishment of the AAU,[4] compri-ng about twenty architects of various nationalities from Taller in Paris d Barcelona, and budding Algerian architects who were either newly ualified or still studying. It went hand in hand with a vast programme professional training in building construction methods aimed at both adesmen and executives, which was run by the ADEP,[5] a mouthpiece r the French Ministry of National Education.

4 AAU: Atelier d'Architecture et d'Urbanisme (Architecture and Urbanism Workshop), set up in 1978, with Ricardo Bofill as director, under the umbrella of the Algerian Ministry of Housing and Construction.

5 ADEP: Association pour le Développement de l'Éducation Populaire (Association for the Development of Public Education), the director of which at the time was Jean-Joseph Scheffknecht.

## 1978–1980: The adventure of ideal towns; the trials of collaborative construction projects

We went with Salvador Clotas to Sidi Bel Abbès in 1977 to meet the head of the Wilaya.[6] A few months later, following that short visit during which we were struck by the contrast between the programme's ambition and both the socio-political context and the funding, which were a long way from the conditions we enjoyed in both Spain and France, Ricardo Bofill received a visit in Barcelona from a technical advisor sent as an envoy by the Ministry of Housing and Construction. Lengthy negotiations ensued, with a view to establishing a framework agreement for a collaboration between—on the Algerian side—the Ministry of Housing and Construction, national government and army officers, the State's technical and engineering office the BEREG,[7] the CADAT[8] and the DNC,[9] and—on the European side—Taller and the ADEP. The challenge that faced Taller was highly ambitious and complex. It consisted of contributing to the design over ten years and then the construction of a million units of social housing, along with the necessary facilities within five designated new urban development zones (ZHUNs),[10] all in close collaboration with local stakeholders.

For the construction side, the ADEP's directors and instructors were to take charge, alongside the DNC and the BEREG, of providing training in local construction techniques employing materials that were in very plentiful production locally—notably brick. A large-format visual dossier intended to explain and argue the case for the methodology that was to be adopted was prepared in Barcelona, in conjunction with the Halles design team—Manolo Nuñez Yanowsky, Francesc Guàrdia Riera, Xavier Llistosella, Francis Martinuzzi and Jean-Jacques Reymond. Illustrated with numerous plans of ideal cities, it proposed an alternative to high-rises and to the slab blocks of large housing estates.

The major points of the recommendations were presented there: first, to set up an architecture and urbanism workshop comprising architects, urbanists and sociologists from Europe and their counterparts in Algerie, inspired by Taller but on the model of the AUA in Paris; next, to distribute masterplans of Mediterranean New Towns, following the model of geometrical forms from Arab culture—the circle, the square, the rectangle and the line; all in parallel with the development of construction techniques based on traditional local know-how belonging to each region's specific culture.

As a prelude to the imminent signing of the technical assistance contract, which was due to run for two years, a first trip was organized in late November 1977, where Taller's two native French-speaking architects, Jean-Jacques Reymond and Francis Martinuzzi,[11] were sent. Reymond would remain there for twenty years, and Martinuzzi for two.

The two men were welcomed on their night-time arrival at Algiers airport, and then in the officers' quarters at the Caroubier

6 Wilaya: Prefecture.

7 BEREG: Bureau d'Étude de Recherche et d'Engineeri[ng] Général (Office for Technical Research and General Engineering).

8 CADAT: Caisse Algérien[ne] d'Aménagement du Territoire (Algerian Spatial Planning Agency).

9 DNC: Développement National de la Construction (National Construction Development).

10 ZHUN: Zone d'Habitat Urbain Nouvelle, equivalent to the French ZAC.

11 Reymond and Martinuzz[i] together were referred to at Taller as "les Français" (the French).

nilitary base, near Algiers, where they were unsurprised to discover completely unfamiliar environment. Reymond had abandoned his eaching, his home city of Nice and his family; Martinuzzi was single; ut both of them left for the love of architecture and for the huge dventure that was being offered to them. An exceptional commission or an architect, since the one for Brasília went to Oscar Niemeyer. hey were tasked with preparing an initial report for us on the lay of he land and the logistical and human resources that would be made vailable to us in order to achieve the stated aims. Then it was the turn f José Agustín Goytisolo, Anna Bofill-Levi, Ricardo and myself, who pent periods there in the form of ten days of workshops every month, lternating with time in Paris and Barcelona.

Similarly to the battle of Les Halles, the group was living together gain, practically round the clock. We were leading a semi-monastic, ommunal life, modelled on that of the military staff; meals were taken ogether along with the officers, as were outings. A chauffeur would ccompany us everywhere we went. In accordance with orders, we ere never alone. The contract was officially signed in late January 978 with the Ministry of Housing and Construction. Before he left, Ianolo Nuñez Yanowsky took care of setting up the Western team that ould constitute the nucleus, responsible for the architectural design ut also for training the Algerian architects of the future architecture orkshop. This involved pairing each Taller architect with an Algerian ounterpart who would take his place once the latter's training was omplete. This was how the AAU came about, comprising twenty and ter 150 people. The AAU subsequently set out to develop alone with n entirely Algerian team. Jean-Jacques Reymond was at the helm as s director, with [Lieutenant] Hanafia, his Algerian counterpart, after ur contract had ended. The workshop was based near Algiers, in the NC's premises—military barracks known as "the base", where comfort vels were spartan but which did include a tennis court... "The Catans"[12]—Xavier Anza, Ramón Collado, Xavier Grau, Xavier Llistosella, mar Migliore and Hilario Pareja—and then "the Belgian",[13] Patrick enard, were summoned to join "the French".

Patrick Genard **After a six-month internship at Taller under Francesc Guàrdia Riera, and once I'd obtained my diploma, in September 1978, Ricardo Bofill invited me to join the team in Algiers—an offer I eagerly accepted. A huge amount of paperwork and formalities were required for me to do so. I was eventually able to join the AAU team in Algeria, under Jean-Jacques Reymond's leadership, in early 1979. Once there, I worked on the Ain Naadja ZHUN project and got my best friend, Georges Pirson, to join Manolo as my replacement at the Ateliers du Grand-Hornu in Brussels. I stayed in Algeria until late 1979. The whole adventure was a real shock to the system. I'd just come out of a privileged**

12 "Les Catalans": expression used at Taller to refer to its members by their country of origin.

13 "Le Belge": *ditto.*

14 Account provided in an interview with the author at Empordà in November 2022.

> **and very libertarian university atmosphere, which was rather out of step with the world as it then was. All of a sudden, I was plunged into the harsh realities of life, with difficult living and working conditions, which proved very educational. I instantly fell under the spell of Algeria and its wonderful landscapes: Ghardaïa, the M'Zab and above all the desert around Tamanrasset, where Ricardo took all the Taller designers a few years later. The desert in that part of Algeria remains, for me, the most mesmerizing place I've ever seen on the planet: light and silence** [...], **Louis Kahn's architecture made into Nature!**

Given how precarious the living conditions were, and the self-sacrifice that was being asked of everyone, some pulled out, including Francesc Guàrdia Riera who only stayed in Algiers for a few days, and Pierre Carniaux who remained in Barcelona. Certainly the members of our group—some of whom were put up in three-storey social housing blocks in accordance with the size of their family, while those who were single were accommodated in Pouillon-designed seaside resort buildings—struggled to cope with their very rudimentary environment. Leisure activities tended to be limited to trips to the interior of the country or dinners in restaurants in Algiers or on the coast, and sharing an appreciation of the light and the beauty of the landscapes. On a more prosaic note, the part of our pay that we received in dinars was spent very quickly. There was almost no cultural life, other than conversations over meals that we shared with each other or with Algerian artists and intellectuals. The team's high morale was borne up by the extraordinarily high urbanistic and architectural stakes of the project, which everyone was enthusiastic about and which made logistical inconveniences pale into insignificance. The days started at 8.30 a.m. and finished around 8 or 10 p.m. The task was admittedly enormous, and the environment ascetic. At the time, construction in Algeria was dependent on the technologies of the socialist countries of Eastern Europe—the German Democratic Republic, Bulgaria and Poland—which exported so-called "tunnel formwork" prefabrication techniques based on concrete. These had enabled the building of soulless edifices, housing estates that were disconnected from local implementation methods and resources—a social and architectural model that Taller has shunned since the beginning. Indeed, much local production disappeared because of the lack of training for staff and the importation of Western models. Taller's proposal was therefore to salvage the know-how of traditional construction techniques based around lime, sand, terracotta, brick and iron—common in Mediterranean countries and historically stemming from Arab tradition—in such a way that they would be mastered by an indigenous workforce.

**uartier de Rouiba, en construction, briques armées** / Rouiba estate. Top: under construction, reinforced bricks

**Quartier de Rouiba, colonnes en béton moulé** / Rouiba estate cast concrete columns

15 Xavier Llistosella **The absence of building regulations made it easier to salvage traditional methods, but prevented them from being modernized in various ways.**

**As soon as we arrived, we had to design a first district comprising 536 dwelling units at Sidi Moussa, on the Rouiba estate, near Algiers. Construction of them was due to begin three months later.**

15 Account provided in an interview with the author in Barcelona on November 2022

Algerian urbanists, philosophers, poets and young sociologists formed a "think-tank" whose task was to support the design team, to give form to a utopia and supply progress reports to the Ministry of Housing and Construction on how the technical drawings were coming along, through the Minister of Housing's advisor, a French-born intellectual and aesthete, who moderated the discussions along with Ricardo Bofill and the ADEP's brilliant instructors. Since Ricardo Bofill and I had to be present at the AAU for ten days of every month, Ricardo dedicated that time to animating the design process and the think-tank, while I devoted it, along with my Algerian counterpart, to organizing the teams and ensuring the contractual obligations were fulfilled.

16 Ricardo Bofill **The city was set within the broader landscape. Taking a rough overview of the reality in Europe as a basis, we were seeking to define the fundamental aspects of a possible architecture which would go against the all-pervasive rationalist current. The theory on which architecture that was built between 1920 and 1970 was based is no longer valid today, even if it does persist. We think that, thanks to our predecessors' experiences, we know that every system holds within itself the seeds of its own limitations; for that reason, we are trying simultaneously to develop coherent systems but also to constantly call them into question.**

16 Extract from text by Ricardo Bofill on the Marne-la-Vallée conglomeration, 1983.

## Abadla: a collaborative work as a point in the desert

Apart from Rouiba, we were entrusted with a first farming village in January 1978, situated near Béchar, on the border with Morocco. Barely three months went by between the preliminary technical drawings and the start of construction. For this project, which needed to be exemplary, Emilio Bofill came to lend us a helping hand for the conception and implementation of the construction method—an Arab invention—which was based around bricks "reinforced" with twisted iron bars. These bricks were made locally thanks to brickworks being reopened, the workforce that he brought from Catalunya, and the help of the Algerian army... Laid out according to a circular ground plan as an "ideal city constituting a point in the desert", and with dual-aspect courtyard houses running across it to allow airflow, the plans were perfectly in keeping with the aims that we had set ourselves: drawing from the Arab geometric tradition by combining the square and the circle; and favouring natural ventilation. The "Houari Boumédiène" farming village at Abadla, with 350 dwelling units, was inaugurated in 1978. Some of the achieved objectives were realistic and we can follow their story.

17 Ricardo Bofill **You might think that developing countries—those that are dominated by state socialism—would offer real working scope to architects. There is no lack of real problems—infrastructural, economic, social. The genuine needs of a growing population; the construction of new towns; land planning—these are the fundamental themes of a discipline that needs to face up to reality in order to bear fruit. But if you look more closely at the setup in these countries, you realize that the difficulties the architect encounters are many and significant. The workings of the political power system are similar to those of the economic power system and likewise lead to paralysis. The privileges of power are the same as the ones that bring about the very poor practices which are embedded in our own society. Above all, we need to "preserve" knowledge and avoid the slightest destabilization of the existing social system. Cultural myths continue today, and people's fate is not improving; at the same time, the technology which the Industrial Revolution transformed into heritage is the indicator of a nation's level of progress and development. These are just some of the reasons why developing nations cannot find a way out of this general paralysis, and continue to be the victims of underdevelopment, while at the same time seeking to acquire the privileges that the usufruct of the wealthiest countries would bring them as quickly as possible. It is illusory to think of seeking a territorial balance, or of harmonious, egalitarian urban alternatives, when you know how rigid the workings of socialist countries are, similarly to the capitalist countries. Both systems favour the infiltration of external phenomena, and notably those of the consumer society.**

17 *Ibid.*

Next came the recruitment of the Algerian architects, and then the technical studies for the five new urban development zones in the north, west and south of the country—Ain Naadja (2540 social housing units), Relizane (1630 housing units), Oued Rhiou (450 housing units) and Tlemcen—led by Jean-Jacques Reymond, as well as the extension of the Béchar zone in the south, for which Francis Martinuzzi was in charge.

18 Ricardo Bofill **I might as well be candid: if there is no initial feeling of a very physical, sensual enjoyment of space, then there is no architecture. I feel the quality of space in the deepest core of my being, just as sounds and colours resonate with other people. I am in the desert; I watch the hours go by: the white light of the morning that makes forms sparkle; the total flattening of midday, where creatures and rocks, deprived of their shadows, are reduced to their pure volumes. Then the evening's rays that give a giant's silhouette to a tiny pebble on the sand... Essentially I have only ever been a builder of empty space.**

18 Extract from Ricardo Bo and Jean-Louis André, *Espaces d'une vie*, *op. cit.*

In 1980, the contract was not renewed and Ricardo, in a letter addressed to the Minister of Housing, recognized that "despite the effort invested, a profound conflict arose between the 'system' and the architectural quality on which Algerian society would be judged and which the organization in place was not capable of defending. The system has swallowed up all the initiative."

19 **Bofill's reputation rests on a series of very original and often controversial projects in France, Spain and Algeria: these projects provoked a rupture with the drab austerity of the modern tradition, which disfigured the European suburbs and drove the life out of town centres. The alternative proposed by Taller has its roots in the classical tradition and is tinged with a healthy respect for how people want to live.**

19 *The Guardian*, 17 January 1981. The English version give here is a retranslation from a French version in the Taller archives.

→ **Abadla, place centrale**
Abadla, central place

# Les HLM de Bofill en France : des organismes de vie

1972 1987

# Bofill's social housing: organisms for life

# Organiser le cadre de sa création



Ricardo Bofill

Organiser le cadre de sa création ; mettre au point une méthode qui permette de concilier une recherche personnelle de longue haleine et les contraintes ponctuelles qu'imposent des chantiers dominés, par nature, par l'argent ou la politique ; allier souplesse et fermeté : telles me paraissent être les conditions préalables pour faire de l'architecture autre chose qu'un hâtif déguisement de machines à habiter, à travailler, ou à consommer, fût-ce de la culture.

Cette démarche, étroitement liée aux circonstances que l'architecte rencontre, d'un pays à l'autre, finit par donner à l'architecture même des sens différents. Une telle dispersion exige non seulement une rigueur de méthode, mais surtout un besoin d'exprimer quelque chose par l'intermédiaire des pierres et de la lumière. Ce qui prime pour moi, en architecture, c'est l'organisation de l'espace. Retour à la folie des origines, à la faim d'espace héritée de l'enfance, à l'angoisse du claustrophobe. Il a fallu, pourtant, la maîtriser, la structurer, donner forme à cet espace. Apprentissage de la perception, observation et géométrisation de la nature ; parcours historique : j'ai ainsi découvert que pour dépasser l'élan initial, pour investir le manque et la folie d'une valeur initiale, il fallait parvenir à la maîtrise d'une véritable langue... L'espace, tel qu'il se matérialise à notre regard : comme le jeu du plein et du vide [...]. L'architecture, c'est cette victoire de l'homme sur l'irrationnel : la construction d'un espace familier, domestique, humain [...]. Toute l'histoire de l'architecture, qu'elle passe par le nombre d'or ou par les calculs les plus sophistiqués de proportions, n'est au fond que le rêve insensé de donner à notre cadre de vie l'apparence rassurante d'une figure harmonieuse. L'objet, dans ces cas-là, ne vient qu'en prime, comme une conséquence [...]. Architecture du Nord et architecture du Sud ; espace, composition, harmonie, ville, en tant que tissu organisé, contre silhouette, « skyline », volume, et technologie triomphante : la distinction, pour schématique qu'elle soit, reste toujours opérante [...].

Palladio, ce n'est pas seulement pour moi l'inventeur du style fameux qui porte son nom et qui a été malheureusement repris par tous les architectes néoclassiques jusqu'à devenir tarte à la crème ; c'est surtout l'un de ces rares grands maîtres capables d'élaborer une composition originale de l'espace. Changement de lieux, changement de fonctions : l'espace ne s'est pas pour autant incliné devant l'objet.

C'est pour cette culture-là que nous nous battons au Taller de Arquitectura. Les recherches que nous menons, ou que nous commandons, ne sont jamais des fins en elles-mêmes. Le béton architectonique, le verre ne sont que des outils permettant d'implanter ailleurs, avec toutes les modifications indispensables, cette maîtrise de l'espace qui s'est forgée du côté de Florence ou de Venise. Un peu comme l'avait fait le maître de Vicence, je souhaiterais réussir, aussi, à maîtriser technique et fonction pour imposer ma propre organisation de l'espace [...]. Définir l'architecture par l'organisation d'un espace, c'est donc la distinguer de la simple construction. Les finalités, au fond, pourraient être diamétralement opposées : lorsqu'il construit un abri, l'homme est menacé par la nature [...]. Lorsqu'il dresse une pierre pour marquer un tombeau, lorsqu'il trace un temple pour y placer des dieux au visage humain, il n'entretient plus avec la nature un rapport de conflit, mais plutôt de défi. Il ne s'oppose plus à elle, mais il l'observe pour mieux la transformer, la modeler à son visage [...]. Ce n'est pas tout de réclamer le pouvoir pour l'artiste ; encore faut-il qu'il ait envie de s'en servir, qu'il ait vraiment quelque chose à dire. On connaît la vieille distinction entre l'artiste et l'intellectuel : ce dernier part du réel, de la société, pour l'analyser, la disséquer et la critiquer. L'architecte, pris comme un bâtisseur, ne peut être que dans ce camp. Il ne peut se contenter d'offrir une réponse, si subtile soit-elle, aux problèmes de son temps : il y met, aussi, sa vision « constructive » du monde. Au début du XXe siècle, on pourrait ainsi relever des correspondances entre le fauvisme, le cubisme, le surréalisme en littérature ou en peinture, et l'architecture. Comme toutes les formes artistiques, l'architecture vit alors sa crise d'identité. J'ai découvert l'architecture au cœur de cette crise. Toute la modernité le proclamait : il fallait rompre avec ce style décoratif, anecdotique, développé au XVIIe siècle sous le nom de « néoclassicisme », qui faisait verser l'architecture du côté du maniérisme pompier et de l'art de la façade bien plus que du volume.

Pour Le Corbusier comme pour Mies van der Rohe, l'esthétique scientifique, qui allait droit à l'essentiel, fournissait un autre modèle sur lequel il s'agissait de travailler [...]. J'admirais, bien sûr, cette révolution, cette épuration accomplie par les deux maîtres. Mais le fait est qu'elle vait, ensuite, chez tous les épigones, fermé la porte à l'invention [...]. 'architecture classique m'offre la possibilité de penser la ville dans une radition européenne, de concilier ordre, création et variation et surtout l'apporter une solution aux rigueurs imposées, dans le domaine de l'ha-itat social, par des budgets squelettiques. Je tire de l'observation de la ille classique méditerranéenne deux enseignements : il est possible de aire des gestes architecturaux forts sans pourtant mépriser le contexte t briser les rapports de perspective et d'harmonie ; il est possible, ar ailleurs, de concilier l'individu, le créateur, et la logique urbaine. 'architecture classique est fondée au fond sur la même démarche, qui epose sur la combinatoire de quatre éléments essentiels : arcades, murs, enêtres, portes [...]. Le miracle, c'est que chacun de ces éléments peut tre aujourd'hui fabriqué séparément, en série et donc en parfaite confor-nité avec les impératifs économiques de la production industrielle [...].

Cette exploration de la géométrie classique me paraît aujourd'hui lus que jamais indispensable [...]. Ces recherches, arides, forcément iscrètes, sont celles qui donnent toute la rigueur au bâtiment. Elles narquent, une fois de plus, la différence entre l'architecture et le design. e designer se contente d'habiller les façades, les formes que lui fournit articulation des fonctions (cages d'escaliers, d'ascenseurs, ventilation, ièces d'eau...). L'architecte, lui, tente de les intégrer dans la géométrie u'il a déterminée [...]. Retourner aux archétypes, c'est pour moi lui endre sa valeur essentielle, celle du plaisir d'être dans l'espace : une rche, c'est une porte urbaine qui clôt une perspective et l'ouvre en même emps, sur l'au-delà ; un théâtre, c'est, à l'extérieur, un espace convexe, ue l'on peut traiter de façon monumentale, et qui s'intègre, avec plus ou noins de difficulté, dans l'alignement des rues. À l'intérieur, c'est la déli-nitation d'un espace familier, clos, domestique. Cet archétype permet onc de jouer avec le concave et le convexe, l'intérieur et l'extérieur ; le ravail qu'il permet est donc d'ordre spatial [...]. Si le Palais d'Abraxas Marne-la-Vallée, les Arcades du Lac à Saint-Quentin-en-Yvelines, ou ntigone, à Montpellier, « veulent dire » quelque chose, c'est sans doute ette épopée du xx<sup>e</sup> siècle : celle dont l'homme, l'individu, avec ses rêves t ses fantasmes, est le héros [...]. On apprend à écrire, aussi, en intégrant ertains mots de la modernité. Comme toute langue, l'architecture doit ans cesse s'enrichir, créer de nouvelles formes, faire évoluer sa gram-naire. Elle croît en complexité comme un organisme vivant. Elle doit tre, ensuite, actualisée, modifiée par chaque locuteur [...]. Le style est n effet pour l'architecte le résultat à la fois d'une marque locale et d'une mpreinte personnelle.

# Organizing a framework for creativity



Ricardo Bofill

Organizing a framework for creativity; developing a method that reconciles painstaking personal research with the specific constraints imposed by a project dominated by nature, money or politics; combining flexibility with firmness. Such things seem to me to be the preliminary conditions that make architecture something more than the hurried disguising of machines for living, working or consumption, albeit cultural.

This process, closely linked to the circumstances an architect encounters from one country to another, results in architecture itself being loaded with different meanings. Working across such a spectrum demands not only methodical rigour, but also the absolute need to express something through the intermediaries of stone and light. What dominates my approach to architecture is the organization of space. A return to the follies of our origins, to the spatial hunger inherited from childhood, to the anxieties of the claustrophobe. Nevertheless, it was necessary to master, to structure, to give form to this space. An education in the perception, observation and geometrization of nature; a journey through history. I then discovered that to get beyond that initial impulse, to invest that absence or folly with an original idea, I'd have to first successfully master an entire language [...]. Space, as it forms itself under our gaze: like the interplay of solids and voids [...]. That victory of our species over the irrational, is architecture: the construction of a space that is familiar, domestic, human [...]. The entire history of architecture, whether via the golden ratio or the most sophisticated calculations of proportion, is, at its core, but an impassioned dream to give the framework of our lives the reassuring appearance of harmony.

n this context, the object is merely a bonus, coming almost as a consequence [...]. Architecture of the North and architecture of the South; pace, composition, harmony and town as organized fabric, as opposed o silhouette, "skyline", volume and triumphant technology: the distinction, roughly sketched as it may be, remains effective [...].

Palladio, for me, is not merely the inventor of the famous style vhich bears his name, unfortunately taken up by all neoclassical architects to the point of cheesiness; he is above all one of those rare grand nasters capable of developing an original spatial composition. With each lifferent site and each different function, space never became subserient to the object.

This is the culture that we are fighting for at Taller de Arquitecura. The research that we undertake, or that we commission, is never an nd in itself. Architectural concrete and glass are only tools that permit relocation, with all the necessary modifications, of that mastering of space forged in Florence or Venice. Like the master of Vicenza, my vish is to succeed also in mastering technique and function so as to e able to impose my own distinct organization of space [...]. To define rchitecture as the organization of space is thus to distinguish it from imple construction. The final results might ultimately emerge diametrially opposed: whilst building a shelter, we are menaced by nature [...], vhereas whilst decorating a stone to mark a grave, or designing a temple o place within it our gods with human faces, we are no longer in conflict vith nature, but rather defiant towards it. Humanity no longer stands in pposition, but instead observes nature in order to better transform and nodel it after its own image [...]. Demanding absolute power for the artist s not of itself sufficient; the artist must want to make use of that power, nust truly have something to say. We've all heard the classic distinction etween artist and intellectual: the latter starts from reality, from society, o as to analyse it, dissect it and critique it. Architects, taken solely as uilders, must fall into this camp. They cannot be satisfied in only offeing up a response, subtle as it might be, to the issues of their time: they ffer also their "constructive" vision of the world. At the start of the 20th entury, correlations could thus be noticed between Fauvism, Cubism nd Surrealism, in literature or painting, and architecture . Like all art orms, architecture experienced its identity crisis at that point. I discoered architecture at the heart of this crisis. All modernity proclaimed : we had to break away from that decorative, anecdotal style developed n the 17th century under the name of "neoclassicism", that was tipping rchitecture towards pompous mannerism where the art of the façade resided over volume.

For Le Corbusier as for Mies van der Rohe, the scientific aesthec, going straight to the essentials, supplied another model from which work [...]. Of course I admired this revolution, this purification accomlished by these two masters, but the fact is that it then shut the door f invention to all epigones. Classical architecture provides me with the chance to envision the town in the European tradition, to reconcile order, creation and variation, and, above all, to bring a solution to the restrictions imposed by the social housing sector's skeletal budgets. There are two lessons I've learned from observing classical Mediterranean towns: that it is possible to make strong architectural statements without treating the existing context with disdain or shattering relations of perspective and harmony; and that it is possible to reconcile the individual, the designer and urban logic. Classical architecture is fundamentally based on the same principles, resting on the combination of four essential elements: arcades, walls, windows and doors [...]. The miracle is that each of these elements can now be made separately, mass produced and thus in perfect alignment with the economic demands of industrial production [...]. This exploration of classical geometry seems to me to be as vital as ever [...]. While dry and necessarily discreet, it is this quest that gives a building all its rigour. It marks, once again, the difference between architecture and design. Designers are happy to dress the façades, the structures provided by the working functions (stair wells, lifts, ventilation, water features [...]). Architects attempt to integrate them into the geometry that they have determined [...]. For me, to return to archetypes is to return to its essential values, the pure pleasure of being in a space: an arch is an urban portal that frames a perspective, yet, at the same time, opens onto the beyond. A theatre, on the exterior, is a convex space that can be treated as a monument, more or less integrated and in alignment with the surrounding streets. On the inside, it is the delimitation of a familiar space, enclosed and domesticated. This archetype permits us, then, to play with the spatial order of the concave and the convex, interior and exterior; the work it allows is thus of a spatial order [...]. If the Palacio d'Abraxas in Marne la-Vallée, the Arcades du Lac in Saint-Quentin-en-Yvelines, or Antigone in Montpellier are "trying to express" something, it is no doubt this epic of the 20th century: the one where individuals, with their respective dreams and fantasies, are the heroes [...].

We learn to write, also, by integrating certain modern words. Like all language, architecture must constantly enrich itself, create new forms, develop its grammar. Architecture grows in complexity like any living organism, and must then be updated and modified by each speaker [...]. For the architect, then, style is effectively the result of both local influence and a personal imprint.

→ **Ricardo Bofill devant le Viaduc** / Ricardo Bofill in front of Le Viaduc

## Et si Ricardo Bofill avait gagné son pari de repenser la ville pour les habitants ?

1 Ricardo Bofill La révolution industrielle a marqué l'évolution de l'architecture ; elle a surtout produit une rupture dans une évolution continue de l'Architecture.

À partir de là, il y a eu une exaltation de certaines idées à courte vue sur le machinisme. On a cru que l'habitat était une machine à vivre, que la ville était contrôlable par certains mécanismes, de la même manière que l'on contrôle une voiture ou une entreprise. Je ne le crois pas.

Je pense que la ville, ou l'habitation, n'est pas assimilable à une machine, mais à un organisme. [...] La pensée technologique, fonctionnaliste postulait que la forme est le résultat de la fonction. Je me suis battu contre cela. La forme dépend de lois intrinsèques et évolue en fonction de son développement propre. Au Taller nous nous sommes posé la question de la forme en elle-même. Le problème de l'architecture est avant tout un problème de compréhension de [ce qu'est] la forme elle-même. Il y a certes des corrélations entre société et forme, entre technologie et forme, mais le travail architectural reste celui de la géométrie et sa traduction en forme physique.

1 Ricardo Bofill, *L'Architecture d'un homme. Entretiens avec François Hébert-Stevens*, Paris, Arthaud, 1978.

2 Ricardo Bofill Revenons une fois de plus à Vitruve, qui jette les bases méthodiques de la discipline : « L'architecture est le fruit de la pratique et de la théorie.

La pratique est la conception même continuée et travaillée par l'exercice, qui se réalise par l'acte donnant à la matière destinée à un ouvrage quelconque la forme que présente un dessin. La théorie, au contraire, consiste à démontrer, à expliquer la justesse, la convenance des proportions [...]. » Progresser en architecture c'est donc faire sans arrêt l'aller et retour entre la conception et la réalisation. [...] Tirer les enseignements de ses propres réalisations, les critiquer, comme si chacune d'entre elles était un passage obligé dans un processus d'expérimentation. [...] Le va-et-vient entre la théorie et la pratique, [...] la réflexion critique sur mes propres réalisations [...] m'est nécessaire pour aller de l'avant et donner corps à des projets nouveaux. Elle est pour moi une base méthodologique [...].

La plupart du temps l'immeuble que je vois naître sous mes yeux est déjà un vieillard.

2 Ricardo Bofill et Jean-Louis André, *Espaces d'une vie*, Paris, Odile Jacob, 1989.

## Vhat if Ricardo Bofill had won his bet on rethinking the city for its residents?

Ricardo Bofill **The Industrial Revolution made its mark on the evolution of architecture; above all, it caused a rupture in the continuity of that evolution.**

**From then on, there was excitement about certain short-sighted visions of the pre-eminence of the machine. There was the belief that the house was a machine for living in, and that the city could be mastered by certain mechanisms, in the same way as a car or a business can.**

**I don't believe any of that. I think that the city, or the home, is not akin to a machine, but instead to an organism [...]. Technological, functionalist thinking postulated that form resulted from function. I fought against that. Form depends on intrinsic laws and evolves according to its own development. At Taller we asked ourselves the question of form itself. Architecture's problem is above all a problem of how to comprehend form itself. Of course there are correlations between society and form, and between technology and form, but the task of architecture remains that of geometry and its translation into physical form.**

1 Ricardo Bofill, *L'Architecture d'un homme. Entretiens avec François Hébert-Stevens*, Paris: Éditions Arthaud, 1978.

Ricardo Bofill **Let's return to Vitruvius, who scribbled down the methodical basis of our discipline: "[The architect's knowledge] is the child of practice and theory. Practice is the continuous and regular exercise of employment where manual work is done with any necessary material according to the design of a drawing. Theory, on the other hand, is the ability to demonstrate and explain the productions of dexterity on the principles of proportion." Moving forward in architecture thus means endlessly toing and froing between design and realization [...]. Drawing lessons from your own built projects, criticizing them, as if each one were an obligatory phase in an experimental process [...]. The toing and froing between theory and practice [...]. Critical reflection on my own built work [...] is crucial for me to progress and to give substance to new projects. For me, it is a methodological basis [...]. Most of the time, the building that I see coming into being in front of me is already an old man.**

2 Ricardo Bofill and Jean-Louis André, *Espaces d'une vie*, Paris: Éditions Odile Jacob, 1989.

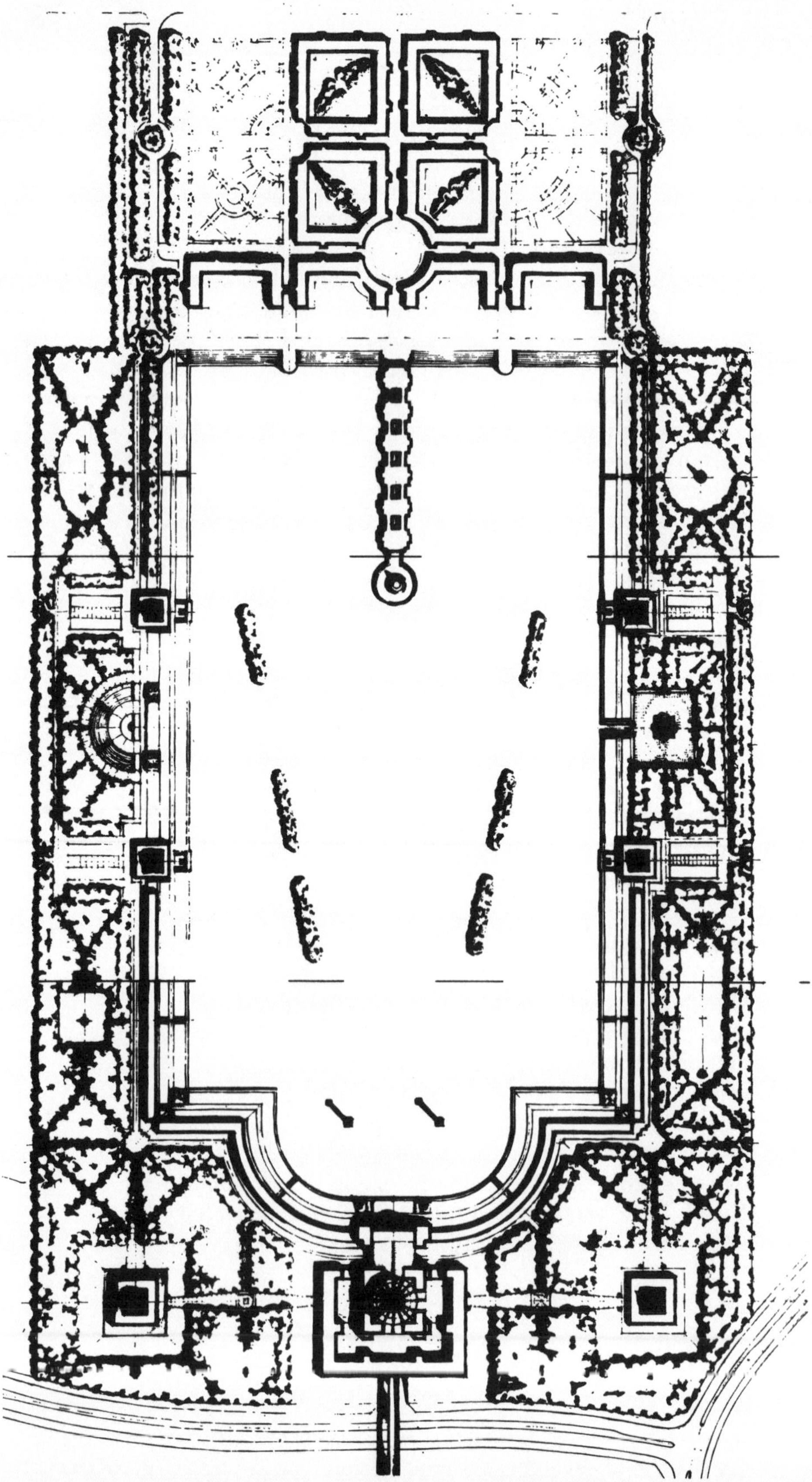

# Ville nouvelle de Saint-Quentin-en-Yvelines Le Lac

223

:ommanditaire / Client
**.es Arcades du lac : ;ociété de HLM-Les 3 F .e Viaduc : Société le HLM-CNH 2000 .es Templettes : S.C.C/C.N.P**

Surface / Total area
**Non connue / Unknown**

Principaux collaborateurs / Key collaborators
**Bernard Torchinsky**
**Patrick Genard**
(Direction)
**Peter Hodgkinson**
**Xavier Llistosella**
**Omar Migliore**
**Ramón Collado**

Programme
**Les Arcades du Lac (1972–1980) : 378 logements /units**
**Le Viaduc (1978–1982) : 74 logements / units**
**Le Temple et Les Templettes (1982–1987) : 224 logements en habitat individuel en bande / units of terraced housing**

1972 1987

**Plan de masse le l'ensemble Le Lac, Arcades lu Lac, Viaduc, Templettes. ncre de Chine** / Ground plan f the entire Le Lac complex: .es Arcades du Lac, Le Viaduc, .e Temple and Les Templettes. ndian ink

**Les Arcades du Lac, ue de la rue piétonne, anneaux de béton architec-onique teinté dans la masse vec terre cuite en fond e moule** / Les Arcades du ac, view from the pedestrian treet, integrally coloured air-faced concrete panels vith terracotta at the bottom f the mould

## Réalisation emblématique, et quarante ans plus tard des habitants conquis

**Le Lac est un ensemble de logements à caractère social (type HLM), composé de 676 logements (des appartements et des maisons individuelles en bande) en accession à la propriété[1], autour d'une pièce d'eau. Les trois pièces principales qui le composent ont été construites de 1978 à 1987 autour d'un lac de rétention d'eau de pluie, « la Sourderie », sur les villes de Montigny-le-Bretonneux et Voisins-le-Bretonneux, les « Arcades du Lac » (378 logements en R+4), le « Viaduc » (74 logements en R+4) et enfin le « Temple » et les « Templettes » (224 logements) pour partie des individuels en bande et un petit collectif au centre et dans les pavillons latéraux.**

1 PAP : Programme en accession à la propriété.

## Les Arcades du Lac : « Versailles pour le peuple[2] » *« Rendre à l'homme ce qu'il donnait à ses dieux »*

2 Appellation de la presse et notamment du journal *Le Monde*.

3 Ricardo Bofill […] Même si ce n'est jamais sa signification première et principale, mon architecture a aussi un sens militant. Certains lui reprochent de travestir les fonctions. Un HLM qui ne ressemble pas à un HLM. Crise, jalousie et tensions sociales : mes bâtiments sociaux sont plus beaux que les copropriétés qui les jouxtent… L'immeuble a l'air d'un palais.

Certes, à l'intérieur, faute de budgets suffisants, les appartements sont parfois plus conventionnels… Le statut s'ajoute au simple confort, et l'agrément d'une rue harmonieuse à la pure satisfaction des fonctions quotidiennes. L'homme a besoin de signes et d'espaces autant que de télévision et de baignoires.

3 Ricardo Bofill, *L'Architecture d'un homme. Entretiens avec François Hébert-Stevens*, Paris, Arthaud, 1978.

4 Ricardo Bofill Dès le début de mes opérations sur les HLM, j'ai tenté d'inverser les rapports de forces, de jouer au moins à égalité avec les hommes de pouvoir. Les projets réussis sont ceux qui reposent sur un rapport de complicité et de confiance.

4 Ricardo Bofill et Jean-Louis André, *Espaces d'une vie*, Paris, Odile Jacob, 1989.

**Serge Goldberg, alors directeur général de la ville nouvelle de Saint-Quentin-en-Yvelines, récapitule les objectifs qu'il avait donnés au Taller.**

5 Serge Goldberg L'histoire avec Ricardo Bofill est intéressante. Elle a débuté alors que je prenais conscience que la ville nouvelle souffrait d'une sociologie tronquée […]. Jeunes couples avec enfants, pas trop pauvres. Parce que même le logement social n'est pas pour les plus pauvres. Le HLM n'est pas donné […]. C'est en tout cas ma conviction, et je voulais inventer une opération assez snob, qui fasse venir des gens à la mode qui puissent

5 Extraits d'un entretien avec Sabine Effosse, agrégée et docteure en histoire, maîtresse de conférences à l'université de Tours, 2002.

**es Arcades du Lac, vue aérienne** / Les Arcades du Lac, aerial view

**es Arcades du Lac, vue sur jardin intérieur** / Les Arcades du Lac, view of inner garden

servir de vitrine publicitaire... On a inventé Saint-Quentin-en-Yvelines de toutes pièces dans un souci de promotion... Alors il fallait que l'on invente quelque chose d'un peu snobinard. Je me suis dit: « On a un fort qui est très beau, extraordinaire, mystérieux, qui est le fort de Saint-Cyr. » Le fort de Saint-Cyr se trouve près de l'étang de Saint-Quentin-en-Yvelines [...]. Et je me suis dit que l'on pourrait faire quelque chose qui étonne. Mais qui pourrait faire cela ? J'ai pensé à Ricardo Bofill. Il a tout de suite été intéressé [...]. Je lui ai dit : « J'aimerais que l'on fasse des logements qui attirent une population très snob, des vedettes. Par la même occasion, il faudrait penser des logements qui puissent se scinder en deux pour les parents et les enfants. » Il m'a effectivement soumis des cellules intéressantes. La seule chose est qu'elles étaient trop grandes pour passer dans des prix de HLM. J'ai longtemps conservé le gros cahier d'études que Bofill m'avait donné. Je l'ai finalement légué aux archives de l'IFA[6] avec une maquette de l'opération que j'ai tout de même jugée trop irréaliste. Finalement, j'ai dit à Bofill : « Tu n'as pas pu faire l'opération de la Petite Cathédrale. On est en train de capoter ici. Tu vas me faire une opération HLM en R+4. Mais ce que je te demande d'étudier, c'est le rapport entre l'habitat et la rue. » Un jour, il est venu me voir avec une extension sur l'étang (qui est en fait un bassin de retenue de régulation des eaux de pluie), le Viaduc. À ce moment-là, j'ai été séduit [...]. C'était dur, mais en même temps, c'était strict. Il avait été assez loin. Et il est vrai qu'il y avait une relation des façades à la rue. Il avait donc répondu à ma demande. C'est par cette séquence que s'est réalisée cette opération de Bofill.

6 IFA : Institut français d'architecture.

7 Ricardo Bofill [...] À l'échelle française, j'ai pu démontrer que le logement social n'est pas synonyme de brutalité ou de démission, mais qu'au contraire une certaine solennité, un sens du rythme et de la beauté lui conviennent. Sans pour autant faire flamber les coûts.

Les banlieues ne sont pas forcément des rebuts, mais parfois aussi des monuments consacrés à l'homme. Le béton, longtemps considéré comme un matériau au rabais, peut être noble [...]. Le classicisme permet de ne pas imposer un type de bâtiment, mais fournit les principes nécessaires pour en former de nouveaux [...]. Une nouvelle esthétique industrielle ? [...] Arcades, fenêtres, portes, chacun de ces éléments peut être fabriqué séparément, en série, donc en conformité avec les impératifs de la production industrielle. Le bâtiment est formé d'une structure de base, sur laquelle viennent se plaquer des éléments moulés en usine. Pour être rentable, les moules doivent être amortis aussi largement que possible. Le but est donc de créer

7 Ricardo Bofill et Jean-Louis André, *Espaces d'une vie*, *op. cit.*

**es Arcades du Lac, rue piétonne** / Les Arcades du Lac, pedestrian street

**e Lac, perspectives d'ensemble. Aquarelle sur papier** / Le Lac, eneral views. Watercolour on paper

**Les Arcades du Lac vers le Viaduc** / View from Les Arcades du Lac towards Le Viaduc

**Le Viaduc, panneaux de béton architectonique teinté dans la masse** / Le Viaduc, integrally coloured fair-faced concrete panels

**Les Templettes vues du Viaduc** / Les Templettes viewed from Le Viaduc

un nombre restreint d'éléments, ce qui oblige à une très forte épuration des motifs décoratifs [...]. Je peux donc être fidèle à l'architecture classique, qui fournit les lois de la composition et la base du vocabulaire, tout en me pliant aux exigences de la fabrication industrielle [...]. Toujours à l'intérieur des contraintes d'un système économique. Cette découverte, il y a une quinzaine d'années, m'a enthousiasmé.

## Le Temple et les Templettes

Ricardo Bofill [...] J'ai voulu rendre à l'homme ce qu'il donnait à ses dieux : introduire l'archétype du temple dans une habitation « sociale », détourner la noblesse et la solennité du religieux au profit des plus défavorisés de notre société [...].

8 Ricardo Bofill, *L'Architecture d'un homme*, *op. cit.*

**Ce projet prétend à une fusion des théories de la Renaissance et de l'Antiquité : au niveau de l'ensemble, le construit s'articule autour des berges du lac selon un schéma type de villa palladienne. Il se compose de bâtiments-objets inspirés des archétypes des temples grecs, isolés spatialement, articulés entre eux par des vides et non des pleins. Ces unités sont reliées par des relations géométriques rigoureuses propres au système de composition générale du projet. Composition classique et langage architectural moderne.**

Ricardo Bofill [...] Depuis toujours je cherchais à dépasser le stade artisanal pour entrer dans le mode industriel [...]. Les Temples du Lac ont voulu mettre à l'épreuve ces principes. Trois formes récurrentes : un temple à patio, un croissant et deux petits temples. Et toujours les mêmes pièces volontairement reprises et répétitives. La construction proprement dite perd alors de son poids, rien ne distrait le regard et l'architecture renoue avec son essence : au-delà de l'anecdotique, la composition de l'espace.

9 Ricardo Bofill et Jean-Louis André, *Espaces d'une vie*, *op. cit.*

**Le Temple est un grand bâtiment de quatre étages, de forme rectangulaire, dont le centre est constitué d'une grande cour intérieure gazonnée, et qui se compose de logements traversants à double orientation. On y accède par une petite entrée, latéralement au séjour. On trouve sur une façade une suite composée du séjour en position centrale ouvrant sur deux chambres de part et d'autre. Sur l'autre façade, séparées par un petit « hall » ou antichambre entre les espaces nuit et les pièces humides, on trouve les autres chambres de l'appartement. Toutes les ouvertures sont centrées dans chacune des pièces ou sur l'axe traversant, traité en transparence, ce qui rend la double orientation du logement réellement**

perceptible. Un soin particulier a été apporté aux parties communes et aux escaliers : dimensions et pentes confortables, rendu fini des surfaces et des matériaux, lumière naturelle, palier propre à deux logements, spécialement traité.

Les Templettes, ces deux édifices en continuum, développés sur un quart de cercle, se composent de petites maisons individuelles de deux étages. On y accède par la façade arrière convexe, côté parc, à travers un jardin individuel privé. Le vestibule et la cuisine donnent sur l'arrière tandis qu'un grand séjour s'ouvre, côté intérieur, par deux portes vitrées sur une terrasse qui domine les berges du lac. L'escalier d'une volée, en fausse perspective et situé en position axiale, permet de résorber la déformation due à la structure radiale, comme dans les bâtiments collectifs en forme de crescent. Il donne accès à l'étage, composé d'une grande chambre côté lac et de deux chambres plus petites côté arrière sur jardin, ainsi que les pièces humides distribuées de part et d'autre du palier du centre.

## Les Pavillons

Ces deux constructions de quatre étages sur un plan centré et carré comprennent quatre logements à double orientation par étage, autour d'un module central carré avec circulation verticale, accessible depuis un hall d'entrée de double hauteur s'ouvrant sur le lac. Le dernier niveau comprend de grands appartements en duplex dans les frontons.

## Un parc

Colonne vertébrale de tout le projet, contrepoint romantique à ces trois bâtiments classiques, le parc est composé selon les règles des jardins « à la française » (perspectives, alignements, encadrement des vues et des fonds de scène). Dans ce parc sont dessinés dans la masse des plantations, des espaces-clairières et des axes-vues, comme dans un tissu urbain composé de places (séjour) et de rues (parcours). L'immense jardin de cette composition, avec ses grandes pelouses dégagées, ses plateformes pyramidales gazonnées et ses importantes masses plantées, parachève le cadre naturel exceptionnel de cette cité-jardin du XXe siècle.

→ **Les Arcades du Lac et le Viaduc, vue aérienne**
Les Arcades du Lac and Le Viaduc, aerial view

**Double-page suivante : *Macadam*, février–mars 1980**
Following spread: *Macadam*, February/March 1980

Peut-être maintenant s'est-on résigné à ce que l'architecture soit impuissante à engendrer l'animation urbaine. On travaille dans une zone industrielle, assez loin de chez soi, ou bien à Paris ; on fait ses courses d'un « coup de voiture » à l'hyper-marché, on retourne à Paris le samedi soir... Les quartiers neufs des banlieues ne servent qu'à dormi, ou bien au jogging éventuellement, le dimanche matin, si l'on est dans un coin un peu chic. A part cela, personne, sauf les gosses à la sortie de l'école. Alors, peut-être faut-il se résigner à la monotonie et offrir à ce calme un cadre propice et confortable. C'est en tous cas le pari qui a été fait ici.

Il y a bien ces rues « *méditerranéennes* » dans lesquelles le Taller prétend avoir voulu introduire « *une vie plus fourmilière* » où les gens « *puissent se retrouver* » ; il y a bien ces carrefours et cette grande place ronde qui sera un jour munie d'un monument central, kiosque peut-être. Mais tout cela n'est qu'illusionnisme, faux-semblant, simulacre. Aucune boutique sous ces arcades : elles seront toutes concentrées dans un petit centre commercial en marge de l'opération. Aucune école, aucun équipement, aucun atelier, tout ce décord masque un empilement de logements. Et la responsabilité n'en incombe pas aux architectes.

Un plan simple, homogène, compact et sage ; un plan économique, répétitif sans excès, rectiligne pour le chemin de grue, juxtaposant des espaces clos. L'ensemble n'est pas ouvert à tous vents comme l'étaient autrefois les barres et tours ; il procure certaines intimités, chaque ruelle est bloquée à ses deux bouts par une paire d'énormes colonnes formant redant ; Bofill appelle cela des « *rues salons* ».

Une rue plus importante marque l'axe médian et conduit jusqu'au lac : « *et là nous plaçons l'élément majeur* ». C'est le « viaduc », construction plus pittoresque, étrange même, alternant les pleins et vides, sorte de château aux formes inusuelles pénétrant dans le lac « *comme à Chenonceaux* ».

## LES ARGUMENTS D'AUTORITE

Jardin à la française, tout ceci l'est par son ordonnance et sa régularité, que renforce le rythme vertical de ses façades ; il l'est par l'assise un peu lourde et solide des constructions, par l'échelle modérée qu'introduit la faible hauteur de ses trois étages.

Il l'est aussi par l'extrême sensation de confort qui s'en dégage. Cette architecture s'impose par la richesse de ses matières, l'abondance de ses pleins, l'épaisseur de sa texture. Les faux balustres, les lourds balcons, les cannelures verticales, les encadrements de baies, les linteaux arqués ne sont jamais d'une très grande finesse, le dessin proprement dit des éléments de façade pèche peut-être par une certaine grossièreté mais, dans leur simplicité brutale, les colonnes sont imposantes et belles, couronnées d'un chapiteau vaguement art-déco.

Beaucoup critiqueront, bien sûr, le répertoire formel auquel le Taller a choisi de faire appel et cette impureté, ce mensonge, qu'ils verront à singer dans ces logements les splendeurs des résidences royales. Godin pourtant, tout imprégné des idéaux du fouriérisme, voulait déjà, lorsqu'il construisait son Familistère de Guise, mettre « *la demeure de l'ouvrier dans un palais* ». *Alors, pourquoi pas Bofill?*

Qu'on porte le jugement que l'on voudra sur cette réalisation. Qu'on la critique ou qu'on la loue. Qu'on y voie, si l'on veut, les signes d'une décadence, la fin des haricots. Mais, de grâce, évitons ce vieil argument d'autorité de la vérité et du mensonge. On voit déjà se préparer le chœur des architectes français, les vertueux, les pincés, les élèves fourvoyés d'Auguste Perret, les sans-joie, les sans-avenir et sans-espoir. Tous ceux qui ont rapé jusqu'à la corde le saint suaire des vieilles croyances, autrefois si fécondes mais aujourd'hui taries.

Il n'y a plus de certitudes, il n'y a plus de ligne juste, « *correcte et magnifique* ». Il n'y a plus qu'un vaste désordre des esprits, pas mal de lassitude et quelques-uns encore, ici ou là, qui tentent des expériences. Alors laissons-les faire ou bien fermons boutique.

## AU FAIT, DE QUOI PARLONS-NOUS ?

Car, ne nous trompons pas : l'architecture n'est plus rien, ou si peu. Qui s'en soucie encore, hélas, hormis les architectes ? Les Pouvoirs publics ? C'est vrai, ils le prétendent ; mais que savent-ils d'elle ?

Et nous, qu'en savons-nous ? N'est-ce pas une illusion, une construction de nos esprits chagrins, un paradis perdu que nous voudrions voir renaître ?

L'architecture s'est pris les cheveux aux milles rouages d'une société sans pitié pour elle. C'est devenu indémêlable. On aimerait l'imaginer libre, inventive, charmeuse, quand elle est au contraire le jouet de quantités de petites tyrannies secrètement haineuses.

« *Mais vous vous êtes des artistes!* » lance-t-on aux architectes, à la fois pour les flatter et leur désigner leurs limites. Et ils en rougissent derrière leur nœud papillon, ces artistes du zipaton, du devis descriptif et de la règle à calcul. Car ils savent bien, eux, que cela n'est pas. Et pourtant... L'architecture, nous dit-on, est un art ; certes : un art notamment. Mais un art coincé dans un réseau de déterminations qui l'entravent. L'architecture doit rendre compte. Aussi ses mouvements sont-ils lents et longs ; ses modes, diluées et imbriquées, souvent peu persceptibles pour l'opinion, échappent à l'agitation du star-systèm, à ce tournoiement incessant des nouveautés qui reste un des derniers plaisirs de l'occident.

L'architecture ne peut se vêtir un jour de paillettes et de strass, l'autre de jeans délavés ; c'est une fille sérieuse. Pour elle pas question d'être, comme tout un chacun, yéyé, pop, punk, növö ou baba-cool selon la saison. L'architecture est responsable, elle doit durer et se distinguer en cela de disciplines beaucoup plus amusantes comme le graphisme, sans cesse changeant et inventif, la coiffure, la fripe ou le maquillage.

Et puis, l'architecture n'est pas seule : elle a charge de famille et ses gestes engagent la structure des entreprises, les techniques de construction. Mais elle est aussi sous tutelle, éternelle mineure, élevée à la dure, surveillée de près, tenue de respecter toutes sortes de normes, réprimandée pour le moindre écart par des bureaux de contrôle peu rieurs.

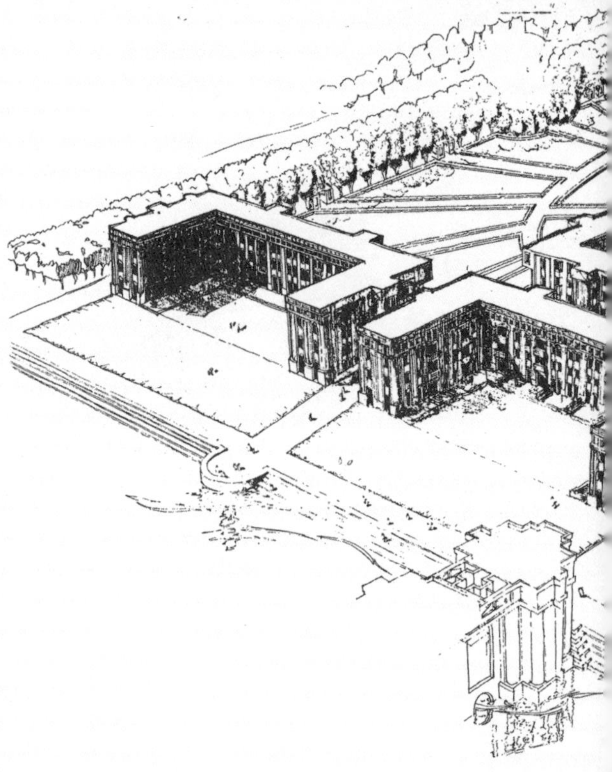

L'architecture est sans le sou, fagotée de gris à la diable, sauf quand, parfois, comme dans l'opération de Bofill, le Plan construction ou quelque bon tonton lui glisse un peu d'argent de poche pour se payer du rouge.

Et puis, d'ailleurs, elle craint le ridicule, n'ose être extravagante ; elle a sa morale à elle, ses logiques et ses fidélités. Ellle est référente, révérencieuse, souvent puritaine. Elle est triste. Elle est ce qu'on l'a faite.

Au moins chez Bofill est-elle confortable.

Corfortable, l'opération de Saint-Quentin-en-Yvelines l'est surtout par l'image épaisse, lourde et rassurante qu'elle offre et qui paraît séduire les acheteurs. Cela ne ressemble pas à du logement social, et d'ailleurs, prudemment, le F.f.f. dans ses documents omet de signaler que c'en est : puisque cela ne se voit pas, n'effarouchons pas la clientèle en le lui rappelant, même si l'union nationale des Hlm doit s'en émouvoir.

C'est bien un des problèmes de cette union au moment ou elle tente de se redéfinir : son « appellation contrôlée » perd chaque jour un peu de sa signification pour recouvrir des réalités trop diverses pour que mot garde son sens. Qu'on se rassure : ce ne sont pas les loubards de La Courneuve qui s'installeront dans ce Versailles du peuple, ce n'est pas demain encore qu'on logera les pauvres dans le velours, ni que les latrines seront, selon le mot de Lénine, tapissées d'or.

Cette opération, réalisée en programme Pap, s'adresse à un public moyen : employés, petits cadres d'un niveau de revenus un peu inférieur à celui de la clientèle traditionnelle de l'accession à la propriété et juste « solvabilisés » par l'A.p.l. (aide personnalisée au logement). La plupart des acquéreurs ne connaissent même pas Bofill bien que le promoteur ait tenté, pour la première fois sans doute, de vendre le nom de l'architecte *(Ricardo Bofill réalise avec le Fff sa première opération en France... remarquable par son architecte et la qualité de son exécution* », pouvait-on lire dans les placards publicitaires).

## L'ARCHITECTURE, ETERNEL EN DEDANS - EN DEHORS

Les gens, ici, achètent du robuste et du confortable. Car si, dans la majorité des opérations pasticheuses qui se répandent aujourd'hui, on sent le lisse de béton banché, la maigreur des menuiseries, le placage de minces éléments décoratifs, les volets de plastique, en bref la camelote, la réalisation du Taller de arquitectura accomplit ce prodige de construire un pastiche et pourtant du jamais vu : paradoxe !

Tous ces carreaux aux teintes chau-
des, en deux modules, un
étroit, soigneusement cal
dallages de terre cuite qu
les sols, la richesse et la
éléments de béton, contri
création d'une ambiance
massive et presque tendre.

Bien sûr, tout ce trava
façades et la qualité d
extérieurs se paye : le sur
de quinze à vingt pour cen
fallu dépouiller les ha
escaliers, très décents
sobres, et abandonner cer
qualités qu'on aime à trou
logement.

Il reste que les cellules s
santes et bénéficient tou
double orientation, vieille
grands ensembles et d
longues et minces, quali
mode des proliférations pu
constructions épaisses et fr
de l'époque des *modèles*
avaient failli nous faire pe
cette façade très minéral
percé de trous et non pl
rium », a sa contrepartie.
ments sont éclairés de tr
fenêtres, implantées selon
res externes et non inter
toujours composées en f
leur effet sur l'ambiance
ment. Chez le maître d'ou
raconte le cas de salles de
se trouvaient en façade,
rare et délicieux, mais que
te s'est longtemps refusé
pour ne pas bouleverser
ordonnance versaillaise.

Les rationalistes, sûrs d'eu
rire, de même qu'ils riro
lourds balcons non accessi
discussions qui opposèren
tes et promoteurs sur l'or
des logements, les uns s
dans ces cellules d'ailleu
des espaces peu cloisonné
un peu plus larges, et les a
de leur expérience, déf
qu'ils savaient devoir se ve

Mais ils riront à tort ca
d'hui, nul ne peut se flatt
l'architecture par tous ses
fait des choix, et on fait des
A Saint-Quentin, le Tal
maîtres d'ouvrage ont faits
et les ont tenus parfaitem
cette période d'écroulemen
dèles, dans cette époque

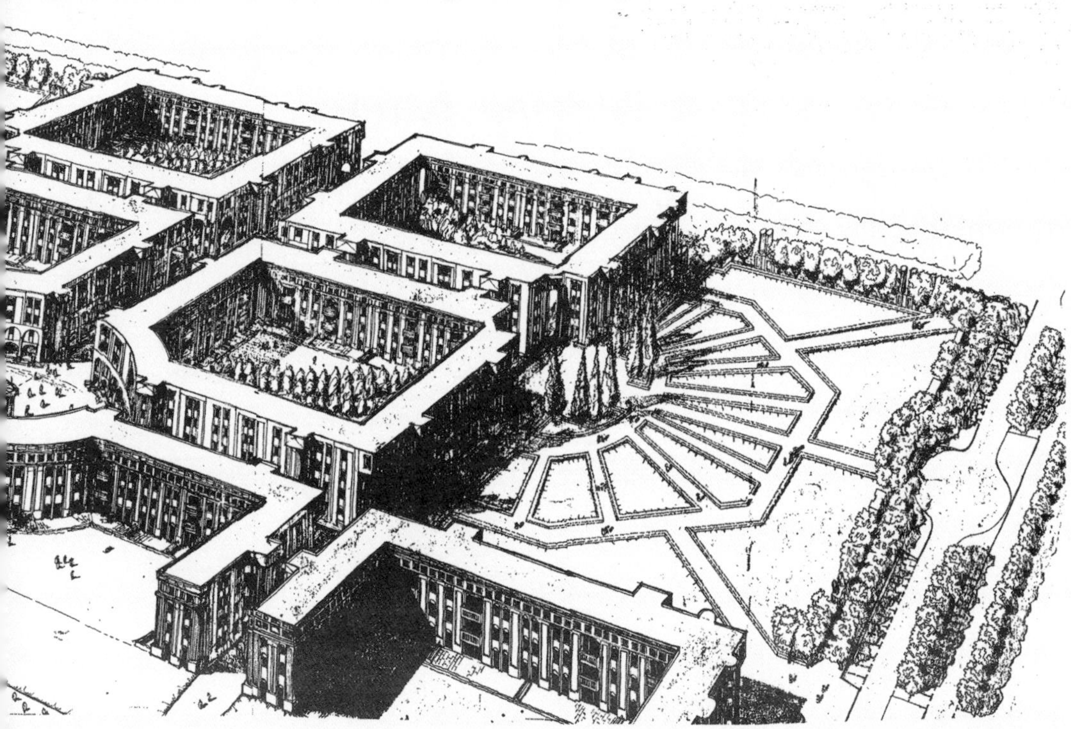

### LE BETON ATTENDRI

*ıller a su tirer profit d'une que constructive courante rarement portée à ce niveau ıalité. La construction est ionnelle : coffrage tunnel, s en grands panneaux de préfabriqués. Les joints sont cablement intégrés dans la ıature classicisante des bâti- et le béton « adouci » par eintes d'ocre.*

*veillé à la couleur, qui n'est zinte et prête à s'écailler au ıin automne, mais enfouie e matériau même; on a veillé à la texture, au grain des s. Le Taller, l'entreprise et le eur Aury (qui s'est fait une lité d'attendrir les bétons) se livrés une expérimentation ıleuse. Ils ont utilisé les ıts les plus ordinaires mais un retardateur de prise superficielle empêche que durcisse le laitier de surface : un simple coup de brosse enlève alors cette laitance.*

*Ni bouchardé, ni martelé, ni sablé, le béton redevient pierre et offre à nouveau cette sensation de profondeur, de masse, d'épaisseur qu'il avait aux beaux temps du brutalisme, et des coffrages rugueux, avec, ici, une certaine douceur en plus.*

*Peut-être cette opération sonne-t-elle le glas de ces façades de béton banché, lisses et mal aplanies, avec toutes sortes de barbes et de coulures aux joints du moule. Ce pourrait être alors la fin de la barbouille; les coloristes retourneraient aux chevalets qu'ils n'auraient jamais dû quitter et ne prendraient plus froid sur nos chantiers.*

mélange tout et tente vainement de concilier les contraires, ils se sont tracé un chemin, et l'on suivi jusqu'au bout.

### PRESQUE RIEN

Puisque les choses en sont là, puisque l'architecture n'est plus guère qu'un espoir, un devenir peut-être, on ne peut que s'interdire des jugements trop tranchés sur le peu qui se fait. Restons exigeants, vigilants, impatients, prêts à l'enthousiasme, mais sans sévérité car plus rien n'est sacré.

Que celui qui voudra critiquer chez Bofill le principe même du pastiche nous dévoile d'abord de quelle divinité nouvelle, de quelle parole révélée, il tient son assurance. Et qu'il nous prouve que lui n'imite rien ni personne et que tout, dans son œuvre, est invention. Si l'on nous permet ici une citation, nous irons la chercher chez Jankélévitch, très à la mode ces temps-ci. Elle est extraite d'un texte de 1964 sur l'ironie. « *Je ne puis ouvrir la bouche,* y écrivait-il, *sans imiter quelqu'un ou contrefaire quelque chose; j'ai beau me travailler pour être le premier, pour penser de l'inédit, toujours la tradition et la mode tirent les ficelles; mes phrases, mes idées... hélas! Mes sentiments eux-mêmes sont plus ou moins des pastiches; nous croyons aimer, et nous récitons!* »

L'architecture, sans doute, dans cette mauvaise passe qu'elle traverse, devrait-elle se satisfaire de cette philosophie du « Je-ne-sais-quoi » et du « Presque-rien ».

**François CHARRAGONS**

**P.S.** Que ceux qui trouvent l'architecture de Ricardo Bofill par trop assagie se rassurent : c'était une ruse. Il se prépare à Marne-la-Vallée une opération qui fera grand bruit dans Landerneau : trois rues au carré, étroites et hautes de seize niveaux, grands puits d'ombre modelés d'une puissante modénature, dédale d'escaliers et de coursives. De faux bossages, un appareil d'énormes claveaux en feront une extravagante synthèse de pastiche baroque et de modernité. A suivre, donc.

**Conception :**

Taller de arquitectura, architectes, et, plus particulièrement, Peter Hodgkinson pour l'avant-projet, Xavier Llistosella pour l'étude des façades et Manolo Nuñez pour celle des jardins. Bernard Torchinsky a mis au point le projet définitif et dirigé les études techniques avec Ramon Collado, suvi la réalisation avec José-Maria Rocias.

Lé béton a été mis au point par le sculpteur Jean-Pierre Aury et réalisé par l'entreprise L'hirondelle, de Villetaneuse.

**Maîtrise d'ouvrage :**

Les « *Arcades* » ont été réalisées par le Fff et le « *Viaduc* » par Cnh 2000, deux sociétés Hlm remarquables par leur politique architecturale exigeante.

Le Fff, qui a notamment pris les risques de l'industrialisation ouverte au Vaudreuil, a construit avec E. Ciriani à Marne-la-Vallée l'une des œuvres les plus marquantes de ces dernières années, la « *Noiseraie* »; quant à la S.A. Cnh 2000, elle est depuis longtemps associée aux tentatives du Taller de Arquitectura puisqu'elle avait participé au projet de « *Petite cathédrale* » à Cergy (avec la Sefri et le Logement Français), et qu'elle entreprend avec les mêmes architectes une grande opération à Noisy-le-Grand (440 Logements, dont 340 en locatif aidé et 100 en Pap accession).

Les « *Arcades* » : 386 logements en accession, financement Pap; 320 achevés à la fin 1980 et 66 à construire dans les deux ailes en 1981.

Le « *Viaduc* » : 74 logements en accession, partie Pc, partie Pic.

A noter une subvention de 300 000 francs du Plan Construction au titre des opérations expérimentales.

# Saint-Quentin-en-Yvelines New Town Le Lac

**Le Viaduc et les Arcades du Lac** / The Viaduct and the Arcades du Lac

## ɅAn iconic project with enthusiastic esidents forty years on

.e Lac (The Lake) is a social housing scheme that comprises 676 dwellings (apartments and terraced houses) offered through a state-assisted ɔurchase programme, around an expanse of water. The three main lements were built between 1978 and 1987 around a rainwater collecion reservoir, "La Sourderie", on land within the town boundaries ɔf Montigny-le-Bretonneux and Voisins-le-Bretonneux: "Les Arcades lu Lac" (The Lake Arcades), with 378 units spread across five storeys; Le Viaduc" (The Viaduct), with 74 units spread across five storeys; and Le Temple" and "Les Templettes", with 224 units, some of which are ndividual terraced houses, others grouped dwellings in the centre and n blocks to the sides.

## es Arcades du Lac: "Versailles for the people"[1]

*To give back to humanity that which humanity would give to its gods"*

Ricardo Bofill **Although it's never its primary or main meaning, my architecture also has a sense of militancy. Some people reproach it for disguising functions. A social housing scheme that doesn't look like a social housing scheme. Uproar, jealousy, social tensions!—my social housing projects are better-looking than the housing blocks around them. [...] This apartment block looks like a palace.**

**Of course, inside them, because of budget constraints, the apartments are sometimes more conventional. [...] Status comes on top of simple comfort and convenience, and the charm of a harmonious street on top of the pure satisfaction of everyday functions. People need signs and spaces just as much as they need televisions and baths.**

Ricardo Bofill **From when I started to work on social housing, I tried to invert the power relations, to be at least on a level playing field with those in power. The successful projects are the ones that are based on a relationship of cooperation, mutual understanding and trust.**

erge Goldberg, then director-general of the Saint-Quentin-en-Yvelines Iew Town, summarizes the objectives that he had given to Taller.

Serge Goldberg **The story with Ricardo Bofill is interesting. It began when I started to become conscious of how the New Town was suffering from a reduced sociological make-up [...]. Young**

1 The epithet used for the scheme by the press, and notably by the newspaper *Le Monde.*

2 Ricardo Bofill, *L'Architecture d'un homme. Entretiens avec François Hébert-Stevens*, Paris: Éditions Arthaud, 1978.

3 Ricardo Bofill and Jean-Louis André, *Espaces d'une vie*, Paris: Éditions Odile Jacob, 1989.

4 Extracts from an interview with Sabine Effosse, doctoral associate in history and lecturer at the University of Tours, 2002.

couples with children, not too poor. Because even the social housing wasn't for the poorest—those blocks of flats didn't come cheap [...]. At least, that was what I was convinced of, and I wanted to invent a rather snobbish project that would attract fashionable types who could serve as a showcase for advertising... Saint-Quentin-en-Yvelines had been invented from scratch, for promotional aims... So we needed to invent something a bit snobbish. I thought to myself: "We have a fort that's very beautiful, extraordinary, mysterious—the Fort of Saint-Cyr." The Fort of Saint-Cyr is very near the lake at Saint-Quentin-en-Yvelines [...]. And I figured that we could do something amazing. But who could do that? I thought of Ricardo Bofill. He was interested straight away [...]. I said to him: "I'd like to make some housing that will attract a very snobbish population—celebrities. At the same time, we need to think up some homes that can be split into two, for the parents and the children." He proposed some interesting units. The only thing was that they were too big to be produced within the social housing price range. I kept the big book of technical drawings that Bofill gave me for a long time. Eventually I donated it to the archives of the IFA,[5] along with a maquette of the project which I however saw as too unrealistic. In the end, I said to Bofill: "You couldn't do the Petite Cathédrale project. We're floundering here. You're going to do a five-storey social housing project for me. But what I want you to pay particular attention to is the relationship between the housing units and the street." One day, he came to me with an extension out over the lake (which is actually a reservoir for storing and regulating rainwater), Le Viaduc. I fell for it there and then [...]. It was hard, but at the same time it was tight. He'd gone quite a long way with it. And it's true that there was a relationship between the façades and the street. So he'd done what I'd asked him to. That was the series of events through which this project of Bofill's came about.

5 IFA: Institut Français d'Architecture (French Institute of Architecture).

6 Ricardo Bofill I managed to demonstrate to France as a whole that social housing isn't synonymous with brutality or resignation, but on the contrary, a certain solemnity, a sense of rhythm and beauty suit it well. Without necessarily causing the costs to shoot up.

The suburbs don't need to be leftover places, but can sometimes be monuments dedicated to humanity. Concrete, long considered a second-rate material, can be a noble one [...]. Classicism allows us not to impose a building type, but provides the principles needed to form new ones [...]. A new industrial aesthetic? [...] Arcades, windows, doors, each of these elements can be made separately, mass-produced, and hence be in line

6 Ricardo Bofill and Jean-Louis André, *Espaces d'une vie*, Paris: Éditions Odi Jacob, 1989.

**with the needs of industrial production. The building is formed of a base structure, with machine-moulded elements tacked onto it. For it to be cost-effective, the moulds need to be used as many times as possible. The aim is therefore to design a limited number of elements, and that means very seriously paring back decorative motifs** [...]. **I can therefore be faithful to classical architecture, which provides the rules of composition and the basic vocabulary, while at the same time conforming to the demands of industrial production** [...]. **Always within the constraints of an economic system. I was excited to discover this, some fifteen years ago.**

## e Temple and Les Templettes

Ricardo Bofill **I wanted to give back to humanity that which humanity would give to its gods: to introduce the archetype of a temple into a "social" dwelling, to divert the grandeur and solemnity of religion towards the most neglected people in our society** [...].

7 Ricardo Bofill, *L'Architecture d'un homme. Entretiens avec François Hébert-Stevens*, *op. cit.*

his design asserts a fusion of theories from the Renaissance and Antiuity: the group of buildings is laid out around the banks of the lake ccording to the typical arrangement of a Palladian villa. It is composed f buildings as objects, inspired by the archetypes of Greek temples, patially isolated and with the relationships between them articulated y voids rather than solids. The different blocks are linked through rigoous geometrical associations that are specific to the project's overall omposition. Classical composition and modern architectural language.

Ricardo Bofill **I've always sought to go beyond the craft stage and enter into industrial mode** [...]. **Les Temples du Lac put those principles to the text. Three recurring forms: a courtyard temple, a crescent and two small temples. And still the same pieces, deliberately reprised and repetitive. The construction per se then loses all its weight, nothing distracts the gaze and the architecture reconnects with its essence: beyond anecdote, the composition of space.**

8 Ricardo Bofill and Jean-Louis André, *Espaces d'une vie*, *op. cit.*

he large, four-storey, rectangular-plan building, the centre of which omprises a large, grassy inner courtyard, is composed of dual-aspect welling units that extend from one side to the other. They are entered rough a small hallway to the side of the living room. On one façade iere is a suite that comprises the living room at the centre, opening nto two bedrooms—one to each side. On the other façade are the other edrooms, separated by a small "hall" or antechamber between them and the bathrooms. All of the openings are placed centrally within each room or on the cross axis, which is treated transparently, making the dual aspect of the dwelling unit genuinely noticeable.

Particular care was taken over the shared spaces and staircases: comfortable dimensions and gradients, well-finished surfaces and materials, natural light and specially designed landings, each belonging to two of the dwelling units.

These two edifices, each ranged around a quarter-circle in a continuum, are composed of small, self-contained two-storey houses. They are accessed via the convex rear façade, on the park side, through an individual private garden. The entrance lobby and kitchen open to the rear, while a large living room has glazed double doors to the inner side that open onto a terrace overlooking the lakeside.

The single-flight staircase has a false perspectival plan and is positioned on an axis, counterbalancing the distortion caused by the radial structure, similarly to the arrangement in large "crescents" of houses. It provides access to the upper storey, which is composed of a large bedroom on the lake side and two smaller bedrooms on the garden side to the rear, as well as bathrooms set to either side of the central landing.

## The Pavilions

These two four-storey buildings on a centralized square plan comprise four dual-aspect dwelling units per floor, around a central square module with vertical circulation that can be accessed via a double-height entrance hall which opens onto the lake side. The upper level contains large two-storey apartments in the pediments.

## A park

The spine of the entire project, and a romantic counterpoint to these three classical buildings, the park is laid out according to the rules of French-style garden design (perspectives, alignments, framing views and backdrops). Integral to the park, the planted areas, clearings and vistas are planned out as if in urban fabric composed of squares (living room) and streets (paths). The immense garden in this composition, with its expansive, wide-open lawns, grassy pyramidal platforms and substantial plantings, completes the exceptional natural setting for this 20th-century "garden city".

e Temple et Les Templettes / Le Temple and Les Templettes

avillon le Temple, panneaux de béton architectonique teinté dans la masse / Les Templettes: Le Temple, integrally coloured
ir-faced concrete panels

# Marne-la-Vallée : les espaces d'Abraxas



Commanditaire / Client
**Le Palacio d'Abraxas : Société de HLM-CNH 2000**
**Le Théâtre et / and l'Arc de Triomphe : Société HLM Les Trois Vallées**

Surface / Total area
**47 000 m²**

Principaux collaborateurs / Key collaborators
**Peter Hodgkinson**
**Ramón Collado**
**Thierry Recevski**
**Jean-Pierre Carniaux**
**Patrick Dillon**
**Xavier Llistosella**

Programme
**Le Palacio d'Abraxas (1979–1982) : 441 logements sociaux / social housing units**
**Le Théâtre et / and l'Arc de Triomphe : 150 logements HLM en accession à la propriété / social housing units with assisted ownership**

1979

1982

▸ Les espaces d'Abraxas. Ricardo Bofill, esquisse de façade pignon. Feutre
Les Espaces d'Abraxas. Ricardo Bofill, gable façade sketch. Felt-tip pen

▸ Le Palacio d'Abraxas, vue du pignon, panneaux de béton architectonique teinté dans la masse / Le Palacio d'Abraxas, view of the gable, integrally coloured fair-faced concrete panels

**Le Palacio d'Abraxas, façades en béton architectonique teinté dans la masse** / Le Palacio d'Abraxas, integrally coloured fair-faced concrete façades

## Promesse d'une utopie urbaine : un « projet monument »

1 Ricardo Bofill Le projet du Théâtre et du Palacio d'Abraxas consistait à construire 600 logements sociaux à l'entrée de la ville nouvelle de Marne-la-Vallée à 10 kilomètres de Paris [...]. Pendant qu'à Paris se poursuivaient discussions et conflits autour du projet des Halles, j'étais en Algérie [...]. À ce moment même, les représentants de la ville nouvelle de Marne-la-Vallée me commandèrent ce « projet-monument » et très vite j'en déduisis que c'était une chance. Il s'agissait, pour les commanditaires et pour l'architecte coordinateur de l'ensemble, Aymeric Zublena — Macary-Zublena SCAU —, de souligner et de traduire l'existence de cette ville nouvelle, par un symbole qui soit frappant et représentatif [...]. Plongé et emmêlé dans des situations toutes contradictoires, entre deux avions, surgit dans mon esprit ce projet avec comme perspective un nouveau mécanisme de travail [...].

1 Texte de Ricardo Bofill sur l'ensemble de Marne-la-Vallée, 1983.

2 Peter Hodgkinson Je propose le concept en X avec Jean-Pierre Carniaux. C'est un Walden 7 avec des façades inspirées des Arcades du Lac ; sous l'influence de Charles Jencks. Anna Bofill-Levi était alors responsable du Taller de Barcelone, en l'absence de son frère Ricardo qui était en Algérie avec le reste de l'équipe de Paris et de Barcelone. Je présente le projet au Conseil municipal et à la maire communiste de Marne-la-Vallée. Raimond Guàrdia Riera avait fait les perspectives avec un ton de béton coloré en bleu. Il y avait des gens pour et des gens contre. Finalement, la mairesse le fait approuver par le Conseil.

Ricardo rentre d'Algérie. Patrick Dillon reprend le projet, y sont ajoutés des colonnes et d'autres changements. Le dossier repasse alors devant le Conseil municipal, qui l'approuve de nouveau. Le promoteur était Michel Vitry, directeur général de la société de HLM CNH2000, grand admirateur, avec son adjoint Claude Perriguey, du travail du Taller et de Ricardo. La poursuite du concept de l'ensemble de la composition, incluant l'opération en accession à la propriété du Théâtre et de l'Arc de triomphe dont le promoteur est la société de HLM Les Trois Vallées dirigée à l'époque par Pierre Chevoir, me sont confiées avec Jean-Pierre Carniaux (nouvellement arrivé au Taller de Barcelone).

2 Entretien avec l'autrice le 25 novembre 2022 à Falset (Espagne).

3 Jean-Pierre Carniaux J'ai travaillé sur le projet du Palacio d'Abraxas à Marne-la-Vallée avec Peter ; le premier projet était tout en verre ! Sur une structure en X selon la typologie de la Petite Cathédrale et de Walden 7, modulaire, tridimensionnel, avec des couloirs extérieurs tous les deux étages et des petits appartements de type HLM.

3 Propos de Jean-Pierre Carniaux, architecte MIT *partner* de RBTA, recueillis par l'autrice le 3 novembre 2022 à Sant Martí Vell.

Et puis, au retour de Ricardo, il y a eu l'introduction de panneaux préfabriqués en béton architectonique avec des motifs répétitifs de l'architecture classique. La conception spatiale est moderne, des éléments classiques viennent s'y ajouter comme éléments décoratifs « modernes-classiques » ou « postmodernes » qui se répètent. Il s'agit de « pervertir », ou de « subvertir » en le contournant, le vocabulaire classique : les bow-windows deviennent des colonnes de verre, comme dans l'ensemble du Théâtre ; les frises classiques abritent des plantes, comme aussi dans la place du Nombre d'or à Montpellier [...]. Pour la France, nous voulions une esthétique volontariste, notamment sur les trois ensembles à Marne-la-Vallée, le Palacio, le Théâtre, l'Arc de triomphe habité et les gradins en jardin. Il s'agissait, comme plus tôt à Saint-Quentin-en-Yvelines, au Jardin des Halles et plus tard à Cergy-Pontoise pour le quartier de Saint-Christophe, de défendre une composition générale affirmée, de donner un visage à la ville et de théâtraliser notre vie. L'habitant devenant acteur dans l'espace construit.

4 Ricardo Bofill Mes collaborateurs, Peter Hodgkinson, Anna Bofill-Levi, Jean-Pierre Carniaux, Xavier Llistosella, Patrick Dillon et plus tard Ramón Collado, Hilario Pareja et Thierry Recevski, conçurent et dessinèrent avec l'enthousiasme de celui qui projette pour la première fois, comme s'il n'avait jamais essuyé d'échec ni de déception. À l'instant de concevoir un projet, il faut être attentif à maintenir l'équilibre fragile entre la forme de ce projet, complexe et riche en valeurs symboliques et la technologie qui permettra sa réalisation en lui servant d'instrument [...]. Lentement ce projet prit corps et vint s'ajouter à la liste d'une longue série de projets. Il devenait peu à peu la réalisation la plus significative, celle qui marquerait un pas essentiel, dans la série de tentatives de succès et d'échecs qui ponctuent la constante évolution du Taller de Arquitectura sur le plan théorique et de ses réalisations. Le travail se densifiait chaque fois davantage, une série de thèmes apparaissaient et finalement le projet acquit l'ambivalence d'une œuvre complexe, contradictoire, qui était en même temps une réponse à l'analyse d'une crise interminable que traverse l'architecture depuis qu'a commencé l'époque rationaliste.

4 Texte de Ricardo Bofill sur l'ensemble de Marne-la-Vallée, 1983.

J'ai éliminé certains des thèmes qui nous préoccupaient il y a un an et qu'aujourd'hui le Taller de Arquitectura considère comme en partie résolus. Les pays industriels, en Europe surtout, se sont reconstruits, après la Seconde Guerre mondiale. La majeure partie de leurs constructions ont vu le jour, puis les utopies des années 1960 se sont évaporées, récupérées par le pouvoir politique. La technologie n'a rien apporté de nouveau dans le domaine de la construction. Luxe et richesse restent les valeurs qui définissent la classe sociale de chacun et par conséquent les canons esthétiques. Les conflits entre les divers intérêts et leurs contradictions ne permettent pas à l'architecture de remplir sa fonction. Conséquence : la ville ne fonctionne pas. Le rationalisme d'une part, le binôme fonction-forme, la réduction de l'activité de l'homme à un fonctionnement de machine et à un accomplissement positiviste schématique, bloquent l'évolution de la théorie et de la pratique architecturales.

Les luttes entre les différentes classes culturelles, les exercices de style stériles face à la rigidité de l'administration française et des ingénieurs des bureaux d'études font que l'architecte a recours à son propre goût et au dessin comme unique expression de son imagination. Une profusion de livres et d'expositions le prouvent (en ce moment) et soulignent cette impuissance à affronter des thèmes inscrits dans la réalité de la construction. Si l'on analyse avec recul, sans tenir compte des aspects politiques, l'histoire du mouvement utopique, on s'aperçoit que notre époque exige de l'expérience, de la pratique, pour pouvoir élaborer une théorie globale pertinente. Si les arts et les sciences se sont développés jusqu'à nos jours, aujourd'hui ils tendent à se figer en démontrant par là même la fragilité de notre système de pensée. Les utopistes français, les révolutionnaires de l'architecture du XVIII^e siècle ont peu influencé l'architecture construite. Ledoux est plus crédible parce qu'il a construit, créant un langage architectural riche et pertinent. À mon sens, la théorie devrait s'accompagner de pratique, se confronter à une expérimentation tangible, pour devenir crédible dans le champ compliqué de l'intellectuel théoricien d'aujourd'hui.

## Le Palacio

**Le Palacio est un édifice de dix-neuf étages, hauteur maximale pour un exercice de composition. Rectangles, triangles, cylindres, cubes, l'ensemble de la façade, qui dessine un U, est formé du mur-fronton de la façade jardin, elle est la toile de fond du Théâtre. Trois ordres composent la façade, structurée par une porte urbaine centrale, deux fenêtres urbaines latérales et deux autres fenêtres en angle sur les pièces latérales. L'ensemble forme une composition monumentale.**

**Pour le Taller de Arquitectura, c'est le premier exercice de composition qui soit de dimension si importante, joint à une volumétrie dans l'espace.**

## Le Théâtre et l'Arc de triomphe

**Le Théâtre est un demi-cercle débordé, formé d'un système de trames, régulier dans son développement longitudinal et dans son développement vertical. La théâtralité de ce temple habité est donnée par l'ordre vertical, celui que compose une série de colonnes de verre réfléchissant qui ont la propriété de se transformer en fonction de la lumière, de dynamiser la construction, de porter le regard ailleurs. Théâtralité fluide, élémentaire, éclatée. Espace convexe fermé, rigoureux mais changeant.**

**Cet ensemble comprend 130 logements. Chaque communication verticale — ascenseur, escalier — distribue à travers un hall d'entrée deux logements par étage, de deux à cinq pièces. Chaque logement bénéficie d'une double orientation : vers l'intérieur du Théâtre et vers l'extérieur, sur Paris. Les derniers niveaux viennent en porte-à-faux, formant un grand balcon sur la place intérieure. Le toit est planté d'arbres mais non accessible. La théâtralité des places favorise l'inversion des rôles : l'acteur deviendra spectateur et le spectateur, acteur.**

**Situé au centre de l'espace intérieur, un troisième édifice de vingt logements vient accentuer l'effet de mise en scène de l'Arc. Diviseur d'espace et de temps, élément central essentiel, l'Arc se donne à voir comme la résurgence formelle des deux autres édifices : il est traité avec un revêtement en terre cuite. Des plantes recouvrent sa partie haute, le détournant ainsi de sa portée symbolique habituelle. Son aspect final est celui d'un arc romantique et non pas triomphant.**

**→ Le Palacio d'Abraxas, vue sur rue intérieure, panneaux de béton architectonique lisse teinté dans la masse**
Le Palacio d'Abraxas, view of the interior street, smooth integrally coloured fair-faced concrete panels

**Double-page suivante : Extrait de presse, *Le Monde*, supplément « Week-end »**
Following spread: "Week-end" supplement of *Le Monde* newspaper

ARCHITECTURE

# modernité ou prudence passéiste ?

**Fonctionnalisme et post-modernité, plusieurs expositions : chapelle de la Salpêtrière, Institut français d'architecture, école des Beaux-Arts, centre Beaubourg, développent ces termes abstraits, portent à la connaissance du public les tendances de l'architecture et de l'urbanisme en France. Des questions qui nous concernent et auxquelles répond ici l'urbaniste Marcel Cornu.**

**Marcel Cornu.** — Ces expositions nous font entrer dans un débat ouvert depuis quelques années et qui pourrait bien s'enflammer cet hiver. Ce qui est en question ? C'est ce qu'on appelle le post-modernisme.

**M.H.C.** — *Est-ce que cette querelle de l'architecture « post-moderne » contre l'« architecture moderne » présente pour la majorité de la population un réel intérêt ?*

**M. C.** — Oui. Car cette affaire architecturale n'est pas strictement technique. Elle a une portée plus étendue, une dimension socio-politique. A la vérité, pourquoi s'en étonner ? L'architecture aujourd'hui ne saurait être dissociée de l'urbanisme, ni de la politique de construction, ni de la politique urbaine. Elle ne peut être dissociée non plus de la politique du logement, notamment du logement social, etc.

**M.H.C.** — *Cette architecture dite post-moderne est en effet abondamment montrée dans ces expositions. Complaisamment glorifiée dans celle — collective — intitulée « Présence de l'histoire ». Généreusement étalée dans celle de l'Institut français d'architecture où, il est vrai, elle n'est pas seule présentée. Quant aux dernières œuvres de Ricardo Bofill, à l'école des Beaux-Arts, réalisées ou projetées en France, elles sont souverainement « post-modernes ». Mais d'abord, dites-nous rapidement ce qui caractérise le post-modernisme architectural.*

**M. C.** — Il ne faut pas l'imaginer comme un mouvement unifié et cohérent. Qui a élaboré des règles et publié des manifestes. Et qui aurait un leader comme Le Corbusier l'a été jadis en France pour le fonctionnalisme. C'est plutôt un faisceau de tendances.

# END

*maquette ; vue d'ensemble du projet pour Marne-la-Vallée. Le néo-classicisme aujourd'hui.*

A l'exposition de l'Institut français d'architecture, les organisateurs ont essayé, non sans peine, de distinguer au moins deux courants principaux. D'abord les architectes qu'ils appellent « historicistes ». Ceux-là veulent des villes comme autrefois, organisées sur le modèle traditionnel, faites d'îlots (c'est-à-dire de blocs d'immeubles) et ayant de vraies rues, de vraies places. Ils s'efforcent d'animer les façades de leurs maisons neuves en réutilisant les motifs anciens. Et, précisent-ils eux-mêmes, nous n'avons pas peur d'imiter. Ni même de copier ou de pasticher.

Tandis que d'autres post-modernistes penchent vers une sorte de populisme ou, plus souvent, se réfugient dans le folklore. Soyons modestes, disent-ils. Construisons avec simplicité. Retrouvons l'architecture courante du bon vieux temps, renouons avec les sages traditions régionales.

commandés par le pouvoir. L'une et l'autre répondaient à une volonté politique de concentration urbaine. Car cette concentration des hommes et des activités dans de très grandes villes était alors considérée comme un moteur de développement économique. Il fallait construire massivement, vite et économiquement. Les fonctionnalistes, depuis longtemps, avaient pensé à ce genre de problèmes et s'étaient préoccupés de l'architecture des logements sociaux. Les responsables officiels comme les promoteurs privés se sont servis du fonctionnalisme. Ils l'ont brandi comme un drapeau. Mais ils l'ont exploité pour leurs besoins et transformé au gré des intérêts des classes dirigeantes. C'est pourquoi, entre ce que disait la doctrine et ce qui se construisait alors, le décalage était énorme. Et à ce moment déjà le « béton » était devenu dans la masse de la population le mythe obsédant qu'il est encore aujourd'hui. Puis, quelva ? La crise s'est rapidement répercutée dans la politique urbaine. Baisse globale de la construction de logements. Baisse particulièrement notable des logements sociaux (en 1974, 115.000 sont construits, cette année 60.000). Les ambitieuses rénovations de quartiers anciens qu'on démolissait pour édifier de superbes tours étaient devenues trop onéreuses. On préférait conserver les vieux immeubles et les « réhabiliter » comme on dit. Et fini les grands programmes de construction. C'est ce qu'on a appelé la « nouvelle politique urbaine ». Nos gentils petits post-modernistes qui cherchaient à plaire, qui agrémentaient les façades de décors traditionnels et qui, c'est vrai, étudiaient avec plus de soin les plans des appartements, étaient dès lors les bienvenus. Leurs façons de faire correspondaient avec la nouvelle politique urbaine. Et même pouvaient servir d'illustration à la fallacieuse idéologie de « la qua-

## Promising an urban utopia: a "monument-project"

1 Ricardo Bofill The project for Le Théâtre and Le Palacio d'Abraxas consisted of building 600 social housing units at the entrance of Marne-la-Vallée New Town, 10 kilometres from Paris [...]. While the discussions and disputes concerning Les Halles continued, I was in Algeria [...], and at the same time, representatives of Marne-la-Vallée New Town commissioned me to design a "monument-project", which I soon realized was an excellent opportunity. The objective for the town council, and for the architectural coordinators, Aymeric Zublena—Macary-Zublena SCAU was to give the New Town a strongly expressed symbol that was both striking and representative [...]. Deeply enmeshed in thoroughly contradictory situations and in flight, this project gave my mind fresh impetus with the prospect of a new work mechanism.

1 Ricardo Bofill, text on the Marne-la-Vallée conglomeration, 1983.

2 Peter Hodgkinson In collaboration with Jean-Pierre Carniaux (a new Taller arrival from Barcelona), I proposed an X-shaped design similar to Walden 7 with façades inspired by Les Arcades du Lac, and influenced by Charles Jencks. In her brother's absence, Anna Bofill-Levi was then running Taller in Barcelona. Ricardo was in Algeria with the rest of the Paris and Barcelona team.

I presented the project to the municipal council and to the Communist mayoress of Marne-la-Vallée. Raimond Guàrdia

2 Interview with the author on 25 Novembre 2022 in Fals (Spain).

**es espaces d'Abraxas, vue aérienne d'ensemble** / Les Espaces d'Abraxas, aerial view of the entire complex

**Théâtre, vue aérienne sur les gradins de verdure** / Le Théâtre, aerial view of the grassy seating terraces

Riera produced the perspectives showing the concrete in shades of blue. Some were for and some against. The Mayoress finally approved it through the council.

Ricardo returned from Algeria, and Patrick Dillon took on the project, to which columns were added and other changes made. The plans went back to the municipal council, who approved them once again. The developer Michel Vitry, director general of the HLM-CNH2000 organization, and his deputy Jean-Claude Perriguey were great admirers of Taller and Ricardo.

Jean-Pierre Carniaux and I were entrusted with continuing the entire design, including the home-owning units in Le Théatre and L'Arc de Triomphe whose developers were the HLM Les Trois Vallées organization then directed by Pierre Chevoir.

3 Jean-Pierre Carniaux I worked with Peter on the Palacio d'Abraxas project in Marne-la-Vallée, the first of which was entirely of glass! It was formulated on the X design in the same manner as La Petite Cathédrale and Walden 7: modular and three-dimensional, with exterior corridors every two floors and small social housing units.

And when Ricardo returned we introduced prefabricated architectural concrete panels with repetitive motifs from classical architecture. The spatial concept was modern, and the classical decorative elements were "modern-classical" or "Postmodern". It was a question of getting around the classical vocabulary by "perverting" or "subverting" it: the bow windows became columns of glass, as can be seen end to end in Le Théâtre; foliage characterizes the classical friezes, which is also found in the Place du Nombre d'Or in Montpellier. [...] For France we wanted an assertive aesthetic, particularly for the three buildings in Marne-la-Vallée—Le Palacio, Le Théâtre, the inhabited Arc de Triomphe and the tiered gardens. As with the earlier projects at Saint-Quentin-en-Yvelines and the Jardin des Halles, and later at Cergy-Pontoise for the Saint-Christophe district, our aim was to maintain a strong overall composition to provide the town with an identity and a theatrical framework for the lives of the inhabitants, who would become the actors in the space constructed.

3 Commentary by Jean-Pierre Carniaux, MIT architect and RBTA partner, noted by the author 3 November 2022 at Sant Martí Vell, Spain.

4 Ricardo Bofill My colleagues Peter Hodgkinson, Anna Bofill-Levi, Jean-Pierre Carniaux, Xavier Llistosella, Patrick Dillon and later Ramón Collado, Hilario Pareja and Thierry Recevski designed and drew as enthusiastically as if launching into their very first project; as if they had never suffered defeat or disappointment. At the time of a project's conception, care is needed in order

4 Ricardo Bofill, text on the Marne-la-Vallée conglomeration, 1983.

to maintain the delicate balance between the complexities of its form and rich symbolic values and the technology that will serve as the tool for its execution. [...] The project slowly took shape and was added to the list of a long series of assignments. But it gradually became our most important achievement, and in terms of both theory and fulfilment, one that would mark an essential step forward, in the series of successful and unsuccessful ventures that had punctuated Taller de Arquitectura's constant evolution. The work became increasingly overcharged, a string of themes were produced, until in the end, the project had become an ambivalent, complex and contradictory work, which at the same time was a response to the analysis of an interminable crisis that architecture had been suffering since the beginning of the rationalist era.

I eliminated some the themes which we had found problematic a year ago, and which Taller de Arquitectura now considered to be partly resolved. After the Second World War, industrial countries, especially in Europe, were able to rebuild and to complete most of their buildings. But then the utopian ideals of the 1960s evaporated, swept up by political power. Technology brought nothing new to construction. Luxury and wealth remain the values that define social class and, consequently, aesthetic principles. Contradictions and conflicting interests prevent architecture from fulfilling its purpose, so the city doesn't function as a result. Rationalism on the one hand, and the function/form combination—the reduction of human activity to a mechanical function and a schematic positivist achievement—on the other, has blocked the evolution of architectural theory and practice.

The cultural class struggle and sterile stylistic exercises, in the face of an inflexible French administration and engineers in urban planning, has meant that architects have to rely on their own taste and designs as the only means of expressing their imagination. The profusion of books and exhibitions (at the moment) underscore and testify to this powerlessness to confront themes that are part and parcel of the reality of construction. If, in hindsight, we were to analyse the history of the Utopian movement, without taking the political aspects into account, we would realize that our era demands experience and hands-on practice in order to develop a relevant global theory. Although the arts and sciences have kept evolving to the present day, they now have a tendency to freeze, clearly demonstrating the fragility of our systems thinking. The French Utopians—the revolutionaries of 18th-century architecture—had little influence over the architecture that was built. Ledoux was the most credible because he constructed and created a rich

**and relevant architectural language. In my view, theory should go hand-in-hand with practice; it should engage in tangible experience in order to have credibility in the complicated field of today's intellectual theorist.**

## Le Palacio

Le Palacio is a 19-storey building, the maximum height for a compositional exercise. Its entire U-shaped façade of rectangles, cylinders and cubes is organized around the garden's wall and pediment frontage, and forms the backdrop to Le Théâtre. The façade is made up of three orders structured around a central urban gateway, two windows onto the town and two other angled windows on the side elements. The whole is a monumental composition. It was the first time that Taller de Arquitectura had undertaken a composition of such vast dimensions, together with volumes in space.

## Le Théâtre and L'Arc de Triomphe

Le Théâtre is an unrestrained semicircle built up on a grid system with a uniform longitudinal and vertical construction. The theatricality of this inhabited temple is due to the vertical order, which is composed of a series of reflecting glass columns that change with the light, give life to the construction, and distract the eye: seamless theatricality, fundamental, resplendent—it is an enclosed convex space, strict yet mutable.

The complex is made up of 130 apartments. Each vertical circulation element—the lifts and stairs—gives onto an entrance hall with two apartments of two to five rooms per floor. The units are dually oriented towards the interior of Le Théâtre and outwards towards Paris. The top floors are cantilevered, forming a large balcony overlooking the interior square. The roof is planted with trees, but is not accessible. The theatricality of the spaces is a setting for role reversal—the actor becomes a spectator and the spectator an actor.

There is a third, 20-unit building in the interior space which emphasizes L'Arc de Triomphe's dramatic staging. It is an essential central element that divides space and time, and can be seen as a formal reincarnation of the other two buildings. Clad in terracotta, plants cover the upper part of the building, divorcing it from its usual symbolic significance and giving it a romantic rather than triumphant aspect.

› **Les espaces d'Abraxas, vue de l'axe du Palacio vers le Théâtre** / Les Espaces d'Abraxas, view on the Palacio axis towards Le Théâtre

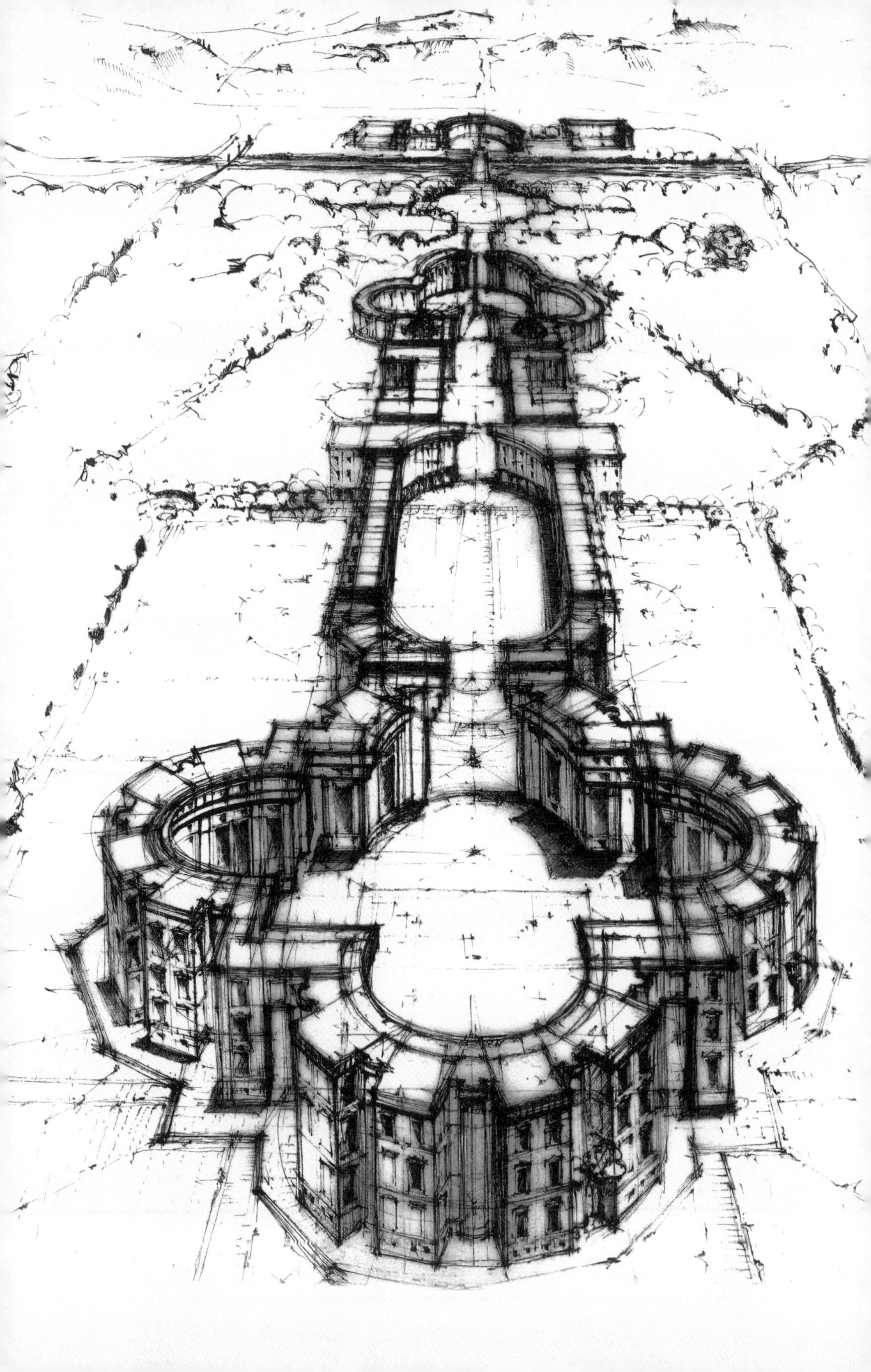

# Antigone



Commanditaire / Client
**Antigone : Ville de Montpellier**
**Le Nombre d'or : SERM**
**Les Échelles de la Ville : Ville de Montpellier**
**Hôtel de Région : Conseil régional du Languedoc-Roussillon**

Surface / Total area
**400 000 m²**
**Le Port Juvénal : 30 695 m²**
**Les Échelles de la Ville : 11 000 m²**
**Piscine olympique / Olympic pool : 15 000 m²**
**Hôtel de Région : 10 000 m²**

Principaux collaborateurs / Key collaborators
**Jean-Pierre Carniaux** (direction)
**Patrick Genard**
**Ramón Collado**
**Xavier Grau**
**Rogelio Jiménez Pons**
**Nathalie Hollevoet**
**Omar Migliore**

Programme
**La place du Nombre d'or (1979–1984) : 224 logements HLM en centre-ville / social housing units in the town centre**
**Le Port Juvénal (1986–1989) : logements sociaux et bureaux / social housing units and offices**
**Les Échelles de la Ville (1984)**
**Hôtel de Région (1986)**
**Piscine olympique / Olympic pool (1996)**

## 1979 1996

**Dessin plan de masse de l'ensemble. Encre de Chine**
Ground-plan drawing of the entire scheme. Indian ink

**Les Échelles de la Ville, détail de l'escalier urbain en béton architectonique teinté dans la masse**
Les Échelles de la Ville, detail of the urban stairway in integrally coloured fair-faced concrete

## La commande : grandiose, puissant et méditerranéen

1 Ricardo Bofill Je défends une politique d'extension urbaine organisée et maîtrisée [...]. Il s'agissait donc, pour moi à Montpellier, de reprendre la démarche tentée à la Renaissance par Francesco di Giorgio Martini à Urbino : ajouter un quartier créé de toutes pièces à une ville façonnée par des interventions empiriques successives, par les ajouts historiques qui ont constitué peu à peu ce que l'on appelle « L'Écusson ». Préférée à la création d'une ville nouvelle totalement indépendante, vouée à l'échec [...]. L'expansion de la ville est sans cesse rapportée à une vision d'ensemble, et un système de communication, d'escaliers, de passages, est mis en place pour relier la place du Nombre d'or à la cité ancienne.

1 Ricardo Bofill et Jean-Louis André, *Espaces d'une vie*, Paris, Odile Jacob, 1989.

**Alors que Ricardo Bofill et son équipe s'apprêtent à rentrer d'Algérie, survient la demande du maire socialiste de Montpellier, nouvellement élu, Georges Frèche, et de son adjoint Raymond Dugrand. Tous deux prennent leur voiture et filent à Barcelone pour demander à Ricardo Bofill de créer une nouvelle ville, sur un terrain militaire de 25 hectares s'étendant jusqu'au Lez et à la mer, une ville « grandiose, puissante et méditerranéenne », prenant le contrepied total de ce qu'avait construit François Delmas, leur prédécesseur de droite, au Polygone.**

2 Ricardo Bofill [...] Tout commence pour moi à Montpellier, avec une élection gagnée par un homme dont le slogan annonçait la couleur : « changer la ville ». Georges Frèche est jeune, passionné. Il est universitaire, historien et ancien élève d'HEC. Son adjoint, Raymond Dugrand, est géographe. Tous deux savent ce qu'ils n'ont plus envie de voir : ces bâtiments gris et tristes que sont le Polygone et le Nouveau Monde. Ils veulent renouer avec une architecture méditerranéenne. Ils pensent d'abord à Pouillon, puis me proposent de travailler avec eux [...]. Nous survolons la ville en avion avec le maire [...]. À l'est, le champ est libre, les terrains sont immenses.

[...] La place du Nombre d'or est à la fois le moteur et la référence du projet d'Antigone.

On se dirige de cette place vers la place du Millénaire, dont les dimensions sont celles de la place Navone à Rome. Sa largeur est de 48 mètres [...]. [L'axe se poursuit jusqu'à] l'esplanade de l'Europe, qui permet de rendre le Lez à Montpellier, délimitée par une colonnade en forme de croissant qui s'ouvre sur le plan d'eau réactivé.

L'Arc de l'Hôtel de Région, qui domine la composition par sa hauteur, est le point d'articulation indispensable vers le nouvel axe qui se dessine alors : le port Marianne [...] où les

2 *Ibid.*

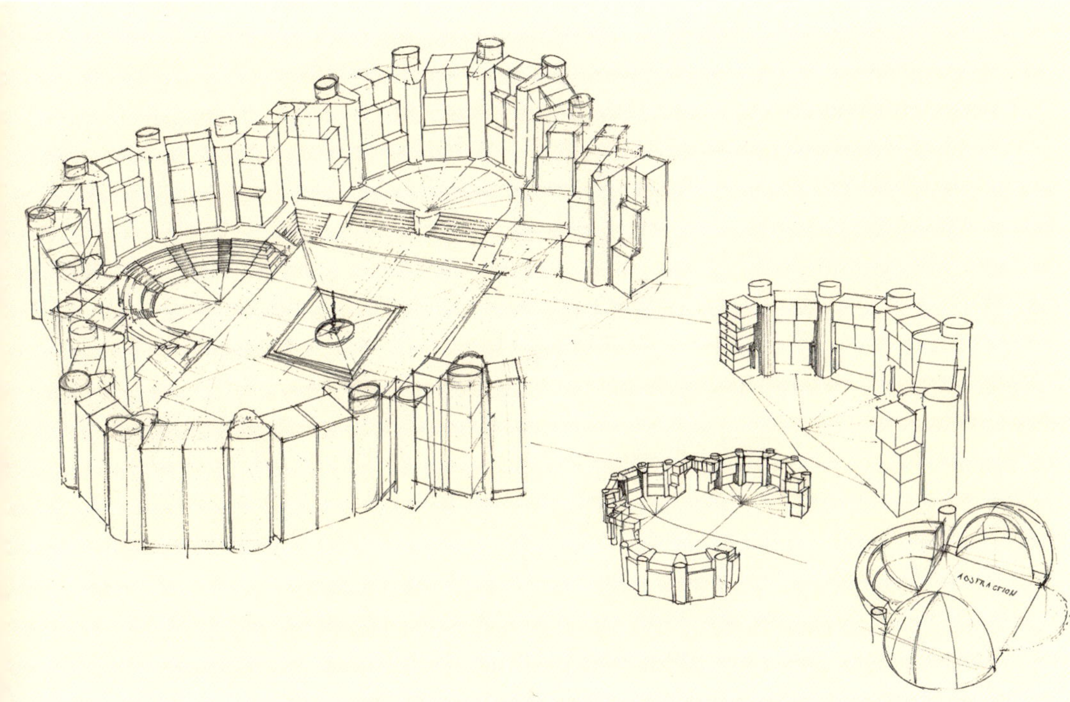

Place du Nombre d'or, axonométrie. Crayon / Place du Nombre d'Or, axonometric. Pencil

> arbres et les jardins auront plus de place. Le catalyseur du projet sera ce plan d'eau de 300 mètres sur 100, qui sera aménagé autour de la capitainerie.

Des premières esquisses générales sont proposées et exposées dans des salles de l'Hôtel de Ville. Elles emportent l'enthousiasme de la population, venue très nombreuse, même si certains lui reprochent son absence de balcons et de loggias [...].

Pourtant les problèmes commencent, car une modification du plan d'occupation des sols (POS) est requise, ce qui est une décision d'ordre national. L'ancien maire, François Delmas, s'efforcera donc de bloquer ce projet pendant près de quatre ans.

À partir de 1981, avec la nouvelle majorité, le projet se débloque, une société d'économie mixte est créée, la SERM[3], chargée de développer le projet. Les architectes locaux, d'abord hostiles à la venue d'un architecte extérieur à la région, adhèrent finalement à son ambition, Ricardo Bofill, à la suite de ses expériences récentes tant à Paris qu'en Algérie, ayant renoncé à traiter l'ensemble et proposé de les associer au plan général, qui, lui, restera sous sa responsabilité ainsi que quelques éléments significatifs, comme la place du Nombre d'or, l'Hôtel de Région, le port Juvénal, la piscine olympique.

3 SERM : Société d'équipement de la région de Montpellier, créée en 1961.

4 Ricardo Bofill Dans les années 1980, on s'est laissé prendre par le climat ambiant, avec les valeurs conventionnelles, argent, pouvoir et gloire. Ces critiques proviennent essentiellement des architectes concurrents... Il y a dans chaque ville un noyau dur, un « establishment » qui n'aime pas être dérangé. Ceux qui habitent dans mes constructions sont plutôt satisfaits.

4 Extrait d'un article de Bertrand de Saint Vincent, *Le Figaro Magazine*, 6 mai 1995.

## La place du Nombre d'or : un geste fort

**Le projet est immense et disproportionné par rapport à la taille de la ville à l'époque.**

5 Ricardo Bofill [...] Je décide alors de faire un geste fort, en commençant par réaliser la place du Nombre d'or [...]. Les façades intérieures sont surmontées d'une corniche très saillante. Je l'ai dessinée comme l'amorce d'une coupole imaginaire qui recouvrirait entièrement la place. En réalité, ce sont le ciel, les étoiles et les nuages qui composent le plafond toujours changeant. J'aime cette attitude, héritée des surréalistes, qui consiste à faire jouer aux objets et à la nature les rôles les plus inattendus.

5 Ricardo Bofill et Jean-Louis André, *Espaces d'une vie*, *op. cit.*

**Jean-Pierre Carniaux, chargé de la conception dans son ensemble, raconte l'évolution générale du projet.**

6 Jean-Pierre Carniaux Frèche étant de formation helléniste affirmée, le classicisme le convaincra.

Le premier projet de cet axe urbain de 1 kilomètre est un bâtiment de bureaux qui s'adosse aux actuelles Galeries Lafayette, l'idée première étant de créer une rue à ciel ouvert à travers le centre commercial : les « Échelles de la ville ».

6 Extraits d'un entretien avec Jean-Pierre Carniaux, *partner* du Taller de Arquitectura, recueilli le 3 novembre 2022.

7 Ricardo Bofill Les Échelles de la Ville ont été dessinées pour relier les deux niveaux (du centre-ville), celui de la place de la Comédie et celui d'Antigone, à travers un bâtiment-escalier. Celui-ci s'appuie sur le mur aveugle des Galeries Lafayette qui marquait la fin de la ville entre le Polygone et la banlieue. Le bâtiment en U a donc pour composition centrale un escalier monumental qui monte le long de ce mur. C'est en quelque sorte la façade du centre-ville ancien de Montpellier.

7 Ricardo Bofill et Jean-Louis André, *Espaces d'une vie*, *op. cit.*

8 Jean-Pierre Carniaux [...] Malheureusement jamais les Galeries Lafayette n'ont permis qu'un axe clair les traverse. Ce qui fait que le passant venant du centre-ville découvre Antigone après un périple commercial. Le quartier d'Antigone est une succession

8 Entretien avec l'autrice du 3 novembre 2022 à Sant Martí Vell.

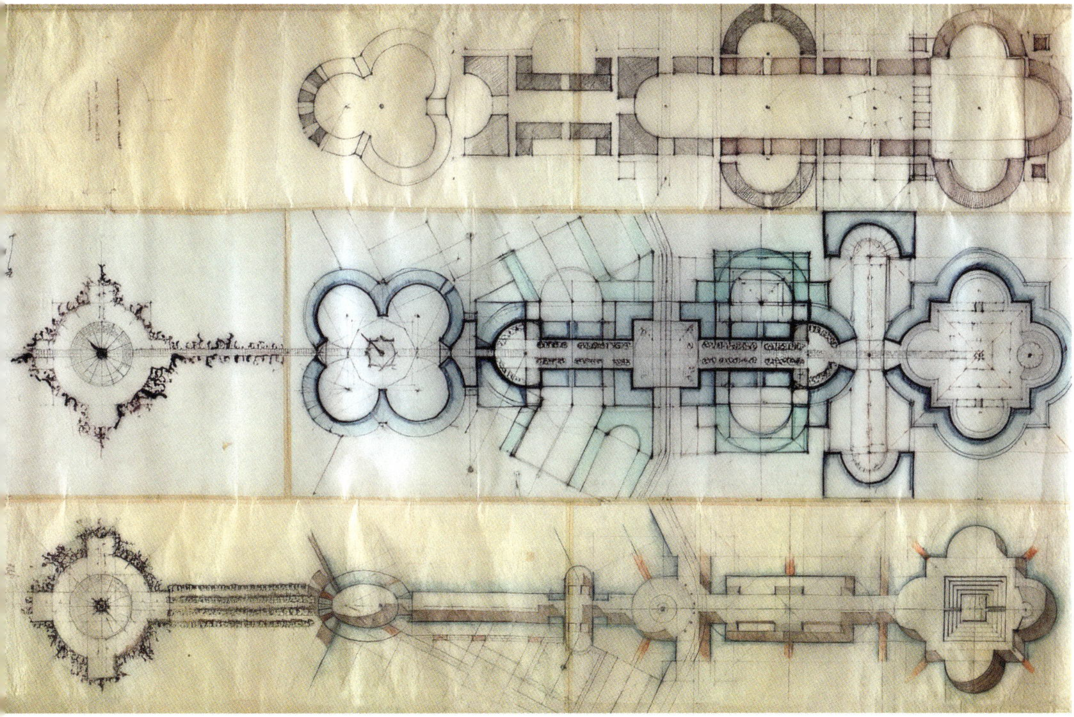

**lan directeur. Feutre sur calque** / Masterplan. Felt-tip pen on tracing paper

**tudes de façades. Feutre et crayon** / Façade studies. Felt-tip pen and pencil

**Place du Nombre d'or, façades, panneaux de béton architectonique teinté dans la masse** / Place du Nombre d'Or, façades, integrally coloured fair-faced concrete panels

**Quartier d'Antigone, maquette** / Antigone district, maquette

de places, vers la rivière du Lez. Chaque place est une opération d'environ 220 logements qui sera ensuite attribuée à différents architectes et promoteurs selon un cahier des charges pré-établissant la composition, les hauteurs, les horizontales et le vocabulaire général, que nous avions défini. La première place dite du Nombre d'or nous a été confiée. Sa géométrie s'inspire d'un thème de la Renaissance italienne, d'une section de colonne, de l'église de Todi et s'applique en plan, en élévation et en coupe. Les façades extérieures sont conçues comme des maisons de ville séparées par des colonnes au rythme vertical, sur sept étages avec des cages d'escalier qui desservent deux à trois appartements. La façade de la place est le visage de la ville, l'expression du vivre ensemble, le dessin de l'espace public. Il n'y a ni balcons ni volets, le béton architectonique est la nouvelle pierre, couleur sable, de la région.

Ce fut un travail collectif, avec, en conception, Patrick Dillon, Thierry Recevski, Omar Migliore, et au niveau de la réalisation Ramón Collado, Bernard Torchinsky, Xavier Grau ainsi qu'Omar Migliore. Ce projet fut exposé à Paris à l'École des beaux-arts en 1982, puis à Londres, à l'AA School of Architecture. Puis une deuxième place, de forme et de dimensions semblables à celles du forum de Rome, poursuit l'axe. La piscine olympique a fait l'objet d'un concours gagné par le Taller, avec en conception Ricardo et moi, pour la mise au point et la réalisation Ramón Collado. Cette piscine olympique est aussi une piscine de jeux, avec un gymnase sous un toit suspendu.

**Des entreprises locales sont choisies, dont Bec, et préférées au géant national Bouygues, pourtant très investi dans les techniques de construction du Taller. Grâce à la maîtrise par le Taller de ces techniques de réalisation par éléments préfabriqués de béton-pierre — dit architectonique—, cette œuvre a respecté les coûts de la construction HLM de l'époque, majorés de 10 % qui ont été absorbés par la commercialisation des commerces en rez-de-chaussée.**

**Le projet obtient l'adhésion de tous les acteurs et peut se développer jusqu'au port Marianne, à travers plusieurs opérations qui sont confiées sur concours à des architectes locaux, sur la base d'un cahier des charges général élaboré par le Taller, en tant qu'architecte en chef de l'opération. La leçon du projet des Halles à Paris avait porté.**
**Peu à peu, l'opération intéresse d'autres architectes de renom, nationaux et internationaux, comme Paul Chemetov, Robert Krier, Christian de Portzamparc, Architecture Studio, Richard Rogers, Oscar Tusquets Blanca, Richard Meier ou Norman Foster, qui sont invités à participer aux concours organisés pour certaines opérations.**

**Des difficultés se présentent pour l'Hôtel de Région, situé à l'extrémité de l'axe d'Antigone. En effet, les plans sont sans cesse modifiés par les autorités politiques censées l'occuper, à la suite d'un changement de majorité dans la Région.**

9 Ricardo Bofill [...] Je pense avoir réussi à sauver l'essentiel. Mais la réalisation du projet n'a été possible qu'en intervenant dès le début de l'opération, en me positionnant en quelque sorte comme un associé et non comme un simple employé du pouvoir appelé en dernière instance pour habiller des programmes que d'autres ont tracés pour lui. C'est ainsi que l'on parvient à dépasser les clivages politiques.

9 Ricardo Bofill et Jean-Louis André, *Espaces d'une vie*, *op. cit.*

## L'Hôtel de Région

10 Jean-Pierre Carniaux L'Hôtel de Région était une commande de Georges Frèche en tant qu'élu de la Région, à travers un concours que nous avions gagné. Il s'agissait d'un arc de triomphe, avec en haut la salle des assemblées ainsi que les appartements du président de la Région. C'est un monument qui ferme l'axe et domine le paysage. De chaque côté, des logements s'ouvrent en forme de place sur le plan d'eau.

De l'autre côté, un grand « crescent » de logements, à l'image de Bath au Royaume-Uni (Patrick Genard et Omar Migliore en conception), et plusieurs restaurants et guinguettes devant la rivière. [...] Cet immeuble en verre et béton architectonique domine l'horizon depuis sa hauteur de 50 mètres et se reflète dans un bassin, aménagé à ses pieds dans le lit du Lez. Ses deux colonnes de verre situées aux extrémités de sa façade ouest marquent le changement d'axe de la ville, est-ouest, par rapport à l'axe nord-sud, direction de la rivière.

L'archétype de la porte, également associé à l'arche, sert de manière particulièrement efficace les fonctions de l'édifice. Deux piliers, à l'intérieur desquels se trouvent les bureaux et la circulation verticale, supportent un pont de 12 mètres de portée qui abrite la salle d'assemblée des députés de la Région. C'est ce triple volume central, identifiable de l'extérieur par ses larges fenêtres, qui constitue le cœur de l'édifice. Simple et clairement fonctionnel, l'archétype de la porte urbaine devient une typologie moderne, sans jamais perdre son appartenance à l'histoire des formes classiques.

10 Propos recueillis par l'autrice le 3 novembre 2022 à Sant Martí Vell.

**lace du Nombre d'or, détail de la corniche** / Place du Nombre d'Or, detail of the cornice

**itigone, piscine olympique** / Antigone, Olympic pool

Hôtel de Région

## .e port Juvénal

ʼrojet de logements sociaux et de bureaux sur 30 695 m², ouvert sur es berges du Lez, il est composé d'une colonnade classique au langage implifié. Il reprend l'ordonnancement du « crescent » déjà employé lans la place majeure du quartier Saint-Christophe à Cergy-Pontoise t des Templettes à Voisins-le-Bretonneux. Conçu par Patrick Genard t Omar Migliore, il forme une place semi-circulaire qui ouvre la vue ur l'Hôtel de Région et termine le parcours urbain aux abords du Lez.

## 987–1994. Le port Marianne (projet sans suite) : ne promenade vers la Méditerranée

.e Lez va devenir le catalyseur d'un remarquable projet de dévelop-ement de Montpellier vers la mer. L'opération commencera au port uvénal, et s'étendra tout au long du Lez jusqu'à la Méditerranée sur 0 hectares. Le Taller imagine que le Lez soit surélevé d'environ 4 mètres ar rapport à son niveau moyen actuel et soit bordé d'agréables prome-ades, sur des quais surbaissés, situés pratiquement au niveau de l'eau. . partir de la base de ces quais, des pentes douces engazonnées rejoin-ront le niveau du sol, planté d'arbres sur les berges. Le Taller envisage n projet monumental, toujours postmoderne. Cette forte signature ne era pas l'unanimité, en revanche le plan directeur sera en partie repris.

Des architectes de renom international se voient attribuer ertains quartiers, comme Robert Krier, Rudy Ricciotti, mais aussi rchitecture Studio, Jean-Michel Wilmotte, Christian de Portzamparc ar exemple. Proche de la nouvelle gare Sud de France, le Port Marianne st actuellement en construction. Le plan d'aménagement inspiré ar Bofill a permis de contrôler l'extension très vigoureuse de la ville e Montpellier, devenue mégapole. Chaque quartier possède un grand arc central avec des arbres, des chemins, des aires de jeux, des fontaines t de fins canaux de recyclage d'eau. De nombreux logements donnent ur la rivière et les immeubles disposent d'une vue superbe dans toutes s directions.

Le quartier d'Antigone a suscité la controverse, là encore, e la part de certains journalistes et des architectes du mouvement moderne ». Jean Nouvel le cite cependant dans le journal *Actuel* en exemple d'indépendance architecturale : Montpellier retravaillé par ofill » (octobre 1989). En 2022, Roland Castro nous en donne sa version, ans se priver d'égratigner certains au passage.

Roland Castro J'ai été surpris par la place du Nombre d'or à Montpellier et fasciné par le fait que Ricardo faisait quelque chose d'exceptionnel. En revanche, le cahier des charges imposé

11 Propos de Roland Castro, architecte et militant politique français, recueillis le 13 juillet 2022.

pour le quartier et interprété par des architectes qui n'ont pas son talent est un ratage : « ça ne marche jamais ». Avec Frèche, Antigone c'est mieux que le Polygone !

En réalité, Bofill a brouillé les cartes, notamment pour ce qui concerne le courant « humaniste » qui s'est développé à Berlin en rupture avec le style « Beaux-Arts », cela avec une série de projets où « on avait envie d'habiter », avec une grande intelligence de la domesticité. Le mouvement « humaniste » a ainsi été court-circuité par Bofill, qui est apparu régressif aux yeux de certains, dont moi. Pour moi, le bilan du Taller de Arquitectura et de Ricardo Bofill est assez bon. Ce qu'il a construit dure et durera. Il a été très critiqué par l'architecte Henri Ciriani et ses élèves. Les élèves de Ciriani sont opposés à Bofill, mais l'architecture du Mouvement moderne qu'ils défendent ne tiendra pas dans le temps.

[...] Bofill recherchait le bien-être des gens et défendait le « décor ». Il voulait créer des monuments à habiter dans lesquels on se sente bien. Ricardo Bofill, c'est l'architecte dans toute sa splendeur. Ses réalisations sont les seules de cette époque qui resteront dans le temps.

12 Ricardo Bofill [...] Rénover la ville, en finir avec le malaise qu'elle diffuse est l'un des seuls grands projets d'envergure aujourd'hui pour un pays.

12 Bertrand de Saint Vincer extrait du *Figaro Magazine* du 6 mai 1995.

→ **Hôtel de Région, dessin perspectif. Crayon**
Hôtel de Région, perspective drawing. Pencil

The order: grandiose,
powerful and Mediterranean

1 Ricardo Bofill **I stand by my position on organized and controlled urban expansion. [...] For Montpellier, I wanted to follow the approach that Francesco di Georgio Martini had attempted in Urbino during the Renaissance: to add an entire district, created from scratch, to a city that evolved from successive empirical interventions, and historical additions that gradually made up what is known as "L'Écusson". In preference to creating a totally independent new town, doomed to failure, [...] the city's expansion was to continually refer to the overall vision, with a communicating system of stairs and walkways implemented to link the Place du Nombre d'Or to the old city.**

1 Ricardo Bofill and Jean-Louis André, *Espaces d'une vie*, Paris: Éditions Odile Jacob, 1989.

While Ricardo Bofill and his team were preparing to return from Algeria, a request came up from Georges Frèche, the newly elected Socialist mayor of Montpellier, and his deputy Raymond Dugrand. They had jumped into their car and driven to Barcelona to ask Ricardo Bofill to create a new town on a former military site of 25 hectares that stretched down to the Lez river and the sea—a town that was to be "grandiose, powerful and Mediterranean", and in complete opposition to the Polygone commercial centre built at the behest of François Delmas, their right-wing predecessor.

2 Ricardo Bofill **For me, it all started at Montpellier, with an election that was won by a man who had pinned his flag to the mast with the slogan "Changer la ville" (Change the city). Young and eager, Georges Frèche was an academic, a historian and a former student of the HEC business school in Paris. His deputy Raymond Dugrand was a geographer. Both men knew what they didn't want to see—the Polygone and the sad, grey Nouveau Monde tower blocks. They wanted to renew the ties with the Mediterranean. They had first thought of Pouillon, but then invited me to work with them. [...] We flew over the city with the Mayor, Peter and Jean-Pierre. [...] There was a clear field to the east and the terrain was vast.**

**The Place du Nombre d'Or was both the driving force and the reference point for the Antigone project. From here, you head towards the 48-metre-wide Place du Millénaire, whose dimensions are the same as those of Piazza Navona in Rome. [...] [The axis continues to] the Esplanade de l'Europe, which returns the Lez river to Montpellier, and is framed by a crescent-shaped colonnade that opens onto the modified stretch of water.**

**Because of its height, the Hôtel de la Région and its arch dominate Antigone's composition and form the articulation point which will lead to Port Marianne, the new axis currently under construction, [...] and where there will be more space for trees and gardens. The project's catalyst was the 300-by-100-metre body of water to be developed around the harbour master's office.**

The first sketches outlining the project were put forward and displayed in the city hall. They were enthusiastically received by the considerable numbers of people who came to see them, although some reproached Bofill for the absence of balconies and terraces.

However, there were already problems, as the plan required a modification to the Plan d'Occupation des Sols (POS—land use planning)—a decision made on a national level—and the former mayor François Delmas took pains to block the project for nearly four years.

After 1981, with the new majority in office, the project was unblocked; a mixed-economy association was formed, and the SERM[3] was charged with the project's development. Local architects were initially hostile to an outside architect being brought in, but in the end they endorsed his ambition. Following his recent experiences in both Paris and Algeria, Ricardo Bofill had relinquished the idea of taking on the entire project himself and offered to bring the architects in on the masterplan, which would remain his responsibility, as well as the key elements such as the Place du Nombre d'Or, the Hôtel de Région, Port Juvénal and the Olympic pool.

2 *Ibid.*

3 SERM: Société d'Équipement de la Région de Montpellier (Public Amenities Association for Montpellier), created in 1961.

4 Ricardo Bofill **In the 1980s, we were entrenched in the spirit of the times with its conventional values of money, power and fame. Our critics were mostly rival architects. In every city, there's always an "established" hard core that doesn't like to be disrupted. The people who live in my buildings are more satisfied than not.**

4 Ricardo Bofill quoted by Bertrand de Saint Vincent, *Le Figaro Magazine*, 6 May 1995.

## Place du Nombre d'Or: a strong gesture

The Place du Nombre d'Or (Golden Ratio Square) was a huge project and disproportionate in relation to the size of the city at that time.

5 Ricardo Bofill **I then decided to make a strong gesture, beginning by executing the Place du Nombre d'Or. [...] The interior façades were topped by an exaggeratedly protruding cornice, which I drew as if beginning an imaginary dome that would cover the entire square. In reality, it is the sky, the stars and the clouds that make up the ever-changing ceiling. I like this approach inherited from the Surrealists, which makes objects and nature play the most unexpected roles.**

5 Ricardo Bofill and Jean-Louis André, *Espaces d'une vie*, *op. cit.*

Jean-Pierre Carniaux, responsible for the overall design, recounts the general aspects of the project's evolution.

6 Jean-Pierre Carniaux **As a confirmed Hellenic academic, Frèche was won over by the classicism. The first project along this one-kilometre-long urban axis was an office building which was built backing onto the present Galeries Lafayette. The initial idea was to create a road open to the sky running through the commercial centre, called "Les Échelles de la Ville" (The City Levels).**

6 From an interview with Jean-Pierre Carniaux, Taller de Arquitectura partner, 3 Novembre 2022.

7 Ricardo Bofill **Les Échelles de la Ville were designed to link the city centre's two levels—the Place de la Comédie and Antigone —by way of a stairway-building. It backs onto the Galeries Layfayette's blind wall, which marked the end of the town between the Polygone and the suburbs. The central element of the U-shaped building is a monumental stairway that climbs up along the outside wall. It is a sort of façade to Montpellier's old city centre.**

7 Ricardo Bofill and Jean-Louis André, *Espaces d'une vie*, *op. cit.*

8 Jean-Pierre Carniaux **Unfortunately, the Galeries Lafayette wouldn't allow an axis to run straight through it. This meant that pedestrians coming from the city centre would discover Antigone after trekking round the shops.**

8 Commentary noted by the author on 3 November 2022 at Sant Martí Vell, Spain.

→ **Le Crescent, dessin de façade. Encre de Chine et crayon** / Le Crescent, façade drawing. Indian ink and pencil

**The Antigone district is a succession of squares that lead to the River Lez. Each one serves a residential complex, and each was assigned to different architects and developers, who were to follow the pre-established specifications on composition, height, horizontals and the general vocabulary as defined by us. We were entrusted with the first of the squares, which would be called the Place du Nombre d'Or. Its geometry was inspired by the pilasters of Italian Renaissance architecture and the church in Todi, Italy, in plan, elevation and cross-section. The exterior façades are designed to look like town houses rhythmically separated by columns over seven storeys with staircases that serve two to three apartments. The square's façade is the town's face, an expression of communal living and designed as a public space. There are no balconies or shutters. The architectural concrete, in the sand colour of the region, is the new stone.**

**It was a collective undertaking: Patrick Dillon, Thierry Recevski and Omar Migliore were responsible for the design, and Ramón Collado, Bernard Torchinsky, Xavier Grau and Omar Migliore for the execution. In 1982, the project was exhibited in Paris at the École des Beaux-Arts, and then at the AA School of Architecture in London. The second square follows the axis and is similar in form and dimensions to the Forum in Rome. There was a competition for the Olympic pool and gymnasium, which was won by Taller—designed by Ricardo and me, and then developed and executed by Ramón Collado. It is also an aquatic activities centre, with a multi-sport gymnasium under a suspended roof.**

Local businesses were chosen, one of which was BEC construction, and given preference over the national giant Bouygues, which was nevertheless very involved in Taller's construction techniques. Thanks to Taller's mastery in building with prefabricated elements such as architectural cast stone (concrete-stone), the project costs stayed within the limits for social housing construction at that time, with an additional 10% budget allowance which was absorbed by the commercialization of the businesses on the ground floor.

The project had won the support of all the players and remained on course as far as Port Marianne. Several operations were undertaken by local architects who had won the contracts and who were to follow the general specifications drawn up by Taller, the chief architect of the project. The lessons learned from the Halles project in Paris had paid off.

The project also gradually attracted the interest of other nationally and internationally renowned architects such as Paul Chemetov, Robert Krier, Christian de Portzamparc, Architecture Studio, Richard Rogers, Oscar Tusquets Blanca, Richard Meier and Norman Foster, who were all invited to enter design competitions for some of the operations. However, problems arose for the Hôtel de Région, situated at the far end of the Antigone axis. After another change in the region's political majority, plans were continually modified by the political authorities who were supposed to occupy it.

9 Ricardo Bofill **I think I managed to keep the essence. But finishing the project was only possible through my having intervened from the beginning of the operation by adopting the position of a sort of partner, rather than a simple government employee being called upon at the end to put the finishing touches to a programme that others had drawn up for him. That is how you can manage to get around political divisions.**

9 Ricardo Bofill and Jean-Louis André, *Espaces d'une vie*, *op. cit.*

## Hôtel de Région

10 Jean-Pierre Carniaux **The Hôtel de Région (Regional Parliament) was commissioned by the Mayor of Montpellier Georges Frèche. It was put out to tender, and we won the contract. It was to be a triumphal arch, which would contain the assembly hall and the regional president's apartments at the top of the building. The monument dominates the landscape and marks the end of Antigone's axis.**

**The residences flanking it open onto a stretch of water that is like a city square. On the other side of this are a sweeping crescent of residences (designed by Patrick Genard and Omar Migliore)—very similar to the Royal Crescent in Bath, England and several restaurants and "guinguettes" on the waterfront. From its 50-metre height, the building of glass and architectural concrete dominates the skyline and is reflected in the body of water—a modification to the Lez riverbed—at its foot. The two glass columns at each end of the western façade mark the change in the city's axis, east-west, against the north-south axis, towards the river.**

**The building's archetypal gateway serves the arch's functions particularly effectively. The two pillars, which contain the administrative offices and vertical circulation, support a 12-metre-span bridge that houses the assembly hall for the region's parliament. This triple central volume, identifiable from the outside by its large windows, forms the heart of the building Simple and clearly functional, the building's gateway, an urban door, became a modern typology, without ever losing its place in the history of classical forms.**

10 Commentary noted by the author on 3 November 2022 at Sant Martí Vell, Spain.

**Port Juvénal — Le Crescent**

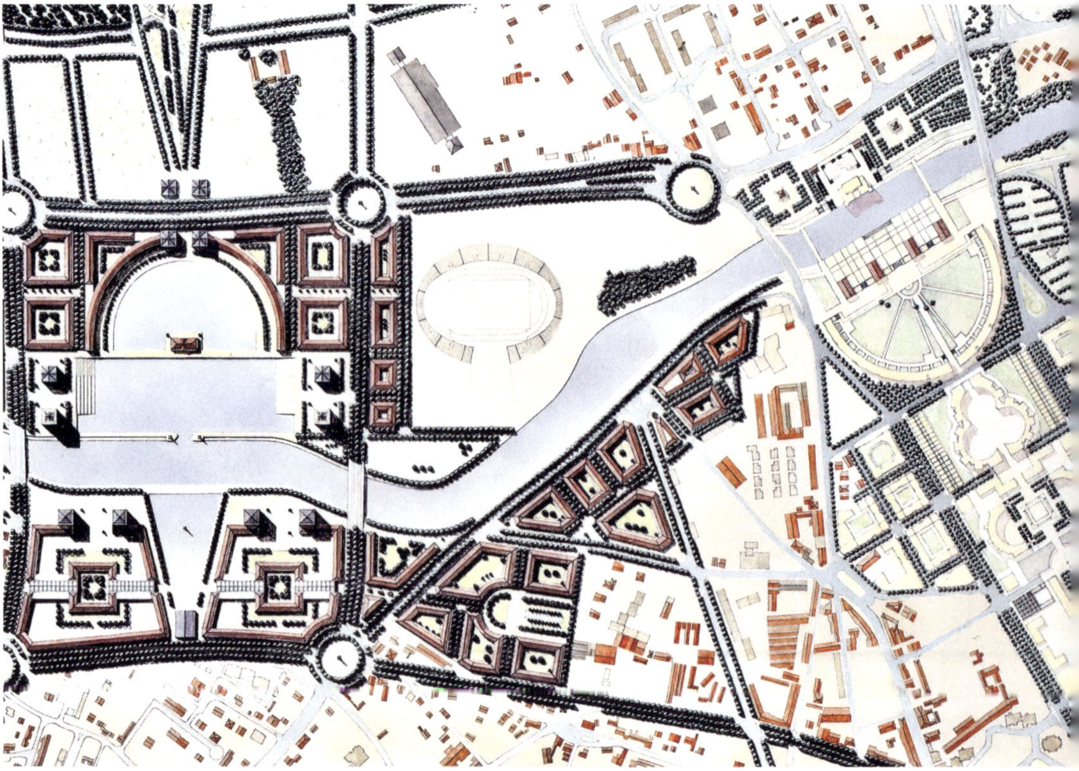

**Port Marianne, projet de plan de masse** / Port Marianne, ground plan project

## Port Juvénal

The Port Juvenal project is a mix of social housing and offices over an area of 30,695 square metres that opens onto the banks of the Lez river, and consists of a classical colonnade in simplified language. Its crescent formation follows the same lines as the Saint-Christophe district in Cergy-Pontoise and Les Templettes in Voisins-le-Bretonneux. Designed by Patrick Genard and Omar Migliore, it forms a semicircular square which opens the vista onto the Hôtel de Région and ends the urban circuit on the banks of the Lez.

## 1987–1994: Le Port Marianne (unexecuted project): a promenade towards the Mediterranean

The Lez river was to have been the catalyst for one of Montpellier's more remarkable development projects that would have taken it down to the sea. The operation would have started at Port Juvenal, to stretch 40 kilometres along the Lez river to the Mediterranean. Taller pictured raising the Lez about 4 metres above its then average level, with pleasant walks running alongside on sunken quays almost at water level. Gentle, grassy slopes would rise up to ground level, with trees planted along the riverbanks. They had envisaged a monumental project, still following Postmodern lines—a strong signature style that did not receive unanimous support. However, the masterplan was partly adopted.

Renowned international architects, such as Robert Krier, Rudy Ricciotti, Architecture Studio, Jean-Michel Wilmotte and Christian de Portzamparc, would be commissioned in some of the districts. Close to the new Sud de France (South of France) train station, Port Marianne is currently under construction. The development plan inspired by Bofill was a way of controlling Montpellier's very rapid expansion, which had turned it into a megalopolis. Each neighbourhood was to have a large central park with trees, trails, playgrounds, fountains and slender water-recycling channels. Many homes would overlook the river, and the buildings would offer superb views in all directions.

Once again, the Antigone district became a controversial issue for some journalists and architects who adhered to the "Modern" movement. However, in the October 1989 issue of the magazine Actuel, Jean Nouvel cited the plan as "an example of architectural independence: Montpellier reworked by Bofill".

In 2022, Roland Castro gave us his version, not holding back a few digs at some people along the way.

11 Roland Castro **The Place du Nombre d'Or in Montpellier was a surprise to me, and I was intrigued by the fact that Ricardo was doing something exceptional. However, the specifications laid out for the district were interpreted by architects who don't have his talent, and they failed: "It never works." But now with Frèche, Antigone is better than the Polygone!**

**In reality, Bofill has stirred the pot, particularly from the standpoint of the "humanist" movement, which developed in Berlin and broke away from the "Beaux-Arts" style with a series of projects where "people wanted to live", with great domestic intelligence. But Bofill short-circuited the movement, and appeared regressive in the eyes of some, including myself. As far as I'm concerned, Taller de Arquitectura and Ricardo Bofill's track record is pretty good. What he has built is lasting and will continue to do so. He was much criticized by the architect Ciriani and his students; his students may be opposed to Bofill, but the Modern Movement architecture they advocate will not stand the test of time.** [...]

**Bofill was concerned about people's well-being and defended "décor". He wanted to create habitable monuments that would make people feel good about themselves. Bofill was an architect at the top of his game. His buildings are the only ones of that period which will endure.**

11 Comment by Roland Castro, architect and French political activist, noted 13 July 2022.

12 Ricardo Bofill [...] **Revitalizing a town and putting an end to the uneasiness it propagates is about the only large-scale project that a country should be undertaking today.**

12 Quoted by Bertrand de Saint Vincent, in *Le Figaro Magazine*, 6 May 1995.

→ **Quartier d'Antigone, vue aérienne d'ensemble**
Antigone district, aerial view of the entire scheme

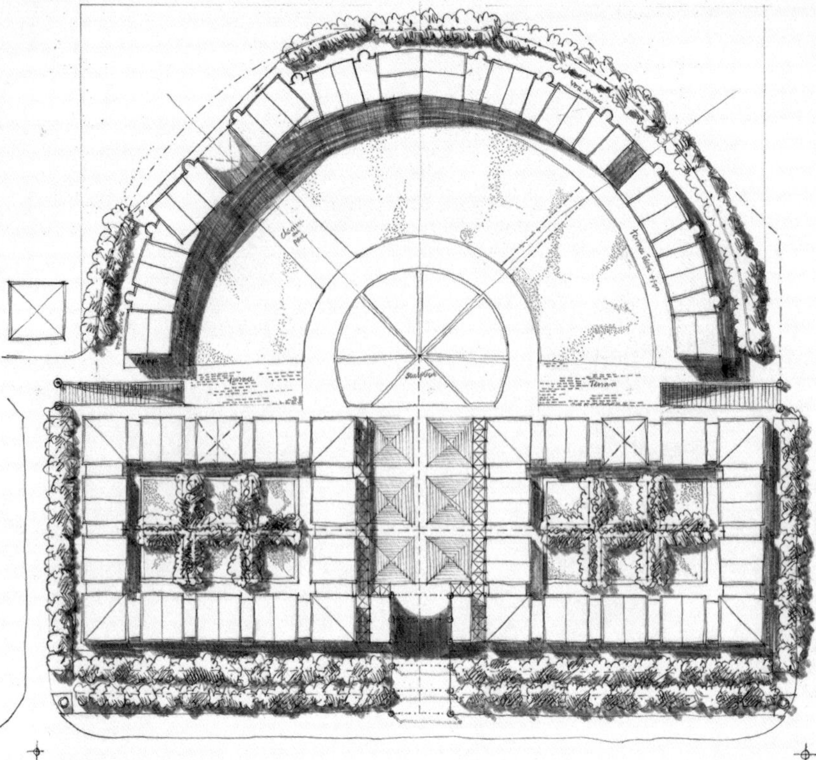


Taller de Arquitectura 15/5/81 "Olympus Interruptus" Cergy Pontoise échelle 1:800

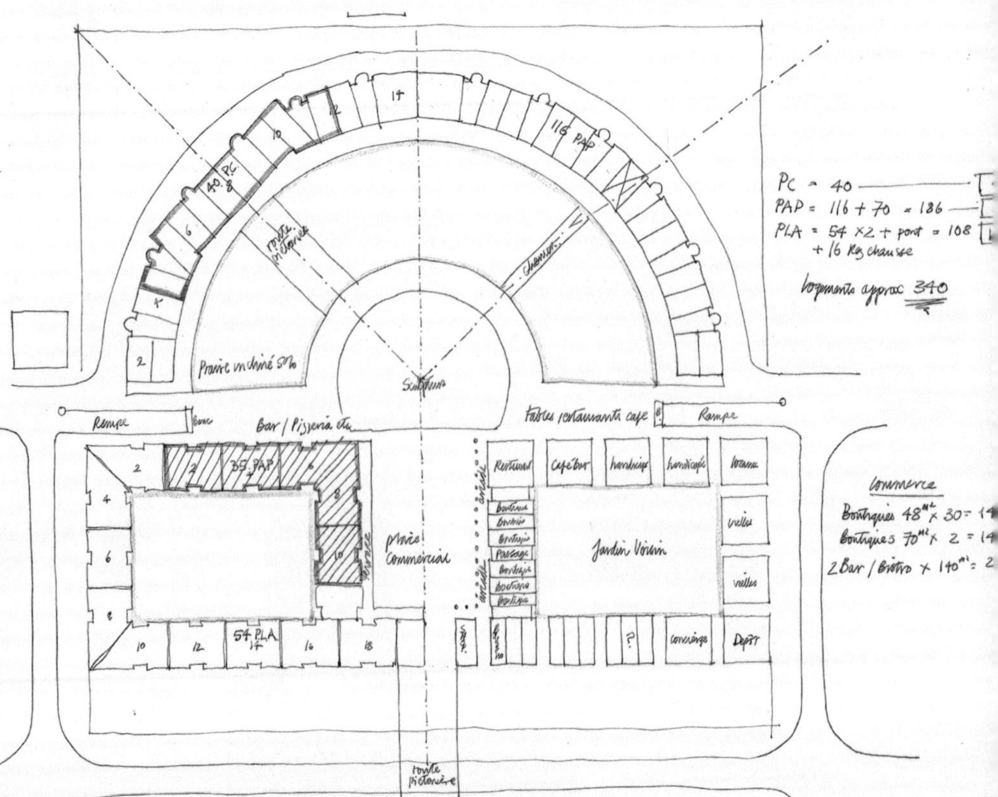


Taller de Arquitectura : Cergy-Pontoise

# La Place Majeure, Cergy-Pontoise

281

ommanditaire / Client
**tablissement public
e la ville nouvelle de Cergy-
ontoise / Public
stablishment for Cergy-
ontoise New Town**

Surface / Total area
**31 000 m²**

Principaux collaborateurs / Key collaborators
**Peter Hodgkinson**
(conception / design)
En collaboration avec / In collaboration with
**Dani Karavan**
**Patrick Genard**
**Rogelio Jiménez Pons**
**Ramón Collado**
**Bernard Torchinsky**
**José Maria Rocías**

Programme
**Les Colonnes de Saint-Christophe (1985–1986) : 380 logements HLM locatifs et en accession à la propriété / social housing units with assisted ownership**

1981

1986

**Quartier Saint-Christophe,
lle nouvelle d'Évry, plan
masse. Encre de Chine**
iint-Christophe district,
ry New Town, ground plan.
dian ink

**Vue de l'axe vers le fleuve**
ew of the axis towards
e river

## Un très beau projet : un axe qui descend jusqu'à la Seine et remonte sur l'autre rive

1 Patrick Genard Le concept fut établi principalement avec Peter Hodgkinson à Barcelone, puis développé sous ma direction à Paris. Ce projet de logements sociaux a été conçu en collaboration avec l'artiste Dani Karavan, que la ville de Cergy-Pontoise avait chargé de créer un axe paysagé de 5 kilomètres qui prenait naissance sur le plateau de Cergy dominant la vallée de l'Oise, où il est implanté. Le Taller a décidé de simuler un gigantesque château-fort semi-circulaire, centré sur un point où Dani Karavan proposait d'ériger un monolithe très moderne en béton comme point de départ de son axe et légèrement penché vers celui-ci. De telle manière que la façade extérieure du « crescent » donnant sur la vallée ait l'apparence d'une muraille animée de tourelles verticales abritant les escaliers et les ascenseurs, semblant protéger la tour penchée. Cette muraille, à son passage sur l'axe, présentait une faille de la même dimension que la tour, faisant apparaître celle-ci comme découpée à la lame dans le bâtiment. Cette faille permettait le passage et la vue vers l'axe qui descendait dans la vallée par des jardins en terrasses, parsemés d'œuvres conceptuelles, pour se terminer sur le versant opposé à la même altitude que celle du plateau.

1 Patrick Genard est l'architecte-*partner* du Taller responsable du projet. Propo recueillis par l'autrice le 3 novembre 2022 à l'Empord

**Le plan général s'organise à partir d'une place majeure en « croissant » sur six étages au sud, regardant la vallée, et comporte deux places carrées de quatre étages au nord. Fortement articulés géométriquement, les bâtiments créent des volumes parfaitement réguliers et des espaces contrôlés. L'ordonnancement en « croissant » fait référence, comme le port Juvénal plus tard à Montpellier et à Stockholm, au fameux « Circus and Royal Crescent » de John Nash à Bath au Royaume-Uni.**

**Les appartements sont traversants et en double exposition. L'entrée distribue l'ensemble des pièces et l'architecture des façades permet de créer des volumes intérieurs spacieux. Dans cette cité-jardin moderne, le paysage, la nature et l'architecture sont traités et maîtrisés dans une seule vision grandiose et harmonieuse de l'espace.**

**ue aérienne de l'ensemble, au centre la colonne de Dani Karavan**
erial view of the whole project, with the Dani Karavan column in the centre

**ıes de détail de façades, panneaux préfabriqués teintés dans la masse** / Detail views of façades, integrally coloured prefabricated panels

# La Place Majeure, Cergy-Pontoise

**Axe vers le fleuve, parcours d'art contemporain** / Axis towards the river, contemporary art trail

## \ beautiful project: an axis that runs down o the Seine and continues to the opposite bank

Patrick Genard **The design was mostly executed in Barcelona with Peter Hodgkinson, and then developed under my leadership in Paris. It was a social housing project conceived in collaboration with the artist Dani Karavan, who had been tasked by the Cergy-Pointoise town authorities with creating a 5-kilometre-long landscaped axis on the Cergy plateau overlooking the Oise valley, where the project was to be located. Taller's idea was to emulate a huge fortress-like semicircle around a centre point where Dani Karavan proposed to erect a very modern concrete monolith, leaning slightly towards the building as the starting point of its axis. It is built in such a way that the outer façade of the crescent overlooking the valley has the appearance of a wall, punctuated by vertical towers housing staircases and lifts, and which appears to protect the leaning monolith. As the wall curves around the axis, there is a gap exactly the same size as the monolith, which makes it look as if it has been precisely sliced from the building. The gap is also a walkway, with views onto the axis that continues down into the valley through terraced gardens, dotted with conceptual works of art, and ends on the opposite slope at the same altitude as the plateau.**

1 Patrick Genard is the Taller partner and architect responsible for the project. Interview with the author on 3 November 2022 at Empordà.

he overall plan features a six-storey crescent organized around the main quare to the south overlooking the valley and two squares serving two our-storey buildings to the north. Strongly articulated geometrically, ne buildings are uniform in size and the spaces controlled. The crescent iyout, applied later to Port Juvenal and in Stockholm, refers to John Iash's famous Circus and Royal Crescent in Bath, United Kingdom.

The apartments are dual aspect with light on both sides. The ooms fan out from the entrance and the façades' architecture creates pacious interior volumes. It is a modern "garden city", where the landscape, nature and architecture are combined to form a single, grandiose nd harmonious vision of space.

# Épilogue
# Privilégier le dessin de la ville : un immeuble n'est pas une ruche

1 Ricardo Bofill Qu'est-ce qu'un HLM ? Une réponse à un système économique et social qui exige de loger vite et à moindre coût une partie défavorisée de la population. Ma préoccupation, lorsque j'ai commencé à construire en France, fut de démontrer que cette fonction et ces coûts draconiens n'imposaient pas une esthétique. On pouvait loger les gens, leur aménager une salle de bains confortable, deux ou trois chambres et une salle de séjour, mais faire en même temps un travail d'architecte. À Marne-la-Vallée, à Cergy-Pontoise, je construisais ces théâtres, ces arcs, ces temples, ces formes culturellement très marquées, appartenant à la mémoire collective d'un pays qui s'efforçait depuis cinquante ans de les oublier. Pas question de laisser les tuyauteries courir le long des façades : des pilastres les encadraient. Pas question d'aligner le long des murs des centaines de fenêtres toutes identiques, sous prétexte que chaque pièce doit disposer d'une ouverture suffisante [...].

Un immeuble n'est pas une ruche. La façade doit être composée. On peut étirer une ouverture sur deux étages en masquant le plancher par une vitre [...]. Pas question d'aligner les blocs les uns derrière les autres pour que chaque appartement ait la même orientation et le même ensoleillement : que nous construisions en cercle ou en ellipse, tous les appartements traversaient l'immeuble de part en part : répartir ensuite les pièces de jour et les pièces de nuit en fonction de la courbe du soleil n'était guère compliqué. Il s'agissait donc de composer

1 Ricardo Bofill et Jean-Louis André, *Espaces d'une vie*, Paris, Odile Jacob, 1989.

un espace, de retrouver un sens de la rue qui peu à peu avait été perdu, de créer des signes distincts dans des villes nouvelles qui n'avaient jamais été pensées de façon globale. Les programmes de logement y trouveraient ensuite naturellement leur place.

Ricardo Bofill [...] On sectorise, on parle du problème du logement, de la banlieue, mais on refuse d'appréhender la ville dans son ensemble. Elle reste une chose lointaine, inconnue, que l'on ne sait pas affronter. Pourtant, rénover la ville, en finir avec le malaise qu'elle diffuse est l'un des seuls grands projets d'envergure aujourd'hui pour un pays.

2 Bertrand de Saint Vincent, *Le Figaro Magazine*, 6 mai 1995.

**cette époque, certains projets ambitieux qui auraient changé le visage e certaines villes emblématiques des « territoires » ne verront pas le ur. Ce fut le cas en 1975 à Sainte-Maxime, pour la restructuration u centre-ville : le projet portait sur l'aménagement du port, avec des gements, des commerces, des bureaux et la création d'une place. s'agissait de transformer Sainte-Maxime à l'ère du XX^e^–XXI^e^ siècle, mais projet fut abandonné à la suite du décès brutal d'Aymeric Simonorière, son maire et député UDR du Var, à l'âge de 31 ans. À Dreux, une roposition de balcon sur la ville fut conçue à la demande de la nouvelle aire socialiste, Françoise Gaspard, puis retirée pour des raisons poliques. Ce fut le cas encore à Saint-Cyprien...**

# Epilogue Paving the way for urban design: a building is not a beehive

1 Ricardo Bofill What is social housing? It's the response to an economic and social system that requires fast, affordable housing for a disadvantaged section of the population. When I started building in France, my concern was to demonstrate that this function and draconian budgets did not dictate aesthetics. You could still house people and provide them with two or three bedrooms, a living room and a comfortable bathroom, as well as with architectural flair at the same time. In Marne-la-Vallée and Cergy-Pontoise, I built those theatres, those arches and those temples, in the culturally specific forms that belong to the collective memory of a country that, for 50 years, has endeavoured to forget. It was out of the question to allow pipes to run down the length of a building's facade—they were encased in pilasters. It was out of the question to align hundreds of identical windows along the walls on the sole pretext that every room should have a sufficiently large opening. [...]

A building is not a beehive. The façade must have design. You can stretch an opening over two floors by masking the floor with glass [...]. It is out of the question to align apartment blocks one behind the other so that each apartment has the same orientation and the same amount of sunlight. Whether we built to a circular or elliptical plan, all the apartments were designed to have a dual aspect from one side of the building to the other: defining which were the day rooms and which the night, depending on the sun's direction, was hardly complicated.

1 Ricardo Bofill and Jean-Louis André, *Espaces d'une vie*, Paris: Éditions Odile Jacob.

**Our objective was to design a space so that a sense of the street, which has been gradually eroded, could be rediscovered; we wanted to create distinct landmarks in new towns that have never been planned to follow an overall design. New-town housing programmes could then fall naturally into place.**

2 Ricardo Bofill **People compartmentalize. They discuss housing problems and the suburbs, but refuse to see the town as a whole. That is a distant, unknown concept that they don't know how to address. And yet, revitalizing a town and putting an end to the uneasiness it propagates is about the only large-scale project that a country should be undertaking today.**

2 Quoted by Bertrand de Saint Vincent, in *Le Figaro Magazine*, 6 May 1995.

At the time, a few ambitious urban projects that could have changed the face of certain emblematic administrative areas never saw the light of day. This was the case in Sainte-Maxime in 1975, when plans were put forward to restructure the town centre: the project involved the development of the port, with housing, shops, offices and the creation of a square. The aim was to bring Sainte-Maxime into the 20th and 21st centuries, but the project was abandoned following the sudden death, at the age of thirty-one, of Aymeric Simon-Lorière, its mayor and the Union of Democrats for the Republic (UDR) parliament member for the Var. In Dreux, a proposal for a terrace overlooking the town was drawn up at the request of the new Socialist mayor, Françoise Gaspard, but withdrawn for political reasons. And it was the same for Saint-Cyprien, Occitanie.

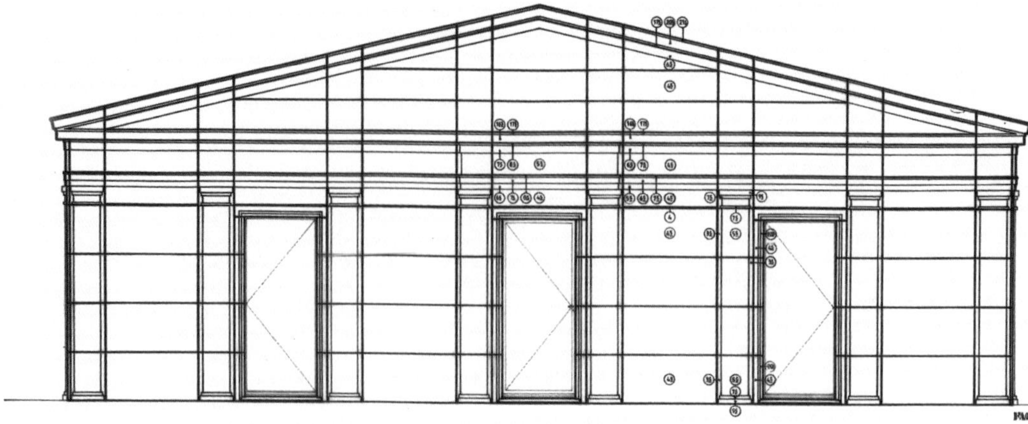

FAÇADE ENT

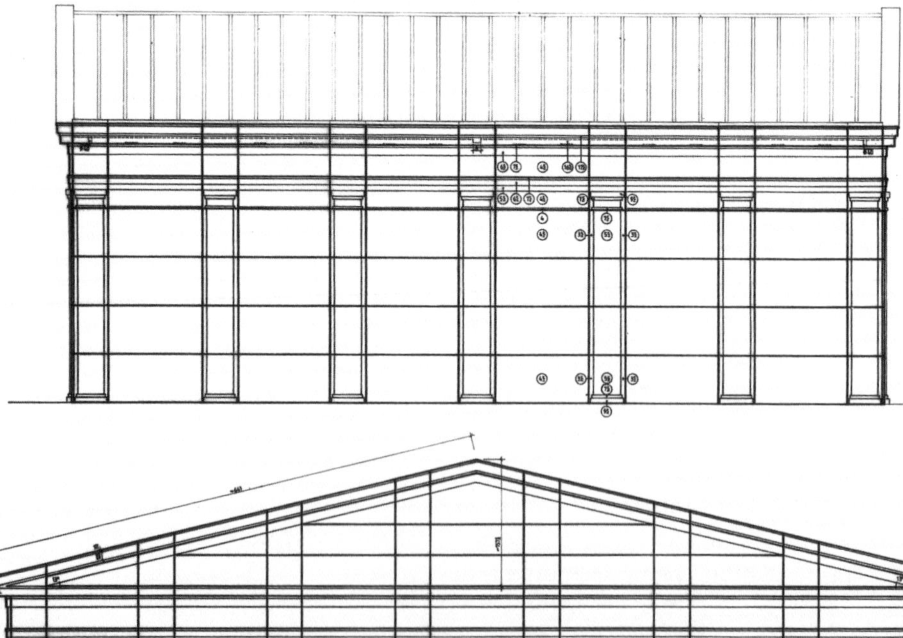

FAÇADES LAT

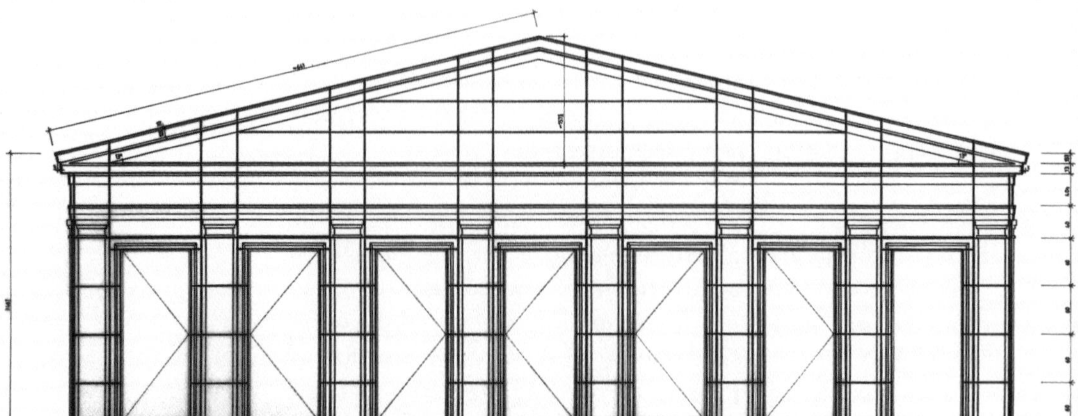

FAÇADE SECOND

# La maison Phénix, une maison-temple idéale



Principaux collaborateurs / Key collaborators
**Peter Hodgkinson**
(conception / design)
**Jean-Pierre Carniaux**

1980

← **La maison Phénix, élévations des façades, coupe. Encre de Chine** / Maison Phénix, elevations and section. Indian ink

→ **Façade principale, entrée** / Main façade, entrance

1 Peter Hodgkinson Une maison-temple magnifique de 85 m² conçue selon le système constructif préfabriqué des maisons Phénix (structure acier, panneaux de façade en béton architectonique et pierre), avec des proportions idéales de villa palladienne. En 1979, le nouveau directeur général des Constructions Phénix, Gérard Rongeat, un pied-noir de grande allure, en fit la commande à Ricardo Bofill. Quelques mois plus tard, le président de l'entreprise est tombé à la suite d'un scandale judiciaire et le projet n'a pas eu de suite.

1 Entretien avec l'autrice du 25 novembre 2022 à Falset (Espagne).

**La maison Phénix de Bofill a été exposée au MoMA à New York en 1985.**

## A perfect temple-house

1 Peter Hodgkinson **A magnificent temple-house of 85 m², designed according to a prefabricated construction system used by Constructions Phénix (steel framework and façade panels in architectural concrete) to the exact proportions of a Palladian villa. In 1979, Ricardo Bofill was commissioned by Constructions Phénix's new managing director Gérard Rongeat, a handsome Pied-Noir, to build the house. A few months later, the company's president was disgraced by a legal scandal, and the project was abandoned.**

1 Interview with the author on 25 November 2022 in Falset (Spain).

In 1985, the design for Bofill's temple-house was exhibited at MoMA in New York.

**Maquette**

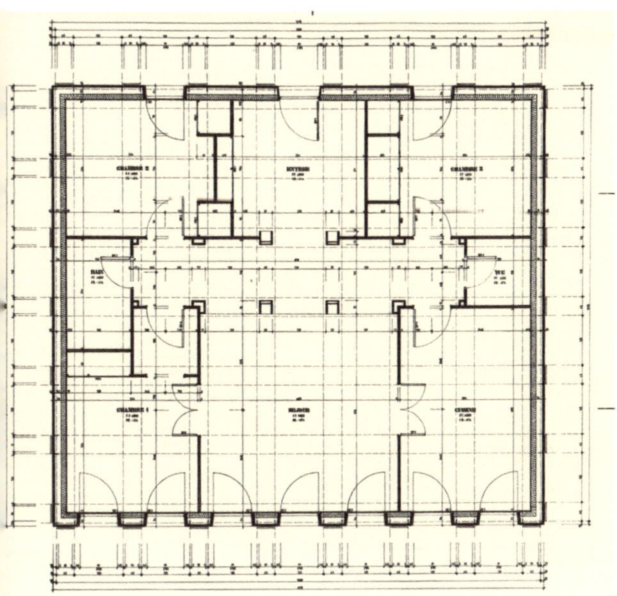

**Plan de masse** / Ground plan

**Ricardo Bofill devant la maquette de la maison temple avec Walden 7 au deuxième plan** / Ricardo Bofill with the maquette of the temple house, and with Walden 7 in the background

Christian Dior

# Parfums Christian Dior®



Commanditaire / Client
**Parfums Christian Dior®**

Principaux collaborateurs / Key collaborators
**Jean-Pierre Carniaux**
(conception / design)

Programme
**Conception d'un flacon de parfum. Projet non retenu / Design for a perfume bottle. Unexecuted project**

1980

← **Flacon de parfum Christian Dior, esquisse. Crayon**
Christian Dior perfume bottle, sketch. Pencil

→ **Maquette Plexiglas**
Plexiglas maquette

# 1985

# Le « classicisme moderne »

# 1999

# The “modern classicism”

La Rupture 

1985

The rupture

Ricardo Bofill Toute ma vie est faite d'expérimentations successives. À la recherche d'une organisation de l'espace qui soit en accord avec notre civilisation industrielle, j'ai pratiqué successivement une architecture sans façade, héritée de l'architecture vernaculaire du désert, puis une architecture fondée sur la composition et le vocabulaire classiques… Il s'agit de la même recherche dans les deux cas. Après avoir réaffirmé ses principes, l'architecture peut, me semble-t-il, marcher de nouveau vers la technologie de son temps.

1 Ricardo Bofill et Jean-Louis André, *Espaces d'une vie*, Paris, Odile Jacob, 1989.

**En 1985, avec le projet du siège social de la banque SWIFT à Bruxelles puis du marché Saint-Honoré à Paris pour le siège de la banque La Hénin ainsi que l'aménagement de la place pour la Ville de Paris, le Taller amorce à bas bruit une rupture avec sa période dite postmoderne pour allier au vocabulaire classique le verre et les nouvelles technologies.**

**On découvre ici l'influence des États-Unis, dont Ricardo Bofill est devenu l'un des constructeurs favoris. Il y rencontre le « pape » des architectes, l'illustre Philip Johnson (1906-2005), qu'il admire. La commande publique des HLM s'étant tarie après Marne-la-Vallée, la place Saint-Christophe à Cergy-Pontoise et celle du Nombre d'or à Montpellier, il aborde en France et à Paris le thème du tertiaire avec les sièges sociaux de nombreuses entreprises.**

## Changement de registre

**Le siège de la banque La Hénin, situé au centre de Paris entre l'Opéra Garnier et la rue de Rivoli, est l'occasion pour Bofill de montrer son art aux Parisiens en inventant une nouvelle technique de mur-rideau en double peau. Il change de registre.**

**Puis ce sont les sièges sociaux de Jean-Claude Decaux, d'AXA, du GAN, de Cartier et de Rochas. Mais aussi l'Auditorium de Metz et l'hôtel Kléber Palace pour les frères Coste, dont il assure pour le premier la création à partir d'un ancien bâtiment militaire, pour les autres la réhabilitation et l'architecture d'intérieur.**

1 Ricardo Bofill **My whole life is made up of successive experiments. In my quest for spatial arrangements that are in tune with our industrial civilization, I successively practised façadeless architecture, inherited from the vernacular architecture of the desert, and then architecture based on classical composition and vocabulary. [...] Both quests amount to the same thing. It seems to me that, after reaffirming its origins, architecture can direct itself afresh towards the technology of its own time.**

1 Extract from Ricardo Bofi and Jean-Louis André, *Espaces d'une vie*, Paris: Éditions Odile Jacob, 1989.

In 1985, with the project for the SWIFT bank headquarters in Brussels and then the Marché Saint-Honoré in Paris as headquarters for the bank La Hénin, as well as developing the square around the latter for the city authority, Taller quietly began to break away from its so-called Postmodern period and to combine glass and new technologies with the classical vocabulary.

The influence of the United States—where Ricardo Bofill had become one of the most popular builders—is noticeable here. It was there that he met the "high priest" of architects, the illustrious Philip Johnson (1906–2005), whom he admired. The public commissions for social housing having dried up after the Place Saint-Christophe in Cergy-Pontoise, Marne-la-Vallée and the Place du Nombre d'Or in Montpellier, he explored the theme of the tertiary sector in the French capital with prestigious headquarters buildings for a number of companies.

## A change of register

The La Hénin bank headquarters, located in the centre of the city between the Paris Opera and the Rue de Rivoli, was an opportunity for Bofill to show off his art to Parisians by inventing a new technique involving a double-skin curtain wall. He had changed register.

Next were the headquarters for Jean-Claude Decaux, AXA, GAN, Cartier and Rochas. But also the Auditorium in Metz, which he created out of a former military building; and the Kléber Palace Hotel, for the Coste brothers, where he was responsible for the refurbishment and interior decoration.

→ **Portrait de Ricardo Bofil**
Portrait of Ricardo Bofill

# Banque SWIFT Belgique



Commanditaire / Client
**SWIFT**

Surface / Total area
**35 000 m²**

Principaux collaborateurs / Key collaborators
**Patrick Genard** (direction)
**Bogdan Witkowski**
**José Maria Rocías**
**Nathalie Hollevoet**
**Alex Dacosta**
**Alexandria Schmidt**
**Ricardo Bofill Junior**

1985

1988

Ricardo Bofill, croquis d'implantation. Feutre sur papier / Ricardo Bofill, site plan sketch. Felt-tip pen on paper

Bâtiment d'entrée, béton architectonique et mur rideau / Entrance building, fair-faced concrete and curtain wall

**Le projet pour la banque SWIFT marque un tournant dans l'architecture du Taller, dans la mesure où il intègre la technologie acier-verre à celle du béton architectonique dans une composition globale classique. Patrick Genard est le directeur du projet.**

1 Patrick Genard Ce chantier marque une rupture avec la période « postmoderne » et la création d'un nouveau langage. Nous avons travaillé à cette occasion avec le bureau d'études anglais d'Ove Arup et l'ingénieur John Thornton à la mise au point, pour la première fois, d'une peau en verre en façade [...].

Le parc : à la question « Comment s'inscrire dans un paysage aussi beau ? », la réponse est que le parc et le lac existaient, et qu'il fallait donc inscrire le bâtiment comme si le parc avait été dessiné après lui.

Le plein : pour les deux bâtiments de trois niveaux, il s'agissait de reprendre un système constructif de l'architecte de SWIFT [2] : une façade faite de panneaux préfabriqués en béton architectonique percés de fenêtres d'un niveau, sur lesquels s'appuient des planchers en poutres précontraintes sans appuis intermédiaires, ce qui crée des espaces intérieurs très diaphanes. Pour s'affranchir de l'écriture répétitive des fenêtres sur un seul niveau, une deuxième peau en béton architectonique a permis de détourner les petites ouvertures au moyen de grandes fenêtres recomposées et d'entrer ainsi dans le vocabulaire du Taller tout en créant un bâtiment hyper isolé (thermiquement).

Le vide : pour la première fois au Taller, il a été décidé de construire le vide ! Afin de faire pénétrer le parc à l'intérieur du bâtiment, un atrium a été créé en couvrant, comme une serre, l'espace vide entre les deux bâtiments et en les traversant de passerelles en métal avec des rambardes en verre. La technologie du verre et de l'acier est développée par Ove Arup. La structure était en métal peint finition « canon de fusil » selon le système constructif simple du Meccano. Par contre, le mur rideau PLANAR® était un vrai défi technologique, car, pour la première fois, en double vitrage. Il a donc fallu trouver une solution avec les ingénieurs, pour perforer le double vitrage—afin de faire passer les planchers—tout en gardant ses qualités techniques, notamment d'isolation. Cette performance a été reprise dans de nombreux autres projets par la suite.

L'implantation du bâtiment dans le parc a aussi constitué un très beau travail—selon un dessin de Ricardo. Là encore, Ricardo m'a fait confiance pour mener ce projet à son terme.

1 Propos recueillis par l'autrice en novembre 2022.

2 Un premier bâtiment SWIFT 1 avait été réalisé par l'architecte de SWIFT.

**Tous les intérieurs ont été dessinés en harmonie avec l'ensemble, au niveau des proportions, des éléments d'architecture (porte, fenêtre, encadrements, etc.), des matériaux et de leur calepinage, du mobilier,**

Façade du bâtiment d'entrée, béton architectonique et mur rideau / Façade of the entrance building, fair-faced concrete and curtain wall

**tous spécialement conçus pour ce projet dans des gammes naturelles, beige, gris et marbre rouge pour les sanitaires. D'une manière classique, il s'agissait de respecter l'unité des espaces et de réduire le nombre des composants.**

**Enfin, le restaurant et la cafétéria ont été, un peu à la manière d'une orangerie, volontairement traités différemment : implantation excentrée, proportions de volume plus ample, béton ciré à l'italienne et faux plafond à caissons pour recevoir le mobilier couleur cerisier.**

3 Jean-Louis André Mais il faut prendre une dernière fois du recul par rapport au bâtiment. Apercevoir la vibration des pilastres découpés par les feuillages des grands arbres du parc ; suivre les parcours des allées, qui évitent, dès l'abord, une trop prétentieuse symétrie ; bref, accepter de voir pratiquement disparaître les pierres derrière la végétation, et célébrer la victoire du romantisme sur le classicisme : on comprend alors ce qui a peut-être été l'ambition ultime de Ricardo Bofill : réaliser un édifice dont on puisse penser, malgré la modernité technologique et esthétique qu'il affiche, qu'il a toujours été là.

3 Propos de Jean-Louis André, journaliste au *Monde*, 1988.

The design for the SWIFT bank marked a turning point in Taller's architecture, in the sense that it integrated steel-and-glass technology with fair-faced concrete in an overall classical composition. Patrick Genard led the project.

1 Patrick Genard **This project marked a sudden switch away from the "Postmodern" period and the creation of a new language. On this occasion we worked with the British engineering firm Ove Arup and the engineer John Thornton to develop a glass skin for the façade, for the first time [...].**

**Regarding the grounds: the answer to the question of how to fit in with such a beautiful setting is that the parkland and the lake already existed, and so we needed to integrate the building within them as if the grounds had been designed after it.**

**Regarding the solid masses: for the two three-storey buildings, it was a matter of taking up a structural system used by the SWIFT architect:[2] a façade made of prefabricated fair-faced concrete panels pierced with full-storey windows, which supported pre-stressed beams for the floors that spanned the space without further support, creating highly transparent interior spaces.**

**To break free from the repetitive expression of windows limited to single levels, a second skin of fair-faced concrete allowed us to get around the small windows by composing large multi-section windows and thus falling in with Taller's vocabu-**

1 Account provided in an interview with the author, November 2022.

2 An initial building, SWIFT 1, had been built to the in-house architect's designs.

**lary while also creating an extremely well-insulated building (thermally speaking).**

**Regarding the voids: for the first time at Taller, there was a decision to build with empty space! To bring the grounds into the building, an atrium was created by covering the void between the two buildings, in the manner of a greenhouse, and putting metal walkways with glass guardrails across it. The glass-and-steel technology was developed by Ove Arup. The structure was in painted metal with a "gunmetal" finish, and followed the simple structural system of Meccano. The PLANAR® curtain wall, on the other hand, was a genuine technical feat because, for the first time, it was double-skinned. It therefore required finding a solution with the engineers, to pierce its double glazing—to get the ceiling beams through—while still retaining its technical qualities, notably in terms of insulation. This achievement was repeated in many other projects thereafter.**

**The way the building is set within the parkland context was also a beautiful piece of work—following a drawing by Ricardo. There again, Ricardo put his trust in me to see the project through to completion.**

All the interiors were designed to harmonize with the project as a whole, in terms of their proportions, architectural elements (doors, windows, framing, etc.), materials and layouts, and the furnishings, all specially designed for the project in natural tones of beige, grey, and red marble for the sanitary facilities. In the classical manner, it was all about respecting the unity of the spaces and limiting the number of components.

Finally, the restaurant and cafeteria were given a deliberately different treatment, in a separate pavilion in the manner of an orangery: more generous volumes, Italian-style polished concrete and a coffered false ceiling, to accommodate the cherry-wood-coloured furniture.

3 Jean-Louis André **But you ultimately need to step back to view the building. To see the how the pilasters seem to quiver as the foliage of the large trees in the park cuts across them; to follow the pathways, which avoid overly pretentious symmetry from the outset; in short, to take in the sight of the stone practically disappearing behind the greenery, and celebrate the victory of romanticism over classicism. That is when you understand what Ricardo Bofill's ultimate ambition might have been: to create a building which, despite the technological and aesthetic modernity that it displays, you might think has always been there.**

3 Account by Jean-Louis André, journalist for *Le Monde*, 1988.

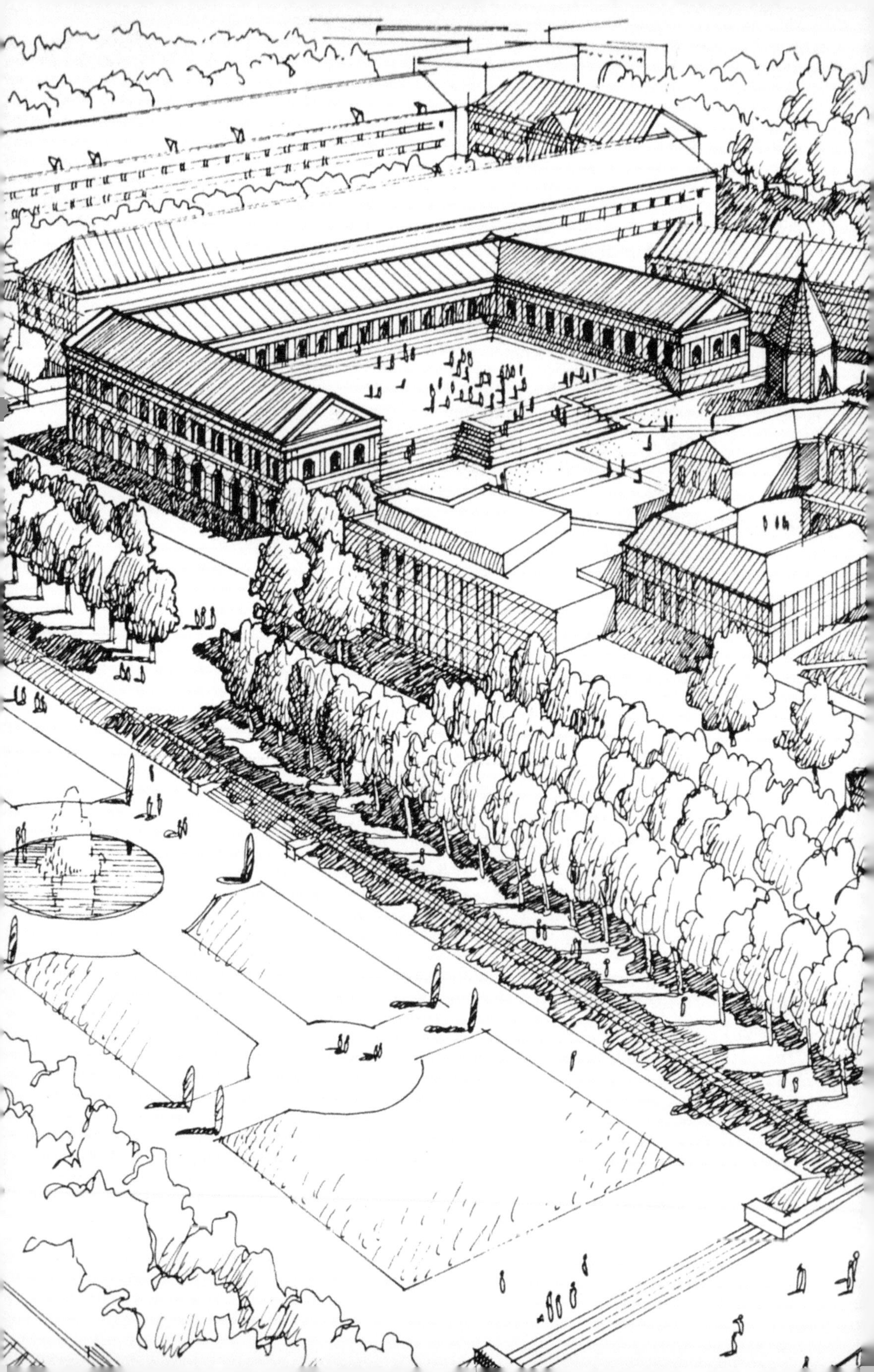

# L’Auditorium de Metz

309

Commanditaire / Client
**Ville de Metz / City of Metz**

Surface / Total area
**10 000 m²**

Principaux collaborateurs / Key collaborators
**Patrick Genard**
**Patrick Dillon**
**Jean-Pierre Carniaux**
**Paul Elliot**

Programme
**Transformation d’une ancienne caserne en auditorium de musique / Conversion of a former barracks into a concert hall**

1986

← **Axonométrie générale. Encre de Chine** / General axonometric. Indian ink

→ **Portes d’accès à la salle de concert** / Concert hall entrance doors

1 Jean-Pierre Carniaux C'était une ancienne caserne en U ; l'auditorium a été créé sous la cour intérieure. Le concept est celui d'une boîte en bois, comme l'auditorium de Vienne [...]. Les murs sont revêtus de bois de différentes essences dessinant des motifs classiques sans relief, juste une marqueterie d'essences différentes. La scène est à un tiers de la salle, les spectateurs de part et d'autre sur des gradins plongeants. Il s'agissait d'un travail en collectif au niveau de la conception, avec Patrick Genard à Barcelone, et ensuite Patrick Dillon a continué le projet à Paris, depuis les bureaux de la rue de l'Université.

1 Propos recueillis par l'autrice le 3 novembre 2022 à Sant Martí Well.

## Un écrin en bois dans un vieux bâtiment militaire

2 Patrick Genard J'ai eu la grande joie de développer ce projet avec mon grand ami Patrick Dillon, un excellent architecte de Panama qui était rentré au Taller en même temps que moi. Il s'agissait de créer un nouvel auditorium dans un vieux bâtiment militaire à l'architecture classique, créée sous Vauban, étrangement épurée et moderne.

Nous avons implanté l'auditorium sous l'ancienne cour au centre du bâtiment en O, la toiture venant à la hauteur du premier étage de l'ancienne construction. Détruire un des côtés du vieux bâtiment pour le transformer de O en U nous a permis de créer une terrasse urbaine ouverte sur la ville de Metz par une grande escalinata et d'intégrer ainsi le nouvel auditorium dans la ville.

Cette disposition permettait aussi d'entrer dans l'auditorium, depuis le vestibule au niveau de la ville et directement à mi-hauteur des gradins. Comme le rappelle Jean-Pierre Carniaux, nous avions pris le parti d'implanter la scène et les musiciens au deux tiers de la salle, ce qui réservait un tiers des gradins derrière les musiciens mais face au chef d'orchestre et donnait un emplacement de vue et d'écoute intéressante.

En clair contraste avec le bâtiment militaire en pierre, nous avions décidé de créer une salle tout en bois, ce qui a donné une acoustique merveilleuse mise au point par un acousticien japonais de génie, M. Xu. Ce dernier m'a d'ailleurs confié que, malgré toute la technologie de la modélisation informatique et réelle (à l'échelle 1/10 !) l'acoustique restait et resterait un art plutôt qu'une science... Cependant, l'acoustique de M. Xu est tellement réussie que, lors de la répétition le matin du jour de l'inauguration, Rostropovitch jouait littéralement avec elle en écoutant la musique revenir vers lui et en exprimait une joie contagieuse.

2 Propos recueillis par l'autrice en novembre 2022 à l'Empordà.

'ue intérieure de la salle de concerts / Interior view of the concert hall

Iall / Foyer

3âtiment militaire remodelé / The military building, remodelled

Vue intérieure côté scène / Interior view, stage side

**Vue intérieure sur les gradins** / Interior view of the tiered seating

Jean-Pierre Carniaux It was an old U-plan barracks; the auditorium was created in the inner courtyard. The concept is of a wooden box, like the auditorium in Vienna [...]. The walls are clad in various species of wood which trace classical motifs but within a flat surface: just marquetry of different woods. The stage takes up a third of the space, and the audience are on either side, on tiered seating. The design was a group effort, with Patrick Genard in Barcelona, and then Patrick Dillon continued the project in Paris, from the offices in the Rue de l'Université.

1 Account provided in an interview with the author at Sant Martí Vell, 3 November 2022.

## A precious wooden box inside an old military building

Patrick Genard I had the great joy of developing this project with my good friend Patrick Dillon, an excellent architect from Panama who arrived at Taller at the same time as me.

The aim was to create a new auditorium in an old military building that was built under Vauban[3] and which had classical architecture that was surprisingly pared back and modern.

We placed the auditorium in the former courtyard at the centre of the O-plan building, the roof reaching the first floor of the old structure. Demolishing one of the sides of the old building to transform it from an O into a U allowed us to create a public terrace that opens onto the wider urban context via a large escalinata and thus to integrate the new auditorium into the city.

This arrangement also allowed people to enter the auditorium from the vestibule at the city level, directly arriving halfway up the tiered seating. As Jean-Pierre Carniaux remembers, we'd adopted the design concept of having the stage and musicians across two-thirds of the space, which reserved a third of the seating tiers behind the musicians but facing the conductor, and provided an interesting viewpoint and listening experience.

In clear contrast with the stone-built military structure, we decided to create an all-wooden space, which made for wonderful acoustics that were perfected by a genius Japanese acoustician, Mr Xu. He confided in me that, despite all the technology—digital modelling and real-life (at 1:10 scale!)—acoustics remained and would continue to remain an art rather than a science. [...] However, Mr Xu's acoustics were so successful that, during the morning rehearsal on the day of the opening, Rostropovich was literally playing with it as he listened to the music coming back to him, and the joy he expressed about it was contagious.

2 Account provided in an interview with the author at Empordà in November 2022.

3 Sébastien Le Prestre de Vauban (1633–1707), generally known simply as Vauban, was a French military engineer under Louis XIV and considered one of the most important in European history.

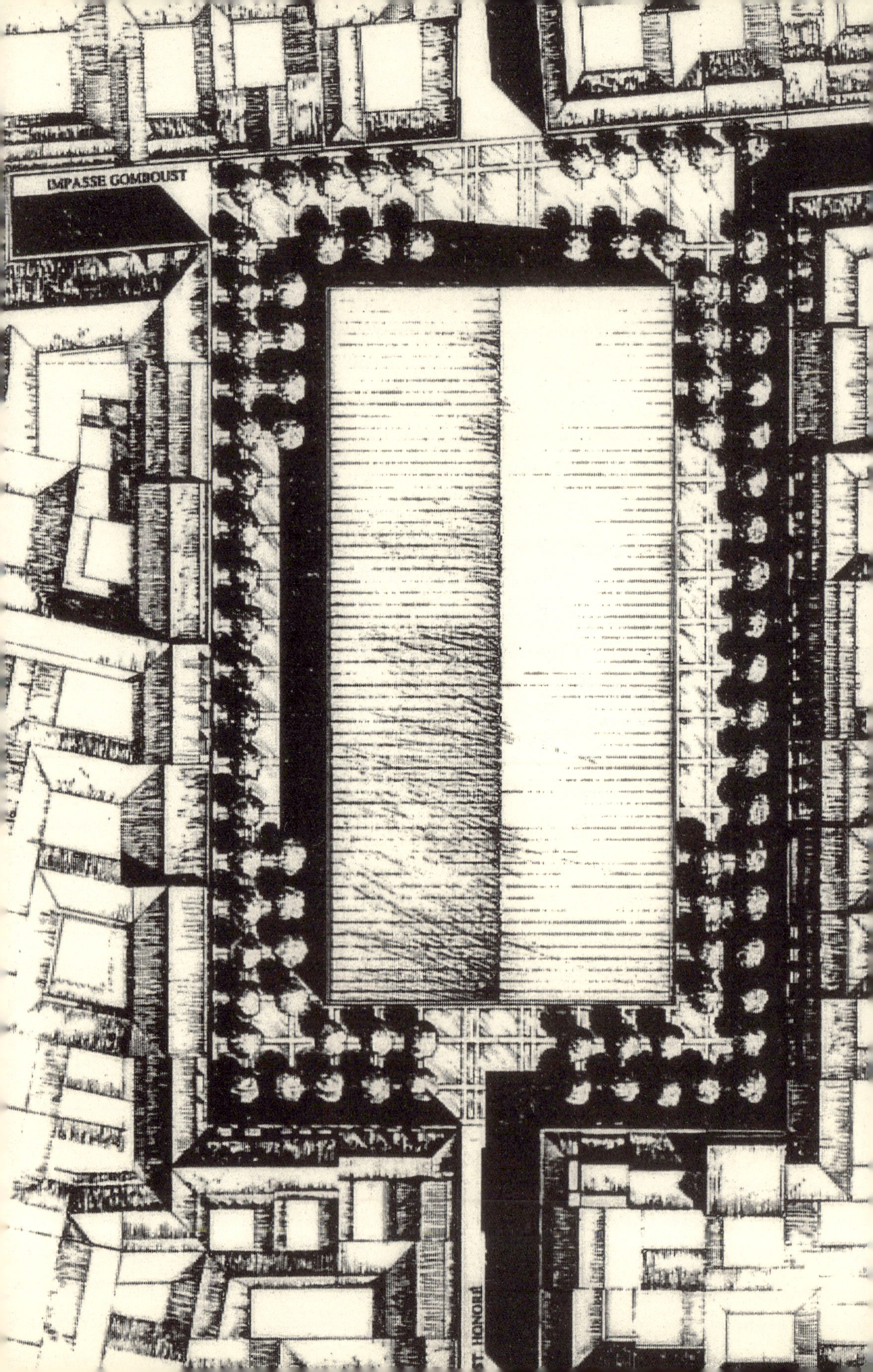

IMPASSE GOMBOUST
ST HONORÉ

# Le marché Saint-Honoré 315

Commanditaire / Client
**Banque de La Hénin**
**Ville de Paris**

Surface / Total area
**Bureaux / Offices : 18 000 m²**
**Commerces et équipements / shops and devices : 5 000 m²**
**Parking / Parking spots : 25 000 m² (1140 places / spots)**

Principaux collaborateurs / Key collaborators
**Jean-Pierre Carniaux**
**Patrick Genard**
(direction)
**Bloguslaw Mlotkowski**
**Simon Platt**
**Thierry Recevski**
**Ramón Collado**

Programme
**Bureaux, commerces, équipements, parking / Offices, shops, devices, parking spots**

1990

1997

Plan de masse général.
Encre de Chine, crayon
Site plan. Indian ink and pencil

La rue intérieure
Interior street

1 **Ricardo Bofill** Entre l'Opéra Garnier et la rue de Rivoli, la place Saint-Honoré est dans le prolongement du Paris commerçant. Bâti dans les années 1950, un bâtiment gris, très lourd, bloque le centre de la place et empêche le développement de cet endroit pourtant si agréable. Le projet du Taller de Arquitectura s'inscrit dans cette volonté de réanimer une liaison essentielle entre Rivoli et Opéra. L'immeuble existant sera donc démoli : celui qui le remplacera doit privilégier la transparence et la fluidité. Un temple de verre, conçu comme l'atrium de ce salon à l'air libre que reste la place : dialogue avec l'architecture des Halles en hommage aux quatre pavillons de Baltard anciennement implantés sur cette place. À l'intérieur, fermée symboliquement par deux grandes portes en métal, se déploie la galerie dans la grande tradition des passages couverts parisiens. On découvre alors, sur les cinq niveaux au-dessus des magasins, la structure du bâtiment, portée par des colonnes de béton blanc. Cette ossature est enveloppée d'une façade en double vitrage, suspendue par des points de fixation légers et invisibles, et recouvre tout l'édifice. Produit du mariage de l'architecture classique et de l'architecture high-tech, le marché Saint-Honoré s'inspire de l'archétype classique par excellence, le temple, la maison, le marché, tout en développant des systèmes technologiques les plus à l'avant-garde de l'industrie de la construction de cette fin du XX^e^ siècle. [...] Les aménagements extérieurs ont aussi été conçus par le Taller de Arquitectura et réalisés par la Ville de Paris. Conçus comme un espace piétonnier, sans trottoir et avec des « bateaux » pour l'accès à la place. Des arbres sont plantés sur une rangée du côté des bâtiments existants. Grâce à ce bâtiment, totalement adapté au contexte urbain, la place a retrouvé sa dynamique, une qualité d'espace et de liaisons plus fluides et plus riches en rapports humain.

1 Texte de Ricardo Bofill et Thierry Recevski pour le dossier de presse de l'inauguration.

2 **Jean-Pierre Carniaux** Le concept est celui d'une rue couverte parisienne en forme de temple de verre faisant rentrer partout la lumière dans les espaces de travail et de commerce. Ce projet s'inscrit dans une fascination que nous partagions pour la haute technologie de verre et l'architecture de Norman Foster.

2 Propos recueillis par l'autrice le 3 novembre 2022 à Sant Martí Vell.

.ménagement de la place / Improvements to the public square

**Patrick Genard** Un pavillon en verre au cœur de Paris : le but était de concevoir un bâtiment très aérien avec des bureaux transparents, les plus lumineux possibles, ayant une très belle vue sur les façades parisiennes à l'entour. Ce, grâce à une façade vitrée en double peau selon le principe d'une serre (avec la collaboration du bureau d'études Ove Arup). Celle-ci était ventilée en été et fermée en hiver, créant un « buffer » ou plutôt une enveloppe, qui permettait d'avoir une très bonne performance thermique. Cette technique inédite de double peau en verre a été déclinée par la suite dans de nombreux autres projets.

3 Propos recueillis par l'autrice en novembre 2022 à l'Empordà.

**Rue couverte intérieure** / Covered interior street

**Détail de la façade, mur rideau** / Detail of the façade, curtain wa

1 Ricardo Bofill **Between the Paris Opera and the Rue de Rivoli, the Place Saint-Honoré is a continuation of one of Paris’s main shopping routes. A very heavy, grey 1950s building was blocking the centre of the square and preventing this otherwise very pleasant place from being developed. A glass temple, designed as the atrium of this square which continues to function as an open-air living room: a dialogue with the architecture of Les Halles, in homage to the four Baltard pavilions that used to occupy the site. Inside, symbolically enclosed by two large metal doors, is the shopping arcade, in the great tradition of Paris’s covered passageways. Here, distributed over five storeys above the shops, you can see the structure of the building, supported on white concrete columns. This framework is enveloped in a double-skin façade, suspended on slight, invisible fixing points, and covers the entire edifice. A product of blending classical architecture with “High-Tech” architecture, the Marché Saint-Honoré is inspired by the classical archetype par excellence—the temple, the house, the market—while at the same time developing the most pioneering technological systems that existed in the construction industry in the late 20th century. […] The outside area was also designed by Taller de Arquitectura and executed by the Paris city authority. It was conceived as a pedestrian space, with no pavements and with “boats” to access the square. Trees were planted in a line alongside the existing buildings. Thanks to this building, which perfectly fits the urban context, the square enjoys renewed dynamism, with more flowing connections and spatial qualities that are also richer in terms of human relationships.**

1 Text by Ricardo Bofill and Thierry Recevski for the press pack for the building’s inauguration.

2 Jean-Pierre Carniaux **The concept is of a Parisian covered street in the form of a glass temple, which brings light into the working and retail spaces from all directions. The project reflects a fascination that we share for pioneering glass technology and the architecture of Norman Foster.**

2 Account provided in an interview with the author at Sant Martí Vell, 3 November 2022.

3 Patrick Genard **A glass pavilion in the heart of Paris: the aim was to design a very ethereal building with transparent offices that benefit from as much daylight as possible, and all of which have beautiful views over the surrounding Parisian façades. All thanks to the double-skin glass façade, conceived on the principle of a greenhouse (in collaboration with the Ove Arup engineering firm). Ventilated in summer and closed in winter, these created a “buffer”, or rather an envelope, which enabled very good thermal performance. This unprecedented technique of a glazed double skin was subsequently used for numerous other projects.**

3 Account provided in an interview with the author at Empordà in November 2022.

# Siège social de Jean-Claude Decaux



Commanditaire / Client
**Jean-Claude Decaux**

Surface / Total area
**5 600 m²**

Principaux collaborateurs / Key collaborators
**Patrick Genard** (direction)
**José Maria Rocías**
**D. Calatayud**
**R. Dubois**
**Bloguslaw Mlotkowski**
**N. Vervenne**
**S. Kobari**

Programme
**Construction du siège social / Construction of a headquarters building**

1988

← **Croquis de la façade côté rue. Crayon, encre de Chine** / Sketch of the street façade. Pencil and Indian ink

→ **Détail, hall**
Detail of the lobby

1 Patrick Genard Perfection à la japonaise. L'objectif était de répondre à l'exigence de perfection de Jean-Claude Decaux en proposant une construction d'une qualité irréprochable, avec de beaux matériaux. Sur la rue, une façade en pierre naturelle avec une double peau plus épaisse, en verre et inox, prévue pour accueillir une serre (elle est finalement restée vide et aucune plante n'y a été implantée). Sur l'arrière, une façade en béton architectonique, ton pierre naturelle, donnant sur une cour-jardin à l'intérieur de l'îlot, traitée en théâtre de verdure. Les espaces intérieurs, dessinés par le Taller, sont tous en matériaux nobles (pierre et bois) ainsi que le parking en béton ciré aux finitions soignées et impeccablement propres et lisses.

1 Propos recueillis par l'autrice en novembre 2022 à l'Empordà.

## Jean-Claude Decaux headquarters

1 Patrick Genard **Japanese-style perfection. The objective was to satisfy Jean-Claude Decaux's demand for perfection by proposing an impeccable quality of construction, with beautiful materials. The street façade is in stone with a thicker double skin, in glass and stainless steel, intended to accommodate a plant conservatory (although it ultimately remained empty, with no greenery planted there). The rear façade is in fair-faced concrete that is the colour of natural stone, and looks onto a garden courtyard in the middle of the urban block, which is treated as a "green theatre". The interior spaces, designed by Taller, are all fitted out with high-quality materials (stone and wood), as is the polished concrete car park with its carefully executed, flawlessly smooth finish.**

1 Account provided in an interview with the author at Empordà in November 2022

→ Façade extérieure d'angle
Exterior corner façade

# Siège social de Cartier « la Cité du Retiro » 325

:ommanditaire / Client
**:ichmond**
**Jnibail Rodamco**

Surface / Total area
**26 000 m²**

Principaux collaborateurs / Key collaborators
**Jean-Pierre Carniaux** (conception / design)
**Ramón Collado** (réalisation)

1999 2003

**Croquis de la rue ıtérieure. Encre de Chine, eutre couleur** / Sketch f the interior street. Indian ink nd colour felt-tip pen

**La rue intérieure**
he interior street

1 Jean-Pierre Carniaux Le concept porte sur la rénovation d'un bâtiment existant et la création d'un bâtiment nouveau de facture moderne dans un îlot urbain très dense ; un « salon » comme un salon de haute couture où l'on reçoit les client(e)s, à l'intérieur de la ville. Là aussi les façades de verre font entrer la lumière dans les bureaux. Le projet est conçu à l'échelle humaine avec un urbanisme respectueux de la ville dans laquelle il s'insère.

1 Propos recueillis par l'autrice le 3 novembre 2022 à Sant Martí Vell.

2 Taller Dès les premiers croquis, la « porte urbaine », le « phare », la « colonnade », le « cube » et la « rue-théâtre » s'imposaient comme éléments structurants d'une composition d'ensemble qui retrouve la trace de l'ancienne cour d'honneur et d'une « rue-théâtre » — mettant en scène les piétons et pouvant servir de scène théâtrale urbaine — articulant les liaisons entre la rue Boissy-d'Anglas, la rue du Faubourg-Saint-Honoré et la rue de Surène.

La cité rassemble plusieurs typologies d'immeubles, dont plusieurs adossés au bâti existant. Rue Boissy-d'Anglas, où le Retiro s'ouvre par une typologie empruntée aux maisons de ville, l'entrée principale traitée en porte à l'échelle urbaine rétablit la continuité historique avec le passage de la Madeleine et l'alignement sur rue. Dans son axe, l'émergence transparente du « phare » articule la cour d'honneur et la rue-théâtre où quatre immeubles haussmanniens réhabilités le prolongent. Au cœur de l'îlot, la cour d'honneur est couverte par une toiture légère en résille métallique définissant un cube virtuel qui assure la transition entre les espaces extérieurs et intérieurs. La rue-théâtre, qui peut accueillir diverses manifestations, est délimitée par deux façades radicalement différentes : d'un côté celle des immeubles haussmanniens existants, de l'autre une courbe vitrée tendue qui s'évase par un jeu de retraits correspondant aux ordres superposés d'une colonnade formant balcons et loggias. La longueur de la colonnade s'ajuste à celle des immeubles qui lui font face, elle est bornée à chaque extrémité par des « maisons de ville » qui la rattachent au bâti donnant sur les rues.

*A contrario*, les façades haussmanniennes sont encadrées par deux éléments neufs reprenant la trame de la colonnade. Le « phare » est l'un d'eux. Le second assure la liaison avec une passerelle vitrée dominant l'entrée sur la rue du Faubourg, tandis qu'à l'opposé un bâtiment-pont relie les maisons de ville avec la rue Boissy-d'Anglas. Tous les profilés sont réduits à leur plus simple expression, par souci de transparence et de clarté. La technique high-tech des doubles murs rideaux de SWIFT et du marché Saint Honoré est ainsi reprise.

2 Texte du Taller pour la présentation du projet.

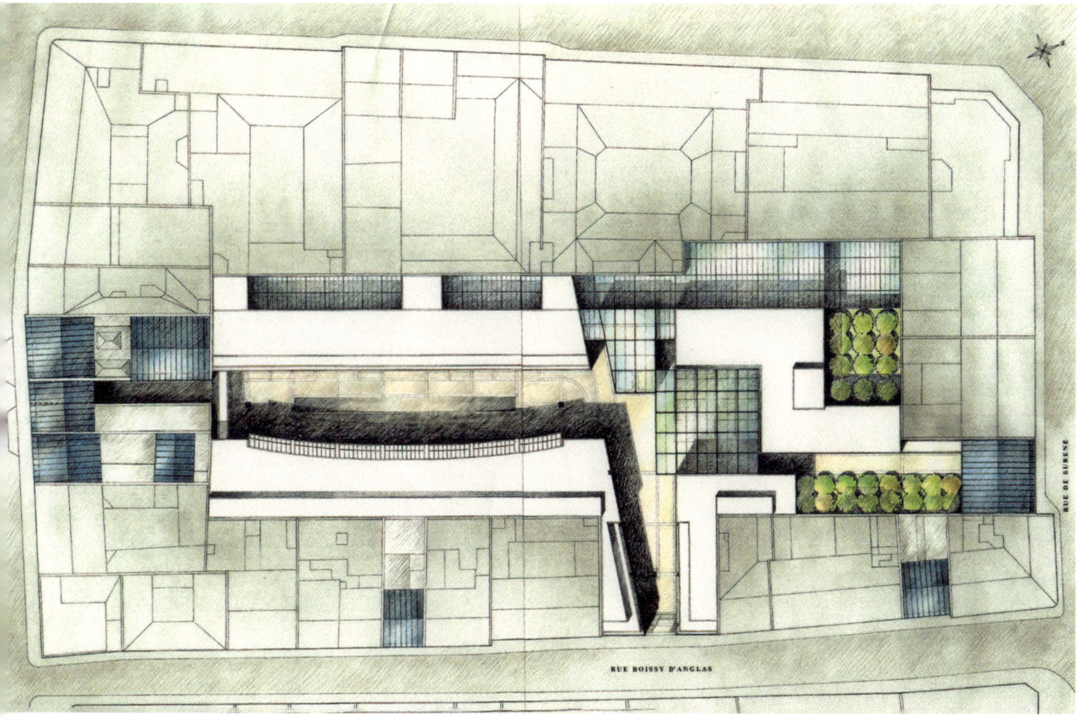


lan de masse de l’ensemble. Encre de Chine, aquarelle / Site plan sketch. Indian ink and watercolour

açade d’entrée sur rue / Entrance façade overlooking the street

Vue du bâtiment neuf / View of the new building

# Cartier headquarters "La Cité du Retiro"

**Façade du bâtiment neuf sur la rue intérieure** / Façade of the new building along the interior street

Jean-Pierre Carniaux **The concept centred around renovating an existing building and creating a new one, modern in character, in a very dense urban block; a "salon" like an haute-couture salon where customers are received, in the heart of town. Here again, the glass façades bring light into the offices. The project was designed on a human scale with an urbanism that respects the city into which it was inserted.**

1 Account provided in an interview with the author at Sant Martí Vell, 3 November 2022.

Taller **From the very first sketches, the "urban gateway", the "lighthouse", the "colonnade", the "cube" and the "theatre-street" appeared as the defining elements of an overall composition that restores the traces of the former grand entrance courtyard and a "theatre-street"—which put pedestrians in the spotlight and could serve as an urban theatre stage—articulating the intersections between the Rue Boissy-d'Anglas, the Rue du Faubourg-Saint-Honoré and the Rue de Surène.**

**The complex brings together several types of buildings, including some that back onto the existing built fabric. On Rue Boissy-d'Anglas, where Le Retiro begins with a typology borrowed from townhouses, the main entrance, treated as a gateway on an urban scale, re-establishes the historical continuity with the Passage de la Madeleine and the road alignment.The transparent emergence of the "lighthouse" on its central axis articulates the grand courtyard and the theatre-street where four refurbished Haussmann-era buildings extend it. At the heart of the plot, the grand courtyard is covered by a light roof of metal mesh that defines a virtual cube which asserts the transition between the exterior and interior spaces. The theatre-street, which can host various types of event, is bounded by two radically different façades: on one side, that of the existing Haussmann-era blocks; and on the other, a taut glazed curve which steps back through a play of indentations that correspond to the stacked orders of a colonnade forming balconies and loggias. The length of the colonnade is tuned to fit that of the buildings facing it, and it is hemmed in at each end by "townhouses" which reconnect it to the built fabric of the surrounding streets.**

**In contrast, the Haussmann-era façades are framed by two new elements that echo the grid of the colonnade. The "lighthouse" is one of them. The other marks the link with a glazed walkway over the entrance on the Rue du Faubourg, while on the opposite side a bridge-building connects the townhouses with the Rue Boissy-d'Anglas. All of the metal profiles are reduced to their simplest possible form, for reasons of transparency and clarity. The high-tech technique of double curtain walls used at SWIFT and the Marché Saint-Honoré is thus reiterated.**

2 Taller's text for the project's presentation.

# Rue d'Enghien



Commanditaire / Client
**Taller de Arquitectura**

Surface / Total area
**1000 m²**

Principaux collaborateurs / Key collaborators
**Thierry Recevski**
**Ramón Collado**
**Annabelle d'Huart**

Programme
**Rénovation d'un bâtiment ancien et construction de bureaux / Renovation of an old building and construction of offices**

1990

1992

← **Siège social du Taller de Arquitectura, façade sur rue** / Taller de Arquitectura headquarters, street façade

→ **Double escalier d'accès aux bureaux** / Double staircase for access to the offices

**Fin 1991, l'équipe du Ricardo Bofill Taller de Arquitectura quitte les appartements bourgeois du 18, rue de l'Université, où elle était trop à l'étroit, pour investir un ancien théâtre, L'Escalier d'or, dans le 10e arrondissement à Paris, au 18, rue d'Enghien, près de la porte Saint-Denis. Neuf cent cinquante mètres carrés que le Taller restructure avec un large atrium-hall planté de palmiers, réservé aux espaces d'accueil et de réunions ; dans les étages autour de l'atrium, les bureaux. Les espaces intérieurs et le mobilier sont conçus par Thierry Recevski, directeur de projet avec Annabelle d'Huart.**

## Rue d'Enghien, Paris, 10th arrondissement

In late 1991, the Ricardo Bofill Taller de Arquitectura team left its bourgeois apartments at 18 Rue de l'Université, which were too cramped for it, and moved into a former theatre, the Escalier d'Or (Golden Staircase), in Paris's 10th arrondissement—at 18 Rue d'Enghien, near the Porte Saint-Denis. The team remodelled its 950 square metres with a large atrium planted with palm trees, reserved for the reception and meetings areas; the offices were in the upper floors around the atrium. The interior spaces and furniture were designed by Thierry Recevski, who led the project with Annabelle d'Huart.

**Bureau de direction** / Directors' office

**Hall d'entrée** / Entrance hall

# L'hôtel Kléber Palace



Commanditaire / Client
**Frères Coste / Coste brothers**

Surface / Total area
**7 300 m²**

Principaux collaborateurs / Key collaborators
**Thierry Recevski, en collaboration avec Annabelle d'Huart pour le mobilier et les intérieurs / in collaboration with Annabelle d'Huart for the furniture and interiors**

Programme
**84 chambres et studios / guest rooms and studios**

1993

← **Dessin de la façade sur rue. Encre de Chine, crayon, aquarelle** / Drawing of the street façade. Indian ink, pencil and watercolour

→ **Vue sur la piscine intérieure** / View of the indoor swimming pool

1 Thierry Recevski Hôtel palace de 84 chambres, construit sur l'emplacement d'un garage Citroën, à l'angle de l'avenue Kléber et de la rue de Magdebourg dans le 16e arrondissement de Paris, pour le compte des frères Coste. La parcelle étroite et profonde ne permettant que des ouvertures sur la rue de Magdebourg, nous avons été contraints de découper et de creuser dans la structure existante un jardin intérieur, afin d'offrir à toutes les chambres et à tous les services la lumière nécessaire.

Le jardin est aménagé autour d'un bassin en marbre noir, agrémenté et bordé de bambous et de plantes tapissantes. Quatre colonnes de marbre dessinées par Ricardo Bofill ponctuent l'espace. Le bâtiment s'organise donc autour de ce jardin, emprunté aux jardins japonais.

Comme dans le bâtiment du marché Saint-Honoré, l'hôtel Kléber Palace marque le point d'inflexion dans l'évolution du Taller, grâce à l'incorporation de plus en plus évidente d'éléments high-tech. Les façades qui entourent le jardin sont constituées de murs-rideaux en marbre blanc de Carrare et en verre. La façade sur la rue de Magdebourg est traitée sobrement. Elle est composée de trois larges ouvertures, réalisées en double peau afin d'offrir l'isolation acoustique nécessaire. Entre les deux peaux de verre (la paroi extérieure agrafée est légèrement convexe ; la paroi intérieure, légèrement concave), un rideau de plantes luxuriantes tamise les vues et donne une bonne isolation visuelle. La façade concave permet aux deux derniers étages de disposer d'agréables terrasses avec vues sur Paris.

La réalisation de cet hôtel nous a permis de développer (comme pour le traitement intérieur de l'aéroport de Barcelone, la banque SWIFT, ou l'Hôtel de Région à Montpellier...) une réflexion sur l'aménagement intérieur, envisagé comme une architecture d'accompagnement, complément nécessaire à la finition de toute œuvre architecturale. À cette occasion, le Taller a développé avec des industriels tels que Cassina, Hurel, Light, Fröscher, des ensembles de mobilier, comptoir, tables, canapés, sièges, consoles, luminaires... jusqu'à la poignée de porte.

1 Témoignage du 20 octobre 2022.

→ **Perspective de la façade à l'angle de l'avenue Kléber. Encre de Chine, crayon, aquarelle** / Perspective view of the façade on the corner of Avenue Kléber. Indian ink, pencil and watercolour

**Façade sur rue réalisée** / The street façade as built

Thierry Recevski **The 84-room luxury hotel, later known as the Costes K, was built on the site of a Citroën garage, at the corner of the Avenue Kléber and the Rue de Magdebourg in Paris's 16th arrondissement, for the Coste brothers. Since the deep, narrow plot only allowed openings onto the Rue de Magdebourg, we had to slice up and hollow out the existing structure to create an inner garden, so as to provide all of the rooms and service areas with the necessary light.**

**The garden is arranged around a black marble pond bordered with bamboo and ground-cover plants. Four marble columns designed by Ricardo Bofill punctuate the space. The building is organized around this garden, in a design that borrows from Japanese gardens.**

**As in the Marché Saint-Honoré building, the Kléber Palace Hotel marks the inflection point in Taller's evolution, thanks to the increasingly obvious incorporation of high-tech elements. The façades that frame the garden are constituted by curtain walls of white Carrara marble and glass. The façade onto the Rue de Magdebourg is understated in appearance. It is composed of three wide openings, each with a double skin in order to offer the necessary sound insulation. Between the two layers of glass (the bolted external skin is slightly convex, the inner one slightly concave), a curtain of luxuriant plants filters views and provides good visual insulation. The concave façade allows the top two storeys to benefit from lovely terraces with views over Paris.**

**This hotel project allowed us (as did the interior treatment of Barcelona Airport, the SWIFT bank and the Hôtel de Région in Montpellier...) to develop our thinking on interior fit-outs, viewing them as complementary architecture that is necessary to the finish of any architectural work. On this occasion, Taller worked with manufacturers such as Cassina, Hurel, Light and Fröscher to develop sets of furniture, counters, various types of tables, sofas, chairs, lighting... right down to the doorknobs.**

1 Account provided on 20 October 2022.

# Années 1980 : Les concours d'architecture de François Mitterrand

# The 1980s: François Mitterand's architectural competitions

# Concours pour ’arche de la Défense : L’Arc de Cristal



1983

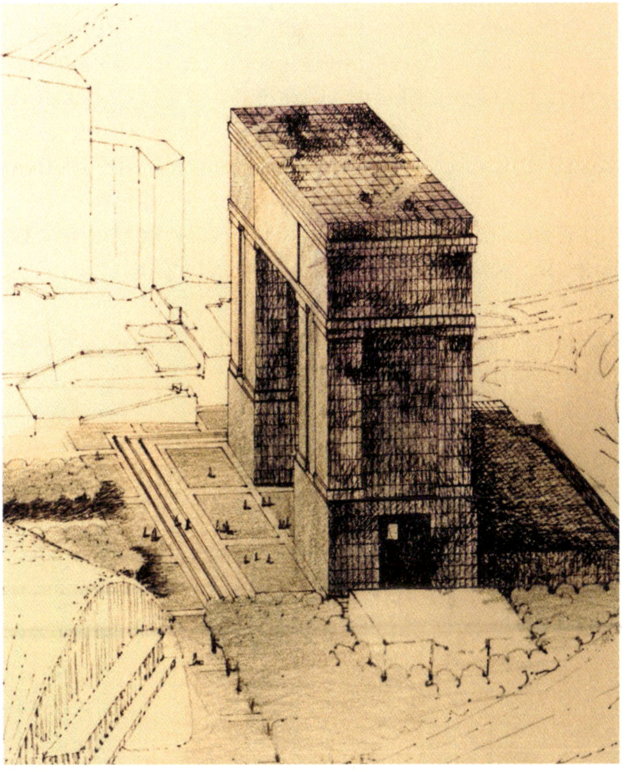

**Croquis perspectif. Crayon : aquarelle** / Perspective ‹etch. Pencil and watercolour

**Le Taller est invité à participer à deux des principaux concours des Grands Projets lancés sous la présidence de François Mitterrand. Aucun d'entre eux ne sera gagné et l'art de Ricardo Bofill n'est manifestement pas apprécié sous l'ère de ce président, malgré une recherche profondément infléchie par ses expériences internationales reconnues et une exploration de simplification du langage classique liée au développement de la technique du verre alliée au béton. Autre temps.**

Créer un point au fond de l'axe Carrousel–place de l'Étoile, une porte de Paris depuis la banlieue ouest

1 Peter Hodgkinson Nous voulions faire un très grand monument qui se perde dans le ciel gris de Paris. Un monument qui ne soit pas massif, mais intégré grâce à un mur rideau blanc-gris.

1 Notes de l'autrice lors d'une réunion stratégiqu à Montrás le 3 juillet 1983.

## Competition for the Arche de La Défense: L'Arc de Cristal

Taller was invited to take part in two of the main competitions for the "Grands Projets" (major urban projects) launched under François Mitterrand's presidency. They did not win either of them, and Ricardo Bofill's art was clearly not appreciated in Mitterrand's era, despite his work being deeply influenced by his well-known international experiments and an exploration of the simplification of the classical language alongside developing techniques of combining glass and concrete. Another time.

Creating a focal point at the end of the Carrousel–Place de l'Étoile axis, a gateway to Paris from the western suburbs

1 Peter Hodgkinson **We wanted to make a very tall monument that would disappear into the grey Parisian sky. Not a heavy monument, but one that would blend in thanks to a greyish-white curtain wall.**

1 Notes taken by the autho during a strategic meeting in Mont-ras, 3 July 1983.

→ **Dessin de la perspective de la Défense vers les Champs-Élysées. Crayon et aquarelle** / Drawing of the view from La Défense towards the Champs-Élysées Pencil and watercolour

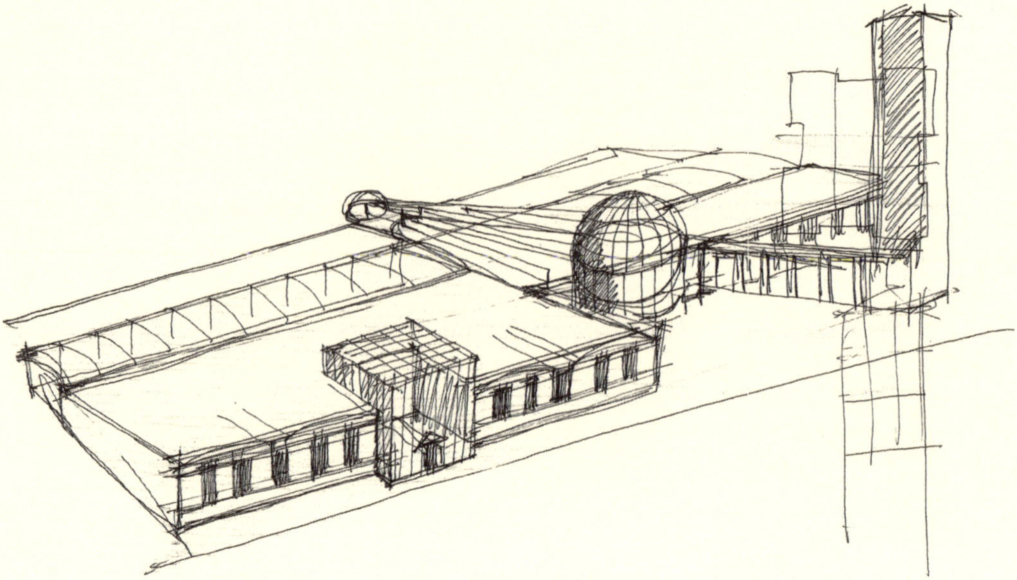

# Concours international pour le projet de la grande Bibliothèque de Paris

345

**our Mitterrand, l'architecture
tait une philosophie platonicienne.
aimait les formes géométriques.
ofill n'a rien à voir avec lui,
ne défend pas la géométrie comme
art architectural en tant que tel.**

or Mitterrand, architecture
as a Platonic philosophy.
le loved geometric forms.
ofill was completely different,
e didn't champion geometry
s the art of architecture per se.

oland Castro

1989

**icardo Bofill, croquis,
erspectives et maquette
e rendu** / Ricardo Bofill,
ketch, perspective rendering
nd maquette

# De l'utopie populaire à la carrière internationale

1992

# From grassroots Utopia to international career

# Fermeture des bureaux de Paris



Ricardo Bofill Il y a vraiment eu un avant-après Montpellier. Antigone est devenu ma vitrine à l'international, j'ai ensuite travaillé au Japon, aux États-Unis, à Chicago..., dans le monde entier ! Partout on me parle d'Antigone ! Et en même temps, il y a eu pendant des années un rejet en France, où il n'a pas servi de modèle pour d'autres quartiers.

1 Ricardo Bofill et Jean-Louis André, *Espaces d'une vie*, Paris, Odile Jacob, 1989.

**Dès la fin des années 1980, le Taller s'élance dans une carrière internationale intense. D'abord New York, Chicago, Moscou, Tokyo, Shanghai, puis l'Inde, le Maroc, l'Irak, l'Arabie saoudite... À cette époque, pour y répondre, avait débuté une nouvelle organisation, sous l'influence d'Alain Minc, alors conseiller de Ricardo Bofill, et de son nouveau directeur, Bertrand Julien-Laferrière, un jeune centralien.**

**L'équipe pluridisciplinaire au format « familial » laisse place à une structure à l'anglo-saxonne, fondée sur le partenariat avec ses principaux collaborateurs, pour la plupart architectes, ainsi que son directeur. Le Taller donne ainsi naissance au groupe « Ricardo Bofill Taller de Arquitectura », une entreprise multinationale basée à Paris, avec des bureaux à Barcelone, à New York, créé en 1985 avec Jean-Pierre Carniaux, puis à Shanghai. Elle se concentre sur le développement à l'international et développe les principaux projets érigés dans le cadre des Jeux olympiques de Barcelone en 1992, comme l'aéroport, la « Vela » et le Théâtre national de Catalogne.**

## 1992–1993. Crise immobilière en France. Fermeture des bureaux de RBTA à Paris

**À la suite de la crise immobilière, provoquée par la guerre du Golfe en 1992, la commande s'amenuise en France alors que Barcelone se développe avec les grands projets des Jeux olympiques. L'équipe se regroupe alors à Barcelone, dans La Fábrica. Soucieux de recentrer sa propre activité sur la création architecturale, dans le calme des silos, Ricardo Bofill se sépare de nombreux collaborateurs et *partners* associés, comme Patrick Genard et Thierry Recevski en 1993.**

**Il poursuivra sa carrière depuis Barcelone, toujours avec Peter Hodgkinson et Jean-Pierre Carniaux notamment à la cellule de conception, et l'équipe de Ramón Collado, Hilario Pareja et José Maria Rocías principalement pour la mise au point et la réalisation.**

**Dans les années 2000, il s'adjoint ses deux fils et reste centré à Barcelone dans La Fábrica. Ricardo Emilio Bofill-Vergano, architecte diplômé de Harvard, rejoint l'équipe architecturale, puis son frère cadet, Pablo Bofill-d'Huart, prend en charge la direction commerciale en 2012. Après le décès de Ricardo Bofill en janvier 2022, ses deux fils deviennent les deux seuls associés.**

2 Ricardo Emillio Bofill-Vergano Pablo et moi avons tracé ce chemin, maintenant que cela fait un an qu'il est parti, nous poursuivons cette organisation. Le Taller, grâce à lui, fait partie de l'élite de l'architecture internationale. Il nous a laissé le Taller dans une trajectoire incroyable, en capacité de gagner contre Foster !

2 Entretien avec l'autrice le 13 décembre 2022 à Sant Just Desvern.

## « Ricardo Bofill, l'architecte qui voulait réaliser l'impossible »

**Ricardo Bofill a reçu de nombreux prix et distinctions internationales pour son architecture, la France a marqué sa carrière de façon déterminante en faisant changer le Taller d'échelle, avec des projets urbanistiques de grande envergure à travers le monde entier.**

3 Jean-François Leroux-Dhuys [En 1960-1970] l'influence de Gaudí est prépondérante au Taller, mais aussi celles de Frank Lloyd Wright ou des expressionnistes. Déjà apparaissent les rues intérieures ouvertes sur des portes ou des fenêtres urbaines qui encadrent le paysage extérieur, les colonnes qui règnent sur toute la hauteur d'une façade ou les accidents qui rompent un arc ou dénaturent un élément apparemment fonctionnel. Alors que l'architecture postmoderne se cherche dans l'espoir de canaliser à son profit toute l'insatisfaction née du massacre des villes et la médiocrité

3 Jean-François Leroux-Dhuys, journaliste aux *Nouvelles littéraires*, membre de l'Académie d'architecture, dans sa préface au catalogue de l'exposition « Projets français 1978–1981 » à l'École des beaux-arts en 1982, Paris, L'Équerre, 1981.

a « Vela », Barcelone, Espagne / The "Vela" (Sail), Barcelona, Spain

**Aéroport de Barcelone** / Barcelona Airport

générale du nouveau domaine bâti, Bofill devient un pôle de réflexion. [...] Mais l'architecture hors des sentiers battus ne peut-elle être qu'un risque ? Certains, aux Halles comme à Cergy, ne crurent pas nécessaire de le prendre jusqu'au bout.

Roselyne Bachelot-Narquin Il [Bofill] a joué un rôle décisif dans le visage de la métropole parisienne et montpelliéraine. Il reste cependant marqué par l'incroyable effervescence contradictoire qu'ont suscitée les œuvres qu'il y a construites, l'imaginaire qu'il a créé et l'adhésion des gens qui y habitent.

Le ministère de la Culture a distingué Ricardo Bofill comme officier de l'ordre des Arts et des Lettres et attribué le label Ville et Pays d'art et d'histoire en 2006 à l'agglomération de Saint-Quentin-en-Yvelines. L'opération Antigone à Montpellier s'était vu quant à elle décerner en 2018 le label Architecture contemporaine remarquable.

4 Extrait du communiqué de presse du ministère de la Culture de France, 16 janvier 2022.

**: Ricardo Bofill, l'architecte qui voulait réaliser l'impossible », ainsi e qualifie Frédéric Edelmann dans son hommage funèbre paru dans e journal *Le Monde* le 17 janvier 2022.**

# Closure of the Paris offices



1 Ricardo Bofill **There really was a "before Montpellier" and an "after Montpellier". Antigone became my international showcase, and afterwards I worked in Japan, the United States, Chicago** [...], **all over the world! And wherever I went, people would talk to me about Antigone! At the same time, it was rejected for years in France, where it didn't serve as a model for other districts.**

From the late 1980s, Taller embarked on an intense international career. First New York, Chicago, Moscow, Tokyo, Shanghai, then India, Morocco, Iraq, Saudi Arabia... To meet its demands, a new setup was instigated, under the influence of Alain Minc, then advisor to Ricardo Bofill, and his new director Bertrand Julien-Laferrière, a young graduate from the École Centrale.

The multidisciplinary team working as a "family" gave way to a structure on the model of the English-speaking world, founded on a partnership between its main design figures, who were mostly architects, and its director. Taller thus spawned "Ricardo Bofill Taller de Arquitectura", a multinational business based in Paris, with offices in Barcelona, New York (set up with Jean-Pierre Carniaux in 1985) and then Shanghai. It focused on growing internationally and developed the main projects that were erected for the Olympic Games in Barcelona in 1992, such as the airport, the "Vela" (Sail) and the National Theatre of Catalunya.

1 Ricardo Bofill and Jean-Louis André, *Espaces d'une vie*, Paris: Éditions Odile Jacob, 1989.

## 1992–1993: A property crisis in France; closure of the RBTA offices in Paris

In the aftermath of the property crisis that was provoked by the Gulf War in 1992, commissions dwindled in France, while Barcelona was undergoing development with its large-scale projects for the Olympic Games. The team therefore regrouped in Barcelona, in La Fábrica.

Keen to refocus his personal activities on architectural creativity, in the calm of the building's silos, Ricardo Bofill separated from many of his colleagues and partners, such as Patrick Genard and Thierry Recevski in 1993.

He pursued his international career from Barcelona, still with Peter Hodgkinson and Jean-Pierre Carniaux notably on the design concept team, and with Ramón Collado, Hilario Pareja and José Maria Rocías working together mainly on the design development and execution.

In the 2000s, his two sons joined him as associates, with all remaining in Barcelona at La Fábrica. Ricardo Emilio Bofill-Vergano (also known as Ricardo Bofill Junior), a Harvard architecture graduate, joined the architecture team, and then in 2012 his younger brother Pablo Bofill-d'Huart took charge of managing the business.

After Ricardo Bofill's death in January 2022, his two sons became the only two partners, each with a clearly identified role: Ricardo Emilio Bofill-Vergano as director of architecture, and Pablo Bofill-d'Huart as general director and marketing manager.

2 Ricardo Emilio Bofill-Vergano **Pablo and I mapped out this route, and now that it's a year since he left us, we're continuing with this arrangement. Thanks to him, Taller is part of the international architectural elite. He left Taller to us on an amazing trajectory, capable of winning against Foster!**

2 Interview with the author on 3 December 2022 in Sant Just Desvern.

## "Ricardo Bofill, the architect who wanted to achieve the impossible"

Ricardo Bofill received numerous awards and international accolades for his architecture. France made a defining mark on his career, causing Taller to change scale, with major urban projects across the whole world.

3 Jean-François Leroux-Dhuys **[In the 1960s and 1970s] the influence of Gaudí was paramount at Taller, but also that of [Frank Lloyd] Wright and the Expressionists. Interior streets with doorways or windows onto the city that frame the landscape beyond were already in evidence, as were columns holding sway over the full height of façades, and "accidents" that disrupt an arch or**

3 Jean-François Leroux-Dhuys, journalist for *Les Nouvelles littéraires*, member of the Académie d'Architecture, in his preface to the catalogue of the exhibition "Projets français 1978–1981" at the École des Beaux-Arts, Paris: l'Équerre, 1981.

**that skew an apparently functional element. While Postmodern architecture sought its identity in the hope of channelling all the dissatisfaction that stems from the massacre of towns and cities and from the general mediocrity of the new built realm, and of turning this to its benefit, Bofill became a think-tank. [...] But taking architecture off the beaten track can only ever be risky? Some, at both Les Halles and Cergy, didn't think it was necessary to see the risk through.**

4 Roselyne Bachelot-Narquin **He [Bofill] played a defining role in the appearance of the Parisian and Montpellierian metropolises. However, he was always struck by the incredible contradictory buzz that sprung up around his built works, the imagination that he created and how the people who lived in them subscribed to it.**

**The Ministry of Culture distinguished Ricardo Bofill as an officier of the Ordre des Arts et des Lettres and in 2006 attributed the label of Ville et Pays d'Art et d'Histoire (City and Area of Art and History) to Saint-Quentin-en-Yvelines. As for the Antigone project in Montpellier, in 2018 it was awarded the label Architecture Contemporaine Remarquable (Outstanding Contemporary Architecture).**

4 Extract from a press release by Roselyne Bachelot-Narquin, Minister of Culture, 16 January 2022.

"Ricardo Bofill, the architect who wanted to achieve the impossible" is how Frédéric Edelmann described him in his funeral tribute published in *Le Monde* on 17 January 2022.

← **De gauche à droite : Ricardo Bofill, Jean-Pierre Carniaux, Peter Hodgkinson. La Fábrica, Sant Just Desvern (Espagne)** / From left to right: Ricardo Bofill, Jean-Pierre Carniaux, Peter Hodgkinson. La Fábrica, Sant Just Desvern (Spain)

→ **Le 77 West Wacker Drive, Chicago (Illinois), États-Unis** 77 West Wacker Drive, Chicago (Illinois), United States

# Épilogue

# Epilogue

# Un groupe Le dessin à plusieurs mains Une seule passion : l'architecture

1 Ricardo Bofill Définir l'architecture par l'organisation d'un espace, c'est la distinguer de la simple construction… Le style est en effet pour l'architecte le résultat à la fois d'une marque locale et d'une empreinte personnelle.

**Le processus de création en collectif caractérise la démarche du Taller de Arquitectura autour d'un chef d'orchestre, Ricardo Bofill. Réussite énergisante pour la plupart des collaborateurs, qui partagent une seule et même passion, mal vécue par certains, qui, avec le temps, le quittent. À la suite de publications dans la revue *L'Architecture d'Aujourd'hui* sur Walden 7, puis en 1975 sur les Halles[2], de jeunes architectes de tous pays frappent à la porte du Taller. Tous se pressent pour faire partie de ce groupe hors normes qui casse les codes. Leurs témoignages convergent et souvent se répètent.**

3 Ricardo Bofill Les dessins dans l'architecture doivent être vus comme des instruments de travail, comme des éléments de communication entre les différents architectes de l'équipe. […] Les idées sont traduites à travers la parole, les dessins, les maquettes, la géométrie […] Un système d'approximation successive précise lentement le projet définitif.

4 Peter Hodgkinson Après avoir effectué plusieurs voyages en Espagne pour rencontrer des amis, en 1965, j'ai pris le train depuis Paddington pour Figueras et me suis rendu à Cadaquès.

1 Texte d'août 1989, « Organiser le cadre de sa création ».

2 Extraits de *L'Architecture d'Aujourd'hui*, n° 182.

3 Extrait de l'avant-propos du catalogue de l'exposition « Projets français. 1978–1981 » à l'École des beaux-arts de Paris, Paris, L'Équerre, 1981.

4 Architecte AA of London (Architectural Association School of Architecture), ex-*partner* du Taller de Arquitectura puis de Ricardo Bofill Taller de Arquitectura RBTA de 1966 à 2012, aujourd'hui retraité. Propos recueillis le 25 novembre 2022 à Falset (Espagne).

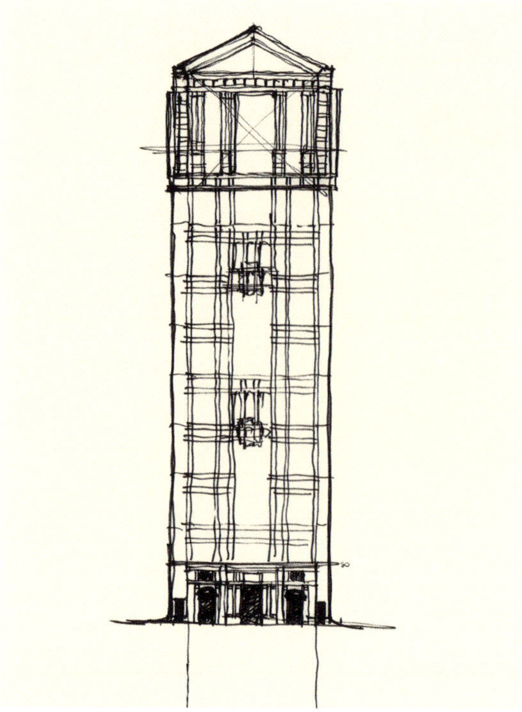

**Le Wacker : croquis de conception. Feutre. À droite, la façade** / Wacker: concept sketch. Felt-tip pen. On the right: the façade

**Hall d'entrée** / Entrance hall

L'architecte Peter Harnden, spécialisé dans les *master* plans en architecture, me fascinait. Après une année passée en Catalogne, où j'ai rencontré plusieurs architectes influents à l'époque comme José Antonio Coderch, Federico Correa et Ricardo Bofill et terminé mon diplôme de l'AA, j'ai décidé d'essayer de devenir l'un des collaborateurs de Ricardo Bofill. Le 1er octobre 1966, j'ai signé un premier contrat de trois mois, et je suis resté jusqu'à ce jour au Taller de Barcelone—même si je me suis à demi retiré ici à Taragone il y a dix ans avec Noëlle, ma femme. Aujourd'hui je continue de collaborer ponctuellement avec Ricardo Bofill Junior et sa jeune équipe, qui viennent me voir pour échanger des idées sur certains projets conceptuels... Nous étions alors installés calle Nicaragua, dans un immeuble construit par Emilio Bofill, architecte et entrepreneur, père de Ricardo, où ce dernier avait aussi ses bureaux. Le mien était à côté de la maquette en bois du Barrio Gaudí de Reus, qui fut construit en 1968 et auquel j'ai participé avec Xavier Bagué. Ma collaboration avec Ricardo Bofill s'est déroulée « *divinamente* », divinement, c'était un très grand plaisir ! Mes premiers dessins étaient un peu fous, il me les cassait. Puis, après plusieurs jours, nous confrontions d'autres idées, de nouvelles idées et de nouvelles directions étaient jetées et dessinées sur calque, et nous ajoutions des choses. Bofill voyait très clairement les points importants. Puis il appelait le client au téléphone et lui exposait les directions du projet. Ensuite, l'équipe de conception était montée pour développer les esquisses des directions retenues par Ricardo, soit en maquette d'études, soit en dessins à la main puis plus tard à l'ordinateur. De temps en temps, nous n'étions pas d'accord sur la volumétrie ou sur la façade ; je lui proposais des variantes. Il avait une vision immédiate et notre complicité était très grande. Nos échanges étaient fluides et rapides, en parfaite symbiose et dans une atmosphère de respect mutuel. Pour l'aéroport de Barcelone T1–T2, les études et les travaux placés sous ma responsabilité ont duré dix ans. J'ai alors vu Ricardo une heure par mois, ce qui prouve à quel point sa confiance était totale. En effet, nous parlions d'une seule voix face aux promoteurs et aux constructeurs. Lors du projet des Halles, j'ai visité le chantier un soir avec Bernard Torchinsky, et le lendemain le bâtiment avait disparu !

Concernant les permis de construire, en Espagne c'est sa sœur Anna qui les signait, en France c'était Bernard Torchinsky, jusqu'à ce que Ricardo obtienne son agrément en architecture en 1979. Dans les années 1990, certains ambitieux passés par le Taller ont vu leur égo blessé et il y a eu des disputes, notamment après la crise économique liée à la guerre du Golfe. Ricardo m'a alors déclaré : « Tu restes avec moi mais c'est moi qui signe les projets. » Après réflexion, j'ai accepté. J'admirais son don pour le commerce et la communication. Il pouvait retourner totalement une situation inextricable avec un charme irrésistible. Étant connu dans le monde de l'architecture, comme architecte AA international, je donnais des conférences sur le Taller. Pour ma part, je garde une impression très agréable de notre collaboration.

Parmi les projets emblématiques auxquels j'ai participé en dehors des projets en France, comme la Petite Cathédrale, la Maison d'Abraxas à Fort-Saint-Cyr, le Lac, les Espaces d'Abraxas et puis Sainte-Maxime, Saint-Cyprien et Dreux, me sont chers Walden 7 dans la banlieue de Barcelone, Meritxell en Andorre, puis, dans les années 1980–1990, la résidence d'Annabelle d'Huart au Maroc, les deux tours édifiées à Chicago aux États-Unis, dont Wacker 77 en 1992, siège de United Airlines (un temple grec étiré sous la forme d'un gratte-ciel en verre et béton architectonique), que le président Obama a citées comme les deux plus belles tours érigées à ce jour, et enfin l'aéroport de Barcelone T1–T2 avec le satellite.

5 Jean-Pierre Carniaux C'est la découverte du numéro de l'*Architectural Design* (AD) avec en couverture un pinceau peignant Walden 7 qui a déclenché mon désir de travailler avec le Taller. J'ai rencontré tout d'abord Peter Hodgkinson à Cadaquès, architecte *partner* du Taller de Arquitectura, qui était aussi batteur de jazz à l'Hostal. Je ne connaissais pas Ricardo et j'ai demandé à Peter de travailler avec le Taller et Ricardo Bofill. Pour moi, trois points sont déterminants dans ma collaboration avec le Taller : l'architecture modulaire de Walden 7 : une communauté en forme de village vertical « en l'air » ; La Fábrica, une ruine maîtrisée — œuvre de Ricardo ; l'ambiance de « Bottega Rinascimentale » : des gens heureux de travailler ensemble — y compris jour et nuit —, qui se sentent bien, s'expriment au moyen et autour du dessin et glorifient les rendus.

Je faisais mes études aux États-Unis au MIT et je n'étais pas immédiatement disponible. Peter a alors engagé un de mes amis étudiants, Jeffrey Daniels, qui allait travailler plus tard chez Frank Gehry. Lorsque j'ai été diplômé, je suis revenu voir Peter pour être engagé à mon tour. Devant son refus, faute de place, j'ai insisté et attendu un mois, puis deux avant d'être reçu à Barcelone et finalement engagé. Il n'y avait pratiquement personne au Taller de Barcelone à cette époque, la Cimenterie n'était pas terminée, la moquette n'était pas posée, le béton était brut... La première fois que j'ai rencontré Ricardo, c'était lors d'une réunion autour d'une table de douze personnes, dont Peter Hodgkinson, Manolo Nuñez Yanowsky, Omar Migliore, Maria Dolores Rocamora, Xavier Montsalvatge (c'était le jour

5 Architecte MIT (Massachusetts Institute of Technology ). *Partner* de Ricardo Bofill Taller de Arquitectura de 1976 à 2021. Propos recueillis le 3 novembre 2022 à Sant Martí Vell (Espagne).

de son départ); Ricardo était au centre. J’aimais l’architecture tridimensionnelle de Walden 7 avec ses porte-à-faux et j’aimais la Cimenterie. Nous travaillions avec Peter Hodgkinson, Xavier Llistosella et Francesc Guàrdia Riera sur un grand projet urbain à Vitoria-Gasteiz au Pays basque, « Castro Urdiales », pour un promoteur un peu fou, Luzaraga. Après sa mort dans un accident de voiture, le projet s’est arrêté. Je n’ai pas travaillé sur les Halles ni sur les projets de villes nouvelles en Algérie.

Dans le processus de création, Ricardo construisait son discours sur les dessins que nous proposions en tant qu’architectes de conception. Il reconstruisait le discours proposé et nous demandait de pousser les croquis dans telle ou telle direction, tout cela à travers des échanges de travail autour de la table à dessin. Nous entretenions des conversations entre nous, à partir des esquisses d’où naissait une véritable jouissance mentale. Puis Ricardo y mettait fin, tranchait sur la partie à développer ou laissait le projet avancer pour revenir ensuite sur son évolution portée par le créateur du trait. Il s’agissait d’un voyage entre dessins, conversations et objectifs.

J’étais très complice avec Ricardo sur les plans professionnel et privé[6], nous partagions énormément de moments et de passions. Notre collaboration au sein du Taller était un véritable bouillon de culture. Nous travaillions à la manière des ateliers des peintres de la Renaissance et réalisions une œuvre collective dans une dynamique commune où certains faisaient la synthèse, d’autres des propositions ou des détails. Nous ne cherchions pas à revendiquer d’être ou de ne pas être l’auteur et de laisser notre propre marque. La partie « trait » était primordiale et cela a perduré car certains ne sont jamais passés à l’informatique.

Le postmoderne, ou « classicisme moderne », terme que je préfère [...], a été exprimé notamment par Antoine Grumbach — architecte professeur à l’UP6 —, qui l’a défini comme la reprise de l’architecture française avec un caractère italien, la réinterprétation du passé avec l’expression du présent et la projection dans le futur, cela avec un même vocabulaire architectural utilisé dans la même phrase. Une gestuelle de l’instant, pas seulement « moderne ». Pour nous, comme pour Alberti, la ville est un espace public dans lequel il faut se sentir à l’aise, comme dans une maison [...]. Mais il n’y a jamais eu de « style Taller », pas d’étiquette ; il s’agissait de répondre à un lieu avec une réponse adaptée, d’où des réalisations diverses et variées. Notre architecture est nomade, c’est un « voyage » à travers les différentes cultures auxquelles nous apportons des solutions diverses et adaptées. Pour Ricardo, il n’y avait pas d’« establishment », pas de « doctrine ».

6 Jean-Pierre Carniaux a épousé Serena Vergano, mère de Ricardo Emilio Bofill-Vergano, dit Ricardo Bofill Junior, il y a plus d’une vingtaine d’années.

[…] Aux États-Unis, j'étais responsable du bureau du Taller, et après une exposition de nos dessins et de ceux de Robert Krier en 1985 au MoMA, nous avons créé une équipe d'une dizaine de personnes, notre premier bureau américain, à New York. Il s'agissait de construire un projet de logements face à Manhattan sur un terrain de 7 kilomètres de long appartenant au promoteur Arthur Imperatore. Je me souviens que tous les matins, avec l'équipe, nous traversions la rivière sur un bateau avec notre cuisinier japonais… Là encore, c'était une nouvelle aventure, une nouvelle problématique, un nouveau voyage !

[…] J'ai partagé ma vie professionnelle avec Ricardo et ma vie personnelle lui est très liée du fait de sa demande d'une totale disponibilité. Nous avons partagé tous les voyages qui nous portaient vers de nouveaux projets, New York, Tokyo, Pékin, Moscou, Marrakech, Lisbonne, Rome et d'innombrables autres villes où j'ai vécu avec lui d'inénarrables expériences.

Les années parisiennes ont représenté les débuts époustouflants de l'architecte international qu'il est devenu. Cette période d'échanges créatifs entre les premiers membres du Taller de Arquitectura venus de multiples horizons a fait naître ma passion pour l'architecture, entre ma ville natale et ma ville d'adoption. Je remercie Dominique Serrell et Michèle Champenois de rappeler au monde les débuts français d'une équipe devenue désormais très internationale.

7 Manolo Nuñez Yanowsky Nous étions un groupe de création, créé par Ricardo Bofill en 1963. Chacun avait sa place. Je faisais des recherches sur les systèmes modulaires comme à Reus le Barrio Gaudí, la Muraille rouge, Calpe, Walden 7. J'estime que Ricardo Bofill a trahi le groupe initial du Taller en ramenant à lui seul la notoriété. En même temps, j'admets qu'il avait peur de ne pas réussir le « projet de sa vie », les Halles de Paris. Nous avions respectivement 35 et 31 ans. Les Français étaient venus nous chercher en 1971 pour le caractère novateur de notre groupe et nos réalisations de logements. Le premier projet, en France, fut celui que j'ai mené avec l'AUA et Huidobro-Chemetov pour Évry. Lorsque nous avons été appelés pour les Halles, nous avions pensé faire une place dans un jardin avec au fond un bâtiment en U, ce qui fut le premier projet de 1974, alors choisi par le président Valéry Giscard d'Estaing. […] Et puis Ricardo s'est mis à douter et a voulu intégrer le langage postmoderne, en vue d'en faire une « image médiatique » et de créer une empreinte associée à ce projet. Il a alors déclaré qu'il le ferait seul, même s'il dessinait peu à l'époque. Il a fait venir Francesc Guàrdia Riera et Xavier Llistosella à Paris pour dessiner. Lors du deuxième projet de 1975–1976, resté directeur du projet, j'ai embauché des

7 Agréé en architecture en France en 1980. Il est un membre fondateur du Taller de Arquitectura, de 1963 à 1978. Propos recueillis le 4 novembre 2022 à Madremanya (Espagne).

collaborateurs français et un Polonais. Ensuite il ne cessait de modifier le projet chaque fois qu'il venait à l'atelier rue Geoffroy-l'Angevin et il nous faisait faire des variantes sans jamais en choisir une. Il craignait le challenge et avait peur de son image face à la postérité. À Barcelone, Francesc Guàrdia Riera et Xavier Llistosella travaillaient aussi sous ma direction, notamment pour la maquette de 1975. Je voulais revenir au projet initial mais il ajoutait des colonnes, des ornements, etc. Et nous avons réalisé le deuxième projet de la grande maquette produite à Barcelone, exposée à l'Hôtel de Ville de Paris. Je suis finalement parti du Taller fin 1977 pour tourner un documentaire sur le président Allende avec des financements belges.

8 Francesc Guàrdia Riera Je suis arrivé au Taller pour travailler sur le projet de la Petite Cathédrale à Cergy, où j'ai rencontré Anna et Peter. Anna m'a embauché alors que le Taller était encore dans les bureaux de l'immeuble de la calle Nicaragua avec ceux de l'entreprise de son père, Emilio.

Puis j'ai travaillé avec Xavier Llistosella et Manolo Nuñez Yanowsky sur le projet du jardin des Halles depuis Barcelone puis à Paris. Je n'avais pas terminé mon diplôme. C'était une période bénie, où nous étions soutenus par une structure, et où nous ne nous posions pas de questions. On faisait ce qu'on voulait et on vivait en groupe. J'ai réalisé les premiers dessins et les premières maquettes, dont une que j'ai transportée seul en voiture à Paris et livrée à l'heure le lendemain... À mon avis, l'échec des Halles est tout simplement dû à la volonté de Jacques Chirac, devenu maire de Paris, de mettre fin au projet de Valéry Giscard d'Estaing. Le Taller voulait faire un ordonnancement urbain à la française et une architecture parisienne, dans sa volumétrie, son traitement et ses façades. Puis est arrivée notre collaboration avec le gouvernement socialiste de Houari Boumédiène. Je venais de finir mon service militaire au Maroc et je ne voulais pas travailler dans une structure militaire, ce qui était le cas de l'AAU[9]. Je suis rentré en Catalogne au bout de quinze jours.

Puis, au bout de quelques mois, j'ai créé mon agence. C'était une époque merveilleuse, gaie et insouciante. Je me suis beaucoup amusé et j'ai pu dessiner comme je voulais en groupe, avec mes frères et mon ami Llistosella.

10 Xavier Llistosella Je suis entré au Taller en 1973 pour le projet de l'axe de la Défense[11]. Ricardo et Manolo me laissaient totalement libre de dessiner ce que je voulais. Ensuite, Manolo mettait un calque sur mes dessins et en reprenait une partie de sa main sur un nouveau calque. Par la suite, j'ai travaillé tout l'été sur le projet des Halles de 1974.

8 Architecte diplômé de l'École technique supérieure d'architecture de Barcelone. Il est membre du Taller de Arquitectura de 1974 à 1978. Propos recueillis le 5 novembre 2022 à l'Empordà (Espagne).

9 AAU : Atelier d'architecture et d'urbanisme à Alger (voir « Algérie : l'appel du désert », p. 191).

10 Architecte diplômé de l'École technique supérieure d'architecture de Barcelone. Il est membre du Taller de Arquitectura de 1973 à 1981. Propos recueillis le 24 novembre 2022 à Barcelone (Espagne).

11 Voir « L'Axe de la Défense », p. 64.

**Université Mohamed VI, Maroc** / Mohammed VI University, Morocco

Ricardo Bofill voulait créer une façade, trouver un langage compatible avec le préfabriqué qui permette de contrôler le projet. Il a alors inventé un nouveau langage pour le préfabriqué, plus riche et plus classique. En France, ce qui compte, c'est l'ordonnancement des bâtiments dans l'espace public. Au Taller, les rôles étaient clairement répartis entre l'architecte qui parle et celui qui dessine.

Lorsque je suis rentré d'Algérie, j'ai travaillé dans l'équipe de conception à Barcelone, avec Ricardo. Puis j'ai voulu comprendre comment ces « idées » pourraient être construites car je n'avais pas le savoir-faire. Je me suis alors rapproché de l'équipe de Ramón Collado, qui « réduisait » les idées. J'ai collaboré avec Ramón sur les façades du Lac à Saint-Quentin-en-Yvelines et sur le Palacio d'Abraxas à Marne-la-Vallée. Pour le Palacio, où il fallait réduire le coût de 40 %, j'ai proposé une solution qui refermait le X de la rue intérieure et permettait cette économie ! En 1979, j'ai collaboré au projet du 14e. Des deux projets de compensation des Halles qui nous étaient proposés, Montparnasse était pour moi le meilleur choix par rapport à celui de la Passerelle des Arts, dont la réalisation me paraissait hautement problématique ! L'avenir m'a donné raison. Entré au Taller alors que j'étais un très jeune étudiant, j'ai beaucoup travaillé sans compter mon temps, comme souvent Ricardo ou Manolo l'exigeaient. Par exemple, pour les Halles, j'ai dessiné pendant 120 jours de suite, nuits et week-ends compris ! Après avoir œuvré tout l'été, je suis parti en vacances en septembre, après notre réunion générale de rentrée à Montràs. Ricardo était furieux ! J'ai promis qu'en rentrant je sortirais le projet en deux semaines. En effet, j'ai rendu le projet de conception du 14e en quinze jours ! En 1981, malgré la demande insistante de Ricardo, je suis parti pour créer ma propre agence. L'Espagne était en pleine effervescence et nous voulions tous créer nos propres structures avec nos projets, même si les questions financières, auxquelles nous n'étions pas préparés, ont pesé lourd. C'était une époque bénie.

12 Thierry Recevski Je suis entré au Taller de Arquitectura lors du concours des Halles, en 1976, afin de renforcer l'équipe qui travaillait sur ce projet. À peine sorti de l'École d'architecture des Beaux-Arts de Paris (UP6) et de son enseignement quelque peu dogmatique par rapport au « style international », j'ai été plongé dans la réalisation d'un projet de grande ampleur au cœur de la capitale, au sein d'une équipe remarquable [...].

Le projet des Halles a obligé le Taller à s'imprégner de l'histoire de l'architecture française, tout en s'initiant aux technologies de construction de ce pays. Ce qui l'a poussé à

12 Architecte DPLG UP6. *Partner* de Ricardo Bofill Taller de Arquitectura de 1976 à 1993. Texte de Thierry Recevski, juin 2022.

élaborer des méthodes de composition fondées sur des tracés géométriques rigoureux et « à revenir à l'utilisation d'un vocabulaire classique », ce qui s'est souvent avéré plus riche et dynamique que certaines approches élitistes de l'architecture dite « moderne ». Cette démarche a été rendue possible grâce aux technologies de préfabrication industrielle, bien maîtrisées en France. Il est évident que cette nouvelle manière d'appréhender l'architecture et l'urbanisme s'est rapidement heurtée à la critique, qui voyait là un retour en arrière au lieu d'y voir une rupture par rapport au style « international » et un renouveau. Dans les années 1970, l'architecture n'intéressait que peu de monde et n'était divulguée que dans quelques revues spécialisées. [...] Après les Halles, j'ai rejoint le Taller de Barcelone.

Travailler au Taller était un privilège. Une centaine de jeunes architectes venus du monde entier dessinaient et expérimentaient des projets de quartiers ou de villes, avec comme exigences la recherche d'une architecture de qualité, empreinte de culture, et le fait de la rapporter aux systèmes actuels de la technologie et de la construction.

[...] Dans ces nouveaux projets, le Taller s'est donc efforcé de démontrer que le recours au classicisme pouvait rétablir ce que le « modernisme » avait effacé, dont l'échec fut souvent dû à l'incompréhension du contexte urbanistique, et la priorité accordée aux objets plutôt qu'au tissu urbain. Après plus de deux ans passés à Barcelone, j'ai réintégré l'agence parisienne. Le Taller avait de nombreux projets importants, non seulement dans les villes nouvelles, à Cergy-Pontoise notamment, mais à Paris même : la place de Catalogne puis le siège du GAN, l'hôtel Kléber Palace, le marché Saint-Honoré... Il y avait également à cette époque les Jeux olympiques de 1992, à Barcelone, dont le Taller a refait l'aéroport [...]. Notre recherche de qualité nous a amenés, afin de finaliser nos projets au mieux et de les parfaire, à créer une cellule de design d'intérieur à laquelle j'étais plus spécifiquement dédié et de concevoir ainsi des objets et des meubles essentiels à notre vision d'ensemble [...]. Durant ces deux décennies passées au Taller, j'ai eu la chance d'appréhender l'architecture grâce au dessin, à l'expérimentation, à la réalisation et surtout à la vision et à la rigueur incarnées par Ricardo Bofill.

13 Jean-Jacques Reymond [...] Ricardo était un chef d'orchestre, il savait faire jouer ensemble des solistes et des musiciens d'aptitude inégale. Il exaltait leurs talents pour aboutir à une œuvre. Il définissait l'objectif que nous voulions atteindre et laissait les musiciens s'exprimer quand il sentait qu'ils l'avaient découvert; alors, s'il en était sûr, il lâchait la bride et leur permettait d'exprimer leur talent. Pour lui, « en architecture, la meilleure

13 Architecte DPLG UP6. Collaborateur du Taller de Arquitectura de Paris de 1976 à 1978. Responsable de l'Atelier d'architecture et d'urbanisme, Alger, de 1978 à 1980 puis de 1980 à 1992 à titre individuel. Propos recueillis par téléphone les 13 juillet et 17 octobre 2022.

démarche, c'est de ne pas en avoir ». Nous parlions beaucoup autour d'une table de restaurant ou de travail et très exceptionnellement il s'exprimait par un dessin, esquissé sur une nappe en papier par exemple... Nous avons réalisé une véritable œuvre d'urbanisme pour l'État algérien sous Boumédiène, qui, malgré sa courte durée, a néanmoins posé un marqueur en matière de construction dans le développement de ce pays. Bien après notre départ, elle a été déployée par les urbanistes et les architectes autochtones avec leurs propres méthodes, comme le prévoyait notre mission qui n'était que ponctuelle et ne portait que sur l'assistance technique et la formation.

14 Patrick Genard C'était lors d'un jour gris et pluvieux, typiquement belge, de février 1975 que j'ai découvert le numéro 178 de la revue *L'Architecture d'Aujourd'hui* consacré au Taller de Arquitectura de Ricardo Bofill. J'ai immédiatement été séduit. Le Château de Kafka, Walden 7, le Barrio Gaudí, la Muraille rouge... poésie architecturale à l'état pur ! Je suis descendu jusqu'à Calpe durant l'été 1975, en auto-stop (1500 kilomètres..., ce qui était courant à l'époque !), pour voir tous ces projets. Un flash de couleur et de lumière. Au retour, j'ai sonné, sans rendez-vous, au Taller à Barcelone et j'ai pu visiter la Cimenterie dans laquelle il venait d'emménager.

14 Architecte-ingénieur diplômé de l'UCL (Université catholique de Louvain) à Louvain-la-Neuve (Belgique). *Partner* de Ricardo Bofill Taller de Arquitectura de 1978 à 1993. Propos recueillis le 3 novembre 2022 à l'Empordà (Espagne).

J'ai alors écrit à Anna Bofill-Levi pour une demande de stage, restée sans réponse. Après plusieurs tentatives, elle a finalement accepté en me précisant que je ne serais pas payé, comme c'était l'usage. J'ai demandé et obtenu une bourse de six mois pour effectuer une sorte de « proto-Erasmus », qui n'existait pas encore à l'époque, de fin janvier à fin juillet 1978 au Taller de Barcelone sous la direction de Francesc Guàrdia Riera, qui fut un très bon tuteur. C'était la fin de la première époque, de Walden 7 et de la Muraille rouge, que j'affectionnais particulièrement. C'était la fin aussi, pour des raisons plus politiques, du projet des Halles dirigé par Manolo Nuñez Yanowsky, dont j'étais devenu très proche pendant mon stage. Puis j'ai été un an en Algérie [15].

15 Voir « Algérie : l'appel du désert », p. 191.

[...] Fin 1979, début 1980, je suis rentré à Barcelone, où il régnait une ambiance dingue de fêtes et de libération après la mort de Franco. C'était comme si je finissais mon service militaire et retrouvais la vie. Ce furent des années merveilleuses. J'ai alors travaillé avec l'équipe de conception de Peter Hodgkinson sur le 14e à Paris, le Palacio d'Abraxas à Marne-la-Vallée et en 1981 sur les Templettes de Saint-Quentin-en-Yvelines que Ricardo m'a demandé de développer en me donnant sa confiance.

En 1992 arrive la crise immobilière en France, conséquence de la guerre du Golfe. Commence une époque très tendue pour les collaborateurs du Taller pendant laquelle Ricardo me demande de me séparer de mon équipe, alors d'une dizaine de personnes, ce que je refuse. Nous nous sommes séparés sur un accord âprement négocié qui m'a permis de monter ma propre agence à Barcelone, Patrick Genard & Asociados. Très entier, Ricardo n'a pas beaucoup apprécié cette négociation : « Tu es avec moi ou tu es contre moi. » Par les hasards de la vie, je l'ai revu à Cadaquès, dans un avion en revenant du Maroc... mais surtout à la Cimenterie en février 2020, juste avant la pandémie. Il m'a reçu comme si l'on ne s'était jamais quittés. Ce qui a été très important pour moi, j'ai pu lui dire combien je lui étais reconnaissant pour tout ce que j'avais appris avec lui [...]. Ce qui m'a le plus frappé chez Ricardo Bofill, c'est son intelligence hors du commun et sa vision de l'espace. Quand j'ai vu Ricardo pour la première fois, son don pour analyser l'ensemble des informations fournies pour un projet et son esprit de synthèse fulgurant dans des propositions formulées très rapidement m'ont frappé. Ricardo aimait que je comprenne vite et que je sois rapide dans la prise de décisions. Il m'a servi de professeur, de catalyseur et m'a souvent donné avec brio une leçon de retournement de situation en sa faveur. Il m'a accordé sa confiance, ce qui m'a donné des ailes. Après les premières réunions de lancement des principaux axes du projet avec l'équipe de conception, il me laissait les développer. Nous partageons la même vision de l'espace. Ricardo savait que je développerais les lignes et l'image qu'il avait vues au départ et il me laissait une liberté surprenante.

Ce que je retiens de ma collaboration avec lui, outre le management d'une équipe en choisissant les meilleurs, est qu'on ne peut pas tout faire dans un projet et qu'il faut apprendre à sélectionner des objectifs et à se concentrer sur eux. Néanmoins, Ricardo allait souvent un cran plus loin, jusqu'à un point de possible déséquilibre, ce qui lui a fait perdre quelques projets...

Contrairement à certains autres membres du Taller, je n'ai jamais mélangé le professionnel et l'intime avec Ricardo. Nous avions une relation très ouverte et fluide, mais je préférais que cela reste sur le plan professionnel. Il était un « maître » et en échange je lui ai donné mon maximum. Notre collaboration a été très agréable et fructueuse...

J'ai été très fortement impressionné par Ricardo envers qui je suis très reconnaissant, et je suis heureux d'avoir pu le lui dire de vive voix par deux fois en 2020. Il m'a appris à faire un projet et à le construire, ce que l'on n'apprend pas à l'école. À l'époque, non seulement il n'y avait pas d'informatique, mais pas de téléphone mobile, ni de fax ni même de télex ! Les plans, faits à la main sur calque, étaient tous des originaux et les copies s'envoyaient par courrier même à 10 000 kilomètres !... Avec lui, j'ai pu faire des choses très différentes, dans des endroits très variés. C'était un master de très haut niveau ! Sa mort m'a beaucoup plus affecté que je ne l'aurais imaginé.

## Un mini morceau de ville

16 Patrick Genard L'environnement urbain était des plus chaotiques, comme pratiquement tout Tokyo : bâtiments de tous styles, de toutes hauteurs, de tous matériaux... Au point que l'on imagine que le code urbanistique se réduit à trois feuilles. C'est exactement l'inverse ! Les normes urbanistiques japonaises, en japonais, non traduites à l'époque, sont extrêmement complexes pour nous Occidentaux. Elles se définissent à partir du terrain et de son environnement, par les lignes d'ombre portée par le bâtiment selon les heures d'ensoleillement à un moment T de l'année. Le bâtiment ne doit pas créer plus de X heures d'ombre selon les heures du jour, ce qui définit une ligne. Leurs études amènent à une masse polymorphe qu'il s'agit de réorganiser et de reconstruire sous forme d'un bâtiment avec des horizontales et des verticales ! Et ce, à l'époque, sans informatique : une prouesse technique et intellectuelle.

Le projet consistait à construire une rue ouverte plutôt qu'un bâtiment. Cette galerie commerciale à Shibuya a été imaginée comme une rue publique qui croise le bâtiment sur trois niveaux à l'air libre. Elle crée un vrai parcours urbain, elle est croisée de passerelles qui relient les commerces, comme un morceau de ville suspendu.

La façade principale, qui abritait les vitrines, utilisait le langage de la double peau du Taller avec béton architectonique, alors très peu utilisé au Japon.

16 United Arrows, Tokyo. Propos recueillis le 3 novembre 2022 à l'Empordà (Espagne).

17 Ricardo Emilio Bofill-Vergano Ricardo désirait que le Taller perdure après lui, comme après la disparition de son père, Emilio. Je devais être l'architecte et Pablo serait chargé de l'organisation commerciale et du business.

Durant toute mon enfance, nous parlions toujours d'architecture avec mon père, lors de nos voyages dans le désert, en Thaïlande, partout où nous nous rendions... Quand j'étais petit, j'ai vu se construire certaines œuvres ; on avait des appartements à Calpe, dans la Muraille rouge, dans le Château de Kafka à Sitges ; j'avais une connaissance profonde de ses réalisations. Il m'expliquait que la ville était le protagoniste de l'architecture, que dans la ville il y avait des espaces, des rues, des places, des

17 Ricardo Emilio Bofill-Vergano, dit « Ricardo Junior », est architecte diplômé de Harvard en 1990, master en économie à Columbia University en 1991. Collaborateur de RBTA à Barcelone en 2000. Architecte co-associé avec son demi-frère, Pablo Bofill-d'Huart, de RBTA en 2022. Propos recueillis le 13 décembre 2022 à Sant Just Desvern (Espagne).

boulevards et que cette construction urbaine avait été inventée en Méditerranée. Un modèle de ville qui pouvait être développé dans le monde et que face à cette idée, il y avait l'architecture moderne qui pouvait être symbolisée par Le Corbusier, qui aimait plus les machines que les hommes… L'architecture, pour lui, était destinée aux hommes et aux femmes, pour qu'ils se baladent, se rencontrent, et créait des communautés où tout le monde vit dans un ensemble… Une ville devait commencer puis finir, se poursuivre par la nature, puis venait une autre ville. Ce n'était pas une architecture de banlieue anarchique mais une architecture urbaine qu'il s'agissait de défendre. Nous avons beaucoup voyagé ensemble, en Italie, dans des villes des XVe, XVIe, XVIIe et XVIIIe siècles, en Sicile, dans les villes-États comme Florence, Venise. Des villes que l'on peut toucher et sentir, où les espaces non construits sont aussi importants que les espaces construits. Il répétait sans cesse, selon les théories notamment de Francesco di Giorgio Martini puis Alberti : « Les rues sont les couloirs, et les places, les salons. » L'architecture est un principe narratif […]. Lorsqu'on voit la Muraille rouge ou Walden 7, on rêve de devenir aussi bien un architecte qu'un écrivain ou un metteur en scène. L'architecture est envisagée comme un art, tout comme la musique, la peinture ou la narration. En ce sens, tous les projets avaient des noms qui étaient inspirés de romans ou d'essais.

Le rapport entre l'architecture et la nature le passionnait, alors que personne ne parlait d'écologie en architecture à l'époque. Il a transformé en monument vivant la fabrique de ciment, La Fábrica, qui était un endroit mort, en intégrant des toitures végétalisées, des plantes dans les ruines et le long des murs. Il a nettoyé les espaces et créé des espaces plantés. C'est aussi le cas de la pyramide du Perthus, réalisée avec les terres récupérées de la construction de l'autoroute pour l'édification d'un grand jardin vertical, en fausse perspective, avec à son sommet le symbole de la Catalogne des quatre doigts en sang, colonnes torsadées de terre cuite rouge, comme un temple.

[…] Il m'a permis d'étudier l'architecture aux États-Unis, dans les années 1980–1990, d'abord à Rice au Texas pendant quatre ans, puis à Harvard où j'ai passé un master pendant trois ans avec les architectes les plus modernes et anti-Bofill du moment, comme Rem Koolhaas, Zaha Hadid, Rafael Moneo. À Harvard, j'ai eu du mal avec Moneo, qui est très rigide, froid, comme son architecture le dévoile, le contraire d'une architecture fantastique, exubérante, imaginative dont Ricardo parlait toujours et qu'il nous poussait à faire. Puis, pour étudier la partie économique des projets, j'ai poursuivi un master d'un an à Columbia University en 1991 et soutenu ma thèse. À cette époque, Pablo avait 11 ans.

**United Arrow, Tokyo, Japon. Maquette** / United Arrow, Tokyo, Japan. Maquette

**Vue de face** / Front view

**Entrée, façade principale** / Entrance, main façade

Je n'ai pas vécu l'époque française. Je n'en ai eu que l'écho. En revanche, j'ai participé au développement à l'international depuis Barcelone, après la fermeture du bureau de Paris. Je suis revenu des États-Unis au moment des Jeux olympiques de 1992 que je ne voulais pas rater. C'est alors que Ricardo m'a donné un grand projet, l'hôtel Miramar, situé dans la rénovation du port de Barcelone [...]. Mais, à cette époque, le caractère très fort de mon père m'empêchait de travailler à ses côtés, j'ai donc voulu faire du cinéma et il m'y a aidé.

Mon entrée au Taller date de 2000. Elle a été marquée par ma participation active au développement vers la Chine, Moscou, puis l'Inde et l'Arabie saoudite.

En 2000, Ricardo m'a dit : « Ou bien tu rentres au Taller demain ou bien je ferme le Taller. » J'ai alors laissé tomber les films et commencé un travail à temps plein au Taller pour développer tout d'abord le marché de la Chine jusqu'en 2011 avec Jean-Pierre. [...] Après la Chine, ce fut le marché de la Russie. J'ai voyagé à travers le monde et cela nous a donné du travail pendant quinze ans. Par exemple le projet du Grand Moscou en 2012. Le maire de la ville de Moscou et Poutine voulaient une extension de la ville sur 1 500 km². Un concours international, sur le modèle de celui du Grand Paris, a été lancé. Sarkozy a expliqué à Poutine que Paris allait s'étendre jusqu'au Havre ! Des architectes connus en France, comme Wilmotte ou Grumbach, y ont répondu. Bâtir et reconstruire et non pas démolir comme le faisait Le Corbusier, garder l'esprit des lieux constituaient nos objectifs [...]. Après la Russie, ce fut le marché de l'Inde [...]. Louis Kahn a construit en Inde, Le Corbusier a fait Chandigarh— là, j'ai travaillé avec de grands développeurs américains comme Google ou encore Heinz. En architecture, il y a toujours des mythes, Moscou était une obsession pour mon père, comme un conquistador ; New York était aussi une obsession, tout comme Chicago et Pékin [...]. Ricardo était un nomade de l'architecture ; nous n'avions que vingt-cinq ans d'écart, je ressentais toutes ses émotions avec la même force que lui-même, comme s'il était présent uniquement pour moi.

En tant qu'architecte, il me répétait depuis mon enfance : « Tu seras architecte à 50 ans ! Actuellement tu es mon assistant. » J'avais beau lui dire que j'étais architecte diplômé de Harvard, il me répondait immanquablement : « Tu seras architecte à 50 ans ! » Ces dernières années, lors de la petite compétition sur les idées au départ des projets, il me disait : « Ricardo, tu feras encore beaucoup de projets dans ta vie, je suis encore là ! » J'avais beau lui rappeler que j'avais 55 ans, avais rencontré le président Poutine à Moscou, le président de l'Inde, etc., et pouvais exercer l'architecture, il me rétorquait : « Tu es mon assistant. » Il se plaçait parfois avec moi sur le mode de la « compétition », ce qui me donnait le trac, car il était difficile de se mesurer à lui. Son extrême rapidité sur les concepts, le début du projet, certains détails qu'il dessinait, les matériaux, créaient en moi de l'insécurité. Je pense que c'est pour cela que j'ai pu aller en Inde, où il m'a laissé m'exprimer seul. La relation père-fils en architecture est compliquée. Parce que l'architecte, par définition, contrôle tout le processus, les ingénieurs, l'esthétique. La personnalité d'un architecte est d'un genre rare qui demande un fort charisme.

Ricardo disait que le Taller était organisé sur le modèle des ateliers d'art de la Renaissance qui pouvaient durer cent ans. Avec Emilio et mon père cela a duré quatre-vingt-dix ans, de 1932 à 2022, et Ricardo désirait que l'histoire continue. Botticelli, c'est trois générations. Bohigas n'a pas réussi, ni Moneo avec sa fille Hélène, Foster non plus, ni Pei.

Actuellement, le Taller est dans une configuration plus horizontale. Pablo a pris le rôle de celui qui parle et communique, et moi celui de la création architecturale, avec une équipe où chacun s'exprime dans ce qu'il a de meilleur... Nous avons abandonné l'idée du partnership, concept anglo-saxon fondé sur l'argent et le business, pas sur la création. Désormais, nous sommes regroupés de nouveau ici à Sant Just Desvern à La Fábrica, pour créer un centre de recherche sur l'architecture en retournant aux origines du Taller [...].

Tous les enseignements que nous avons reçus de notre père, nous permettent à Pablo, qui a 42 ans, et à moi, qui en ai 57, de perpétuer sa pensée ; nous sommes les disciples de Ricardo avec l'ensemble des principaux collaborateurs de ces dernières années. Aujourd'hui, quand je présente un projet, je vois mon nom, qui est le même que le sien. Avant, quand il était là, c'était un peu schizophrénique, mais dès lors qu'il n'est plus là c'est plus naturel, cela me force à une forte implication, même si c'est plus facile en termes de légitimité. Ce n'est pas dans ma personnalité de déclarer « je suis le meilleur architecte du monde », mais il est près de moi.

Il m'a été difficile de m'asseoir à sa table de travail jusqu'à ce jour. Récemment j'ai changé son bureau parce que l'équipe travaille sur des projets si grands et si compliqués qu'on a besoin d'être ensemble. J'ai donc regroupé mon équipe dans cet espace. Mon père avait une capacité et une intelligence hors du commun, avec une passion dont on a hérité en partie. Cependant il était totalement atypique, singulier, extraordinaire : « Trouve-toi ton modèle, je ne suis pas un modèle, même si tu as mon nom », me disait-il. Désormais, je désire conserver l'esprit du Taller, de l'équipe... Ce qui me préoccupe en termes d'architecture est la question suivante : qu'est-ce qui est prépondérant ? l'architecte ou l'architecture ? Je n'ai pas encore résolu la question : la discipline de l'architecture faite par des architectes ou l'architecte qui fait de l'architecture ? Peut-être est-ce les deux ensemble.

Pablo et moi voulons faire les projets que nous sommes capables de bien produire, pas mille projets. Nous allons ensemble cogérer le Taller pour que son histoire se poursuive.

18 Pablo Bofill-d'Huart Je suis né à Paris, où j'ai grandi sans changer d'adresse ni d'école durant toute ma scolarité. J'habitais avec mes parents au troisième étage d'une « maison » où ma mère avait passé son adolescence, et le Taller se trouvait installé au deuxième étage comme au rez-de-chaussée. La maison était les coulisses de ce qui se jouait en bas au deuxième étage, le prolongement d'un atelier en pleine effervescence qui occupait à plein temps une équipe de jeunes architectes ne connaissant ni horaires, ni frontières. On y parlait déjà toutes les langues ! L'engagement de tous s'expliquait par la conviction intime de vivre un moment extraordinaire, celui de participer à un manifeste qui allait tout changer dans l'histoire de l'architecture auprès de Ricardo, qui avec charisme les entraînait dans des voies nouvelles. Tous étaient passionnés, remettaient en cause l'architecture ambiante et lui cherchaient une nouvelle direction, leur défi étant de la définir et de l'exercer. C'était une vie de grandes aventures, qui se superposaient les unes aux autres, animée de vastes débats qui investissaient temps, espaces, maisons et vacances. Tous semblaient impliqués dans une histoire unique et donnaient l'impression de vivre quelque chose d'exceptionnel avec pour unique sujet l'architecture, et cela de manière obsessionnelle… Dans mes allées et venues de petit garçon, j'entrevoyais cette activité incessante qui s'exerçait entre la maison et le Taller et j'observais cette « circulation » dont je faisais partie. Notre cuisine étant ouverte aux collaborateurs, je les rencontrais souvent à l'heure du déjeuner. Y venaient aussi des amis de passage, sculpteurs ou philosophes… Seul enfant parmi les adultes, j'ai grandi dans cette ambiance et vécu depuis mon plus jeune âge avec cette famille élargie qui était ma manière d'être au monde, et je n'en connaissais pas d'autre. La nuit tombée, il y avait des fêtes et tous sortaient boire des verres. Le matin, un silence absolu régnait quand je partais à l'école. Les horaires étaient décalés et nous n'avions pas les mêmes. Je me sentais différent, en distance par rapport aux autres enfants de mon âge, parce qu'à l'école aucun d'entre eux ne vivait comme cela.

18 Pablo Bofill-d'Huart est diplômé de l'ESADE (École supérieure d'administration et de direction d'entreprises) de Barcelone en 2009. Directeur exécutif de RBTA depuis 2009. Directeur exécutif et coassocié de RBTA avec son demi-frère, Ricardo Emilio Bofill, en 2022. Propos recueillis le 14 décembre 2022 à Sant Just Desvern (Espagne).

La vie commençait plus tard, avec un horaire très différent. Une vie où on parlait d'architecture en déjeunant, en voyageant. Des voyages étaient organisés, constamment, partout. C'était vraiment une équipe, pas forcément soudée, mais dans laquelle le processus, la manière de penser étaient la façon de poursuivre le chemin et de rester ensemble. Ce n'était pas un travail mais une manière d'exister, qui excluait toute vie personnelle parce qu'on ne pouvait pas parler d'autre chose. C'était totalement obsessionnel. Entre 1980 et 1990, j'ai vécu cette époque comme cela. Maman collaborait aussi avec le Taller à plusieurs titres[19].

Après cette période, début 1990, j'ai dû me protéger et me justifier vis-à-vis de mes camarades, avec le début des critiques ou même des insultes vis-à-vis de mon père. Très jeune, j'avais 10 ou 11 ans, il n'y avait plus personne qui défendait le Taller. Avec le recul, je pense que l'expérience extraordinaire du Taller a eu lieu avant ma naissance, avec l'arrivée en France et les premiers projets. La fin pour moi de cette effervescence créative extraordinaire a été la place de Catalogne et Cergy.

Cette manière de vivre m'a mis à l'écart des autres enfants, parce qu'à l'école personne ne vivait cette vie-là ; ils allaient en week-end en famille dans leur résidence secondaire, partaient aux sports d'hiver, en vacances familiales, etc. Et puisque personne ne vivait comme cela, je ne pouvais pas communiquer cette réalité aux autres, ce qui m'a obligé à m'adapter à des expériences qui étaient totalement éloignées de ce que vivaient mes copains. Moi j'étais entouré de gens dont mes parents, qui me semblaient n'avoir pour centre d'intérêt que l'architecture. Les projets étaient nombreux en région parisienne et exigeaient de trouver des réponses pour les logements sociaux. Les projets qui passeront vraisemblablement à l'histoire ou qui sont des références dans notre mode de pensée, ce sont évidemment Abraxas, Cergy-Pontoise, le Lac.

Ensuite, on entre dans une autre ère. Il y a une rupture, le marché Saint-Honoré appartient à une autre équipe. C'est la fin d'un cycle où le Taller est dans une pensée qui peut être critiquée mais qui donne une solution concrète à la problématique du logement en France. On passe à une agence plus conventionnelle, avec un management qui prend le dessus sur la créativité, et qui devient de ce fait plus commerciale, peut-être plus ambitieuse économiquement mais où la pensée n'est plus au centre. Une autre histoire s'écrit. Tous les projets qui viennent ensuite, les façades parisiennes, le siège de Decaux, le marché Saint-Honoré, Cartier, AXA, ne seront pas une référence pour la nouvelle génération du Taller d'aujourd'hui. Je les vois comme des projets de qualité mais qui n'ont pas cette force intellectuelle située dans une pensée conceptuelle, c'était une autre pratique. Il fallait avoir une grande agence, c'était le début des partnerships en Angleterre, l'agence devait croître et évidemment, quand on

19 Annabelle d'Huart a écrit plusieurs ouvrages sur le Taller, dont une monographie parue au *Moniteur* et un portfolio sur les Espaces d'Abraxas édité par Rizzoli. Elle participe à la création d'aménagements et de collections de design d'intérieur pour divers éditeurs de mobilier et de revêtements, comme le précise Thierry Recevski dans cet ouvrage.

grandit trop vite avec beaucoup de gens, on perd de sa substance, d'autant que l'équipe la plus talentueuse n'était plus là. Ricardo ne pensait pas à l'architecture avec la même intensité.

En devenant manager, il cessait d'être architecte, ce qu'il a reconnu lui-même. Un groupe de personnes qui viennent d'horizons différents n'était plus possible dans ce contexte. En basculant dans une nouvelle économie, le Taller allait s'écarter du monde de l'architecture. S'il y avait critique, elle était négative ; adolescent, chaque fois que je lisais un article sur mon père dans *Le Monde* ou ailleurs, il était traité de « mégalomane », de « fasciste », de « néoclassique ». Ces mots très blessants étaient loin de l'image que j'avais de mon père, qui était celle d'un homme de gauche, qui avait fait sept fois de la prison et s'était battu toute sa vie pour le respect de la liberté individuelle. Cette expérience a servi d'exemple à ne pas suivre et ne s'est jamais reproduite depuis. Les bureaux du Taller qui ont été montés avec des gens sérieux, des partnerships à New York ou Shanghai, n'ont pas marché, ce n'était pas le Taller, ce n'était pas sa voie ni ce que nous savons faire. Depuis une quinzaine d'années, ce sont le « défi », la « pensée » et l'« aventure » qui sont au cœur de nos préoccupations. Aujourd'hui, au Taller, une idée de déconstruire un ADN pour reconstruire une nouvelle identité visuelle nous réunit tous, à la fois mon frère et moi ainsi que tous les jeunes architectes venus de vingt-cinq pays différents. Tout comme l'agence, La Fábrica est en constante évolution selon les besoins. Ce n'est pas un lieu figé, c'est une manière de penser et de vivre, et c'est ce que Ricardo nous a légué à tous et à mon frère et moi.

La période française nous a fait changer d'échelle et nous a donné la capacité d'aborder tous les sujets. La mort de Ricardo a suscité une émotion et une reconnaissance dans la presse, dans le journal *Le Monde*, de la part du ministère de la Culture. Tout à coup, toutes les polémiques étaient oubliées, Ricardo est redevenu un grand homme et il aurait sûrement aimé vivre cela. Mais le déni est là, qui ignore à ce jour son héritage intellectuel. La possibilité de nous exprimer dans un projet d'architecture ne nous est pas donnée aujourd'hui, nos candidatures ont toutes été à ce jour refusées. Le Taller souhaite travailler à nouveau en France et rejoindre le débat d'idées qui l'occupe. Étant français, je ne me résous pas à croire que l'accès de mon pays lui soit refusé. La période française nous a donné la capacité d'aborder aujourd'hui tous les sujets, notamment les grands projets. Le vocabulaire d'alors était lié à la problématique concrète de la préfabrication et du coût de la construction pour les logements sociaux. La réponse à la répétition fut le classicisme selon Ricardo, qu'il voulait réinscrire dans l'histoire de l'architecture française. Cette période est dépassée.

Nan Sha, ville nouvelle, Chine. Perspective informatique reprise à l'aquarelle / Nansha New Town, China. Computer-aided perspective view with watercolour accents

Récemment, nous avons réalisé quelques logements à Noisy-le-Grand. Le maire de gauche voulait détruire Abraxas, les habitants ont résisté. Sensible à la volonté politique de la maire de droite, Brigitte Martigny, Ricardo, si attaché à ce monument, a accepté cette invitation. Cependant, les promoteurs désignés avaient d'autres ambitions que la qualité architecturale et ne lui ont pas donné la possibilité de s'exprimer.

Un paradoxe subsiste : c'est en France que la reconnaissance publique et politique a été la plus forte ; au moment de sa mort elle l'a placé parmi les cinquante plus grands architectes en France.

# One group Many hands for each design A single passion: architecture



1 Ricardo Bofill **To define architecture as the organization of space is thus to distinguish it from simple construction.** [...] **[S]tyle is effectively the result of both local influence and a personal imprint.**

Taller de Arquitectura's approach was characterized by a process of designing collectively, as an ensemble, with Ricardo Bofill as the conductor. This was an energizing success story for most of the team, who shared the same passion, but proved a negative experience for some of them, who gradually left as time went by. Following features in *L'Architecture d'Aujourd'hui* on Walden 7, and then in 1975 on Les Halles[2], young architects from around the world came to knock on Taller's door. They were all keen to be a part of this non-conformist group that was breaking the mould. Their accounts of it cross over and contain some repetition.

3 Ricardo Bofill **Drawings in architecture should be seen as working tools, as elements to help the various architects in the team communicate with each other.** [...] **Ideas are translated through words, drawings, maquettes, geometry** [...]. **A system of successive approximations slowly brings about the detail of the final design.**

4 Peter Hodgkinson **Having made several trips to see friends in Spain, in 1965 I took the train from Paddington to Figueres and went to Cadaqués. The architect Peter Harnden, a specialist in architectural masterplanning, fascinated me. After spending a year in**

1 Extract from Ricardo Bofill's text "Organiser le cadre de sa création", August 1989—see "Organizing a framework for creativity", p. 216.

2 Extracts from *L'Architecture d'Aujourd'hui*, n°182.

3 Extract from the foreword to the catalogue of the exhibition "Projets français 1978–1981" at the École des Beaux-Arts in Paris, Paris: L'Équerre, 1981.

4 Peter Hodgkinson is an architect trained at the Architectural Association School of Architecture in London. He was a partner of Ricardo Bofill Taller de Arquitectura from 1966 to 2012. Account provided in an interview with the author in Falset, Spain, 25 November 2022.

Catalunya, where I met several architects who were influential at the time, such as José Antonio Coderch, [Federico] Correa and Ricardo Bofill, and completed my AA diploma, I decided to try to become part of Ricardo Bofill's team. On 1 October 1966, I signed a first contract for three months, and I've remained at Taller in Barcelona to this day—even if I did semi-retire here to Tarragona ten years ago with my wife Noëlle. These days I still work from time to time with Ricardo Bofill Junior and his young team, who come to see me to discuss ideas about certain design concepts. [...] Back then we were living in Calle Nicaragua, in an apartment block that had been built by Ricardo's architect-engineer father Emilio Bofill, who also had his offices there. Mine was next to the wooden maquette of the Barrio Gaudí in Reus, which was built in 1968 and which I was involved in with Xavier Bagué. My collaboration with Ricardo Bofill went "divinamente"—divinely—it was an absolute pleasure! My first drawings were a bit crazy, and he'd totally slate them. Then, after a few days, we'd be faced with other ideas, new ideas and new orientations were jotted down and drawn out on transparent paper, and we'd add things. Bofill would see the important points very clearly. Then he'd call the client on the phone to explain the directions the project was taking. Next, the design team would be set up to develop the drawings of the orientations that Ricardo had chosen, either as a study maquette, or through hand-drawn designs, or—later—designs made on computer. From time to time we wouldn't agree about the volumetry or the façade; I'd suggest other variations to him. He had immediate vision and we really understood each other. Our discussions were fast-flowing and perfectly symbiotic, in an atmosphere of mutual respect. For Terminals 1 and 2 of Barcelona Airport, the drawings and construction work that I was given responsibility for lasted ten years. At that time I'd see Ricardo for an hour per month, which proves the total trust he had in me. Indeed, we spoke with one voice to the developers and construction team. During the Halles project, I visited the site one evening with Bernard Torchinsky, and the next day the building had disappeared!

Where planning permission documents were concerned, in Spain it was his sister Anna who signed them, and in France it was Bernard Torchinsky, until Ricardo became an officially accredited architect in 1979. In the '90s, some ambitious individuals who came through Taller had their egos damaged and there were arguments, particularly following the economic downturn related to the Gulf War. Ricardo said to me at that time: "You're staying with me, but I'll be the one signing the designs." Having thought about it, I agreed. I admired his gift for business and communication. With his irresistible charm, he could totally turn around an impossible situation. Being known in the architecture world as an international architect from the AA, I would give talks on Taller. As far as I'm concerned, my lasting impression of our collaboration is a very good one.

Among the emblematic projects I worked on besides the ones in France, such as La Petite Cathédrale, the Maison d'Abraxas in the Fort of Saint-Cyr, Le Lac, Les Espaces d'Abraxas and then Sainte-Maxime, Saint-Cyprien and Dreux, the ones I'm particularly fond of are Walden 7 on the outskirts of Barcelona, Meritxell in Andorra, and then, in the late '80s and '90s, the house for Annabelle d'Huart in Morocco, the two tower blocks we built in Chicago in the United States—including Wacker 77 in 1992, the headquarters of United Airlines (a Greek temple stretched out into the form of a skyscraper, in glass and fair-faced concrete)—which President Obama cited as the two most beautiful tower blocks ever erected, and lastly Terminals 1 and 2 of Barcelona Airport, with the satellite.

5 Jean-Pierre Carniaux What triggered my desire to work with Taller was the discovery of an edition of *Architectural Design* (AD) with a cover feature of a paintbrush painting Walden 7. I first encountered Peter Hodgkinson at Cadaqués. He was Taller de Arquitectura's architectural partner, and also a jazz drummer at L'Hostal. I didn't know Ricardo, and I asked Peter if I could work with Taller and Ricardo Bofill. For me, there were three decisive factors in my collaboration with Taller: Walden 7's modular architecture, a vertical village community "in the air"; La Fábrica, a tamed ruin—Ricardo's creation; and the ambiance of a "Bottega Rinascimentale"—people happy to work together night and day, who expressed themselves through their drawings and praised the results.

5 Jean-Pierre Carniaux is an architect who qualified at the MIT (Massachusetts Institute of Technology). He was a partner of Ricardo Bofill Taller de Arquitectura from 1976 to 2021. Account provided in an interview with the author at Sant Martí Vell, 3 November 2022.

I was studying at MIT in the United States and I wasn't available immediately. Peter hired a student friend of mine, Jeffrey Daniels, who later went to work with Frank Gehry. Once I'd graduated, I returned to see Peter to take up my own employment. Confronted with refusal due to a lack of open positions, I insisted and waited a month, then two, before being interviewed in Barcelona and finally hired. There was practically nobody at Taller in Barcelona at that time. The Cement Factory had yet to be finished, the carpet wasn't yet laid and the concrete was rough... The first time I met Ricardo was during a meeting around a table of twelve people, including Peter Hodgkinson, Manolo Nuñez Yanowsky, Omar Migliore, Maria Dolores Rocamora and Xavier Montsalvatge (it was his last day); Ricardo was in the centre. I loved Walden 7's three-dimensional architecture, with its overhangs, and I loved the Cement Factory. We worked with Peter Hodgkinson, Xavier Llistosella and Francesc Guàrdia Riera on a big urban project in Vitoria[-Gasteiz] in the Basque Country, "Castro Urdiales", for a slightly crazy developer, Luzaraga. The project was halted after his death in a car accident. I didn't work on Les Halles, nor did I work on the New Town projects in Algeria.

During the creative process, Ricardo would build his argument on the drawings that we suggested as design architects. He'd then reformulate the approach we proposed and ask us to push our sketches in this or that direction, all achieved through exchanges of work around the drawing board. We would hold conversations between us, stemming from the sketches, out of which was born true mental ecstasy. Then Ricardo would put an end to it, selecting what to develop, or leaving the project to evolve before coming back to see what the person who'd drawn it had done. It was a journey between drawings, conversations and goals.

I was very close to Ricardo on both a professional and private level, we shared a huge quantity of moments and passions. Our collaboration at the heart of Taller was an absolute cultural melting pot. We worked in the manner of a Renaissance painter's workshop, producing collective projects in a communal dynamic where some worked on synthesis, others on proposals or details. We didn't seek to claim ownership or responsibility, nor did we try to leave our personal mark on a project. For us, physical drawings were essential, and this has since persisted because some of us never made the leap to computers.

Postmodernism, or "modern classicism", a term that I prefer [...] has been notably expressed by Antoine Grumbach —architectural professor at UP6—who defined it as the revival of French architecture with Italian characteristics, the reinterpretation of the past with the expression of the present and the projection of the future, all this with the same architectural vocabulary used in the same sentence. A language of our moment in time, not just "modernity". For us, like for Alberti, the town is a public space in which one should feel comfortable, like in a home [...]. However, there never was a "Taller style", no hallmark. It was about responding to a location with a considered response, with the result being diverse and varied built work. Our architecture is nomadic, it is a "journey" across different cultures that brings solutions that are both diverse and considered. For Ricardo there was no "establishment", no "doctrine". [...] I was responsible for the Taller offices in the United States, and, after an exhibition of ours and Robert Krier's drawings at MoMA in 1985, we built a team of ten people, our first American office, in New York. We were tasked with building an apartment complex facing Manhattan on a 7-kilometre-long site owned by the developer Arthur Imperatore. I remember crossing the river by boat every morning with our team and our Japanese chef... Here again was a new adventure, a new challenge, a new journey! [...] I shared my professional life with Ricardo, and my personal life was tied to him also because he demanded total availability. We shared trips that brought us new projects in New York, Tokyo, Beijing, Moscow, Marrakech, Lisbon, Rome and countless other cities where I've had hilarious experiences with him.

The Paris years represent the breath-taking beginnings of the international architect that he went on to become. This period of creative exchange between the first members of Taller de Arquitectura, all of us coming from multiple backgrounds, spawned my passion for architecture, between my hometown and my adopted one. I am grateful to Dominique Serrell and Michèle Champenois for reminding the world of the French beginnings of a team that went on to become very international.

6 Manolo Nuñez Yanowsky We were a creative group, set up by Ricardo Bofill in 1963. We each had our own place. I did research on modular systems like at Reus for the Barrio Gaudí, La Muralla Roja in Calpe and Walden 7. I consider that Ricardo Bofill betrayed the initial Taller group by claiming all the credit for himself. At the same time, I acknowledge that he was afraid of not succeeding with the "project of his life", Les Halles in Paris. We were thirty-five and thirty-one respectively. The French had come to us in 1971 because of the pioneering nature of our group and our built housing projects. The first design in France was the one I led with the AUA and Huidobro-Chemetov, for Évry. When they called us for Les Halles, we thought of doing a square in a garden with a U-plan building behind it, and that was the first design in 1974, which was selected by President Valéry Giscard d'Estaing. [...] And then Ricardo started having doubts, and wanted to incorporate the Postmodern language, with a view to making it a "media-friendly image" and creating a signature that would be associated with this project. He then declared that he would do it on his own, even though he wasn't drawing much at the time. He brought Francesc Guàrdia Riera and Xavier Llistosella to Paris to draw. During the second scheme, in 1975–1976, still leading the project, I brought new members onto the team—several French and one Polish.

6 Manolo Nuñez Yanowsky received accreditation as an architect in France in 1980. He was a founding member of Taller de Arquitectura, from 1963 to 1978. Account provided in an interview with the author in Madremanya, Spain, 4 November 2022.

Afterwards he never stopped modifying the design every time he came to the workshop on Rue Geoffroy-l'Angevin, and he'd make us produce variations without ever choosing one of

La Fábrica, Sant Just Desvern, Espagne / Spain

them. He was afraid of challenges and was worried about his long-term image. In Barcelona, Francesc Guàrdia Riera and Xavier Llistosella were also working directly under me. Notably for the 1975 maquette. I wanted to go back to the initial design, but he added columns, ornamentation, etc. And we produced the second scheme, with the big maquette made in Barcelona that went on show at the Hôtel de Ville in Paris. I finally left Taller in late 1977 to film a documentary on President Allende with Belgian financing.

7 Francesc Guàrdia Riera **I arrived at Taller to work on the project for La Petite Cathédrale in Cergy, where I met Anna and Peter. Anna hired me when Taller's offices were still in the building in Calle Nicaragua, along with those of [Bofill's] father Emilio's business.**

**Next I worked with Xavier Llistosella and Manolo Nuñez Yanowsky on the project for the garden at Les Halles, from Barcelona and then in Paris. I hadn't finished studying for my diploma. It was a blissful period, where we were supported by an organizational structure and we had nothing to worry about. We did what we wanted, and lived as a group. I made the first drawings and maquettes, including one that I brought to Paris on my own by car and delivered on time the next day... In my opinion, the failure of the Halles project was purely down to the fact that when Jacques Chirac became Mayor of Paris, he wanted to thwart Valéry Giscard d'Estaing's plans.**

**Taller wanted to create a French-style urban arrangement with architecture that was Parisian in both its volumetry and the treatment of its façades. Then came our collaboration with Houari Boumédiène's socialist government. I'd just finished my military service in Morocco and I didn't want to work in a military setup, which was the case with the AAU[8]. I went back to Catalunya after a fortnight.**

**Then, after a few months, I set up my practice. It was a wonderful period, happy and carefree. I had a great time and I was able to design as I wanted, in a group, with my brothers and my friend Llistosella.**

9 Xavier Llistosella **I arrived at Taller in 1973 for the project for the axis of La Défense.[10] Ricardo and Manolo gave me complete freedom to design whatever I wanted. Then, Manolo would put a piece of tracing paper over my drawings and copy part of them by hand onto a new sheet. After that, I worked for the whole summer on the 1974 Les Halles scheme.**

**Ricardo Bofill wanted to create a façade and find a language that was compatible with prefabrication and would allow the project to be kept under control. So he invented a new**

7 Francesc Guàrdia Riera is an architect who obtained his diploma from the Barcelona School of Architecture (ETSAB). He was a member of Taller de Arquitectura from 1974 to 1978. Account provided in an interview with the author in Empordà, Spain, 5 November 2022.

8 AAU: Atelier d'Architecture et d'Urbanisme in Algiers (see "The call of the desert", p. 202).

9 Xavier Llstosella is an architect who obtained his diploma from the Barcelona School of Architecture (ETSAB). He was a member of Taller de Arquitectura from 1973 to 1981. Account provided in an interview with the author in Barcelona, Spain, 24 November 2022.

10 See the illustrations p. 64.

language for prefabricated buildings—a richer, more classical one. In France, what mattered was how buildings were laid out within the public space. At Taller, there was a clear distinction in roles, between the architect who spoke and the one who drew. When I returned from Algeria, I worked in the design concept team in Barcelona, with Ricardo. Then I wanted to understand how those “ideas” could be built, because I didn't have the practical know-how. So I approached Ramón Collado's team, which would “whittle down” the ideas. I worked with Ramón on the façades of Le Lac at Saint-Quentin-en-Yvelines and on Le Palacio d'Abraxas in Marne-la-Vallée. For Le Palacio, where we needed to reduce costs by 40 percent, I proposed a solution that enclosed the X of the interior street and made this cost saving possible! In 1979, I worked on the project in the 14th arrondissement. Of the two projects we were offered as compensation for Les Halles, Montparnasse was, for me, the better choice in comparison to the one for the Passerelle des Arts, the execution of which struck me as highly problematic! I was later proved right on that. Having joined Taller as a very young student, I did a lot of work without tracking my hours, as Ricardo or Manolo often demanded. For example, for Les Halles, I drew for 120 days solid, including during the night and at weekends! After working right through the summer, I set off on holiday in September, following our post-summer whole-team meeting in Mont-ras. Ricardo was furious! I promised that when I came back, I'd get the design done in two weeks. And indeed I did—I handed over the concept design for the 14th arrondissement within a fortnight! In 1981, despite Ricardo's insistence, I left to set up my own practice. Spain was buzzing, and we all wanted to establish our own businesses with our projects, even though the financial side of things, which we hadn't prepared for, was a heavy burden. It was a blissful period.

11 Thierry Recevski I joined Taller de Arquitectura at the time of the competition for Les Halles, in 1976, to bolster the team who were working on that project. I'd barely finished studying at the architecture school of the Paris Beaux-Arts (UP6), with its rather dogmatic teaching in relation to the “International Style”, and then I was plunged into the execution stage of a large-scale project at the heart of the capital, surrounded by a remarkable team. [...]

11 Thierry Recevski is a certified architect (DPLG) who studied at the Paris Beaux-Arts (UP6). He was a partner at Ricardo Bofill Taller de Arquitectura from 1976 to 1993. Text by Thierry Recevski, June 2022.

The Halles project obliged Taller to impregnate itself with the history of French architecture, while also learning about this country's construction methods. That drove the team to develop compositional methods founded on strict geometrical frameworks and "to return to using a classical vocabulary", which is often richer and more dynamic than certain elitist approaches in so-called "modern" architecture. [...] Obviously this new way of perceiving architecture and urbanism quickly came up against criticism, being seen as a step backwards instead of as a breaking away from the "International Style", a rebirth. In the '70s, not many people were interested in architecture, and it was only covered in a few specialist journals. [...] After Les Halles, I joined Taller in Barcelona.

Working at Taller was a privilege. About a hundred young architects from all around the world were drawing and experimenting with designs for districts and cities, with the requirement that they strive for high-quality architecture imbued with culture, and that they relate it to the then-current systems of technology and construction.

[...] In those new projects, Taller therefore worked hard to demonstrate that the use of classicism could re-establish what had been wiped out by "Modernism", the failure of which was often due to a lack of understanding of the urbanistic context and a prioritization of the architectural object over the urban fabric. After spending more than two years in Barcelona, I moved back to the Paris office. Taller had a lot of important projects going on, not only in the New Towns—notably Cergy-Pontoise—but in Paris itself: the Place de Catalogne, then the GAN headquarters, the Kleber Palace Hotel, the Marché Saint-Honoré [...]—during that period there were also the 1992 Olympic Games, in Barcelona, for which Taller rebuilt the airport [...]. Our quest for quality, in terms of finishing off our designs as best as possible and fine-tuning them, led us to set up an interior design cell which I was more specifically devoted to, and thus to design objects and furniture that were essential to our overall vision [...]. During those two decades I spent at Taller, I had the opportunity to understand architecture through drawing, experimentation, execution and above all the vision and diligence that Ricardo Bofill embodied.

12 Jean-Jacques Reymond **Bofill was an orchestra conductor. He knew how to get soloists and musicians of unequal ability to play as a group. He drew out the best of their talents to produce a work of art. He defined the objectives we were to achieve, and then let the musicians express themselves until he thought they had found it; and when he was sure of it, he gave them free rein to reveal their talent, as he felt that "in architecture, the best approach is not to have one". We had many discussions sitting around a restaurant table or at work, and very occasionally he'd explain what he meant by sketching on a paper napkin, for**

12 Jean-Jacques Reymond is a certified architect (DPLG) who trained at UP6. He worked with Taller de Arquitectura in Paris from 1976 to 1978. He was head of the Atelier d'Architecture et d'Urbanisme in Algiers from 1978 to 1980, and then practised independently from 1980 to 1992. Account provided during telephone conversations on 13 July and 17 October 2022.

example. The work we carried out for the Algerian State under Boumédiène was a veritable urban planning project, which, despite its short duration, nevertheless set a construction milestone in the country's development. Long after our departure, it was adopted by local urban planners and architects using their own methods, which was the sole purpose of our mission —a one-off that focused on technical assistance and training.

13 Patrick Genard In February 1975, on a typically grey, wet day in Belgium, I came across issue nº178 of the journal *L'Architecture d'Aujourd'hui*, which was devoted to Ricardo Bofill's Taller de Arquitectura, and from that moment, I was captivated: Castillo de Kafka, Walden 7, the Barrio Gaudí, La Muralla Roja... they were all pure architectural poetry! And in summer that same year, I hitchhiked as far as Calpe (1,500 kilometres—nothing unusual at that time) in order to see all these projects. A flash of colour and light. On my return, I stopped in Barcelona and, without an appointment, rang Taller's bell and I was allowed to visit La Fábrica, a former cement factory, which they had just moved into.

I then wrote to Anna Bofill-Levi to ask for an internship, but received no reply. After several tries, she finally agreed to take me on, but specified that I would not be paid, which was the usual practice. I applied for and received a six-month grant to fulfil a sort of "proto-Erasmus" programme—which didn't exist at that time—from the end of January to the end of July 1978 with Taller in Barcelona under the aegis of Francesc Guàrdia Riera, who was an excellent tutor. It was at the end of the first period with Walden 7 and La Muralla Roja, which was a particular favourite of mine; and for political reasons, it was also the end of the Halles project in Paris, which had been led by Manolo Nuñez Yanowsky, with whom I became very close during my apprenticeship. And then I spent a year in Algeria.[14]

[...] I returned to Barcelona at the end of '79, beginning of '80 where, in the wake of Franco's death, a mad celebratory atmosphere of parties and liberation reigned. It was as if I had just ended my military service and returned to life. They were wonderful years. I then worked in Paris with Peter Hodgkinson's team on the 14th arrondissement project, and on Le Palacio d'Abraxas in Marne-la-Vallée; and in 1981, Ricardo entrusted me with the development of Les Templettes in the Saint-Quentin-en-Yvelines project.

Then, in 1992, France was hit by a property crisis as a result of the Gulf War, which heralded an extremely stressful time for the Taller architects, and during which Ricardo asked me to ditch my team of about a dozen people, which

13 Patrick Genard holds an architecture-engineering degree from the Université Catholique de Louvain (UCL) at Louvain-la-Neuve, Belgium. He was a partner of Ricardo Bofill Taller de Arquitectura from 1978 to 1993. Account provided in an interview with the author in Empordà, Spain, 3 November 2022.

14 The call of the desert, p. 202.

Aéroport de Barcelone / Barcelona Airport

I refused to do. After a bitterly negotiated agreement, we went our separate ways, but it allowed me to establish my own architectural offices, Patrick Genard & Asociados, in Barcelona. Ricardo wasn't happy with the negotiations: "You're with me, or you're against me." I was to see him again by chance on a flight to Cadaqués from Morocco—but more importantly, I saw him in 2020 at La Fábrica, just before the pandemic. He greeted me as if we'd never parted company, but what was extremely important to me was that I was able to tell him how grateful I was to him for everything I'd learnt from him. [...] What struck me most about Ricardo Bofill was his extraordinary intelligence and the way he visualized space. When I met him for the first time, I was immediately impressed by his gift for analysing all the information he was given for a project and his lightning-fast ability to synthesize the proposals made. He wanted me to quickly grasp concepts and to make rapid decisions. He was my teacher and catalyst and often gave me brilliant insights as to how to turn a situation to one's advantage. The confidence he showed in my work gave me wings. After an initial meeting with the design team to establish a project's key areas, he gave me a free hand to develop them. We shared the same vision of space. Ricardo knew that I'd develop the lines and image he had envisaged at the beginning, and he allowed me an extraordinary degree of freedom. What I've taken away from my collaboration with Ricardo—apart from how to manage a team by choosing the best—is that you can't accomplish everything in a project and that you have to learn how to prioritize the most important objectives and to focus on those. Nevertheless, Ricardo often went a step too far, to the point perhaps of being thrown off balance which cost him a few projects.

Unlike a few other members of the Taller team, I never crossed the line between a working relationship and friendship. Our association was very open and easy, but I preferred it to stay on a professional level. He was a "master", and I gave him my all in return. Our collaboration was very pleasant and fruitful.

Ricardo made a strong impression on me, and I'm extremely grateful to him. I'm also pleased that, in 2020, I was able to tell him so myself on two occasions. He taught me how to plan a project and how to execute it, which is not something you learn in school. At that time, not only was there no information technology, there were no mobile phones, no fax, nor even telex! Plans were drawn by hand on tracing paper, and copies were sent by post sometimes 10,000 kilometres away. Ricardo allowed me to choose among very different projects in very different places. He was a "master" in the highest degree! His death has affected me more than I ever could have imagined.

## A fragment of town

15 Patrick Genard **The urban environment in Tokyo was beyond chaotic, as was practically the entire city, with buildings of every style and height in every kind of material—to the extent that you might have imagined the entire urban planning code must come down to just three sheets of paper. In fact, it was the reverse! The norms for urban Japan in those days, which had not yet been translated, were extremely complex for westerners. They were defined on the basis of the terrain, the environment and the shadows cast by the building according to the sunshine hours at a specific time in the year. Depending on the number of daylight hours, the building was not to cast more than a certain amount of shade, which would define a line. Their studies led to a polymorphous mass that had to be reconstructed into a building of verticals and horizontals, and this, in a computerless era, was an intellectual and technical tour de force!**

15 United Arrows, Tokyo. Account provided in an interview with the author in Empordà, Spain, 3 November 2022.

The project consisted more of constructing an open road than a building. The Shibuya shopping centre was conceived as a public street, which traverses the building in an airy space over three levels. It creates an urban walkway intersected by footbridges linking the shops like a suspended fragment of town. The main façade, which houses the shop fronts, was constructed in Taller's double-skin language, using fair-faced concrete, which at the time was not widely known in Japan.

16 Ricardo Emilio Bofill-Vergano Ricardo wanted Taller to continue after him, as it had after the death of his father Emilio. I was to be the architect and Pablo would be in charge of the company's finances and marketing.

My entire childhood was filled with conversations about architecture with my father, on trips to the desert, Thailand, everywhere we went. As a small boy, I watched some of the works being constructed; we had apartments at Calpe in La Muralla Roja and in Castillo de Kafka castle at Sitges; I had in-depth knowledge of his buildings, and he told me that the town was architecture's protagonist, that it was made up of spaces, streets, squares and boulevards, and that this type of urban construction was a Mediterranean invention. And that it could serve as a model city that could be adapted globally, and that, in the face of this notion, there was the sort of modern architecture that could be symbolized by Le Corbusier, who liked machines more than humans. Architecture for him was intended for people to gather in one place, to meet and form communities where everyone lived together as a group. A town needed to begin, and then end; to be followed by a natural zone, and then another town would appear. It wasn't an anarchic suburban architecture, but urban architecture that had to be defended.

We travelled a lot together, to 15th-, 16th-, 17th- and 18th-century towns in Italy, we went to Sicily and to city states such as Florence and Venice. Towns that you can feel and smell, where the unbuilt spaces are as important as the built ones. He would endlessly repeat the theories of architects such as Francesco di Giorgio Martini in particular, and of Alberti: "The streets are corridors, and the squares, living rooms." Architecture is based on a narrative principle. [...] When you look at La Muralla Roja or Walden 7, you dream of not only being an architect, but also a writer or director. Architecture is seen as an art, like music, painting or storytelling, and in this spirit, all the projects have names that were inspired by novels or essays. He was passionately interested in the relationship between architecture and nature, even though no-one talked about sustainable architecture at that time. He transformed La Fábrica—

16 Ricardo Emilio Bofill-Vergano, also known as Ricardo Junior, holds a degree from Harvard conferred in 1990, and a master's degree in econo-mics from Columbia University conferred in 1991. In 2000,he joined RBTA in Barcelona. Architect and RBTA partner with his half-brother, Pablo Bofill-d'Huart, as of 2022. Account provided in an interview with the author at Sant Just Desvern, Spain, 13 December 2022.

the barren area of a former cement plant—into a living monument, by integrating green roofs and plants growing in the walls of the ruins. He cleared spaces and created planted areas. And the same is true of the Perthus Pyramid, which, using rubble and soil reclaimed from the construction of the motorway, was built into a large garden with a trompe-l'oeil perspective, and at its summit, a temple-like structure with four twisted terracotta columns representing Catalunya's symbol of four bloodied fingers.

[...] Ricardo permitted me to study architecture in the United States between 1980 and 1990, first for four years at Rice University in Texas, and then at Harvard, where I did a three-year master's degree with some of the most modern and anti-Bofill architects of the time, such as Rem Koolhaas, Zaha Hadid and Rafael Moneo. But I had a problem with Moneo, who is as inflexible and cold as his architecture proves—the opposite to a fantastical, exuberant and imaginative architecture, which Ricardo always advocated and pushed us into doing. Following Harvard, in order to understand the financial side of architectural projects, I did a one-year master's degree in 1991, at Columbia University, and successfully defended my thesis. Pablo was then eleven years old.

I didn't experience Taller's French period; I only heard about it. However, after the offices closed in Paris, I was involved in Taller's international developments from Barcelona. I returned from the States for the 1992 Olympics, which I didn't want to miss. That was also when Ricardo gave me the Miramar Hotel, a major project located in Barcelona's port which was being renovated. [...] But at the time, my father's very strong personality made it impossible to work with him. I wanted to make films, and he helped me to do so.

I joined Taller definitively in 2000, which was marked by my active involvement in our developing business in China and Moscow, followed by India and Saudi Arabia.

That same year Ricardo had said: "Either you return to Taller tomorrow, or I'll shut Taller down." And so I dropped a career in film and started working full-time with Taller in order to develop our business in China with Jean-Pierre. [...] Russia followed China. I travelled the world, and we had work for the next fifteen years, such as the Greater Moscow project in 2012. Moscow's mayor and Putin wanted to extend the town over 1,500 kilometres. An international design competition, modelled on the one for Greater Paris, was launched. Sarkozy had told Putin that Paris was going to extend as far as Le Havre. Well-known architects in France such as [Jean-Michel] Wilmotte and [Antoine] Grumbach also sent in entries. Our objective was to reconstruct—not to demolish as Le Corbusier had done—and to preserve the spirit of the place. [...] Russia was followed by India. [...] Louis Kahn had buildings in India, and Le Corbusier constructed Chandigarh. While I was there, I worked with the big American developers such as Google and Heinz. There are always legends in architecture. My father had a conqueror's obsession with Moscow; New York was another obsession, as well as Chicago and Beijing [...]. Ricardo was an architectural nomad. There were only twenty-five years between us, and I felt all his emotions as strongly as he did himself, as if he were there solely for me.

In his role as architect, he never tired of telling me, since I was child, "You will be an architect when you're fifty! At the moment you're my assistant." No matter how much I told him that I was a qualified architect with a degree from Harvard, he would reply implacably, "You will be an architect when you're fifty!" In the last few years, at the start of a project, when we pitched our ideas a little competitively against each other, he would say to me: "Ricardo, you still have many projects ahead of you, but I'm still here!" If I insisted on reminding him that I was fifty-five, and that in Moscow I had met President Putin, and had also met the President of India, and that I was capable of practising architecture, he would retort: "You're my assistant." Sometimes, he would go seriously into "competitive" mode with me, which made me jittery, as competing with him was difficult. His incredible rapidity at the start of a project with concepts, detailed drawings and materials would undermine my confidence. I think that's why I was able to go to India, where he allowed me to express myself freely. The father–son relationship in architecture is complicated, because by definition, the architect controls the entire operation—the engineers as well as the aesthetic. The architect's personality is the kind that needs to be strongly charismatic.

Ricardo used to say that Taller was modelled on Renaissance art workshops, which sometimes survived for a hundred years. Between Emilio and my father it has lasted for ninety-six years from 1932 to 2022, and Ricardo wanted its history to continue. It was three generations for Botticelli; but it was not to continue for [Oriol] Bohigas, nor for Moneo and his daughter Hélène, nor Foster, nor [I.M.] Pei.

Today Taller's configuration is more horizontal. Pablo is the spokesperson and in charge of communications, and I am responsible for the architectural creations along with a team where everyone expresses themselves in what they do best. We've dropped the concept of "partnership" in the English-speaking world's sense, which is based on money and business, and not on creativity. The group is currently back at La Fábrica, in Sant Just Desvern, to create a centre for architectural research going back to Taller’s beginnings. [...]

Everything our father taught us has allowed Pablo, who is forty-two, and me, aged fifty-seven, to perpetuate his thinking. We are Ricardo’s disciples, as are all his main collaborators of recent years. Today, when I present one of my projects, I see my name, which is the same as his. When he was still with us, it was a bit schizophrenic, but now that he’s gone, it is more natural for me and has forced me to be heavily involved. Although it’s easier in terms of legitimacy, it’s not in my nature to declare “I am the best architect in the world”, but he is there, close to me.

Up until now, Dominique, I’ve found it difficult to sit at his worktable where we’re sitting now. I recently rearranged his office, because the team is working on such large and complex projects that we need to be together. And so, I’ve brought them all into this space.

My father had a rare talent and intellectual capacity combined with a passion that we have partly inherited. Nevertheless, he was atypical, singular and extraordinary: “Find your own model. I’m not your model, even if you have the same name,” he would tell me.

I want to preserve the Taller spirit, the team, but what concerns me in terms of architecture is the question of what predominates—the architect or the architecture? I have yet to resolve the question of what makes something an architectural work: is it the individual architect, or the architectural discipline as made by architects? Perhaps it’s both.

Pablo and I want to do the projects that we know we can do well—not thousands of projects. We will run Taller together so that its story continues.

17 Pablo Bofill-d’Huart I was born in Paris, where I grew up without ever moving house and without ever changing school. I lived with my parents on the third floor of a “house” where my mother had spent her teenage years, and Taller was installed on the second and ground floors. The house was the backstage to what was happening below on the second floor—the extension of a buzzing studio that occupied a team of young architects full-time, whose working hours had no limits and who knew no boundaries. All languages were already being spoken there! Their shared commitment can be explained by their deep conviction that they were experiencing something extraordinary, contributing to a manifesto that would transform architectural history alongside Ricardo, who charismatically led them along new avenues. They were all passionate, questioning the

17 Pablo Bofill-d’Huart graduated from the ESADE (Escola Superior d’Administració i Direcció d’Empreses) business school in Barcelona in 2009. Executive director of RBTA since 2009. Executive director and partner of RBTA with his half-brother Ricardo Emilio Bofill in 2022. Account provided in an interview with the author in Sant Just Desvern, Spain, 14 December 2022.

architecture around them and seeking out a new direction for it, their challenge being to define and apply that new direction. It was a lifestyle that was full of big adventures which came one on top of another, punctuated by wide-ranging debates that filled up everyone's time, space, homes and holidays. They all seemed to be involved in a unique story and gave the impression that they were experiencing something exceptional, the sole subject of which was architecture—obsessively so. [...] In my comings and goings as a little boy, I'd glimpse the incessant activity that was going on between home and Taller, and I'd observe the constant "flow" that I was part of. Since our private kitchen was open to my parents' colleagues, I'd often meet them at lunchtime. Friends who were passing by would also come there; sculptors, philosophers [...]. As the only child among all those adults, I grew up in that atmosphere and lived with that extended family from my earliest years—it was just how things were for me, the only world I knew. When night fell, there were parties and everyone went out for drinks. In the morning, there was total silence when I set off for school. There was a time lag—we didn't have the same timetables. I felt different, distanced from other children my age, because none of the others at school lived liked that.

Life would start later, with a very different timetable. A life where the talk was of architecture at lunchtime and while travelling. Trips were constantly being organized, all over the place. It was a real team, not necessarily a close-knit one, but one where the process and mindset were the way they kept going and stayed together. It wasn't work but a way of life, which left no room for any private life because nobody could talk about anything else. It was totally obsessive. Between 1980 and 1990, that's how my life was. My mother was also working with Taller in various ways.[18]

After that period, in the early '90s, I had to protect myself and justify myself to my friends, as criticism or even insults started to be directed at my father. I was very young—only ten or eleven years old—and by then there was nobody else defending Taller.

In hindsight, I think the extraordinary experience of Taller happened before I was born, with its arrival in France and the first projects. For me, the end of that incredible creative buzz was the Place de Catalogne and Cergy.

That lifestyle set me apart from other children, because nobody else at school lived that way; they'd go to their second homes at weekends, go skiing, go on family holidays, etc. And since nobody lived that way, I couldn't communicate that reality to the others, which forced me to adapt to experiences that were

18 Annabelle d'Huart has written several books on Talle including a monograph published by *Le Moniteur* and a portfolio on Les Espaces d'Abraxas published by Rizzol She contributed to interior an furniture designs for various makers of furniture and wall-coverings, as Thierry Recevsk states in this book.

totally foreign to how my pals were living. I was surrounded by people—my parents included—who seemed to me to be interested only in architecture. There were a lot of projects in the Paris region and they required solutions to be found for social housing. The projects that will probably go down in history or that are benchmarks of our way of thinking are obviously Abraxas, Cergy-Pontoise and Le Lac.

After that, it was a different era. There was a shift; the Marché Saint-Honoré belonged to a different team. It was the end of a cycle where Taller was in a mindset that could be criticized but that provided a concrete solution to the problem of housing in France. There was a switch to a more conventional business setup, with management presiding over creativity, and which for that reason became more commercial—perhaps more financially ambitious, but no longer with ideas at the centre. A new story was being written. All the projects subsequent to that—the Parisian façades, the Decaux headquarters, the Marché Saint-Honoré, Cartier, AXA—wouldn't be benchmarks for the new generation of today's Taller. I see them as good projects but ones that don't have the intellectual strength that is found in conceptual thinking; it was a different approach. It was necessary to have a large practice, it was the start of partnerships in England, and the practice needed to grow, and obviously when you grow too quickly with a lot of people, you lose some substance—and all the more so given that the most talented team wasn't there any more. Ricardo wasn't thinking of architecture as intensely as he had before.

When he became a manager, he stopped being an architect—he admitted so himself. A group of people from a range of backgrounds wasn't possible any more in that context. By shifting into a new economic model, Taller distanced itself from the world of architecture. Any press coverage was negative; as a teenager, every time I read an article about my father in *Le Monde* or elsewhere, they were calling him a "megalomaniac", a "fascist", a "neoclassicist". Those very bruising words were a long way from how I saw my father, which was as a great man of the Left who had been in prison seven times and had fought throughout his life for the respect of individual freedom. That experience served as an example of what to avoid, and has never been repeated since. The Taller offices that were founded with serious folk—partnerships in New York and Shanghai—didn't work; it wasn't Taller, it wasn't the right direction for it and wasn't what we knew how to do. For the past fifteen years, "challenge", "thinking" and "adventure" have been our core focus. Today at Taller an idea of deconstructing one DNA to reconstruct a new visual identity is what unites us all—

my brother Ricardo and me, as well as all the young architects who come from twenty-five different countries. Like the practice, La Fábrica is constantly evolving according to our needs. It isn't a static place, it's a way of thinking and living, and it's the legacy that Ricardo left to all of us, and to my brother and me.

The French period made us change scale and gave us the capacity to handle all areas. Ricardo's death stirred up emotions and garnered recognition in the press, in the newspaper *Le Monde* and from the Ministry of Culture. Suddenly, all the controversies were forgotten, and Ricardo once again became a great man—he would certainly have enjoyed experiencing that. But to this day there is still a denial of his intellectual legacy. These days we aren't being given the possibility of expressing ourselves in an architectural project; so far, all our proposals have been rejected.

Taller hopes to work in France again and join the ideas debate that is going on there. Being French, I can't come to terms with the idea of us being refused access to my country.

The French period gave us the capacity we have today to handle all areas, notably major projects. The vocabulary at that time was related to the practical issue of prefabrication and of the construction cost for social housing. According to Ricardo, the answer for mass-production was classicism, which he wanted to reintegrate in the history of French architecture. That period is now in the past. Recently, we've carried out a few residential buildings in Noisy-le-Grand. The left-wing mayor wanted to destroy Abraxas, but its residents resisted. Sympathetic to the political intentions of the right-wing mayoress Brigitte Martigny, Ricardo, who was so fond of that building, accepted this invitation. However, the appointed developers had ambitions other than architectural quality, and didn't give him the chance to express himself.

There is a lasting paradox: it was in France that the public and political recognition were the strongest; at the time of his death, he was ranked among the fifty greatest architects in France.

→ Couverture de la revue *Macadam* n°6, 15 novembre–1er décembre 1978 / Cover of *Macadam* n°6, 15 November–1st December 1978

n° 6 - 15 novembre - 1er décembre 1978 - 8 F

# macadam

ABONNEZ-VOUS bulletin p. 2

le magazine du cadre de vie et de l'aménagement

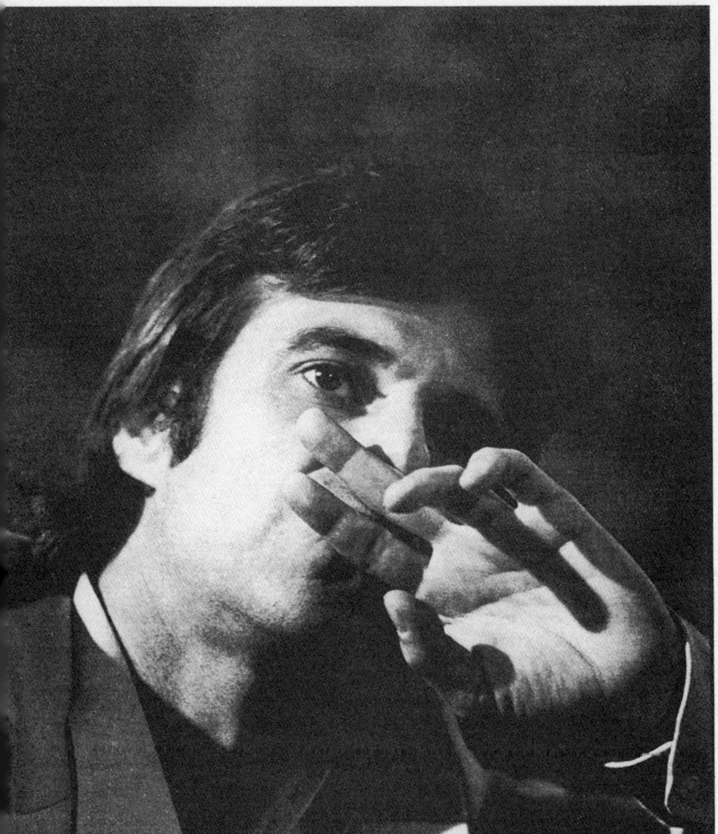

sur
BOFILL

DOSSIER :
aménagement
du territoire

PORTRAIT :
PIERRE SANSOT
la poétique de la ville

ODS
INGUSSON :
a mort
les pères

écologie :
un maire à sa fenêtre

**macadam**

**A NOS LECTEURS**

**Macadam** prend un
rythme normal, mais
pour que ce journal vive
la commission paritaire
et les publicitaires
lui imposent d'avoir
**rapidement**
plusieurs milliers d'abonnés.

Abonnez-vous aujourd'hui . . . . . . p. 2

# Étapes du tournant postmoderne du Taller de Arquitectura



**Dr Anne Kockelkorn**
Maître assistante en histoire et théorie du logement et de la ville
Département d'architecture et d'urbanisme, Université de Gand, Belgique

**Pourquoi, dans leur conception de l'urbanisme, Ricardo Bofill et le Taller de Arquitectura ont-ils poursuivi un langage visuel monumental et historicisant à partir de leur arrivée en France en 1971 ? Ce choix, ou plutôt cette provocation, a profondément égaré les urbanistes commanditaires des villes nouvelles et de nombreux architectes français. Une explication simple consiste à ramener cette question à l'influence de Charles Jencks, qui a déclaré que les projets néo-historicistes du Taller de Arquitectura étaient les interprétations les plus intéressantes de la « langue postmoderne ».**

**Avec son ouvrage *The Language of Post-Modern Architecture*, paru en 1977, le terme « postmodernisme » se répand dans le discours architectural, plutôt dans le monde anglo-saxon qu'en Europe continentale, où il n'arrive que vers 1980. En France, les mots employés sont plutôt l'« architecture urbaine » ou encore l'« architecture de la ville », deux expressions affectionnées par Bernard Huet ou Jacques Lucan. L'idée est de situer le projet urbain et architectural dans la continuité des programmes de construction de logements mis en œuvre par l'État-providence — ce qui va de pair avec une maîtrise d'ouvrage publique qui permet de réfléchir dans ces termes.**

**Dans la trajectoire du Taller, le néoclassicisme — et la volonté de développer une grammaire, un style — n'apparaît qu'à partir des projets pour les villes nouvelles, le Lac, Abraxas, Cergy, Antigone, dans la droite ligne du discours de Jencks. Avant cela et notamment pour les Halles, on observe certes un tournant vers les imaginaires et le langage historique, une inflexion déjà préexistante dans la prédilection de**

Ricardo Bofill pour le monumentalisme. À partir de 1971-1972, les projets font référence aux styles du passé et aux imaginaires figuratifs, réinterprétés de manière assez moderne. Jusqu'en 1978 environ, ces œuvres ne sont pas adossées à un langage précis; pour les Halles, le choix du néoclassicisme vient de la référence au jardin du Palais-Royal situé en continuité et non pas au choix d'un style néoclassique.

À ce stade, il convient de clarifier plus précisément la question du tournant postmoderne, à partir de textes publiés par le Taller de Arquitectura ou Ricardo Bofill lui-même. Quatre argumentations émergent : l'urbanité de l'habitat de masse en périphérie urbaine ; la chute du modernisme architectural sous Franco ; la question d'une monumentalité contemporaine ; la transformation du « Taller de Arquitectura » en « Ricardo Bofill Taller de Arquitectura » à la fin des années 1970.

## Urbanité de l'habitat de masse en périphérie urbaine

La revalorisation de la construction industrielle du logement de masse — c'est-à-dire la préfabrication lourde en béton armé — était un des principaux objectifs de la conception et de l'aménagement des villes nouvelles au début des années 1970. L'appel d'offres du concours d'Évry I stipulait ainsi en 1971 que la construction de logements devait répondre aux critères sociaux de bonheur, de jouissance et de bien-être. Le Taller et plusieurs architectes français ont traduit cela, d'une part, dans le registre du signifiant : pour eux, le bâtiment résidentiel était interprété comme un point de repère dans le paysage urbain, où il était appelé à transmettre des notions de grandeur, de beauté et d'identification même à plusieurs kilomètres de distance — ce qui fut le cas pour le projet de la Petite Cathédrale en 1971. D'autre part, l'intérieur de ces mégastructures habitables devrait créer des espaces d'expérience et se rapprocher de la diversité et de la variété des centres-villes historiques. Jusque-là, l'approche de Ricardo Bofill et du Taller de Arquitectura était cohérente avec celle des architectes français comme Henri Ciriani et l'AUA. Ce qui les distingue, c'est l'affirmation du mythe et du spectacle de la société de consommation capitaliste : on peut ainsi évoquer l'esquisse d'une cathédrale remplie de bouteilles de Coca-Cola que le jeune dessinateur Francesc Guàrdia Riera présenta au Taller en 1971.

## La chute du modernisme architectural sous Franco

**Un autre aspect de ce virage est l'instrumentalisation du langage moderne sous la dictature de Franco. Les réformes libérales et le boom économique en Espagne dans les années 1960, largement stimulés par les réseaux de l'Opus Dei[1], transformaient ce régime totalitaire et sanguinaire en une forme de gouvernement « acceptable ». Ce changement d'image a coïncidé avec un changement officiel dans la doctrine architecturale, qui favorisait une modernité rationaliste contraire au langage architectural historiciste-impérial des premières années. Dans le journal *Zodiac* en 1965, Ricardo Bofill critique sans ambages la combinaison du libéralisme économique et de la répression politique qui caractérise le régime franquiste des années 1960, soit la période du « pseudo-fascisme[2] ». De plus, la recherche de l'expérience de la jouissance et du sublime à travers la forme architecturale monumentale permettait au Taller de repenser les bidonvilles de la périphérie urbaine — où vivait la population migrante espagnole vers 1965, largement ignorée par le régime.**

1 María González Pendás, *Architecture, Technocracy, and Silence. Building Discourse in Franquista Spain*, Ph. D. diss., New York, Columbia University, 2016, p. 26–27.

2 Ricardo Bofill, « Sobre la situacion actual de la arquitectura en España », *Zodiac*, n° 15, 1965.

## Monumentalité contemporaine

**Fin 1978, l'équipe du Taller interprète cette recherche de monumentalité urbaine comme un art d'avant-garde qui intervient dans les processus d'aménagement du territoire et façonne la subjectivité de ses habitants. « Proposer des nouvelles formes architectoniques impose de changer durablement de langage, en n'acceptant jamais celui qu'offre la convention[3]. » Au sein de l'équipe du Taller, la conception consistait à « faire la ville là où la ville n'existe pas[4] », créer de la centralité en périphérie urbaine — par la monumentalité, l'urbanisme en trois dimensions et le langage architectural historicisant.**

**L'architecte-artiste du temps présent qui veut laisser à la postérité des œuvres socialement et politiquement pertinentes doit donc concevoir les monuments à l'échelle des infrastructures territoriales.**

3 Taller de Arquitectura, « Vers la ville dans l'espace », *L'Architecture d'aujourd'hui*, n° 149, avril-mai 1970, p. 32-41.

4 Entretien avec Francesc Guàrdia Riera, Barcelone, octobre 2016.

5 Ricardo Bofill Les projets politiques actuels ne rassemblent pas les gens. Il n'y a aucune nouvelle religion qui se substitue aux religions anciennes. Des projets de cette envergure sont nécessaires au développement de notre société et pourraient rassembler, agir comme catalyseurs sur les individus.

5 Ricardo Bofill et François Hébert-Stevens, *L'Architecture d'un homme*, Paris, Arthaud, 1978, p. 187.

**Seule la conception à l'« échelle monumentale » permet de synthétiser les regards contradictoires des usagers et, après l'ascétisme visuel du modernisme, de recharger le projet architectural d'une signification politique comme un « acte créateur » et « de rassemblement[6] ».**

6 *Ibid.*, p. 188.

## Transformation du Taller vers 1978

La définition par Ricardo Bofill du vocabulaire architectural du néoclassicisme intervient un an plus tard, vers 1979. Elle s'explique d'une part par le contexte des débats architecturaux autour de la Biennale d'architecture de Venise, d'autre part par la nécessité de construire et donc de financer le Taller. Le passage de « Taller de Arquitectura » à « Ricardo Bofill », tel qu'on l'observe dans le sommaire des catalogues de la Biennale de Venise de 1976 et 1980, est également lié à une grave crise économique à laquelle le Taller de Barcelone est confronté à la suite du départ de Ricardo Bofill en France et en Algérie. À son retour, Bofill revoit le futur projet des Espaces d'Abraxas, développé au départ par Anna Bofill-Levi et Peter Hodgkinson dans l'esprit de Walden 7. Il le transforme dans un style néo-palladien. Ce langage formel, à ses yeux, correspondait mieux à l'air du temps du débat architectural international de l'époque, à propos duquel il eut de vifs échanges avec les commissaires de la Biennale, Paolo Portoghesi, Charles Jencks et Christian Norberg-Schulz.

Le tournant vers le néoclassicisme représente à la fois un changement de génération au sein du Taller, avec le départ de certains de ses fondateurs, notamment Anna Bofill-Levi et Manolo Nuñez Yanowsky et le compromis consistant à renoncer au projet social révolutionnaire pour se concentrer sur le produit spatial d'expérience et de consommation urbaine. Même sans révolution, les façades néoclassiques en béton pour Montpellier, Paris et les villes nouvelles ont une puissance visuelle unique. Ces réalisations offrent des espaces publics de grande qualité, qui, précisément en raison de leur esthétique postmoderne, permettent aux visiteurs d'aujourd'hui de ressentir une idée à l'origine moderne : répondre au désir de centralité et d'urbanité par une forme urbaine forte.

# Stages of the Postmodern turn in Taller de Arquitectura's work

**Dr Anne Kockelkorn**
Assistant Professor, History and Theory
of Housing and the City
Department of Architecture and Urbanism,
Ghent University, Belgium

Why did Ricardo Bofill and Taller de Arquitectura pursue a monumental, historicist visual language from the time of their arrival in France in 1971? This decision, or rather provocation, was profoundly disorientating for the urbanists who backed the new towns, as well as for numerous French architects. A simple explanation would be to refer to the influence of Charles Jencks, who declared that Taller de Arquitectura's neo-historicist projects were the most interesting interpretations of the "Postmodern language".

With his book *The Language of Post-Modern Architecture*, published in 1977, the term "Postmodernism" spread through architectural discourse—more in the English-speaking world than in continental Europe, where it did not appear until around 1980. In France, the terms used tended to be "*l'architecture urbaine*" (urban architecture) or "*l'architecture de la ville*" (town/city architecture)—two expressions favoured by Bernard Huet and Jacques Lucan. The idea was to situate the urban and architectural project within the lineage of the housing construction programmes undertaken by the Welfare State—which went hand in hand with public contracts that made it possible to think in these terms.

Neoclassicism, and the will to develop a grammar or style, only began to appear in Taller's oeuvre when they embarked on their projects for new towns—Le Lac, Abraxas, Cergy, Antigone—in line with Jencks's discourse. A shift towards historical language and the imaginary—an inflection that already existed in Ricardo Bofill's predilection for monumentalism—could certainly be observed before these, and notably with Les Halles. From 1971–1972 onward, the designs referred to past styles and a figurative imagination, reinterpreted in a relatively modern way. Until about 1978, these works were not based on a specific language; for Les Halles, the choice of neoclassicism stemmed from wanting to refer to the adjoining garden of the Palais-Royal, and not from actively choosing a neoclassical style.

At this point, it is worth offering more precise clarification on the question of the Postmodern turn, through texts published by Taller de Arquitectura or Ricardo Bofill himself. Four arguments emerge: the urbanity of mass housing on the urban periphery; the fall of architectural Modernism under Franco; the question of contemporary monumentality; and the transformation of "Taller de Arquitectura" into "Ricardo Bofill Taller de Arquitectura" in the late 1970s.

## The urbanity of mass housing on the urban periphery

Raising the standard of industrial construction of mass housing—that is, heavy prefabrication using reinforced concrete—was one of the main objectives of the creation and designing of the new towns in the early 1970s. The terms for the design competition for Évry I in 1971 thus stipulated that the housing construction should satisfy social criteria of happiness, enjoyment and wellbeing. On the one hand, Taller and several French architects translated this on a level of signification; for them, residential buildings were interpreted as landmarks in the urban landscape, called upon to convey notions of grandeur, beauty and identification even from several kilometres away—which was the case with the project for La Petite Cathédrale in 1971. On the other, the interiors of these inhabitable megastructures should create experiential spaces and come close to the diversity and variety of historical town centres. Up to then, Ricardo Bofill's and Taller de Arquitectura's approach had been consistent with that of French architects such as Henri Ciriani and the AUA. What set them apart was their affirmation of the myth and spectacle of capitalist consumer society, an example being the sketch of a cathedral filled with Coca-Cola bottles that the young draughtsman Francesc Guàrdia Riera presented to Taller in 1971.

## The fall of architectural Modernism under Franco

Another aspect of this shift was the instrumentalization of the language of Modernism under Franco's dictatorship. Liberal reforms and the economic boom in Spain in the 1960s, largely stimulated by Opus Dei[1] networks, were transforming this blood-thirsty totalitarian regime into an "acceptable" form of government.

1 María González Pendás, *Architecture, Technocracy, and Silence. Building Discourse in Franquista Spain*, Ph. D. diss., New York, Columbia University 2016, p. 26–27.

This change of image coincided with an official change in architectural doctrine, which favoured a rationalist modernity that was contrary to the historicist-imperial architectural language of the earlier years. In *Zodiac* magazine in 1965, Ricardo Bofill openly criticized the combination of economic liberalism and political repression that characterized the Franco regime in the 1960s, which constituted its "pseudo-fascist" period.[2] Additionally, Taller's quest to offer an experience of enjoyment and the sublime through monumental architectural form allowed it to redesign the shanty towns on the urban periphery where the Spanish migrant population was living in the mid-1960s, largely ignored by the regime.

2 Ricardo Bofill, "Sobre la situacion actual de la arquitectura en España", *Zodiac*, n°15, 1965.

## Contemporary monumentality

In late 1978, the Taller team interpreted this quest for urban monumentality as an avant-garde art form that influences the land-use planning process and shapes inhabitants' subjectivity. "Proposing new architectonic forms requires a lasting change of language, never accepting that offered by convention."[3] For the Taller team, the design process consisted of "making a town where no town exists",[4] creating centrality within the urban periphery—through monumentality, three-dimensional urbanism and a historicist architectural language.

According to Ricardo Bofill, present-day artist-architects who want to leave socially and politically relevant works for posterity should therefore design monuments at the scale of civil infrastructure.

3 Taller de Arquitectura, "Vers la ville dans l'espace", *L'Architecture d'aujourd'hui*, n° 149, April–May 1970, p. 32–41.

4 Interview with Francesc Guàrdia Riera, Barcelona, October 2016.

5 Ricardo Bofill **Today's political visions don't bring people together. There is no new religion to take the place of the old ones. Projects on this scale are necessary for our society's development; they can bring people together and serve to catalyse individuals.**

5 Ricardo Bofill, *L'Architecture d'un homme. Entretiens avec François Hébert-Stevens*, Paris: Éditions Arthaud, 1978, p. 187.

It is only through designing on a "monumental scale" that users' contradictory viewpoints can be synthesized and, after Modernism's visual asceticism, architectural projects can be reinvested with political meaning in a "creative act".[6]

6 *Ibid.*, p. 188.

## The transformation of Taller around 1978

Ricardo Bofill's definition of the architectural vocabulary of neo-classicism came a year later, around 1979. It can be explained partly by the context of architectural debates around the Venice Architecture Biennale, and also by the need to build up and therefore secure financing for Taller. The shift from "Taller de Arquitectura" to "Ricardo Bofill" that can be observed in the contents lists of Venice Biennale catalogues between 1976 and 1980 is also connected to the grave financial predicament that faced Taller in Barcelona following Ricardo Bofill's departure for France and then for Algeria. Upon his return, Bofill revised the future project for Les Espaces d'Abraxas, which had initially been developed by Anna Bofill-Levi and Peter Hodgkinson in the spirit of Walden 7. He transformed it into a neo-Palladian style. In his view, this formal language was better suited to the spirit of the international architectural debate at the time, about which he had lively discussions with the Biennale's curators Paolo Portoghesi, Charles Jencks and Christian Norberg-Schulz.

The shift to neoclassicism represented both generational change within Taller as some of its founders, notably Anna Bofill-Levi and Manolo Nuñez Yanowsky left, and a compromise that consisted of abandoning the revolutionary social project in order to focus on the spatial product of experience and urban consumption. Even without revolution, the neoclassical concrete façades for Montpellier, Paris and the new towns have a unique visual power. These built projects offer high-quality public spaces which, precisely because of their Postmodern aesthetic, allow today's visitors to sense an idea that is modern in origin: responding to the desire for centrality and urbanity through a strong urban form.

# Index

# Bibliographie sélective
# Selective bibliography



Jean-Louis André et Patrick Genard, *Swift Architecture et technologie*, Paris, Éditions Taller Design, 1991

Ricardo Bofill, *L'Architecture d'un homme. Entretiens avec François Hébert-Stevens*, Paris, Arthaud, 1978

Ricardo Bofill et Jean-Louis André, *Espaces d'une vie*, Paris, Odile Jacob, 1989

Ricardo Bofill et Nicolas Véron, *L'Architecture des villes,* Paris, Odile Jacob, 1995

Anna Bofill-Levi, *Une conversation pendant le confinement*, projet de fin d'études, juillet 2020

Entretiens avec Sabine Effosse, réalisés en 2002 pour le compte du programme interministériel « Histoire et évaluation des villes nouvelles », première campagne d'archives orales « Acteurs et mémoire des villes nouvelles »

Warren A. James, *Ricardo Bofill, Taller de Arquitectura. Edificios y proyectos 1960–1985*, Barcelone, Editorial Gustavo Gili, 1989

Articles de presse de l'époque
Period press articles

*Architectural Design*, « Taller de Arquitectura », vol. XLV, July 1975

*L'Architecture d'Aujourd'hui*, n°182, « Taller de Arquitectura », novembre-décembre 1975

*Macadam*, la collection des 18 premiers numéros, octobre 1977–mars 1981

*Paris-Projet*, n$^{os}$ 25–26, « Les Halles, achèvement d'un projet », revue écrite et éditée par l'APUR (Atelier parisien d'urbanisme), octobre 1985

*Floornature. Architecture & Surfaces*, « Adieu à l'architecte Ricardo Bofill », Agnese Bifulco, janvier 2022

*La Vanguardia*, « Ricardo Bofill, nuestro primer postmoderno », Sergio Vila-Sanjuán, 2022

# Prix et récompenses
# Prizes and awards



**2022**

**Médaille d'or de mérite civil, décerné à titre posthume par la Ville de Barcelone**
Gold Medal for Civic Merit, awarded posthumously by the City of Barcelona

**2021**

**Docteur *honoris causa*, Université polytechnique de Catalogne (UPC), Espagne**
Honorary doctorate from the Polytechnic University of Catalunya (UPC), Spain

**2009**

**Prix Vittorio De Sica d'architecture, présidence de la République italienne**
Vittorio De Sica Architecture Prize from the Presidency of the Italian Republic

**2009**

**Prix d'excellence pour l'ensemble des réalisations, The Israeli Building Center, Ga'ash, Israël**
Lifetime Achievement Award from The Israeli Building Center, Ga'ash, Israel

**1996**

**Membre honoraire du Bund Deutscher Architekten (BDA), Bonn, Allemagne**
Honorary membership of the Bund Deutscher Architekten (BDA), Bonn, Germany

**1995**

**Docteur *honoris causa*, Université de Metz, France**
Honorary doctorate from the University of Metz, France

**1989**

**Prix d'architecture en Belgique, ordre des Architectes, Conseil du Brabant, Bruxelles, Belgique**
Prize for architecture in Belgium from the Order of Architects, Council of Brabant, Brussels, Belgium

**1989**

**Prix d'architecture, Illinois Council / American Institute of Architects / Architectural Record, Chicago, États-Unis**
Architecture prize from Illinois Council / American Institute of Architects / Architectural Record, Chicago, United States

**1989**

**Récompensé par l'Académie internationale de philosophie de l'art, Berne, Suisse**
**Prize from the Académie Internationale de Philosophie de l'Art, Bern, Switzerland**

**1985**

**Membre honoraire de l'Institut américain des architectes (AIA)**
Honorary membership of the American Institute of Architects (AIA)

**1984**

**Officier de l'ordre des Arts et des Lettres, ministère de la Culture, Paris, France**
*Officier* of the Ordre des Arts et des Lettres, Ministry of Culture, Paris, France

**1980**

**Prix d'architecture de la ville de Barcelone pour la rénovation de l'usine de ciment à Sant Just Desvern, Barcelone, Espagne**
Architecture prize from the City of Barcelona for the renovation of the cement factory at Sant Just Desvern, Barcelona, Spain

**1979**

**Architecte agréé par l'ordre national des Architectes, Paris, France**
Certified as an architect by the National Order of Architects, Paris, France

**1978**

**Prix international ASID (American Society of Interior Designers), New York, États-Unis**
ASID (American Society of Interior Designers) International Award, New York, United States

**1968**

**Docteur *honoris causa*, prix Fritz Schumacher, Université de Hambourg, Allemagne**
Honorary doctorate and Fritz Schumacher Prize from the University of Hamburg, Germany

Ouvrage sous la direction de
Work under the direction of
**Dominique Serrell**

Coordination éditoriale
Editorial Coordination
**Matthieu Flory**
**Valentine Ferrante**

Lecture-correction
**Thomas Pogu**
Proofreading
**Helen Bell**

Traduction / Translation
**Abigail Grater**
**Nichola Lewis**
**Lucien Topolski**

Conception graphique
Graphic design
**Pilote Paris**
**(Yannick James,**
**Mathieu Mermillon,**
**Yannis Pérez,**
**Lorraine Charriere)**

Typographies / Fonts
**Stanley, Graebenbach**

Papiers / Papers
**Fedrigoni Sirio Color Cherry**
**Fedrigoni Arena Rough Natural**

Photogravure / Photoengraving
**Graphium**

Impression / Printing
**Graphius**

ISBN : 9782376660804

149, rue de Rennes
75006 Paris, France
www.editions-norma.com

Achevé d'imprimer en Belgique
en septembre 2023 / Printed
in Belgium in September 2023

Crédits photographiques
Picture Credits
**Ricardo Bofill Taller de Arquitectura**
pour toutes les images, sauf
for all pictures, except:
**Archives de Paris** 84h
**Deidi von Schaewen** 37b, 39, 40, 43, 46, 51, 56b, 110–111, 115, 120, 125, 159, 174b, 219, 225b, 227, 228, 234, 239, 242bg, 251, 255, 283 bg, 301
**François Gauthier** 130b
**Jean-Claude Gautrand** 81b, 197hg
**Jean-Jacques Reymond** 146, 197bd
**Lluis Carbonell** 293h, 345, 349d, 362bg, 381bd, 386
**RBTA/Gregori Civera** 33, 47, 247, 265b, 266b, 276, 284, 309, 311, 312, 317, 318, 325, 327, 328, 330, 331, 349g, 362h et bd, 369, 381bg
**Salva Lopez** 49
**Serena Vergano** 29, 31h, 53, 197bg, 198h et bg, 201, 207h, 241, 242h, 257, 265h, 295, 352
**Studio O'Sughrue** 279